中國語與中國文

[瑞典]高本漢◎著
張世禄◎譯

山西人民出版社
山西出版傳媒集團

圖書在版編目(CIP)數據

中國語與中國文 / [瑞典]高本漢著；張世禄譯.
—太原： 山西人民出版社， 2015.12(2024.2重印)
(近代海外漢學名著叢刊 / 鄭培凱主編)
ISBN 978-7-203-09227-8

Ⅰ. ①中… Ⅱ. ①高… ②張… Ⅲ. ①漢語－語言學 Ⅳ. ①H1

中國版本圖書館CIP數據核字(2015)第207869號

中國語與中國文

叢刊主編 鄭培凱
著　　者 [瑞典]高本漢
譯　　者 張世禄
責任編輯 崔人杰

出 版 者 山西出版傳媒集團·山西人民出版社
地　　址 太原市建設南路21號
郵　　編 030012
發行營銷 0351－4922220　4955996　4956039
　　　　 0351－4922127(傳真)
天猫官網 https://sxrmcbs.tmall.com　0351－4922159(電話)
E－mail sxskcb@163.com　發行部
　　　　 sxskcb@126.com　總編室
網　　址 www.sxskcb.com

經 銷 者 山西出版傳媒集團·山西人民出版社
承 印 廠 山西出版傳媒集團·山西新華印業有限公司

開　　本 700mm×970mm　1/16
印　　張 13
字　　數 95千字
版　　次 2015年12月　第1版
印　　次 2024年2月　第二次印刷
書　　號 ISBN 978-7-203-09227-8
定　　價 65.00圓

近代海外漢學名著叢刊編委會名單

出版説明

近代海外漢學名著叢刊選取一九四九年以後未再刊行之近代海外漢學作品，編例如次：

一、本叢書遴選之作品在相關學術領域具有一定的代表性，在學術研究方嚮、方法上獨具特色。

二、爲避免重新排印時出錯，本叢書原本原貌影印出版。影印之底本皆經專家組審定，原書字體大小、排版格式均未做大的改變。

三、爲使叢書體例一致，本叢書前言、後記均采用繁體字排版。

四、個別頁碼較少的版本，爲方便裝幀和閱讀，進行了合訂。

五、少數作品有個別破損之處，編者以不改變版本内容爲前提，部分進行修補，難以修復之處保留缺損原狀。

六、原版書中個别錯訛之處，皆照原樣影印，未做修改。

由於叢書規模較大，不足之處，在所難免，殷切期待方家指正。

總序／温故而知新

晚清以來，西力東漸，西方文化思想的著作也大量譯成中文，最著名的如嚴復與林紓的譯著，影響了整個二十世紀中國的知識界與文學界，使得中國文化的思維脈絡爲之丕變。除了西方思想經典、文學與實證科學著作的翻譯，以實證方法系統化探討中國文史的域外漢學，也對中國學術思想界産生了莫大衝擊，改變了中國學術的著述方法與取嚮。

中國傳統的知識結構，是按經史子集四庫分類的，以儒家意識形態的經學爲文化知識的砥柱，以史學爲貫串歷史經驗的殷鑒，至於子部與集部，則是作爲保存文獻、擴大知識面的附帶知識，可以耽情冥想，可以悠遊玩賞，却都是邊緣化的知識，無關聖教的弘揚，無關文化精髓的宏旨。西方文藝復興之後的現代學術體系，在知識分類上，與中國傳統大相徑庭，講究系統分科，不同知識領域各有其客觀存在的價值，有其相對獨立的目的與標準。日本知識界在明治維新以來，鑒於東方文明落後於西方的船堅炮利，率先效法西方，在追求「文明開化」、「脱亞入歐」的過程中，爲日本學術發展循着現代西方的體例，建立了哲學、文學、歷史學、經濟學、法學、商學、物理學、化學、地質學、醫學、農學、工程學、植物學、動物學等等新型學科，企圖與西方學術齊頭並進，從而影響了中國近代學術體系的發展。

本叢刊選印二十世紀上半葉出版的漢學譯著近百冊，分爲三大類：「歷史文化與社會經濟」、「古典文獻與語言文字」、「中外交通與邊疆史」，反映民國時期學術界重視西方及日本漢學研究的成果，藉助他山之石，重新審視中國傳統歷史文化的意義，特別是開拓了傳統學術忽略的領域。五四新文化運動以來，中國學者如蔡元培、胡適都提倡「整理國故」，以理性實證的方法，對中國文化傳統做出系統化的研究，是與這些漢學譯著相輔相成的。這些譯著除了介紹域外漢學的成果，還引進了嶄新的學術研究方法與視角，有助於梳理中國文化傳統的脈絡，重新整合知識結構與學術體系。雖然這些學術著作不是中國學者的成就，無法納入二十世紀中國文史學術的主脈，但是從中文譯本的影響而言，起碼也應當視爲中國近代學術發展的支脈或潛流，不容忽視。可惜的是，到了二十世紀下半葉，因爲兩岸政治形勢的變化，這些漢學譯著，除了部分因王雲五重新入主臺灣商務印書館，而得以在臺灣做了少量的重印，在大陸的出版界，則完全受到遺忘，甚至在許多新成立的大學圖書館中也不見踪影。我們搜集了近百冊塵封的漢學譯著，呈現給二十一世紀的中國學術界，一方面是爲了銘記前人爲推展學術而做出的努力，另一方面也是爲了提醒新常態時期的學人，學術發展有其歷史累積的脈絡，可以從中汲取歷史經驗，温故而知新。

說到「温故知新」與這批早期漢學譯著的關係，可以從兩個方面來思考，以見翻譯域外漢學如何反映了時代精神，爲融匯東西方學術思維，重新闡釋中國文化傳承，做出不可磨滅的貢獻。一是域外漢學的研究對象，以中國歷史文化典籍爲主，屬於中西文化碰撞期間興起的「國學」範疇，與五四新文化人物提倡的「整理國故」運動若合符節。研究中國歷史文化，並賦予新的學術意義，是清末民初知識精英念兹在兹的心結。歷史發展走到一個環節，時代的狂風揚起了批判傳統的大旗，風中的英雄幫着推波助瀾，却又無時或忘自己民族文化主體的未來，糾纏於「傳統」能否「現代」的困境。域外漢學的出現，以西方實證方法研究中國歷史文化傳統，綜合東西方各種語言文字材料，擴大了研究國學的眼界，即使無法打開中國文化傳統是否走到盡頭的心結，至少是提供了一個解惑的方嚮，在大霧彌漫的夜晚，看到了依稀渺茫的星光。

二是翻譯域外漢學，有一種以子之矛攻子之盾的吊詭作用，逐漸化解了中國文化思維中的自大心理與封閉心態，讓唯我獨尊的國粹基本教義派解除武裝到牙齒的盔甲，轉而吸收並接受西方實證研究的學風。民國期間新式教育制度的推行、學術體系的變化、大學學術專業的創建，具體到北京大學國學門的成立，中央研究院規劃歷史、語言、考古的研究領域，都與翻譯域外漢學背後的旨意是息息相關的。因此，重新閲覽這批民國期間的漢學譯著，對二十一世紀的現代學人來説，温故而知新，不但可以窺知民國學人追求新知的心理狀態，也會刺激吾人反思，認真思考學術研究方法與中國學術發展的前景，更進一步，探索文化傳統的重新闡釋與新知介入的關係。知識體系的變化當然與傳統的重新闡釋有關，是外爍的影響大呢，還是内因變化的成分居多？

論語·爲政記載孔子説：「温故而知新，可以爲師矣。」歷代解經，對這個「爲師」的道理，有兩種相近似但又取嚮不同的解釋。朱熹四書集注説：「故者，舊所聞。新者，今所得。言學能時習舊聞而每有新得，則所學在我而其應不窮，故可以爲人師。若夫記問之學，則無得於心而所知有限，故學記譏其不足以爲人師，正與此意互相發也。」雖然朱熹把知識分爲「舊所聞」與「新所得」，强調的却是「學而時習之」，從中生發新的心得，也就是從詮釋舊典中得到新知。這個説法與朱熹在鵝湖之會以後，作詩唱和，寫給陸九淵的詩句，「舊學商量加邃密，新知涵養轉深沉」，异曲同工，是一個意思，萬變不離其宗，舊學與新知是同一個脈絡的知識學理。

然而，有些朱熹之前的經學家，解釋「温故知新」，却有不同的取嚮。皇侃論語義疏就説：「故，謂所學已得之事也。所學已得者則温尋之不使忘失，此是月無忘其所能也。新，謂即時所學新得者也。知新，謂日知其所亡也。若學能日知所亡，月無忘所能，此乃可爲人師也。」皇侃明確説到，「故」指的是過去所學的知識，而「新」則指的是新近學到的知識，新舊結合，相互發明，就可以「爲人師」了。邢昺論語注疏循着皇侃的思路，也説：「言舊所學得者，温尋使不忘，是温故也。素所未知，學使知之，是知新也。既温尋故者，又知新者，則可以爲人師也。」這裏講的「素所未知」，就不衹是研讀舊學，有了新的體會，從過去的傳統中發展出的「新知」，而是從來没聽過、没想過的新學問了。這種「素所未知」的新學問，結合「舊所聞」，對習以爲常的知識框架，就會産生巨大的衝擊，而出現飛躍性的結構變化。知識内容或許大體沿襲傳統，知識結構却得以重新整合，出現嶄新的認知系統，重新審視自己文化傳統的意義，打開文化傳承的新局面。二十世紀上半葉的漢學譯作，就發揮了這樣的作用，促使中國學者放棄自我中心的文化態度，從各種不同側面，探知中國歷史文化的光譜，以域外（或是全球）的角度觀測中國傳統，摇動了文化的萬花筒，看到七彩繽紛的中國。

嚴復在甲午戰爭之後，改良變法思想風起雲涌之時，開始大量翻譯西方思想經典著作，是有感於國人（特別是傳統文化孕育的知識精英）思維系統封閉，企圖介紹實證新知，引進邏輯思維的方法，以破除儒學之道「一以貫之」與「放之四海而皆準」的虚妄。他翻譯天演論，在序文中提到，有人歸納東西方學術思想，認爲中國文化重精神，是形而上之學，立意高超，而西方文化重物質，是形而下之學，衹追求功利的回報。他認爲，這種自以爲是的蒙昧態度，陷入傳統舊學的框囿而不自知，没有自我反思的能力，無法吸收「素所未知」的新知識，也就無法開展並弘揚自己的文化傳統。嚴復非常清楚他翻譯西方經典的目的，是爲了介紹新知，打破中國傳統思維的封閉性，但是，作爲披荆斬棘的拓荒人，他深知思想封閉者的頑固心理，必須因勢利導，以免遭到盲目衛道之士的攻訐。嚴復有其防身的策略，不會像許褚戰馬超那樣赤膊上陣，而是以桐城文章譯述赫胥黎、斯賓塞、穆勒、亞當·斯密、孟德斯鳩，博得晚清知識精英的贊許，文章深閎而傳入了新知義理。從文化變遷的角度而言，通過翻譯，以迂迴戰術來介紹西方思想，得到巨大的成功，產生了改變傳統思維體系的實效，是中國近代思想史上影響深遠的大事。以此類推，民國時期大量翻譯域外漢學的影響，也是不容忽視的思想史課題。

關於清末民初西方學術思維衝擊中國知識精英，顛覆傳統文化的知識結構，錢穆在現代中國學術論衡的序言中，從中國文化本位的立場，發出深刻的感慨，做了籠統的批評：「文化异，斯學術亦异。中國重和合，西方重分別。民國以來，中國學術界分門別類，務爲專家，與中國傳統通人通儒之學大相違异。循至返讀古籍，格不相入。此其影響將來學術之發展實大，不可不加以討論。」錢穆所指出的問題，是傳統知識體系强調「通」，文史哲不分家，最崇尚通儒，而現代學術講究專業分科，各司其職，以至於讀不通古籍呈現的整體性知識思維。姚名達在撰寫中國目録學史的時候，對西力東漸，西潮帶來的翻譯著作及新知新學，也有類似的感慨：「四部分類法，不合時代也，不僅現代爲然。自道光、咸豐允許西人入國通商傳教以來，繼以派生留學外國，於是東西洋洋籍逐年增多。學問翻新，迴出舊學之外。目録學界之思想不免爲之震蕩。」這種對學術體系發生重大變化的觀察，反映了中國學人從晚清一直到民國，夾在東西方兩種不同思維體系的衝突中，身歷其境的切身感受，因此感觸良多。

二十世紀上半葉最能代表中國學術的通儒是王國維與陳寅恪，他們浸潤了經史子集的四部知識傳統，承繼乾嘉篤實的考據學風，却都經過西洋邏輯思維與實證科學的洗禮，參與中國知識結構的轉型。對西方現代知識結構如何在中國生根發芽，不但再三致意，并且以自己的學術實踐來努力促成。王國維早在一九〇二年就寫信給張之洞，反對把經學列爲大學分科之首，而主張效法西方與日本的大學，設立哲學科，明確指出知識結構的分類不可因循傳統，而必須另起爐竈。陳寅恪在一九二五年就清華大學建制的問題，寫了吾國學術之現狀及清華之職責，指出大學的職責在於學術之獨立，而中國學術界的情況令人十分不滿，必須認真效法西方學術的體制及實踐。他說：「蓋今世治學以世界爲範圍，重在知彼，絕非閉門造車者比。」這兩位國學大師，對西方與日本的漢學研究十分注意，都是以開放態度對待域外漢學研究，集思廣益，以成其大家。

再回到「温故知新」的歷代經解，說說文化傳承的闡釋學意義。劉寶楠在論語正義中指出，上古之時，文化知識是上層統治精英的家學，不再治理實際政事的長者可以傳遞德行的知識，可以爲人師。「温故而知新」，就顯示長者不忘舊時所學，且能吸收新知，繼承并發揚這種學術與政治合一的傳統。到了孔子之時，時代出現了變化，士大夫不見得能够謹守家法，弘揚德行，也不一定能够「爲師」了。孔子之後，世變日亟，「道術爲天下裂」，文化知識不再爲少數統治精英所壟斷，也不必然與治理政事有關，學術在民間百花齊放，百家争鳴。但是，學術知識發展的脈絡基本未變，仍然是要温故知新，進德修業。從劉寶楠不經意的闡釋中，可以看到時代變遷影響了學術文化的內容，改變了知識結構的體系，但其內在發展的理路仍舊，還是需要舊學與新知的融合，才能有所發展。

劉寶楠還引述了劉逢禄的解釋：「故，古也。六經皆述古昔、稱先王者也。知新，謂通其大義，以斟酌後世之製作，漢初經師皆是也。」劉寶楠贊成這個說法，並指出，漢唐人解釋「知新」，大多數都沿用此意。也就是說，舊學是傳統的知識結構體系，新知是時代變化出現的新知識，必須相互斟酌，才能發揮得宜。至於如何對舊學「通其大義」，就見仁見智，各有說法了。從這個通達的詮釋來討論近代西學東漸的情況，我們可以看到，「温故而知新」在民國學人的心底，是産生「傳統」與「現代」糾葛的心理陷阱，不易跨越。若依照朱熹的說法，「學能時習舊聞而每有新得，則所學在我而其應不窮」，雖然在哲理上可以模模糊糊說通，但在清末民初的具體歷史環節，西學的新知屬於完全不同的知識體系，在原有的舊學脈絡中，根本無從立足，如何「其應不窮」?所以，真要放之四海而皆準，提升「温故而知新」的普世意義，以理解域外漢學譯著與近代學術知識體系變遷的文化史意義，我們認爲，皇侃、邢昺，一直到劉寶楠的闡釋，是比較合適，並與現代文化闡釋學的説法相近。

伽達默爾（Hans-Georg Gadamer）在他的名著真理與方法中，説到認知理性與文化傳統的關係，特別指出，人們通過理性，來判斷歷史文化中事實的真相，但是人的理性與生存環境息息相關，與傳統所衍生的豐富文化底藴有關，不可能完全超越文化傳統的思維脈絡。他認爲，人生活在文化傳統之中，就不可能「遺世獨立」，以全能超越的抽象思辨來認識傳統，甚至是批判或顛覆傳統。傳統是歷史文化延續與傳承的表徵，不會一成不變，而我們的認知理性也會因時代變遷，而不斷重新詮釋傳統。伽達默爾的闡釋學以西方文化傳統爲例，説明新知如何納入傳統，而使文化傳統生機不斷，生生不息，與中國歷代經學家的説法（朱熹除外），有异曲同工之效。以此觀照民國時期的漢學譯著，我們認爲，這批學術新知傳入中國，對中國文化傳統的繁衍與發展，實有承先啓後之功。

近代海外漢學名著叢刊的出版，最值得感謝的是南兆旭先生二十多年來搜羅的執着與努力。雖然這套叢刊不能窮盡民國時期的漢學譯著，但是，能滙集上百册自一九四九年以來在國内不曾重印的學術著作，再度公之於世，總是功不唐捐的大功德。忝爲本叢刊的主編，我面對這批民國學術材料，先是感到紛雜無章，有些原作者的學術素養也難副當前的學術標準，甚爲猶豫。後轉念一想，這是上個世紀中國最紛亂時期的學術記録，也是民生凋敝，國勢隤危，內亂外患交加之際，仍有許多學者孜孜矻矻，戮力翻譯域外漢學，爲中國學術的傳承拓展新知的坦途，不禁肅然起敬，開始用心整理分類。掛一漏萬，在所難免，好在有學殖豐贍的諍友擔任分卷主編，並撰寫各分卷前言，實在是衷心銘感。有傅杰教授負責「歷史文化與社會經濟」、戴燕教授負責「古典文獻與語言文字」、霍巍教授負責「中外交通與邊疆史」，吾道不孤矣。在整理編輯過程中，周威先生費心最多，也是我要衷心感謝的。

道術之存亡，全在人心之嚮背。這批民國漢學譯著重新問世，對我們生長在承平之世的學人，應當有激勵的作用，爲學術研究多盡份力，讓中國學術發展更上一層樓。

鄭培凱

二〇一五年七月

前言

二十世紀三十年代是中國現代學術史上的一個黃金時期。從晚清的白話文運動，到白話文在民國初年被定爲現代國語，中國的語言也就是「漢語」本身便發生了一個很大的變化。在漢語的這一現代轉化過程中，「新文學」即白話文學、又或稱國語文學的异軍突起，又起到極爲重要的推進作用。因此，現代的漢語和文學，從一開始就如雙生子一樣關係密切，不可切分。

當然，白話文與白話文學的興起，原因不止一個，但不能否認的是，在漫長的從「邊緣」變爲「正統」的道路上，它們都受到過外來的語言和文學的刺激。這裏面既包括有現代漢語對「外來語」的吸納、新文學對外國文學的模仿，也包括了引入歐美日的方法，對漢語和文學加以研究。這個研究，還不單單是針對現代的漢語和文學，也針對古代的漢語和文學。

伴隨着漢語和文學自身的演變，而在語言學界及文學研究界發生的這些轉變，其實是中國學術在各個領域實現其現代轉型的一部分，也可以説是中國現代學術之建立的一個基礎。隨着對東洋、西洋從觀念到方法、從文獻到詮釋的全面開放，在一九三〇年前後，中國的語言學和文學研究也迎來了自己的黃金時代。

這個黃金時代出現的很多學術成果，都是當時中國學者在傳統學問的基石上，吸收外國的方法、結論得到的，如王力所説，那時的語言學，「始終是以學習西洋語言學爲目的」，文學研究也莫不如此。所以，要想説明這個學術上的黃金時代究竟是什麼樣的，又如何形成，勢必要對當時的國外漢學知其一二，尤其要對翻譯成中文出版的漢學書籍有一點瞭解。

語言學方面，自馬氏文通引入西方語法之後，在中國影響最大的恐怕就要數高本漢。從一九二七年的左傳真僞考及其他，到一九七二年的中國聲韻學大綱，他關於中國語言學的論著幾乎都有在中國（包括香港、臺灣）翻譯出版。據説早年間，在他的音韻學論文尚未譯成中文出版前，錢玄同就已經拿着其中幾頁，作上課的教材用。他的中國語言學研究的譯者賀昌群也曾説，在語言音韻學方面有所成就的學者，都是借高本漢之力。

文學方面，一個突出的現象是，日本漢學家的著作被翻譯出版最多。究其原因，大概是由於日本在歷史上受中國文化影響甚深，日本漢學家普遍有很好的漢學功底，到了明治維新以後，又先於中國接受歐美的思想、文化和學術，這兩方面的結合，促使日本漢學界産生出很多新的研究成果，其中就有像兒島獻吉郎、鈴木虎雄、本田成之、青木正兒、鹽谷温、梅澤和軒等人的著作。這些涉及中國古典文學、藝術、思想等領域的論述，兼有東西之長，比較容易爲中國學界理解和認同。因此，在現代中國的文學史、文學批評史、藝術史、哲學史等學科領域，日本的研究範式一度相當流行。

説到海外漢學的影響，還不得不提及海外漢學論著的翻譯出版，在二十世紀三十年代前後是又多又快，像成書於一九三二年的石田幹之助的歐人之漢學研究，一九三四年就有了中文譯本，就是典型的一例。這固然是由於當時的中國學界對於及時掌握海外漢學動嚮，有一種普遍的要求，可是不能忘記的是這些漢學論著的譯者，在這中間扮演了很重要的「驛騎」角色。

在這裏，也許不需要再去重復趙元任、羅常培、李方桂這一黃金組合翻譯高本漢中國音韻學研究的故事，不需要説明高本漢論著的大多翻譯者，如張世禄、賀昌群等，也都是很好的專業學者。就連最早的左傳真僞考及其他，也是經胡適推薦，由當年聲名鵲起的新鋭陸侃如、衛聚賢合作翻譯的。而在陸侃如看來，他們的譯介，就是爲了「東海西海互相印證」（譯跋）。

值得一説的，倒是譯過不少日本書籍、不限於漢學著作的孫俍工。孫俍工一九二四年赴日留學，他本來學的是德國文學，可是很快翻譯了鈴木虎雄的中國古代文藝論史、鹽谷温的中國文學概論講話、本田成之的中國經學史、兒島獻吉郎的中國文學通論，興趣完全轉到對中國古典的研究。他在各書的譯序中，談到過對中國祇有整理國故保存國故的口號、成績却不如日本的看法（中國古代文藝論史），談到過他要借翻譯來使人看到在被我們自己拋荒的文學園地裏，經别人代耕，而有怎樣一番禾黍芃芃的景象（中國文學概論講話），也談到過如本田成之對於孔子「别開途徑」的理解，可爲中國學者取法實多（中國經學史）。對中日學界當時情況的判斷，大概是他譯書的動機。據説他在一九二八年回國任教後，短短幾年就編出幾百萬字的書來，其中像中國文藝辭典、世界文學家列傳、中國語法講義等，有人説都涉嫌抄襲日人（彭燕郊那代人·關於孫俍工）。這也大可説明他心目中的日本學術，不光是漢學，何等優越。當然，他翻譯鈴木虎雄、鹽谷温的著作，按趙景深的説法，還是「對於中國文學的貢獻頗大」（文壇憶舊·文人印象·孫俍工）。

另外一位翻譯日文書極其勤奮的是王古魯。王古魯一九二〇年赴日讀的本來是英文系，一九二六年回國後也教過英文，但是他翻譯過的日本書籍，題材廣泛而雜駁，涉及小説與經史之學、語言文學、民族和對外關係，既有論述，也不乏考據。由於他對日本學界的追踪，與他對中日關係的觀察是聯繫在一起的，因此，他在一九三一年翻譯的田中萃一郎西人研究中國學術之沿革、一九三四年編譯的傅斯年等編著東北史綱在日本所生之反響、一九三六年編寫的最近日人研究中國學術之一斑，都在中國學界引起過强烈的反響。在他翻譯的文學論著中，最有名的恐怕就是青木正兒的中國近世戲曲史。吴梅早已表揚過他在翻譯中表現出的專業態度，即對青木正兒引書「無不一一檢校」，故「可爲青木之諍友」（序）。一九五六年他寫信給青木正兒，又説此書不僅獲得「我國各方面極爲重視」，還作爲「中文本」，與王國維宋元戲曲考等六種，入選蘇聯大百科全書的「中國戲曲」條目，説明譯作本身成了經典。而這一次的翻譯，大概也爲他後來到日本搜集古本小説、戲曲，最後成爲造詣頗深的中國文學史研究專家做了很好的鋪墊。

中國現代學術史也應該銘記這些譯者的功勞。

戴燕

二〇一五年六月八日於復旦

作者簡介

著者

高本漢（Klas Bernhard Johanres Karlgren，瑞典人，一八八九年—一九七八年），歌德堡大學教授、校長，遠東考古博物館館長。高本漢是瑞典最有影響的漢學家，瑞典漢學作爲一門專門學科的建立，他起了決定性的作用。他一生著述達百部之多，研究範圍包括漢語音韻學、方言學、詞典學、文獻學、考古學、文學、藝術和宗教。他在中國歷代學者研究成果的基礎上，運用歐洲比較語言學的方法，探討古今漢語語音和漢字的演變，創見頗多。

譯者

張世祿（一九〇二年—一九九一年），中國當代著名語言學家，字福崇，浙江浦江縣人。他畢業於東南大學，獲文學學士。一九二八年到上海商務印書館任職。曾先後在暨南大學、復旦大學、光華大學、雲南大學、中山大學、重慶中央大學、重慶大學等校任教。從事中國文字學、訓詁學、語音學及詞彙學研究，尤其擅長漢語音韻學研究。他運用西方現代語言學理論和方法，探索漢語各方面的內部規律，對建立中國現代語言學作了開拓性工作，發表論文一百篇左右，著有中國音韻史、語言學概論、古代漢語等。

序

近幾十年，我國學術界的現象，大致不外兩種趨勢：第一種是一般頑固的學者，專門抱着一種『保存國粹』的觀念，不論靑紅皂白，開口便說中國文化是如何久遠？學術是如何高明？但是中國文化和學術的眞象，和牠在世界上的價值，他們卻始終莫明其妙。這可說是一種無理由的守舊。另有一種人，卻與守舊派恰好立於相反的地位，他們專和從前的人作對：或是吸取一點歐美學術的皮毛，完全鄙薄我國固有的文化和學術；或是尋着一個單詞孤證，就立刻的標新立異，自以爲高出於古人，更以爲高出於世界的學者。實際卻把一切眞象完全蒙蔽了。這可說是一種無價值的好新。這兩種趨勢，直到現在，仍然是在我國學術界佔有很大的勢力。但是一部分的學者，業已知道這兩種趨勢，只是使中國文化和學術，陷於永久不見天日的兩種刑具；他們對於我國學術界，是永久沒有什麼貢獻的。於是想另闢一條新的途徑。這條新的途徑，就是要利用各種科學的知識，和科學的方法，來從新估量中國文化和學術的價值。這一點不能不說是中國學術界的曙光。不過考察他們的實際，仍然有兩種弊病，未能免除：一是科學上的基本知識，沒有充分的了解，所以僅僅能夠做到利用科學方法這一點，就是偶有所得，也是很膚淺的。二是受本國文化的薰染太深，無形中受了環境的束縛，就是很能夠知道注重客觀的，也時時不免爲主觀所蒙蔽。許多新的問題，也許放在目前，大家也不會瞧見，實際連利用科學方法這一層，也很少人做得到。因爲有了這兩個弊病，所以知道向着這條路走的人雖然不少，而實際能夠走上這條路的，確是等於『鳳毛麟角』了。

外國學者對於中國文化和學術的研究，遠如歐美，近如日本，這幾十年中都很有長足的進步。雖然他們對於中國的語言文字和社會情形，有時不免有隔膜的毛病，但是他們卻也有中國學者所沒有兩種長處：一是科學上的基本知識，大致都很有充分的了解。二是他們沒有受中國文化的薰染，不至爲主觀所蒙蔽。所以他們中間很能產出幾個偉大的學者，對於中國文化和學術上，時常能夠提出新的見解；也確實對於中國學術界上，能夠有重大的貢獻。瑞典的高本漢(B. Karlgren)便是其中的一個。他對於中國文字語音以及文法上的研究，都已經有很好的成績。前幾年胡適之先生，已經略爲介紹過了。這本書在他的著作中間，雖然不算是一種精深的作品；但是前幾章討論中國語沒有形式的變化，以及複合語詞，白話文中的助語詞等各種變化成立的原因，都是很有價值的見解。就是解釋中國古代文字的原始和變遷，也能打破『六書』的陳見。種種地方，都可以表現我前面所舉的兩種長處——科學上的基本知識，和沒有受中國文化的薰染。假使他沒有世界語音學的知識，他的學問，決不能成功；假使他要爲主觀所蒙蔽，他也沒有這許多新的見解。這是什麼人都可以看得出的。

我的朋友張世祿先生，素來對於中國文字聲韻的研究，就很努力，近年更發奮研究世界語音學。對於高本漢的著作，探討很勤；今年暑假，以其餘力，譯成此書。叫我略說幾句我所想說的話，也算做一篇序文。我很慚愧，對於這方面，很少用功，沒有能說幾句有價值的批評。但是我和張君過從很密切，我很了解他是知道向着新的途徑去走，而又能夠走上新途徑的人。他不獨深知無理由的守舊和好新，都是無用；而且很明暸沒有科學上的基本知識和完全客觀的態度，都也永久不會成功，他現在正向着這條新的途徑去走，將來一定會有很好的成績給我們看。這一本譯書，不過算是一個「嚆矢」罷了。中華民國十九年八月十三日楊筠如序於上海暨南大學。

本書注音說明——和注音符號的對照

p 等於注音符號的ㄅ。

p' 等於注音符號的ㄆ。

m 等於注音符號的ㄇ。

f 等於注音符號的ㄈ。

t 等於注音符號的ㄉ。

t' 等於注音符號的ㄊ。

n 等於注音符號的ㄋ。

l 等於注音符號的ㄌ。

k 等於注音符號的ㄍ。

k' 等於注音符號的ㄎ。

ng 等於注音符號的兀。

h 等於注音符號的厂。

k 用在 i 和 ü 的前面時，等於注音符號的ㄐ。

k' 用在 i 和 ü 的前面時，等於注音符號的ㄑ。

n 用在 i 和 ü 的前面時，等於注音符號的广。

h 用在 i 和 ü 的前面時，等於注音符號的ㄒ。

ch 等於注音符號的ㄓ。

ch' 等於注音符號的ㄔ。

sh 等於注音符號的ㄕ。

j 等於注音符號的ㄖ。

ts 等於注音符號的ㄗ。

ts' 等於注音符號的ㄘ。

s 等於注音符號的ㄙ。
i 等於注音符號的ㄧ。
u 等於注音符號的ㄨ。
ü 等於注音符號的ㄩ。
a 等於注音符號的ㄚ。
o 等於注音符號的ㄛ。
ê 等於注音符號的ㄜ。
e 等於注音符號的ㄝ。
ai 等於注音符號的ㄞ。
ei 等於注音符號的ㄟ。
ao 等於注音符號的ㄠ。
ou 等於注音符號的ㄡ。

en　等於注音符號的ㄢ。

ên　等於注音符號的ㄣ。

ang　等於注音符號的ㄤ。

êng　等於注音符號的ㄥ。

r　等於注音符號的ㄦ。

ï　注音符號上作口ㄙ；卽『之』『詩』等字的母音。

y　等於注音符號上用作子音的ㄧ」；卽另一母音前面的ㄧ」。

w　等於注音符號上用作子音的ㄨ；卽另一母音前面的ㄨ。

中國語與中國文

導言

譯者張世祿

敘目

一、本書著者高本漢先生
二、本書的價值
三、譯述的經過
四、本書內容的基本問題
五、中國語在世界上的地位
六、中國語的起源和歷史
七、考求中國古語的方法

八、中國語的特性——孤立的和單音綴的
九、中國語演進的趨勢——語音的單純化
十、語言原料實際的改造
十一、文言和白話的分乂點
十二、中國文言和文字的價値
十三、中國文字的起源和構造
十四、中國字典的編製
十五、書體的演進
十六、中國語的語句結構
十七、語句上語詞的序次
十八、學習中國語困難的情形
十九、中國語上的修辭

二十、藻飾辭語在日常生活上的應用

一、本書著者高本漢先生

本書著者高本漢先生（Bernhard Karlgren 一譯爲珂羅倔倫），是瑞典人。曾經久住在中國，對於中國的文化很有深切的認識和研究，實在是現今西洋的支那學家中數一數二的人物。他的著作近年來也漸漸引起國內學者的注意，在各種雜誌上曾有零碎的介紹。他的專門研究，是中國語言學；對於音韻和文字尤爲致力，有他的名著中國音韻學研究（Études sur la Phonologie Chinoise）和中文解析字典（Analytic Dictionary of Chinese）二書做代表；而在文法方面，也常有新穎精到的論著。胡適之先生說他的解析字典：『上集三百年古音研究之大成，而下闢後來無窮學者的新門徑』。（左傳眞僞考序）後來的學者，——尤其是中國人——對於中國的語文問題，自然不應當把顧江戴段錢王諸人的研究認爲滿足了，應當以西洋的學術做基礎，將中國固有的學說，重新改造一番，以建設一種新科學。那末，高本漢先生當然是我們最可敬愛的良導師，我們應當竭力的來介紹他的著作。

二、本書的價值

這本小書中國語與中國文 (Sound and Symbol in Chinese)，是牛津大學出版部"The World's Manuals"叢書裏的一種，出版於一九二三年。內中文辭和學理都很淺顯。但是把中國語文上種種重要問題，都已經給予讀者以確切明瞭的觀念，不啻爲高本漢先生對於自己全部研究的結果，寫出一個總括的報告。我們要讀他別種的論著，還是先讀這本書最爲便利。所以我很願意費了一月之力，把他譯出來，以貢獻於國人。

三、譯述的經過

本年春間，吾友賀昌羣先生譯完高本漢的中國語言學研究 (Philology and Ancient China)，請我負校訂之責；該書內容和本書有許多互相發明的地方，而據現在中國學術界的情形，本書的介紹尤爲重要，因引起我譯述本書的動機。就趁此暑期的餘暇，來做這種工作。同時得了學術界前輩傅緯平先生的許多指示，以及賀昌羣唐敬杲二先生的熱情鼓勵，并承楊筠如先生代我作序。對於這幾位輔助我的學者，我是要深深的表感謝的。

茲爲了讀者便利起見，再將本書內容的大概做個提要。

四、本書內容的基本問題

本書共分六章，就可以分做下面這六個基本問題：

1. 中國語言的起源和歷史，是怎樣的呢？
2. 中國語言的特性，是怎樣的呢？
3. 中國語言演進的趨勢，是怎樣的呢？
4. 中國文字，對於語言的關係，是怎樣的呢？
5. 中國語言的結構，是怎樣的呢？
6. 中國語言上的修辭方法，是怎樣的呢？

這六個基本問題，還有其他許多相關聯的問題；我就依本書內容的序次，將高本漢先生對於這些問題的解答，簡略的敍述一下。

五、中國語在世界上的地位

中國語，應用的範圍最廣，現在通行中國語的人民，不下有四萬萬。而且中國語包含有豐富優美的文學，具有很長久的歷史。在縱的和橫的兩方面看來，他在世界上實在佔一個最重要的地位。

六、中國語的起源和歷史

要解答中國語的歷史問題，西洋有許多學者，曾經根據民族遷徙的學說，來證明中國語是起源於西亞的。但是在事實上沒有確鑿的證據。比較靠得住的方法，還是依照中國文書上的傳說，來說明中國民族和中國語言的起源。中國確鑿的歷史，說是起於伏犧神農黃帝時，（大約在西元前二十七世紀以前）。到了堯舜禹（西元前二十四紀以後），就進入中國文化的黃金時代。我們現在對於這些傳說，是應當承認呢？還是應當否認呢？在中國地方，因爲歷代政局的擾攘，所遺留的故物可以爲考證的工具的，實在很少。二十年前，河南曾經有龜甲文的發現。據一般的考證，是殷商時代（西元前第二千年時）的遺物，爲中國現存文字最古的標本。中國古代的文書記載，因爲受秦始皇焚書（西元前三世紀時）的影響，統已絕滅無存；現在所見到的，都是漢代以後傳寫下來的。我們對於這些後代傳寫下來的經書等等，大致可以取信任的態度；因爲中國歷代學者對於經文是很尊崇的。書經裏開首的幾篇，是關於堯舜禹的政典，說是西元前二十四世紀二十三世紀間的作品。龜甲文字爲中國現存最早的文字，西元前第二千年時的遺物；可是已經很精美，很技巧了。因此我們可以假定在這種文字之先，還有幾個世紀是行用略較初等的文字；而假定這幾篇是作於西元前二千數百年時，也是可能的。并且堯典上有一段關於天文的事實，利用曆法來推定這篇文辭的年代，大約是作於西元前二十世紀以前。那麽，中國文化和中國語是在西元前二千年以前，已經存在於中國的地域了。

七、考求中國古語的方法

但是我們要考求中國古代的語言，實在是個很困難的工作；因爲中國文字是表意的，並非像西洋那樣是表音的，不足以記錄歷代音讀的變遷。現代中國人讀古書，完全依據各自方言上的讀法。因此我們要考求古語，只能從現代各種方言上着手；因爲現代的各種方言都是從古代的語言上分化出來的；根據現代方言比較的研究，可以綜合爲古代的語言。此外，西元後數百年間，中國人受印度拼音學理的影響，將中國字音排成爲許多音韻表；這種對於古代語音的研究，有很大的價值。又西元前第一千年時，中國人和西亞中亞的民族，已經發生了密切的關係；中國的名辭，外國民族用拼音字母記錄出來；外國的名辭，中國人也用中國文字直譯出來。這些譯名，對於古代語言的研究，也給予我們以許多可貴的啓示。西元後第一千年時，中國文化漸次輸入於日本，高麗，安南；中國的語詞和成語，也大批的輸入於這三國的語言中；所以我們可以利用日本譯音，高麗譯音，安南譯音來考求古代的中國語。不過以上的種種方法和途徑，只能用來考明隋唐時代（西元後五六世紀）的語音；至於周漢時代（西元第一千年時）的古音，那就很難考明白了。

八、中國語的特性——孤立的和單音綴的

中國各個時代的語言，有兩種共同的特性，就是孤立的和單音綴的。印度歐洲語言裏，各個語詞的形式，常因其在語句上的功用不同而發生變化；文法上『格位』，『數目』，『人稱』，『時

間』等的範疇，常用形式變化的附添語（如英語上表明動詞的過去時，常用 -ed 之類）表示出來。中國語裏沒有語詞的形式變化，所以各個語詞在語句上是孤立的。語詞可以分做二種：一種是單純語詞，一種是複合語詞。單純語詞是語言上代表意義的各個獨立的單位；由兩個以上的單純語詞所組成的，叫做複合語詞。單純語詞又可以分做兩種：一種是語根語詞，一種是轉成語詞。語根語詞是不能分析爲各個部分的，（如英語的 write 等），轉成語詞就是由語根語詞加上轉成作用上的附添語所組成的，可以分析爲各個部分，（如英語的 writer ，由 write 和 -er 這個附添語所組成的）。轉成上的附添語，也有表明各種範疇的作用，如英語上的 -er 用來表示『行動者的名辭』。中國語上，凡是單純語詞，都是單音綴的，沒有多音綴的或雙音綴的語根語詞，所以中國語是單音綴的。凡是中國語的語詞，旣沒有應用形式變化的附添語所分化成功的，也沒有應用轉成作用的附添語所組織成功的，和西洋各國的語言正是相反。中國這種『純一』的特性，在上古語言裏，偶然見到一二的例外，如『吾』『我』，『汝』『爾』有賓主之分，足以證明中國語的傾向，也是由變形進趨於孤立的，和印度歐洲語言演化的階級相同。印度歐洲語中，如梵語，希臘語，拉丁語，形式變化甚繁，至於現代的英語上，多化爲簡單了。而中國語的這種演化，更較英語尤爲深進。

九、中國語演進的趨勢——語音的單純化

中國語的單音綴制，在語詞的組織上發生了許多顯著的現象；中國語從古以來就具有很豐富的詞彙，而能夠讀出的音綴並不很多。又在歷代演化的過程上，總趨向於語音的單純化；因之同音語詞的發生，日見增多。在西元後五世紀時，中國語上語詞的音綴，其語首部分已經不容有一個以上的子音（如英語的 strong, bread 之類，是中國語上所沒有的）。音綴的末尾，總是以母音或子音的 -p, -t, -k, -m, -n, -ng 爲收。那時語音上有這樣的限制，所以有許多意義上語源上絕不相關的語詞，已經變爲同音的了（如「羔」「高」「膏」等字都讀爲 kau），對於口語上的暸解，已經發生了障礙。歐洲語言上也有這種事例，如英語上的 read 和 reed, bear 和 bare 之類，但是沒有中國語上那樣的利害，尚不至於引起意義上的誤會。還有一層，在中國地方，這種語音單純化的趨勢，並非各個區域內完全一致的。從西元後五世紀，到了現代語

尾的 -p, -t, -k，在某些地方上還保存着而在他處已經喪失了；濁音的語首 b'-, d'-, g'-，在某些地方上還保存着而在他處已經變爲 p-, t-, k- 或 p'-, t'-, k'- 的音了。這樣中國地方就演成了許多種的方言。中國方言複雜的情形實出於我們意想之外；尤其在東南沿海一帶，最爲紛歧錯雜。揚子江以北，以及中部西南諸省，語言比較的統一，稱爲官話區域，現今改稱官話爲國語。國語區域中，尤以往時首都北京的語言，最爲流行。國語上因語音單純化的結果，把語尾 -p, -t, -k 遺失了，把 -m 變爲 -n 了；把語首的 b'-, d'-, g'- 帶聲暴發音變爲不帶聲的暴發音了；母音上也有許多受了單純化的。因此本來音讀不同的語詞，多數都變爲同音的了（如「到」「盜」五世紀時，一讀爲 tau，一讀爲 d'au，現在統讀爲 tau 了；「南」「難」五世紀時，一讀爲 nam，一讀爲 nan，現在統讀爲 nan 了）。而言語上的困難，又大大的激增。北京語實在是一種最可憐的方言，總共只有四百二十個音綴；普通的語詞，不下有四千個，這四千多個的語詞，統須支配於四百二十個音綴當中。同音語詞的增進，使聽受者受了極大的困難，於此也可以想見了。

十、語言原料實際的改造

語言上同音語詞的增進，自然需要有補救的方法。第一種的補救方法，是利用各異的音調來分辨同音的語詞。中國語在六世紀時，已經有平，上，去，入四種音調，這四種又分為高調和低調，因此共有八種音調。到了現在，依據方言上的紛變，各種方言裏，有各種不同的音調，例如廣東語裏不下有九種，而北京語裏只有四種。北京語裏四種音調，就是陰平，陽平，上聲，去聲；例如一個 i 音，可以分做 iˉ, iˊ, iˇ, iˋ 四種讀法。說話時，不能把音調讀錯；假使讀錯了音調，就要發生意義上的誤會。例如「貴」讀去聲 kueiˋ，假使讀為上聲 kueiˇ，就變為「鬼」；那末，「貴國」就變做「鬼國」了。所以這種音調的分辨，在語言上的功用很大。但是同音語詞過多，音調的分辨仍不是完美的補救方法。於是實際上，不能不把語言的原料改造一番；就是在單純語詞上附加了表白的辭語。所附加的辭語，又可以分做下列的幾種——

1. 把意義相同或相似的單純語詞連接在一起。例如說一個「意」iˋ，和「億」，「異」，「邑」，「益」等容易相混，說一個「思」shïˉ，和「斯」，「廝」，「私」，「司」容易相混；把「意」和「思」連接在一起，成為 i´-shï¯ 用來代表「意」或「思」這個觀念，就沒有混淆的弊病了。

2. 把單純的動詞附加論理上他所固有的賓詞。例如，不說「我騎」，而說「我騎馬」；不說「我讀」，而說「我讀書」。

3. 把本身意義不甚顯明的尾語，如「頭」，「子」「兒」之類，附加在單純的名詞之後。例如，不說「指」，而說「指頭」；不說「桌」，而說「桌子」；不說「風」，而說「風兒」。這種尾語的本身，不是獨立的語詞，和轉成語詞上的附添語，有同樣的性質；這一點中國語頗有接近印度歐洲語言的趨勢。

4. 名詞之前，假使用數目字或指示代名詞，疑問代名詞時，就插入了許多類別的辭語。如說「一衫」和「一山」，都是 i¯shan¯ 的音，容易相混；就說做「一件衫」，「一座山」，在「衫」之前加上「件」kien，在「山」之前加上「座」tso，就彼此分辨得很清楚了。這種類別的辭語，和名詞意義上的類別相應，實在是中國人一種巧妙的發明。

十一、文言和白話的分叉點

因同音語詞的增進，在口語上不能不把應用的詞類改造一番，但是在書寫上仍是沒有改造的必要。因爲中國文字是表意的，不是表音的；單純語詞，無論在音讀上怎樣的變遷，在口語上怎樣的含混，而在書寫上總是分辨得很明晰的。例如說一個「一」音，不知所說的究竟是那一個「一」音的字，而在文字上，寫一個「意」，和「異」，「臆」，「邑」，「益」等字絕對不會相混。又中國人喜歡摹倣古代的文體，因此中國文字的特性，使中國地方產生了一種文雅簡潔的文言。在口語上必須將語言的原料加以改造，而在書寫上仍可以應用這種簡練的文體。歷代書寫方面，都喜歡用文言記載，而不喜歡用鄙陋的俗語；因此就演成「文言」和「白話」的區別。卽在今日，大部分的中國人在書寫上還是應用文言的。

十二、中國文言和文字的價值

中國文字可以離開實際的語言而表明意義；因此文言和口語的分離，在實用方面，有很大的價值。中國一經學會了文言，在縱的方面，可以不管古今音讀的變遷，而能瞭解數千百年前的文書；所以中國人對於古代的文化能有極端的認識和尊敬，這是西洋方面所沒有的。在橫的方面，各人可以依照各自的方言去閱讀書信而仍能瞭解意義；方言不同的人在古語上雖然有所阻礙，而在書寫上有此簡捷便利的工具彼此可以相接；所以文言在口語上失其效用，而在視官方面，却成爲一種書寫的世界語。現在來往的書信和公文，以及古代的文書記載，他人誦讀起來，我們聽不懂，（因爲文體的簡練和字音的單純，不僅因爲方言的歧異而已）；可是大家都能看得明瞭的。中國人爲何不廢棄這種表意的文字，而采取音標的字母內中有很大的理由。中國文字，在學童識字的效率方面，雖然不及音標字母那麼簡易；可是中國全部文化的基礎都建築在這種文字之上，而各處散漫的人民，彼此能互相維繫，以形成這樣一個大國家，也未始不是這種文字的功用哩！

十三、中國文字的起源和構造

中國文字傳說是起於伏犧，到了黃帝時，倉頡始製作正式的文字。我們曉得，中國現存最古的文書，是作於西元到二千年以前；而河南發現的龜甲文裏，可以看見西元前第二千年時，書寫上已經有很高等的技巧了。那末，傳說上假定中國文字是起於西元前第三千年的中葉，是很合理的。中國文字是一種複雜的產品，依據了許多原則構造成功的，玆一一說明如左：

1. 最早的文字是許多物體的圖象，叫做圖畫文字。這種圖象，最初必定是很顯明的，很詳細的，後來因爲書寫上的變遷，有許多已經成爲暗晦不易瞭解了。如『日』，『月』，『山』，『川』，『蟲』，『魚』，『鳥』，『馬』，『耳』，『目』，『手』，『口』，『弓』，『矢』，『車』，『刀』，等字，古代是寫做[illegible]等；這種就是所謂『象形』字。

2. 圖畫文字只適用於表明具體的事物，至於要表明抽象的觀念，就不得不用符號來表明，這種就是所謂『指事』字。如『一』，『二』，『三』，以及『上』『下』的[illegible]等。或者應用具體實物的圖象，來代表抽象的語詞；如寫一個『高』字的[illegible]是畫了一座塔來代表『高聳』的意義；寫一個『行』字的[illegible]，是畫了足跡的形象來代表『行走』的意義。或者應用具體的同音語詞，來代表抽象的觀念，如『來』字的[illegible]，畫了麥芒的植物，用來代表『行來』的意義；『萬』字的[illegible]本是毒蟄的形象，用來代表『十千』的意義；這種就是所謂聲音『假借』。

3. 但是單純的圖象，對於種種意義的表明，總是不敷應用的，於是再進而發明許多『合體字』。第一步是論理上的合體字，由兩個以上的單體字，依論理的關係，合併起來，以代表一個新觀念。兩種實物的結合，或者對於所表現的性質和情狀，都很顯明的，例如『明』字，由『日』和『月』結合，以表示『光明』的意義。或者兩種實物共同的存在，足以提示一種觀念，如『好』字由『子』和『女』結合，以表示『美好』的意義。或者兩種實物的結合，其中一個是依附於另一個之上；例如『坐』字，等於兩個人在泥土上。這種合體字，不但可以表明抽象的意義，也可以代表具體的實物；例如『婦』字等於一個女人握着一帚。這類論理上的合體字，就是所謂『會意』字。

4. 論理上的合體字，有一種缺點，就是需要創製的心思，未免過鉅；這種方法，所以太繁難；於是第二步不能不另創一種新方法，就是音標的合體字。起初原於聲音的『假借』，如毒螫的『萬』字，用來表明『十千』，乃是很笨拙的。中國人把這種方法修正一下，就成爲一種精巧簡捷的方法，把表意的部分和表音的部分結合成爲許多新的合體字。例如『杠』，『江』，『扛』，『貢』四字表意的部分是『木』，『水』，『手』，『貝』；意義絕不相同，而音讀相似，都和『工』字的音相同或相似。這種音標的合體字，就是所謂『形聲』字；中國文字，十之八九，都由於這種方法造成的。這種音標文字表音的作用，實在很微小，和字母文字不同。第一是用整個的音綴當作分析語音的單位。第二這種音標文字的構造，一經固定之後，不能隨語音的演化而加以更改。如『工』在『扛』『江』等字裏，現代國語上只有一種極暗昧的表音作用，所以中國文字畢竟是表意的，不是表音的。

十四、中國字典的編製

中國文字的特性，使字典的編製，成爲實用上一個很困難的問題。中國現行的字典，有一種是依照語音來編製，不過不像西洋那樣依照語首字母的次序來排列的，而是根據四聲及語尾分爲許多韻部。對於這種字典，先須曉得了某字的音讀，再用來考查某字的意義，及由某字所組成的成語或複合語詞。假使沒有曉得某字的音讀，那就須采用另外一種字典。那是依照字根

（卽所謂『部首』）和筆畫兩種原則排比成功的字根的先後，依筆畫的多少排成一表；我們要査考某字，先須認定他是屬於那一個字根之下，再依他除去字根後所賸的筆畫數，去尋求，就可以得到了。中國字的筆畫在書寫上的程序和次數是固定的；所以要考查中國字典又須熟習中國字的寫法。

十五、書體的演進

中國文字的構造，先由圖畫文字，進而爲論理上的合體字，再進而爲音標的合體字，合體字的發生，大約在周代末葉以後（西元前數百年間）。此時，結構上的演進，已告完成。另有一種形式上的演化，進行到了更後的時期。當西元前第一千年以前，文字的書寫是很紛歧的；各個字的異體很多，例如一個馬字有[illegible]，[illegible]，[illegible]等異體。到了西元前八百年時，確定了一種『大篆』。書體上就比較的統一。後來因書吏任意的書寫，字體又形紛歧。西元前三世紀末，李斯出來擔任統一的工作，製定一種『小篆』，對於往時字體，多加以省略或更改。後來因爲用毛筆來代替刀刻，用縑帛紙張來代替竹木，因文具的變更，就發生一種新書體，叫做『楷書』。毛筆引用之後，可以寫得很快，容易使人趨於草率，就發生種種『行書』和『草書』；對於原來小篆的圖象，更不相像了。從小篆變爲楷書，已經使我們錯認了字源上的關係；因此我們現在對於中國字的認識，大部分都是機械的去強記，而一方面文字的來源和歷史，成爲一種專門的研究。西元後一百年間，許愼作說文解字一書，本來要想表揚李斯的小篆，以遏止當時書寫上的粗率和放縱；後來竟成爲文字學的經典，歷代注釋增訂此書者很多。中國文字學的研究，現在還沒有到了結局，許多字的字源關係，還沒有明白的建立；在將來的支那學上，這實在是個重要的工作。中國文字是中國人精神創造力的產品，並不是從他族上借來的；書體很美麗可愛，所以中國人常應用他爲藝術的裝飾品。而且學習起來，也並不見得怎樣繁難；只須熟悉了幾百個的單體字，就得到了各種合體字裏所包含的分子。

十六、中國語的語句結構

我們上面說過中國的語詞，和代表他的文字，只是關於語言上的原料；我們進一步再來討論中國語上語句的結構。我們曉得，印度歐洲語言裏，語詞在語句上的功用，是用形式變化來表明的。中國語上，沒有形式變化的各種語尾，同是一個語詞的形式，可以應用於各種範疇之上。在這方面，印度歐洲語言演化的趨勢頗有接近於中國語的傾向。惟中國語上完全沒有形式變化，沒有正式的詞品，實在和西洋各種語言相反；一個語詞，不論他詞品怎樣的變化，形式總是固定的。這種情形在中國語上或者不無例外，如利用音調的不同，來表明各種的詞品；一個『好』字讀做 hau˅，作形容詞用，讀做 hau˴ 就作動詞用了。又如應用許多助語詞，例如『要』字，我們說『怕要死』，內中的『要』，並沒有『需要，要求』的意思，而是『將來』的意味，我們因此可以確定後面接着的語詞，必定是個動詞。又有許多助語詞，已經變成純粹的附添語；例如『的』字，用在兩個語詞的中間，以表明前一個語詞是後一個的附加辭。這個『的』字，在文言上就是『之』字，大概由於指示代名詞演化成功的（『父之心』從前是說做『父，此心』）。那末，中國語就有了形式變化的附添語了，有了詞品了。但是少數的例外，決不足以概括全體；這種助語詞和詞品應用的趨勢，是很微小的，在需要表白或協調音律時，才不能免除；通常可以隨意用不用。例如『他的父』，也可以說做『他父』；所以我們說中國語沒有形式變化，仍是可以成立的。

十七、語句上語詞的序次

中國構造語句的主要方法，是應用一種井然不紊的語詞序次。主詞總在動詞之前，賓辭總在動詞之後，附加的區別辭總在他的主辭之前。這種序次和英語上很相似；不過英語上疑問的語句，常把原來的序次顛倒一下，卻和中國語不同。疑問的語句，一種是要求決定的，一種是要求告訴的。要求決定的疑問，英語上只能說 Will he come? 把 He will come. 這個語句裏的序次顛倒一下；而中國語上，或是說：『他來嗎』？或是說『他來不來』？對於原來語詞的序次，沒有更動。要求告訴的疑問，英語上只能說 Who is he? 而中國語上，或是說『他是誰』，或是說『他是誰呢』？應用疑問代名詞或加以疑問的助語詞以外，總是沒有把主辭和動詞的序次顛倒的。但是中國語上，也另有一種文法上的範疇，是應用語詞序次的變化來表明的。在單純的動詞上，加上一個否定的語詞『不』，如說『他不拿』，是很簡單的。至於在複合的動詞上，加上否定的語詞『不』，就可以表明兩種不同的意義：如說『他不拿去』，只是否定的意思；假使說『他拿不去』，就有『他不能拿去』的意思了。

十八、學習中國語困難的情形

要解釋中國的文辭，有三種主要的困難：

1. 單純語詞的意義過於繁複。大多數的語詞，都包含有許多種不同的意義。例如一個『節』字有『節制』，『禮節』，『氣節』，『貞節』等意義；聽者或讀者只能依據上下文的輔助來斷定這許多種的意義中說者或作者所指是那一種。

2. 單純語詞的意義既然很繁複，那末他們所結合成功的複合語詞，有許多固然容易瞭解，而有許多是很不容易瞭解的。例如『先生』『東西』等，依據他們所包含的分子直白的解釋，實在很不明瞭。又有許多他們所包含的分子，意義上彼此絕不相關的。例如『天賦』，『顧命』，『東道』等。複合語詞，有許多是專門名辭；如『秀才』，『舉人』，『進士』等。有許多是類比的組織，如因『先生』的類比作用而發生『學生』，『醫生』等，皆須加以解釋的才能明瞭。

3. 某個複合語詞的省略，成爲單純語詞，就用這個單純語詞和他個語詞的結合另成爲一個複合語詞。例如『股人』省略爲『股』，再和『票』結合，成爲『股票』這個語詞。這種省略的形式，在西洋語上是固定的；在中國語上，却極端的自由。如說『日兵』來替代『日本兵』，說『衆生』來替代『衆學生』等。

分析中國語的語句，也有許多的困難：

1 中國語缺乏形式變化，語句上的結構，只有語詞的序次來表明；而中國人不喜歡語句上的明晰，極端采取簡略的文體。學習者只能從上下文裏猜度他的意義。中國文言上的語句，卽使對於支那學的專家，也常要發生種種疑難。

2. 有時常遇見一個含混的語句，直白的解釋，常發生了許多種不同的意義，而在文法上，都可以通的。我們須對於中國語文有充分的閱讀經驗，才能自覺眞正的解釋究竟是那一種的意義。

3. 中國文辭上，缺乏標點的方法，和西洋的情形正是相反。語句的各部分，沒有句號，分號，逗號和短畫等表明出來，專名上也沒有特別的標明；因之在語句的分析上，容易發生失錯。

現在雖摹倣西洋，竭力推行新式標點符號，而在文書報紙中，仍未普遍的應用。又中國私人的名氏很複雜，一個人有種種不同的名號，所以要分析中國文辭，必須對於歷史上的事實十分的熟悉。

十九、中國語上的修辭

中國語上語詞意義的繁複錯綜，語句組織的空漠無定；因此，要熟悉中國語文，必須有閱讀上的經驗。中國人從少起就把文書課本一册一册來記誦；養成大家對於代古的歷史和文學具有特別的熟悉和敬愛心。所以著作家得了一個大資產，以備文辭修飾的應用。中國語上的修辭，可以分做下列幾種：

1. 引證。把古代文書上引證得來的文辭，以表明一種意義。例如引據陶淵明的『知今是而昨非』表明『懊悔』的意義等。

2. 隱喻。無論那一種語言上，包含隱語是很豐富的；不過有些已經消失了他們隱喻的風味，有些還是覺得他們有隱喻的性質。例如以『坐井觀天』表明『心地狹小』等。

3. 文書上的隱喻。就是隱喻語出於文書上的。有些對於所表現的意義很明顯的，而又因爲根據於古代文書上，本身價值更覺增進。例如『脣亡齒寒』這個成語，是用否定的形式表明『合羣卽強』的意義；而因爲出於左傳上，他的價值，更覺增進了。有些完全是引據於文書上的，他們本身的意義，不很顯明。例如『伐柯』，用來指『婚姻上的媒介』，是出於詩經上的。還有一種文書上的隱喻語，卽在文書原本上也極晤晦。例如隋代史記上，李諤說『月露風雲』以指當時的文學風氣；後代就用來表明一切的文學。中國語上這種專門的名辭是很豐富的。

4. 稱呼上的引喻。就是對人對己，稱呼上有特別的辭語，在尺牘中應用很廣。例如稱人的來信爲『玉簡』，稱人的房子爲『崇第』，稱自己爲『鄙僕』，稱自己的房子爲『茅廬』等。

5. 歷史上的引喻。就是引據歷史上的事實——有時是很隱僻的事實——來表明一種意義。例如稱『佳壻』爲『東牀』，稱『辭職告退』爲『掛冠』等。

二十、藻飾辭語在日常生活上的應用

這種藻飾的辭語，不但是供一般飽學者自己的玩弄，卽在普通日常生活中，應用也很廣。例如醫生的門牌上，總是寫着『橘井』，『杏林』等字樣。橘井是蘇仙公的故事，杏林是董奉的故事。上流社會彼此說話中間，介雜有許多文書上的成語；如說『三十歲』，有些人却說做『而立』，沒有熟讀論語的人，就不懂得這個意義了。稱呼上凡是對人的，總是用『貴』，『寶』，『大』『尊』，『台』，『令』等字樣；對己的，總是用『賤』，『鄙』，『敝』，『下』，『小』等字樣；這確是中國語言上特別顯著的情形。

十九年，八月，二十日，在上海寓所。

中國語與中國文

第一章

世界上幾千種語言，其中不論那一種，對於研究人類語言組織和演化的學者，總是極有價值的材料。例如一種南洋語，或者一種黑人語，他的語音法則和形式變化，在比較語言學裏，正和拉丁語日耳曼語上這類的現象有同樣的啓示作用。至於一般普通的羣衆，就不是抱了這種主見，他們看各種語言，並不是有同等的價值的。一方面，凡是一種語言傳布的範圍愈廣，就是應用這種語言的人數愈多，就認他在實用上愈佔重要；另一方面，一種語言的有無價值，只是看他有沒有包含豐富可貴的文學，而且在人類文化上佔了怎麼一個地位。依據這兩點看來，有一種語言在世界上實在佔一個很顯著的地位；但是歐洲人直到近來方才很多的注意他，這是很顯明的，是指中國語。應用中國語的人數，比較任何種語言要多；同時，中國語又包含有豐富優美的文學，他在東亞的地位可以和拉丁語希臘語之在歐洲相比。

以中國語爲母語的人民究竟多少，現在還沒有正確的數目；中國的戶口調查比較歐洲各國難靠，近年約略的估計，結果也迭有不同的數目。所以我們現在只能大概說中國語流行的區域，在亞洲的東部和南部比較歐洲的全部，還要廣大；通行中國語的人口，約略在三萬萬和四萬萬之間。此外還有許多中國的殖民地，分布於世界他處；最顯著的，如海峽殖民地及北美西部，也是通行中國語的。其他，還有日本高麗安南的文言，也是依據於中國語的。

中國語不但在應用的範圍上，超過歐洲幾種最通行的語言，如英語，德語，法語，俄語，西班牙語；而且從文化上的勢力看來，也可以和這幾種語言，互相媲美，立於同等的地位。歐西語言成爲高等文明的傳播工具，是近世幾百年以內的事；至於中國有了四千年的文學，這種文學，至西元前數世紀時已完全臻於成熟，內中包含哲學，歷史的考證，以及純文藝純美術的作品很多。

剛才我們說中國的文學有了四千年的生命，這不過給他一個大略的數目。這裏我們就歸引到一個問題，這個在中國語言現象的研究上所認爲最重要的問題。就是，我們現在追溯中國語，可以到了一個什麼時代？關於中國語的起源和他古先的歷史，可以應用什麼來考證？一般學者竭力要想解答這幾個疑問，曾經試用過兩種不同的方法。

其中第一種方法是十九世紀某幾個學者所採用的他們依着那時思想界上流行的趨向，以爲文明很少是土產的，一種文明的產生，大都不是由一種民族自己發展出來，乃是從各種民族裏因遷徙移民而聚集的結果。這幾個學者想把中國語和西亞的某幾種語言聯合起來，就假定西元前三千年時，有一種民族從中央亞洲遷徙到現在中國的北部。利希陀芬(F. von Richthofen) 氏曾經懸測原始中國民族遷徙的途徑；利氏是個著名的地理學家，而並不是支那學家。拉克伯里(Terrien de Lacouperie)氏也曾竭力證明：中國民族原來是居住於巴比倫尼亞附近，因得習楔形文字，後來漸漸加以變化，以至發達爲中國文字。

這幾家學說，是苦於沒有確實的證據，所以都不能成立。說中國語和西亞各種語言有關聯的地方，到了現在還是證明不出來。關於中國語的親屬問題，只有一點事實是可以相信的，就是中國語和暹羅語以及印度支那半島上的幾種語言，合成爲印度支那這大語系的一支，稱爲中國暹羅語系；其他一支就是西藏緬甸語系。可是卽使這幾種語言他們和中國語的親屬關係，也不見得十分切近。至於印度支那語系裏各種語言究竟和他種語系——如阿爾泰語（包括土耳其的各種語言，高麗語和日本語也常聯屬於此），閃族語（希伯來語阿剌伯語等），芬諸烏克蘭語（芬蘭語，拉拍蘭語，匈牙利語），或印度歐洲語（包括梵語希臘語斯拉夫語條頓語）——有否若何聯屬的關係，這個問題在嚴格的科學研究上，自然更不能成立了。所以要想依據民族遷徙的學說來解答中國語最古歷史上的疑問，更是完全失敗了。

要解決這個問題，比較靠得住的方法，還是根據中國文書上的傳說，來說明太古時代中國民族和中國語過去的繁榮。大家都知道，中國的文化是很古遠的。卽在西洋人的心理中也覺得他有極端古遠的歷史，普通都這樣說，中國文化在西元前五千年或六千年時已經發達到了極高的程度。而中國人自己卻以爲並沒有這樣古遠。中國人正和他種古民族一樣，承認歷史上有個廣大的傳疑時代；中國人以爲確實的史實是起於三皇，卽伏犧（中國人以爲在西元前二十九世紀時），神農（在西元前二十八世紀時），及黃帝（在西元前二十七世紀時）。講起三皇

的姓氏，就會聯想到種種文明分子，如書寫的技術，宗教的信仰等等之所由起。稍後到了堯（在
西元前二十四世紀時），舜（西元前二十三世紀時）禹（約當西元前二二〇〇年）三帝在
位時，中國人才稱爲歷史上的黃金時代。大概以爲中國社會組織的創始和發展，都是出於此時
的。所以，依照中國人自己的傳說，中國文化的年代並沒有埃及文化那樣古遠，——不過以歷史
的總時間計算。中國和埃及恰好相等；因埃及本地的文化，早已滅亡了，而現在中國的人民，還是
繼承堯舜禹的眞正的後裔。

中國人的傳說，就是如此。這種從現代批評的眼光看來，應該怎樣的說法？對於中國正史上
的記載，還是應該承認呢？還是否認呢？

要解答這個疑問，研究者可以有兩種史料做根據：一種是古物，一種是文獻；但是一講到這
兩種史料的本身，就有許多極困難的事實橫於我們的前面了。

古代的世界上，文化發達的民族，如巴比倫人，埃及人，希臘人，都有了古物和記載，很豐富的
寶藏流傳給我們；因此現代的學者，能深刻的研究他們的歷史。在中國地方，人民對於古代的歷

史，極端的尊崇，正可以此自豪；那末，依理，我們應當希望中國有這樣豐富的遺蹟了。可是，實在很失望的，史料方面卻是極少。造成這種失望的事實，是有兩種原因的。

第一點，因爲中國後代的歷史，充滿了棼亂的政事，很少有和平安靜的日子。數千年來，朝代屢屢更替；劇烈的爭權奪勢，不斷的發生，於是破壞的事情也接連的出現了。野蠻的游牧民族，如匈奴，蒙古人，滿洲人，又時時來傾覆中國——滿洲人近在十七世紀——常常有野蠻的舉動來破壞中國的文學美術。當這種棼亂的時代，有許多金屬的藝術作品被鎔鑄了，圖書等等也被摧殘了；古物之得遺留於今者，不過殘存而已。可是，我們應當注意的，中國人對於墳墓有一種宗教的崇拜心理，不許考古家的發掘。所以這老舊中國裏許多歷史上的地土中，必有豐富的寶藏蘊埋着，到今還未曾經人發現出來的。

不過，據現在說，中國奇貴的古物，可直接藉以爲確實考定中國文化的年代的，所賸存者實在不多。有許多保留下來的銅器，內中文字——所存在者——多隱約不明。

雖然，約當二十年前，一個有趣的發現，在古代文化中心的河南省地方，卻是豐富的。一大批的龜甲骨片，——據說有幾千片——在地發現出來；甲骨上有某種尖器所鐫成的古文字。對於這宗寶貴的發現，在某種書報上曾經發生懷疑過。因爲中國有許多熱心的收藏家，又有許多很善於假造古董的，自然不免造出許多僞品，以圖營利；龜甲骨片上的文字，其中有不少部分是近人所假造的，所以一經仔細的檢驗，就可以知道；懷疑的人也並不是完全沒有理由的。可是，從眞僞雜糅之中，我們也很容易把他們辨出來。事實上這種骨片，年代都經過很久了；但是有許多片上的文字，筆畫尖利淸楚，而另有許多片上，筆畫的沿邊有小小的裂痕；這是很明瞭的，假造古董的人摹倣骨片上的文字，鐫刻於無文字的骨片上，卻不知道現在要在這種朽骨上鐫刻了文字，必不免有許多破碎的筆畫的。但是其中眞的標本，還是很多，我們不難把他們檢別出來。而且礦物學家曾經考查在發現這宗眞文字的掘土中，有某種結晶物，足以證明這些骨片，埋藏於地下，已歷有很久的年代了。

不幸的，這些珍貴的遺物，因彼此賣買，流散在各處了，而有一大部分落入於西洋收藏家的手裏；另有許多，中國的考古家也曾經把他們的眞跡影行出來。這種龜甲骨片，中國古時似乎以之爲占卜之用；把他們用火器來薰灼，就顯現了許多裂紋。這種裂紋和文字有許多形似的地方就依據他們來解釋；骨片的背面，就寫了所卜的年月事件，現在留下來的就是這種文字。

關於這種文字年代的考證，支那學者曾經有兩種不同的意見。有幾個學者不承認他們是西元前十世紀以前的文字，另一派學者則指爲商殷時代的文字，在西元前一七六六年至一一二二年之間，（依照中國人的傳說）。這兩說中後一說比較可靠。因爲中國在周朝（西元前一一二二年——二四九年）初年，書寫的實用已經很普遍了，此層後文當論及之；而在河南所發現的文字，比較上實爲原始的作品。所以我們大概可以斷定——除了幾種銅器上的文字，或者還要近古一點以外，——龜甲骨片上的文字，是現今中國所存最古的標本，大約爲西元前第二千年之古物。

原始時期的古物，留存既然很少，而確實的記載在西元前三世紀以前者亦已無存。這種記載的，完全絕滅並不僅由後代之棼亂擾攘所致。中國歷史上有特別的一年（西元前二一三年），大宗文書記載一定因此而歸於絕滅，所以從那一年之後，往時記載之流傳下來，就很少了。文書上這個大打擊，就是中國的一個最大的君主，秦始皇所賜予的。西元前三世紀時，適當戰國，羣雄並立，互相吞併，最強者爲秦。始皇做了秦國君主之後，就先後剪滅諸國，統一宇內，集大權於一身，使中國封建制度從此告一段落。可是，那時有一班保守的文臣，對始皇的主張，竭力的提出反對；他們反對的根據，常引用過去經典上所載的古代政治制度。始皇原來是個很激烈的人，要禁止他們的頑抗，馬上就想出一個辦法來。他下了一道詔諭，令天下「焚書」，切實施行。往時的文獻，只有極少數的幾種，還被學者隱藏下來。其餘大宗的古代記載，大概統已一掃淨盡了。

那末，現今的歷史家，只有少數遺器上的文字做根據，而沒有古代的記載可憑藉，似乎研究古史是絕端的困難了。但是事實上並不是那樣絕望的。焚書的結果，實際並沒有如始皇所期那樣完全的絕滅。過了幾年，始皇死了，秦朝也隨着滅亡了；這時興起的是漢朝（西元前二〇六年——西元後二二〇年），漢朝最著名的事業，就是竭力的補救焚書的損失。沒有受過秦火的幾種遺書，搜求到了，把他們編纂注釋起來；還有幾個學者，能夠背誦經文的，——這種事情到了現在，還是很普通的，——便把他們默寫出來。古代文獻居然得到殉教的光榮，因之特別的受人崇拜，而風行於全國。而且那時因經典的編纂和訓釋，這種工作的關係，就興起了一種深切純理的哲學。結果焚書的影響，反而使中國智識界得着一個大進步。

一般學者專以誦習經書爲業的，自然會成功考古學和文字學的專家；因此我們從最早的時候，就可以得到許多書籍，是記載彝器以及彝器上所載的文字的。經過了二十個世紀，這許多書的原本雖已不見了，可是中國文獻的授受，忠實的傳寫，使這種書籍還能保留到了現在。

這裏自然要起一個疑問，就是：現在的研究，是否可以信任這種傳寫的材料？這許多經文，現在所認爲古代的經典，究竟還是眞的呢？還是西元前第二世紀的學者所假造出來的呢？所傳寫的銅器等等，內有許多奇怪的古文字，究竟還是忠實的做出來的呢？還是幻想的虛構出來的呢？對於這個疑問，我們可以穩定的置一個回答。對中國學術界是很取讚獎的態度。過去中國的文獻學家，他們的工作大都很精密的，而且能應用科學的方法，也不下於現在西洋的研究。各派解經的學者彼此爭論之間，我們可以看出：他們對待古代的經文，實有一種尊崇的態度，和學者謹嚴的精神；所以大概的說來，——自然有許多例外，——我們可以絕對的信任這些經文。許多遺器古物，先後發現出來的，也可用來證明中國考古學家的可靠。例如，剛才說過河南的發現，可以表見他們內中的古文字正和歷代中國學者所傳寫下來在他種器物上的，並沒有什麼兩樣。

這樣看來，我們要想明白中國文化和中國文獻的年代，自不得不從漢代學者所保留下來的文獻上去考求了；其中最主要的，是孔子的經典。孔子——亦稱孔夫子，往時耶蘇社教士譯成拉丁文的形式為"Confucius"——是個政治家，哲學家，約當西元前五〇〇年時興起的。那時因封建制度衰敗的結果，政治和社會上演成兇惡的局面，孔子就出來，竟成了一個中國文化的救世主。他把中國講人倫道德的古書收集起來，加以修訂，而傳之於後人；這些書經過他修訂的，後來就成為中國之經典。這些經典包括：詩經，是一部從西元前第八世紀到孔子時代中國詩歌的總集；書經，是一部歷史的記載，內中大部分錄有古代帝王的名言偉論；易經，是一部講八卦的奇書，以備卜筮之用，而認為含有深奧的哲理的；禮記，是講人生一切禮儀的標準的；及春秋，是從西元前七二二年到四八四年間的魯國史記，曾經孔子筆削過的。這五經更和其他幾種書籍，合成為一宗經典的文學；歷代以來，中國人的思想都受其鎔鑄；後世文學也都沾染了經典的色彩，常以經文中的一二語爲其題旨；一直到了現在，這些經典還可說是中國人心理最好的代表。

孔子的經典中，我們這裏應當論及的，是書經一書，因爲書經有關於解答中國文化年代的問題。

這書開首的幾篇，是關於堯舜禹的政典；前面說過，堯舜禹是黃金時代的君主，中國人以爲在西元二十四世紀和二十三世紀間的。要假定這幾篇政典的文辭，如中國人所說這樣古，實在沒有什麼不可能的。我們已經曉得河南發現的龜甲文字定爲西元前第二千年間之物。這種文字確是比較原始的作品，但是所寫作的已經覺得很精美，很技巧了。因此我們可以假定，在這種文字之先，總還有幾個世紀行用略較初等的文字；所以假定書經上最古的幾篇，是作於較早的幾個世紀，並非毫無理由的。

可是還有一件很幸運的事情，能使這概然的論斷，再說進一步。書經上第一篇，名爲『堯典』，中間有一段講到曆法，我們就可利用他來計算這篇經文正確的年代。這段文辭是說堯帝怎樣的令幾個天文家，到國內各處觀象臺去觀察天文，測晝日月星辰在黃道帶內的行動，各使人民知道天時，（『乃命羲和，欽若昊天，曆象日月星辰，敬授民時』）。後面接着天文上種種觀察，關於日月星辰在冬至夏至，春分，秋分間的位置；這種啓示實具有絕大的價值。現在不難把其中所講天文上的事情，一一證實；法國有個天文家索緒耳(L. de Saussure)氏曾經主張：中國天文曆數的科學和堯典裏關於天文的一段文辭，是起於西元前二十四世紀的，而且早先更古的原始曆法中，有三種分明的現象，還可以考證出來。

這樣看來，中國傳說裏對於外國民族移入的事實，沒有什麼暗示，外國史記上也畢竟尋不出什麼佐證；可是從他本身上的證據，我們大概可以斷定：中國歷來的傳說，以爲堯帝在西元前二十四世紀時當國，這是不錯的；當那樣古遠的時代，中國人裏已經有很精巧的天文家了；他們把值得記憶的事實，用了中國的文字語言記錄出來，事情發生之後，他們也就立刻將大概的情形寫出他們的報告；總之，中國文化已經成熟了——當然有過去許多的世紀做了根基——這種文化和中國的語言相合，當西元前二千年光景，已經存在於中國的地土了。於是我們試把這四千年中間中國語言演化的歷史，做一個極簡單極明確的觀察。

第二章

我們要想在中國語言這個廣大的範圍裏尋出我們研究的途徑，如果開始把文字上和經書上保存下來的古代語言做一番考究，立刻可以明瞭一種事實，凡是研究中國文化的，總要感覺得到的就是中國的事情常常和西洋普通的情形極端相反的。例如學者觀察許多記載斯干的那維亞語的最古的紀念碑，許多古代西文的石刻，他第一步就着手來決定這些古代西文各個的音讀他們的發音價值；各個音讀決定了之後，他再把刻文上的各個語詞拼綴出來，於是才能依據聲音上的相通（依據於某幾種法則），把這些語詞和許多中古的斯干的那維亞語上語詞證明相同。總之他只能用這種方法，利用古代的音讀，才可以得到各個語詞的意義。

在中國語裏正和這程序恰好相反。中國的古字，有許多還是和現代所行用的相同，經過了許多世紀，他們的『形體』確是有大部分發生了變化，可是他們所代表的『意象』，仍和古代相同的。每一個字體，總是代表一整個的語詞。例如⊖字就是現在的『日』字，意義是指『太陽』；

☽或⺝（古代同字的異體），就是現在的「月」字，意義是指「太陰」。這兩個字體，都是他們所表明的實物的簡單圖象。我們看着字體，就直接可以得到語詞的意義；但是，字體的組織，不是一種音標，而是一種意標。字體上對於古代「聲音」的形式，一點也沒有表示出來。現在曉得了這兩個語詞，在國語上的讀法，第一個爲 jï，第二個爲 yüe，可是對於古代怎樣的讀法，仍舊無從知道。因爲經過了許多世紀，這兩個語詞的音讀，已經把過去的聲音形式發生了變化。結果古代的經典，現代的人只能誦讀他們的意義，不能誦讀他們的聲音。現代中國人朗誦中國古代文學上的語詞，只是用現代的音讀，——一個北京人讀爲 jï yüe，而一個廣東人讀爲 yat, üt，——沒有想到古代是怎樣的讀法，大部分的人連對於古代和現代在音讀方面有很大的變異，也沒有知道呢。

對於別種語言的研究，第一步的工作是在確定古代字體的發音價值；發音價值一經確定，音讀也就可以決定了。在中國語裏，正和這種情形相反，我們現在只看到許多字，他們是代表整個語詞的符號，——這種符號不是代表古代的音讀，所以當時他們怎樣的讀法，現在不能記錄出來。結果對於古代中國語的研究，這種文字的研究，實佔一個顯著的地位。我們後面將要討論到中國文字的組織和歷史，這個有趣的問題。

表意文字的性質，使學者可以明瞭古代各個字的原來的意義。但是沒有把古代語言實際的情形，給予一個明白的表示，因此對於語言學者有很大的不利。那末，我們就完全不能考明幾百年前所說的語言了嗎？

語言學者這裏所當應付的問題，有可以相比照的地方。西洋語言的科學，根據許多親屬的語言，考求他們所從發展的原始語，已經成功了。原始印度歐洲語，就是梵語，希臘語，拉丁語，德語，俄語，這許多各異的語言所從發生的；他的幾種重要現象已經考明出來了，他是怎樣的紛變而為這許多各異的語言，也已經發現出來了，這是語言學上一件最得意的事。中國地方既然有許多種方言存在着，他們彼此的差異，舉個例，正如北德意志方言和南德意志方言那樣差異，言語學者在這裏的工作是和西洋很相像的；那末，關於古代中國語，我們從各種方言的比較研究上，引出許多結論，當然是可能的。

這許多方言本身上的證據，更可加上別方面的證據。佛教傳入中國，是在西元後最初幾百年間，那時許多印度的梵僧到中國來。那些梵僧是古時高等的專精語言學家，他們教授中國人依着文法來研究中國的語言。於是發生一種結果，中國的學者開始來排列中國語上音韻的部類：在字典中把發聲相同的語詞以及收韻相同的語詞聚集在一起；又把其中取出許多語詞做標本，列成爲幾個總表；表中就是依照語詞彼此發音上的關係，來歸成許多部類（例如某一類的語詞有 t-, t'-, d'-, n- 的音，另一類的語詞有 p-, p'-, b'-, m- 的音等等）。古代學者這種語言學上的工作，對於現代的學者是有很大的價值的。

更有進者，在西元前最後的兩個世紀中，以及西元後最初的一千年間，中國人大概和中亞西亞的各種民族，已經發生了密切的關係；這些外國民族的記載上，有關於他們所接觸的中國事實以及中國的文獻，現在的研究，從這些記載上得了不少的幫助。這些外國民族將他們所聽到的中國語詞，竭力的用拼音字母寫出來；而另一方面，中國人也把外國的名辭——種族名，人名，神名，國名等，——用中國字翻譯出來。這些譯名對於許多中國字古音的讀法，給予我們以一個切近的觀念例如 Buddha 這個名辭，翻做『佛』字，現在國語上讀爲 fo。我們依據方音比較的研究，可以得到了下面一個結論：這個字在中國古音上，原是讀爲 b'juĕt（在某種古方言上是讀爲 b'juĕd）他和原文的 Buddha 就覺得很適合了。

中國人和化外民族的交通，固然給予語言學者許多可貴的線索，而感受中國文化的海外民族，從他們得來的啓示，更是豐富可貴。西元後最初一千年間，中國的文化很普遍的輸入於高麗和日本；那時以前，這兩個國家還是只具有初等的文化。那時稍後，中國文化又輸入於安南。因爲這種文化的輸入，所以有一大批的中國語詞和成語，也同時轉入於高麗，日本，及安南的語言中；這些轉入的語詞和成語，在語言學上，實是很寶貴的材料。這些借入外國的語詞，自然在外國的地土上，已經爲外國的語音法則演變過了；但是，這些語音演化的法則，是可以推定的；而在許多事實中，舊有的拼法，還顯示着演化的軌跡。例如『劫』這個語詞，國語上讀爲 kie，廣東語讀爲 kĭp 等等，我們可以有理由相信（依據方言的比較及中國古語的材料）這個語詞在古音上是讀爲 kiăp；這個便可以應用日本譯音來證明。日本譯音上，這個語詞現在讀爲 kio，但是古代原來的拼音形式是 kefu，而這個 kefu，在一千五百年前借入的時候，我們可以證明，本來是讀爲 kepu（-u 是寄從的母音）的。日本音的演化是kepu→kefu→kə(w)u→keu→kiō於是我們考明這個語詞的古讀。可以從日本原來的音讀形式上，得着一個強有力的證據了。

應用這樣的方法，歐洲的科學是能夠——這些問題雖然最近才認眞的研究起來，——把西元後六世紀時的中國語，給出一個很明確的顯示。至若關於更古的時代，如孔子經典上的語言，較此還要早過一千年或二千年，能這樣考明的，那就不多了。我們現今對於中國上古的語音系統，只能有一個很空漠的觀念罷了。

現在我們必要論到中國的語言了；他有幾種特性，使他具有特別的組織的，我們也要找了出來。中國各個時代的語言，就我們現在所知道的，我們立刻注意到他們共同的特性。這些特性，曾經概括爲兩大端來說明。一方面，中國語是單音綴的；另一方面又是孤立的，就是看待各個語詞好像各個孤立的單位，沒有因他們在語句上功用的不同而發生變化的。德國學者芬克（F. N. Finck）氏著有一本小書言語組織概論 (Die Haupttypen des Sprachbaus, Leipzig,

1910），內中論到語言學上不同系族的八種語言，將他們的性質給出一個確切的描述；他說中國語的特性是：『有兩種特性共同存在着，於是使這種語言的組織上顯出很奇異的狀態。一方面，中國語的語詞——雖然不是絕對完全的，卻是佔極大的多數——只包含着單個的音綴；另一方面，這許多單音綴的語詞，對於語句全體的關係，不是用語詞本身上的某種標識表明出來的，第一步乃是用固定的語詞序次，次之——比較的不重要——用附加的語詞來表明所附加的語詞，他們原來具體的意義，很受消失，因之他們只能用爲形式上目的，有點像西洋人所謂助語詞』。

我們試來探究中國語的第二種特性。大家都知道，印度歐洲語言裏，凡是同一個語詞意義的變異，是用形式變化上的各種附添語表明出來。假使我們比較 puella, puellae, puellam, puellā, puellas, puellarum, puellis 這些形式，就可以看出他們都包含着 puell-（小女子）這個分子，而都具有『小女子』這個共同的意義；但是他們的意義因帶有各種形式不同的附添語，而彼此發生差異。這種附添語單獨存在的時候，他自己本身沒有什麼意義，但是一經附合於語詞上，便具有意義了；因爲他是用來表示 puell- 這個分子所屬的範疇。例如 puellarum 這個形式裏，不下有三種範疇的顯示：第一，這個 -a- 是表明『陰性』的範疇，（以別於 puerorum 裏的 -o-）；第二，這個 -rum 是表明『複數』的範疇；第三，同是 -arum 這個附添語，包含有主有的意思，所以他是表明『領位』的。依同樣的方法，德語裏 betest 這個形式，是表明『單數』，『第二人稱』和『現在時』這些範疇。

印度歐洲語以及其他許多語言中，大部分都是利用形式變化的附添語，因之有很明晰的結果；而中國語裏完全沒有採取這些方法，所以語詞的應用，不論他各種的功用和關係，總是沒有變化的。『人』 jên 這個語詞，可以代表英語上的 "man," "man's," "men," "men's" 和 "the man," "the man's," "the men," "the men's"；『有人在門外』 yu jên tsai mên wai 這個語句，意思可以說是英語的 "there is (il y a) a man outside the gate"，但是也可以說是 "there are people outside the gate"。『人心』 jên sin 這個成語，可以說等於英語的 "the heart of the man"，也可說等於 "the heart of man" 或 "the hearts of (the) "men"。這個成語上沒有記號來表明數目(man 或 men)，格位(man 或 man's)，有定或無定的形式(man, a man 或 the man)。依同樣的理『來』(lai) 這個語詞，可以說等於無定式的"to come"，也可以說等於這個動詞各種的形式，例如德語裏這個動詞形式的變化：komme, kommst, kommt, kommen, kommet。『他娘昨天打他』t'a niang tso t'ien ta t'a 這個語句裏，我們可以看出中國語在動詞上沒有如英語的 -ed（過去時的語尾）那種東西，也沒有英語裏那樣領位範疇 "his" 和賓位範疇 "him" 的區別。

至於論到另一種單音綴制的特性，說中國語的語詞——或者不無例外，可是總佔着大部分，——只包含單個的音綴，這句話千萬不要誤會。我們對於中國語，正如他種語裏一樣，自然須把複合語詞 (composita) 和單純語詞 (simplicia) 分辨清楚。我們所謂複合語詞，是指語詞包含有二個或多個的部分的；其中每個部分正如獨立的語詞，自己可以單獨存在的，（形式上並沒有變化，或稍有變化）。中國語上這種複合語詞是很豐富的；這種複合語詞當然可以包含有二個或多個的音綴，例如『金錶』kin-piao 『吸鐵石』hi-t'ie-shi。但是各個單純語詞，照例總是包含着——有幾個例外，可是不很重要——單個的音綴。譬如英語上所用的單純語詞，有一個音綴的，有兩個或多個音綴的，例如 go, club, kitchen, window, anchor, writer, flogging, leanness, unbearable 而中國語上所用的語詞，都是單音綴的原料。

剛才上面所舉幾個英語的語詞當中，有些——go, club, kitchen, window, anchor——是不能把他們分析爲組成的小部分。（這句話必須從現代英語的觀點上看：在語原學上，他們就可以重行分析的了，例如 kitch←古英語 cycene←拉丁語 coquina; ← window 斯干的那維亞語 vind-auga『風眼』。這些可以叫做語根語詞。其餘的幾個，可以分做各個部分的，如：writ-er, flog(g)- ing, lean- ness, un- bear- able，但是他們大概也是單純語詞，並非複合語詞；因爲其中的部分，如 -er, -ing, -ness, un-, able，不能當作獨立的語詞來應用。凡是這一類的語詞，叫做轉成語詞，是應用剛才所說的許多附添語構成的；我們把這些附添語割去了之後，常常可以得到他們所由轉成的語根語詞(write, flog, lean, bear)。

所以，中國語，用英語來比較，他的單音綴制包含有兩件事情。第一件，凡是中國語上的單純語詞，總是語根語詞換一句話，應用轉成語詞上的附添語以構成新語詞，這是中國語裏所不容有的。例如在英語裏我們從 shoot 這個動詞得到 shooting 這個動名詞他們所表示的兩種意義，翻做中國語，同是一個『射』shê；同樣英語的 transgress 和 transgression 同是一個『過』kuo。依論理上說，這種事實正是和中國語『孤立』制的現象——就是不容有變形上的附添語(如 puellarum 裏的 arum)，——相符合的；因爲變形上和轉成上的附添語，從記號學上的觀點看來，其目的正是相類似的。我們已經曉得形式變化的附添語，是表明各種的範疇(格位，數目，人稱，時間)。而轉成作用的附添語，也有類似的功用：例如英語裏的 -er 是表明『代替行動者的名詞』(nomina agentis) 這種範疇的，如 writer, swindler, brewer, baker；-ness 是表明『指示性質的名詞』這種範疇的，如 leanness, ugliness, sharpness, swiftness，等等。凡是中國語的單純語詞，都是語根語詞，正因爲上文所講中國語孤立的性質，我們說過那種相同的趨向：中國語普通總是不用附添語來表明各種範疇的。

第二件，中國語並不是和他種語言一樣，他沒有多音綴的語根語詞。在英語裏，我們把許多轉成語詞的附添語割去了之後，固然常可以得到單音綴的語根語詞，flogg-ing，lean-ness等等但是，也常可以得到雙音綴的或多音綴的。古代印度歐洲的母語裏，有單音綴的語根語詞，也有雙音綴的語根語詞；而芬蘭烏克蘭語言裏，大概都是雙音綴的語根語詞。中國語的語根語詞，都是單音綴的，這種制度和這兩大語系的語言比較起來，彼此是顯然處於絕端相反的地位。

我們說中國語的定義，一方面是孤立語，他方面是單音綴語，這是完全根據於和別種語言的比較上說；但是，給他定義爲單音綴的，同時也必須考察中國語的本身。從這個定義的反面看來，這裏也許有點出入的地方；但是，假使我們把相對的和絕對的描述分離開來，就要看到相對的描述上各種特性，可以歸納爲一單個絕對的性質。所以中國語，依據相對的眼光看來，就是從印度歐洲語言的背景上觀察，他是有三種『否定』的特性：

1. 中國語確是沒有——他種語言確是有的——雙音綴或多音綴的語根語詞kitchen，anchor。

2. 中國語沒有一種單純語詞，是由轉成上的附添語所構成的 writ-er, lean-ness。

3. 中國語沒有一種語詞，是由變形上的附添語所分化出來的 puellarum。

以上這三種特性，把第一種和第二種合併起來就可以曉得中國語沒有一種單純語詞是具有一個以上的音綴的；把第二種和第三種合併起來，就可以曉得中國語沒有應用附添語來表示文法上的各種範疇。這三種否定的特性，實際上就是等於下面所說這單個的肯定的特性。

從絕對的觀點上考察中國語的本身，他有一種特別的性質，就是我們假使把他的語句上所包含的單純語詞分析出來（或是獨立的語詞，或是複合語詞上的分子），就可以見得這些語詞都是固定的單音綴。

中國的語詞，好像一套建築的木料，都是同一的形式模樣，集合攏來構成功所謂語句。

這種『純一』的狀態，雖然是他語言現象中一種最顯著重要的特性，可是並非亙古至今，都是這樣的。中國語裏『音調』上幾種特點（詳下第三章）；還留下雙音綴語根語詞的遺跡，就是轉成作用的附添語的殘痕；又周代（西元前一一二二年——二四九年）的末年，其中許多散文足以表示當時在人稱代名詞上，具有格位的形式變化。（註一）現代英語上名詞的主位和賓位（如 the man 和 the man）已經沒有形式變化的區別了；但是代名詞上還保存着古代語言的遺跡，如 I, me thou, thee。從前的中國語正和現代的英語一樣，主位的『吾』nguo 相當於英語的 I，賓位的『我』nga 相當於英語的 me；主位的『汝』ńi̯^{w}o。相當於英語的 thou，賓位的『爾』ńia 相當於英語的 thee。早先的學說把中國語分列爲『初等』的語言，以爲他還未進到變形的階級，這種學說恰好和眞理相反。事實上，中國語正和印度歐洲語言演化的軌跡相同，綜合語上的語尾漸漸亡失了，而直訴於聽受者（或誦讀者）純粹的論理分析力。現代的英語，在這方面或者是印歐語系中最高等進化的語言；而中國語已經比他更爲深進了。

（註一）參看著者在一九二〇年亞細亞雜誌(Journal Asiatique)上所發表的文章。

第三章

假使我們着手把中國語的語詞——主要的是單純語詞——怎樣的組織來探究一下，就可以曉得這種單音綴制已經發生了許多很顯著的結果。可以讀出的音綴，其數目並非無限的。語言上所產生的語詞愈多，——我們須知道我們現在所講的中國語是一種文明國家的語言，他在最早的時代有了豐富的詞彙，——要阻止二個或多個的語詞變爲音讀上的相似（卽或不變爲絕對的相同）也愈困難。中國語，在他演化的過程上，盡我們所能考見的，總是趨向於聲音的單純化，因爲這種事實，所以同音語詞大大的增多起來。中國語在最古的時代，具有怎樣一種複雜的程度，是一個現在還未能解決的問題；但是遠在西元後五百年時，中國語在語詞的起首，已經不容有『一個』以上的子音了，（單有一個例外，是某種『合成摩擦音』：ts, dz, ch, dj——這種音可以認爲單純的音素）所以像 pi, p'i, b'i, mi, ti, t'i, d'i, tsi, tś'i, li, ngi (ng 如在英語 song 裏的音），這類的語詞是可以有的；而子音的結合，如英語 strong 裏的，str break 裏的 br，try 裏的 tr，flush 裏的 fl plan 裏的 pl，就沒有的了。在音綴收尾的音上同音的現象更是顯著，中國語裏各個語詞（當那時候）總是以母音或 p, t, k, m, n, ng 收尾的，正如古代希臘語上收尾的音必爲母音或 n, r, s（連個 x）一樣。所以這種語言的精神容有 ka, kat, kap, kak, kam, kang 這樣的音綴，而不容有如英語的 tub, if, hug, sail, far, as, sharp, dust, short, lump 等語詞。這樣加以限制的範圍是顯見的。於是在這個時代語言上已經達到了一種情景：有許多語詞，在意義上或語源上一點也沒有關係的，而在音讀上已經變爲相同的了。例如，kau 這個音可以有『高』，『膏』，『糕』，『羔』四個語源上各異的語詞。

固然，這種例子在別種語言上也可以見到。法語裏，vin 和 vain 二個語詞，他們從前的音讀是不同的，（因此拼法上還是不同）而現在的音讀上已經變爲 vã^{n} 這個相同的音了。英語裏 read 和 reed 雖然他們的拼法表示着從前音讀的相異，而現在的讀法完全相同。另外的例子還有 bear（名詞），bear（動詞），和 bare；又瑞典語裏，led 這個音綴所代表歷史上各異的語詞，不下有十三個。但是歐洲各種語言，這種事例並不見得怎樣多怎樣嚴重，所以罕有因此而引起意義上的誤會的。可是中國語裏在剛才我們所說那個時代許多同音語詞已經對於口語上的瞭解發生了障礙。

這種情形猶更有進者。從那時起，中國語沿着語音的單純化這條路徑走，更為深進了；而這種單純化的趨勢，在中國各地方上進行，並不是彼此一致的；因為這種事實，內中情形更加複雜了。語尾的 -p, -t, -k，在某些區域內已經喪失了，而在另一些區域內，仍舊保存着；古時濁音的語首 bʻ-, dʻ-, gʻ-，在某些部分還留存着，而在別些部分，已經變為 p-, t-, k- 或 pʻ-, tʻ-, kʻ- 等音。這樣，中國語就分裂為很多種的方音了。

現今中國究竟有幾多種不同的方言，還是沒有確定。我們只從這個大國的各部分上得着幾十種語言的標本罷了。我們從這幾十種方言裏，就可以看出有幾處地方在某個大區域上語言大致相同；另有幾處地方則語言紛歧，旅行者幾乎在二三英里以內，就遇到一種新語言，常有鄰近村坊的居民，彼此也很不易互相瞭解。尤其在中國南方沿海一帶，從印度支那半島的邊界上到了揚子江口，這種語言紛歧的情形最爲顯著。這些區域內，許多最古遠，最紛歧的方言混雜；其間因之中國南方一帶的本國商人，凡是不能熟習這一大批的方言的，承願去學上許多英語裏的辭語，而依中國的形式把他們結合起來，成爲語句。所以在南方商業興盛的地帶，發生了一種中英混合語，就是大家所謂『洋涇浜語』(pidgin-English)。

中國揚子江以北的一大部分，以及靠近揚子江南岸的幾處地方，語言比較的很統一。固然也有許多紛歧的現象，但是這種紛歧，並不見得那樣利害，所以北方各省的居民，言語上並沒有什麼障礙，只須經過短期間的練習，彼此就能互相瞭解。中國北方的語言，歐洲稱爲 mandarin language，簡稱爲 mandarin，中國名稱是『官話』(kuan kua)，(譯者按現在國人改稱『國語』)。國語中最流行的一種，是往時首都北京的語言；歐洲人所著的字典，大都依據北京的方言，當他是一種『高等的中國語』。(註一)

(註一)中國北方話和南方話彼此絕異，我們只想他們爲各異的方言，而不認爲不同的語言，似乎是不應當的。罷那知道他們所以這樣歧異的緣故，純由於『語音』演化的結果；至於另在文法方面，他們彼此仍是十分相合的，所以他們不能認爲各異的語言。

假使我們把現代的國語，和西元後五百年時的語言比較一下，就可以看出上文所說語音的單純化，曾經留下很顯著的痕跡。法語上已經喪失了許多語尾的子音（雖然他們在書寫上還是保存着，有時在音的結合上還是讀出的）例如，lu ("loup"), pa ("pas"), pye ("pied"), yö ("yeux"), do^{u} ("dout"), ——因之他們常把原來各異的語詞變爲相混了，例如 ku ("cou," "coup," 和 "cous"), ——中國語上也正是這樣，把原來語詞收尾的 -p, -t, -k 失去了，因之許多語詞都變爲同音的了。六世紀時的語言把「歌」讀爲 ka，「蛤」讀爲 kap，「割」讀爲 kat，「各」讀爲 kak，還是分辨得清楚的；可是因爲語尾喪失的結果，這幾個語詞第一步都變做 ka，第二步再把 a 變做 o，而成爲 ko；因此 ko 這個音，意思可以指「歌」，也可以指「蛤」，「割」，「各」。又古音「南」讀爲 nam，「難」讀爲 nan；因爲把語尾 m 變做 n，於是「南」和「難」都讀爲 nan 了。還有一層，在中國北方音裏，把古音語首的帶聲暴發音 b'-, d'-, g'- 統變做不帶聲的音，因此古音上「到」tau 和「盜」d'au 在國語裏一齊讀爲 tau 了。母音的原質也有受了單純化的古音上的「狸」li，「離」lie，「禮」liei 現在統統讀爲 li 了；又古音的『居』 kiʷo，和『拘』 kiu 二個語詞，現在都讀爲 kü 了。

果眞中國語約當西元後五世紀時，已經具有許多不便的同音語詞，那末，這種語音簡單化的深進，正如上文所說那樣激烈，更足以使障礙的發生，愈加增劇，這是很顯然的。現代各種方言裏，詞類都是很貧乏的，具有多數的同音語詞。北京的國語是一種最可憐的方言，老實說，他只具有四百二十個各異的音綴，而即在這四百二十個的音綴中，也有許多彼此容易相混的。例如，我們可以見到下面這十九個音綴：chêng, ch'êng, fêng, hêng, jêng, kêng, k'êng, lêng, mêng, nêng, pêng, p'êng, sêng, shêng, têng, t'êng, tsêng ts'êng, wêng。所以外國人聽了北京人的講話，常得着一種印像，以爲他所講的，只有幾十個詞彙，在那裏連續的反覆說出罷了；這也是難怪的。

於是，這種高等進化的語言，內中情形，凡是單純語詞，須統統支配在這四百二十個的音綴裏。一本小字典，其中只包含語言上最普通的語詞，也約有四千二百個單純語詞；平均一個音綴，須代替十個各異的語詞。但是，語詞支配於這許多音綴裏，並不一定要完全均勻的；所以有時一組裏的同音語詞，其數比較少，有時卻很多。四千二百個普通的語詞中，只有二個是讀爲jun，而有六十九個統統讀爲i，五十九個讀爲shi，二十九個讀爲ku等等。可是這種似乎混棼的情景裏，卻有一線光明出現。中國語上同音的語詞，常利用某種語音的原素減少了他們許多不便的地方；這種就是樂音上的高低，或稱『音調』，這是我們所要討論的。樂音上的高低在史前時代印度歐洲的語言裏，也有這種現象；不過現在大多數印歐子語裏，已經沒有遺存了。只有瑞典語，挪威語，塞爾維亞哥羅西亞語，立陶宛語這幾種語言中，還保存着。中國語中這種現象卻佔很重要的地位。每一個中國語的語詞，總有一個固定的調子，凡語詞在發音上別一方面完全相同的，卻可以應用他們不同的調子來區別。瑞典人把giftet（結婚）和giftet（毒物）這兩個語詞，卽用調子來區別；中國人正是這樣利用語詞的音調來辨別他們。六世紀時的中國語，已經有平上去入四種音調，而平上去入這四調，又都可以讀爲高調或低調，（譯者按，卽淸濁。）於是那時有了八種調子（按，卽淸平，濁平，淸上，濁上，淸去，濁去，淸入，濁入。）音調的系統，正和普通的語音系統一樣，歷代以來也受了不少的變遷；因之現代各種方言裏，音調的數目又彼此不同。例如廣東地方至少有九種音調，而北京的國語裏只有四種：

平調，好像在英語裏通常沒有感情作用時所說的 yesˉ（案卽陰平）；

急速直接的上升調，好像在英語裏詢問時所說的 yesˊ——你要什麼？（案卽陽平）；

紆緩間斷的上升調，好像在英語裏疑惑不決時所說的 yesˇ（案卽上聲）；

降下調，好像在英語裏揚揚得意時所說的 yesˋ！！——你在此！（案卽去聲）。

北京人要是說 chuˉ，意思就指『豬』；要是說 chuˊ，意思就指『竹』；要是說 chuˇ，就指『主』（主人天主）；要是說 chuˋ，就指『住』。一個外國的教士假使把 chuˉ（豬）和 chuˇ（主）混亂不淸，把『天主』說做『豬』了，這顯然是要闖禍的。又 kueiˋ 意思是指『貴』，文雅的稱呼式上常用到的；而別一方面，kueiˇ 意思是指『鬼』。假使把 kueiˋ kuo 說做 kueiˇ kuo，那『貴國』變做『鬼國』了；我們須免除了這種誤會顯然是很要緊的。不過這種音調的存在雖然足以減少許多實在的同音語詞，而並不是一個完美的補救的方法，這又是很顯然的。我們已經說過，四千二百個語詞當中有了六十九個都是 i 的形式。現在我們把這個數目用四來除一下，每個音調裏，仍有十七個同音的語詞；那末同音的還是太多，仍有不便的地方。當然這許多語詞，不是平均分配於這四種音調之下：北京語裏這六十九個ㄧ音的語詞，其中有七個屬於第一種音調（案卽陰平），有十七個屬於第二種音調（陽平），有七個屬於第三種音調（上聲），屬於第四種音調的（去聲），不下有三十八個。第一種音調裏的ㄧ，意義是指「一」，也是指「衣」，「依」，「醫」；第二種音調裏的ㄧˋ，意義是指「夷」，也是指「胰」「宜」，「呢」，「疑」「移」；第三種音調裏的ㄧˇ，意義是指「攜」，也是指「椅」，「較」，「蟻」「已」；第四種音調裏的ㄧˊ，意義是指「意」，「億」，「擬」，「臆」，「異」，「翼」，「邑」「驛」「譯」，「義」，「議」，「益」，「縊」等。所以，這種情形正如英語上 dear 與 deer，bare與bear，以同樣的音代表各異的字；不過西洋語言裏這種只是例外，而在中國語上顯然已經成爲通例了。

在西洋人的心理中，於此定要發生一個疑問：這種語言既然有這樣多的同音語詞，那末我們實際上如何應用他呢？當一個人聽到一個ㄧ音，他怎樣曉得說者的意思是指「衣」，「醫」或「依」呢？對於這個疑問，只有一種解答：假使說者沒有借助於幾種表白的方法，那是絕對的不行的。於是我們這裏要進入中國語言史上極端重要的一章了。

中國語的單純語詞，假使在語音上還是很複雜，足以使他們彼此分別的，那末，構造語句就可以應用這些單純語詞，而使旁人也會瞭解。但是同音語詞的數目愈加增進，說者就更須於單純語詞上，附加以表白的東西，這樣，就簡直把語言的原料改造一番。所以西元後最初的幾個世紀中，中國的口語就完全的改變了。

所附加的東西有好幾種，其中最普通而且最特別重要的，是一種組織，可以叫做同義複合語詞。這種組織是把二個單純語詞連接在一起，而這兩個單純語詞的意義相同，至少也相類似，從前是單獨應用的。我們已經曉得普通的語詞，不下有三十八個都是讀爲 i' 音的，其中有一個意義是『意』。聽者假使只聽到一個單獨的 i' 音，那他顯然不能斷定說者究竟所指的是『意』，或是其餘三十七個 i' 音中的某個語詞。可是，還有一個音綴 si:- 意義是指『思』，也是指『斯』，『廝』，『私』，『撕』，『司』等。所以單說一個 si: 音，正是和單說一個 i' 音一樣的不明瞭。但是現在中國語上把這兩個音放在一起，說做 i'-si:-，那是表明說者想把一個 i'

「意」和一個 sï¯ ——「思」結合在一起，用這樣的方法，對於「意思」這個觀念就得到了一個明白的辭語。「意」這個語詞最古的讀法究竟怎樣我們不能知道，只知道現在的國語上變做 i` 音了。凡是中國古語上應用「意」這單個語詞的地方，現今北京語上都用「意思」i`-sï¯ 這個同義複合語詞了。依同樣的方法，k'an` 意思不僅是指「看」也是指「勘」；kien` 意思是指「見」，「建」，「健」，「諫」等；把這兩個音結合起來成為 k'an`-kien`，對於「看見」這個意義，就得到了一個明白的辭語。這種表白的結構，其方法大大的采用了現今俗語裏，這類複合語詞幾千幾千的，可以遇到；又這種方法卽在洋涇浜語裏也已經輸進了：所以英語的 to see，洋涇浜語作 look-see。無疑的這種辭語將來會漸漸的不當做複合語詞看待，他們將來只認為單純語詞；於是單音綴的中國語也要演化成為多音綴的語言了。

此外，另有一類表白的複合語詞，是用許多動詞組成的，把原來單純的動詞，加以論理上他所固有的賓詞。英語上說 I eat（我吃），I read（我讀），I write（我寫），I ride（我騎），I walk（我走），I speak（我說）；在中國語上說「我吃飯」，「我讀書」，「我寫字，」「我騎馬，」「我走路，」「我說話；」這樣，就得到了一個更明白的結果。

上面所說的幾種複合語詞，內中各個分子的意義在中國人的心理上還是覺得十分顯明的；至於另外有許多複合語詞，其中第二個分子的意義，已經喪失了他的色彩了。例如國語上有個語詞「頭」t'ou，他是附着於別個語詞上，用來表示所指的物體有突出的一「頭」。後來，這種用法已經成爲普遍化，凡是語詞表明這類物體的，通常都有「頭」t'ou 這個語詞當做他們的尾語了：「指頭」chï-t'ou ——指，「骨頭」ku-t'ou ——骨，「饅頭」man-t'ou ——饅，等等。

在這種複合語詞裏，t'ou 這個語詞「頭」的意義已經漸漸的衰退；這個音綴也變爲很不重讀的音，只是用來表示一類有突出部分的物體罷了。依據同樣的方法，「兒」er「子」tsï 這二個語詞，意思都是指「兒子」，而加到旁的語詞上，用來表示所指物體的細小者，從「風」fêng 而構成「風兒」fêng'r，或且（減縮了）爲 fêr，意思是指「微風」。這樣，「子」tsï 和「兒」er 竟然成爲指小的尾語了。可是連這點意義也已經消失，現今他們只附加於表

明實物存在的語詞之上依例他們只當做『名詞』的語尾罷了。國語上普通只說『桌子』cho-tsï，不說『桌』cho

蓋我們所能查考的範圍，中國語在更早的時代，是沒有轉成語詞上的尾語的，到了近世，覺然發生了『頭』t'ou 和『子』tsï 這樣尾語，這是一件奇異的事實。我們看西洋語言裏有同樣的尾語，而且他們的來源極相類似；眞是有趣。例如德語在古代和中古的時候，有個獨立的語詞 heit 意思是指『性質』，變成了複合語詞裏的第二個分子；如 Schönheit 意思是『美麗的性質』。後來這個獨立的語詞廢棄不用，到了今日只是爲語詞裏的尾語了，如 Schönheit, Einzelnheit, Verschiedenheit 等等。現代中國語裏所構成的尾語當然不多，所以一般人說中國語是一種無語尾變化的語言，此說至今還沒有受了搖動。但是這幾個尾語是一種極有趣的表徵，上文所討論的語音簡單化，怎樣的迫着語言的演進，漸漸走入於完全新的途徑，而使他接近於歐洲語言的系統，就可以從這幾個尾語上看出來。

另外還有一種附加的表白東西，也是很重要，很有趣的，可以叫做『類別的辭語』。許多名詞，假使用數目字或指示的和疑問的代名詞來限制他們，這種類別辭語就放在他們的前面。shan⁻ 這個音綴，第一種意義是指『山』第二種是指『衫』。我們在 i⁻ shan⁻（i⁻ 意思是指『一』）這個語詞的結合上，絕對不能斷定他是應當翻做『一山』還是應當翻做『一衫』。可是，這裏有個語詞 tso 意思是指『座』，另有個語詞 kien 意思是指『件』；中國語上利用了這兩個語詞，就把這個困難解決了。『一山』中國人說做『一座山』i tso shan，『一衫』說做『一件衫』i kien shan。依據同樣的方法，我們有了下面這些例子：『三(座)山』san tso shan，『這（座）山』che tso shan，『那（座）山』na˘tso shan，『三(件)衫』san kien shan，『這（件）衫』che kien shan，『那（件）衫』na˘kien shan。從上面這些例子看來，可以曉得這種類別辭語他的功用在使聽者對於後面所跟着語詞的性質，得到了一個啟示，使聽者知道後面的語詞是屬於那一種範疇，因此能把這個語詞和他的同音語詞分辨起來，也比較的容易了。

關於這種類別辭語的選擇，實是中國人一種巧妙的發明。『口』k'on 這個語詞，是應用於具有圓口的物體，例如「一口井，」「一口鑊，」「一口猪，」「一口人」。「條」t'iao 這個語詞是用來表明長形物體的類別辭語：「一條街，」「一條繩，」「一條腿，」「一條蛇，」「一條狗」（原文如此！）「一條凳」。「座」tso 不但用來表明山，又用來表明如「一座城，」「一座寺院，」「一座旅館，」「一座當鋪，」等等。此外還有「盞」chan 用於「一盞燈，」「一盞酒杯」；「位」wei 用於「一位先生，」「一位太太，」「一位大人」；「管」kuan 用於「一管筆，」「一管笛」。最後，我們可以舉個「掛」kua，如用於「一掛錢」（中國地方銅錢是用繩串起來的）「一掛幔，」「一掛頸串，」「一掛鬚」；又「頂」ting 又用於「一頂山，」「一頂帽，」「一頂轎」（中國地方的轎上面裝有頂球的。）假使沒有旁的類別辭語可以適用，常常可以應用這個「個」ko；他的意義當然不很明顯，但是無論如何總能提示後面接着的語詞所指是一種具體的實物，如「一個人」i ko jên（洋涇浜語上作 one peace man）。

因爲語音的單純化，結果使同音語詞倍增，而口語上的詞類也因之起了急劇的變遷；爲了這種情形的發生，中國的文字——一種意義的符號，不是語音的記載——他的奇異的性質就造成他一個顯著的地位。假使中國語已經具有一種歐洲那樣的拼音字母，那末，凡是這許多單純語詞，以及 is, chis 和 kus 等等，在書寫時和說話時，都很不容易分辨的了。可是，中國的文字，凡是在聽官上同音的語詞，在視官上都可以把他們分辨出來。三十八個 i（屬於降調的）音的語詞，其中各個 i 音語詞，各有他自己的文字，不必要考究語音上是怎樣的讀法（或者隨時音讀不斷的變遷），也是以表現各國語詞的意義；所以在文字上沒有一個 i 音的語詞，和其他 i 音的語詞，是不能完全分辨出來的。上文說過，說話時只是用一個單純的 i 音來代表「意」是不適用的，必須把他擴大成為 i-si（意思）才行；而在文字上單寫一個「意」字來代表 i 就很够了，因為「意」字對於「意思」這個觀念，是個很滿意的明晰的符號。所以口語上必須把語詞的原料重新改造一番，而文言上是無需把古來單純語詞的詞類加以更改的。文言上這種保守主義不但不會引起義意的含糊不清，而且可以得着一種簡潔分明的文體；所以中國人在書寫上不喜歡采用新的通俗語體；——從孔子的經典一直到了漢代興盛的博雅文學，完全是用古式簡練的文體寫出來的；凡是這樣愈古的文學，在傳統上愈要受人的歡迎和崇拜。自然事實是如此，中國人認定這古式整肅的文辭，是古代名人的作品，而且在『書寫』上，十分簡捷和明瞭，以爲這種文辭正是一種『文雅優美』的語言，和俗語的『鄙陋』，不値得書寫的，恰好相反。所以中國人無論何時，要用文字發表，總繼續不斷的應用文言，因此在中國地方，就發生了『文言』和『俗語』的區別。

這種文言和俗語的區別，究竟起於什麼時代，現在還不能正確的斷說。當然這種分歧的趨勢是漸漸的，但是在西元後，沒有多個世紀，這種趨異已經成立了，這是可無疑的。當西元後第一千年的末期，出了一種戲曲文學，我們從他可以看出內中一種語言，是和現代的俗語十分密近的。稍後，又產生一種小說文學，是用一種『國語』形式的文體寫出來的。中國學者在他們文學上或目錄學上的作品中，把這些戲曲小說的文學隱隱的忽視過了，這可見得中國人鄙視俗語的特性。所以『小說』siao shuo 說是『小的記述』。即在今日，一般文人在文辭上還是很不願意應用俗語。大部分普通的文書和記載，都是用文言的體式寫成的。近來某幾種報紙，曾經試用『白話』pai hua（就是土俗的體式，）——至少其中也有一二行，——可是並沒有多大的成功；因此也許還要觸怒了多數定報的人，以爲這樣就是諷示着他們不能看懂文言報呢！

這種分離的結果，是很簡單的。中國地方有許多種各異的方言俗語，可是全部人民有了一種書本上的語言，以舊式的文體當作書寫上的世界語，熟悉了這種文體，就於實用方面有很大的價值。中國人要感謝這種很精巧的交通工具，不但可以不顧方言上一切的紛歧，彼此仍能互相交接，——所以北京地方所刊布的報紙，在廣東地方也一樣的通達無礙，——而且可以和已往的古人親密的交接，這種情形在西洋人士是很難辦到的。文言是千餘年來一種人工的製造品，雖然也有文體上種種的差異，可是在本質方面歷代以來總是大致的相同。中國人一經學會了這種文言，那末所讀的詩篇，無論是西元後初年或是西元後千餘年，或是最近所著的，從語言上觀點看來，總之對他沒有什麼區別；無論那個時代的詩篇，他一樣的可以理會，也一樣的可以觀賞。在別個國家裏，文學上的語言依隨口語而演化，經過了幾百年，就演成了一種新式的文言。現今英國人在他自己的文書裏，通常很難讀至三四百年以前的作品，至於最早時代的文書，他必須對於語言文辭上有特別的研究之後，才能瞭解。中國幾千年的文學，對於中國人是公開的；

而中國人對於本國古代的文化，具有極端的敬愛和認識，大都就是由於中國文言的特異性質所致。

我們說過，中國的文言是一種世界語，可是，應當注意的，他專是一種『書寫』上的世界語，在這一方面，固然是獨一無二的。爲何要致此的原因，我們顯示過好幾次了：中國的文字，不是表示語詞的音讀，現今中國人對於這些語詞古代的讀法，連一點極薄弱的觀念也沒有。結果，無論那個中國人誦讀某種文書上的語詞，總是依照他自己現在方言上的讀法。上文說過的『月』字，（原來是一個月亮的圖象見上第十五頁）約當西元後五世紀時，是讀爲 ngi^{w}et——這個事實是現今西洋比較語言學者所考明的，而中國人自己並不知道，——現在北京人讀爲 yüe，廣東人讀爲 üt；福州人讀爲 ng^{w}ok，上海人讀爲 yö。所以在這個廣大的國家裏，從北京所發的一道命令，各處地方都能讀得懂；可是廣東人把他朗誦起來，這種讀法，對於北京人就完全聽不懂了。

不僅是如此。即使一個北京人朗誦這道命令，各個語詞，一一的依照他的方言上那樣讀法，假使讀者順着原文的語詞，一個一個讀下去，在另一個北京人聽起來，不看文字，也不能懂得各個單句的意義。這種原因是很顯然的。我們已經說過，俗語上要辨別許多同音語詞，就產生了各種表白的方法；在文言上是缺少了這些方法。這道命令裏當然包含有許多簡約的語詞，他們和其他幾個語詞的音讀極相類似，所以在聽官上完全失其提示作用。假使應用視官來讀原文，那末凡是 is, sis, chis 等，都可以利用他們各異的文字，把他們辨別出來；可是，眼睛一離開了紙上，純粹靠着聽官的作用，那語句上包含着許多同音語詞，結果就完全不能瞭解了。

因同一的理由，中國人他自己可以讀古代的文書，但是旁的人讀起來，他就不能懂得：讀者對於原書上各個語詞，在原書製作的時候是怎樣的讀法，他們在什麼時候還是分辨得很清楚的，他完全不知道，所以讀這許多語詞，必須要翻做現在的音讀，而同音語詞的發生，就對於聽者形成了莫可打破的障礙。所以中國專業說書的人，不能把舊式的故事逐字的誦讀，他們一定要把所讀的古書原文演繹成為俗語，才可以使聽者明瞭。

中國口語和文言有一種特別的關係，尤其是文言的性質，是一種用眼看得懂，而單用耳聽不懂的語言，因此我們要說明一件奇異的事實，就是說，中國這種特別的文字是『必不可少』的。這裏歐洲人必須要發生一個疑問：中國人爲何不廢除了中國奇形老朽的文字，而采取西洋簡單實用的字母呢？他們猝然間的回答，就以爲：假使中國人在文字方面不把自己升高到了西洋那般優勝的地位，那末無疑的，中國人必定是保守，不切實際的民族。

對於一個問題，沒有熟悉了內中的情形，就粗率的下了判斷，可也想不出別的例子，還要比這樣再危險的。要把中國文字變做西洋的字母，這樣一個改革究竟對於中國人有什麼利益？有什麼損失？

利益所在可以總括做這樣說：中國的學童將因此減省了一二年的苦工。普通的語詞不過四千多，我們說過，一個語詞就有了一個文字來代表，那末，普通的文字也不過四千多。中國最完全的字典所錄字數，固然比較這樣要多了十幾倍，但是其中大多數是他字特別的異體，也有許多字是在古代文書上偶然的見到。以備遇着的時候可以查考。即使中國很博雅的人所能煩記，大致也不過六千字。如我們所說的四千字，是普通一個很高的數目，有了三千字，也就可以得着進境了。這樣字數對於穎悟的學童實在是個輕易的工作；一個外國的成人經過了一年的學習，要熟悉二千到三千的字數，並不見得有如何困難。

爲了省去這種勞力究竟要付什麼代價呢？第一點，中國人因爲要采用字母的文字，就不得不廢棄了中國四千年來的文學，又因此而廢棄了中國全部文化的骨幹。所以致此的原因，是因爲中國的文書一經譯成了音標文字就變爲絕對的不能瞭解了；我們曉得原書上無論那一課，總有幾十個同音的單純語詞，如 i, li, shï, sï, ku 等。中國的文書卷帙繁多，爲世界最，誰想這樣嚴重的建議，說中國人須把這些文書翻成爲俗語（又是那一種俗語呢？）要擔負這個工作呢？——而且這種翻譯的工作是完全不能實行的。

第二點，這個大國裏各處地方都能彼此結合，是由於中國的文言，一種書寫上的世界語，做了維繫的工具，假使采取音標文字，那這種維繫的能力就要摧破了。例如，北京人用音標文字根據北京的方言寫成了一件公文，對於廣東人或其他中國各地方的居民，都是不明瞭的。至於現在，中國人有了這種交通工具，可以通行於各個地域；這種工具是很精巧的，很得用的；歷代以來，中國所以能保存政治上的統一，大部分也不得不歸功於這種文言的統一勢力。

中國人果眞不願廢棄這種特別的文字以采用西洋的字母，那決不是由於笨拙頑固的保守主義所致。中國的文字和中國的語言情形，非常適合，所以他是必不可少的；中國人一旦把這種文字廢棄了，就是把中國文化實在的基礎降伏於他人了。

第四章

中國文字的起源和最早的歷史，正如語言民族的起源歷史一樣，都爲故傳的雲霧所蒙蔽。很早以前，當中國黃金時代，有龍馬出於黃河，他的背上負有奇異的圖象，獻示於伏犧（伏犧是中國『五帝』中第一個君主，在西元前二十九世紀時）。這個君主就抄錄這種圖象，構成了一種奧妙的字體，就是後來易經（五經的一種）的基礎。到了第三個君主黃帝時，有個相臣倉頡沿着發明的途徑上更進一步，制作最初原始的文字。

假使我們揭去了這種故傳虛幻的外表，就得到素朴的事實：中國的傳說以文字的創始，在西元前第三千年的中葉；而一點也沒有暗示着國外的來源。關於這幾點，卽在科學化的支那學上，也不難承認中國傳說的不錯。我們已經曉得中國現存最古的文書是作於西元前二千年以前，而河南龜甲文的發現，可以證明西元前第二千年書寫上已經有很高等的技巧。所以中國人說文字的創始，在西元前第三千年的中葉，是很合理的。十九世紀的學說以中國文字起源於外國，現在既然無從證明，那末，中國人的意見以爲文字是中國本土的發明，似乎是最爲可信。

中國的文字是一種很複雜的產品。第一點，中國字決不是依照相同的幾個原則構造成功的；這種文字在最早經了許多世紀的生長，依據於一種演化的途徑，所產出的主要字體，不下有三種，在他們構成的『方法』上彼此不同。第二點，書寫的技巧事實上自然要起種種變遷；因爲，如現代歐洲人所寫的字體當然和羅馬人以及中世紀僧徒所寫的，不十分相同，中國人也是這樣，在時代的過程上，常把文字的『形式』起了急劇的變遷；而這種形式上的演化，大約到了西元後初年方才完成。

現在，我們着手來考察中國字體構成所依據的各種原則。

中國文字最早的形式，成立於物體的圖畫。現今大多數通行的字，爲一般所應用的，其中還有許多是這種畫象，中國人叫做『象形』，已有三四千年之久了。這種畫象，卽在他們現在的形式，常是十分的明白。至於另外有許多字，過去的認識已經把他們發生了曲解；又有許多字，卽使在我們所知道最古的形式上，也是很乾瘠而不顯明。大概這些字在原始時期中，他們必定是很豐富很詳細的畫象，後來因爲便利起見，漸漸的減縮爲幾筆。

這種圖畫文字自然大多數是關於自然界的現象。『日』 yi 和『月』 yüe 這二個字，上文已經說過了。『火』 huo 是畫爲火光上升之形，灮（即今『火』字，縮寫則爲灬），『水』 shuei 是畫流水之形，巛（即今『水』字，縮寫爲三點水，氵）。和這個有點相像的是『川』 ch'uan 畫河流之形，巛（即今『川』字）。『雨』 yü 是表明雨滴從天下降，雨（即今『雨』字）。『土』 t'u 是代表兩層的泥土，其中又有一個出芽的草木，土：『石』 shï 是表明山崖上有塊石，石（即今『石』字）。『金』 kin 字，其中又有個『土』字，而有金塊在內，金（即今『金』字）。『山』 shan 字是一個簡明的山形，山（即今『山』字）；同樣，『谷』 ku 也是一個簡明的谷形，谷（即今『谷』字）象山谷向着谷口漸漸廣大的狀態。又有許多字是指草木植物的：『木』 mu 即木，『果』 kuo 即果，『朿』 ts'ï 即朿，『竹』 chu 即竹，『米』 mi 即米。關於動物一類，也有許多表示出來古代中國語上把『鳥』 niao 和『隹』 chuei 區別爲二字，『鳥』即鳥，是一種長尾鳥，『隹』即隹，是一種一尾鳥。此外，又有『魚』 yü 即魚，『虫』

；ch'ung 卽虫以及各種四足的動物，如「馬」ma 卽馬，「羊」yang 卽羊「牛」niu 卽牛，後面這兩個字是用他們不同的角來區分的；又最簡略的圖象如「犬」k'üan 卽犬（縮寫爲犭），及「豕」shi 卽豕。

關於人類及人體上的，又有許多字。「人」jên 是用一個簡朴的圖象八（卽今「人」字）來代表，使我們記得莎氏樂府上所說的「出叉的紅蘿蔔」(forked radish)另外有個人的畫象——已經用來代表「大」ta 這個語詞——是介（卽今「大」字）。至於代表「女」nü 的，原來有好幾個圖象內（卽「女」字）是正面看的形象，女（亦「女」字）是側面看的形象。後面這個形象已經減省了，近代這個形式「女」已經失去了原來描摹婦女嫻媚的觀念。「兒子」是兩個各別的語詞，就有兩種各別的方法來描畫。代表「子」tsi 這個語詞的是子（卽「子」字兩腿是包裹起來的）？代表「兒」êr 這個語詞的是兒（卽「兒」字），這個形象，據學者的解釋，以爲小兒顖門倘開，可以顯見的。「身」shên 字的身，顯然看出凸出的腹部，而身體上各部分也很巧妙的表示出來。例如「目」mu 字的目，「眉」mei 字的眉，「耳」êr

字的[illegible]，『口』k'ou 字的[illegible]。口上特別的產品，其符號為『言』yen 字，是很奇異的。此外，我們又有個『心』sin 字的[illegible]，以及代表『手』上的各種形式：『手』shou 字的[illegible]（縮寫為扌），『又』yu 字的[illegible]，再從『又』得個『廾』kung 字的[illegible]拱手的意思，又『寸』ts'un 字的[illegible]。最後，我們可以舉個『力』li 字的[illegible]，用來表明強力的意思。

對於古代中國文化的發生，也有許多可以供側面的觀察。中國至少從西元前第三千年的中葉起，是一種勤勞的耕種民族，所以『田』t'ien 字和『畺』字，都給示我們以一個簡單適切的描畫。古代鄉村社會一個有趣的觀念，從這個『井』tsing 字上，也可以看出來『井』字現在指汲水的井，這個字的古式是[illegible]，表明怎樣的八家組成一村，共耕中央的公田，以代納稅，而汲水的井，也在中央的地方。又有表明房屋的各部分的。從『宀』mien 字的[illegible]，『广』yen 字的广，我們看出兩種異式的屋頂。從這個『門』mên 字，可以斷定古代中國人已有摺扇門了，而緊閉門戶是用『閂』shuan 的。比較講究一點的房屋，是『宮』kung 屋頂之下有好幾個房子：[illegible]（卽今『宮』字）。古代中國有了塔的建築，可以從這個『京』king 字看出來：[illegible]

（卽今『京』字），後來又變做京都的意義（如北京南京等）。中國人爲保護自己防備鄰國的侵略，早曉得怎樣的守衞城牆，可以從這個『郭』kuo 字看出來㐭（這個字現在變壞了，右旁又加上一個新分子，成爲『郭』字），從此我們曉得古代城牆有了堞樓門互相對立；這種造法，現在還是存在，足以表明中國城市的樣式，不過城牆大都不是圓形而是方形的。

古代許多器具的圖象當中，有很多關於戰術的，如『弓』kung 字的弓『矢』shi 字的矢；另有許多是表明和平的職業的，如『刀』tao 字的刀，『工』kung 字本是工匠的矩尺，後來變做工作的意義，又『車』ch'ê 字的車。這裏，我們又可舉個『網』wang 字的网（縮寫爲罒）；又『兩』liang 字的㒳，表明一管秤，兩邊掛着重物，這個字可以用爲斤兩的兩，也可用爲兩三的兩；又『貝』pei 字的貝，是指貝殼，往古曾當做錢幣用的。

我們曾經舉過『木』mu 的圖象木；把這個圖象垂直的剖成兩個，一邊就是『爿』ts'iang 字的爿，另一邊就是『片』pien 字的片。從『帚』chou 字的帚，我們看到一隻手握着那帚的狀態。『巾』kin 字的巾和這個圖象也有幾分相似。『帶』tai 字的帶，更是一個精緻的圖象，這裏，我們可以看出裙裳之類從腰帶掛下來，腰帶上更攜有許多小物件。『衣』i 字的衣，這個圖象是表明衣袖裙裳。製造衣裳我們所得到最精細的原料是用『糸』mi 字的糸這個圖象表明出來，畫有蠶繭和絲線的形狀；傳說上以發明養蠶歸功於黃帝的夫人嫘祖。

有許多字是畫各種飲食器具的樣式，例如，『皿』ming 字的皿有塊基脚和兩只柄，（就是後來的盤）；又『壺』hu 字的壺。我們根據經書曉得中國古代有各種肉魚食品，或是鮮的，或是醃的，幷加以胡椒醋醬之類。一個很有趣味的字足以表明古代也用曬乾的肉，是『肉』jou 字的肉『即今『肉』字，縮寫爲月，即月，不幸現代這個字的形式和月亮的『月』yüe，變爲相同的了）。這個字普通是指鮮肉及肉類：這裏我們看出許多肉片用一條繩子紮在一起。中國古代的弟子用一捆乾肉送給他們的老師，所以現在中國語上常以『束脩』這個辭語來代表『教新』，還有這個舊習上的遺念。製造發酵的飲料，這種技術在中國是很古的；『酉』yu 字古體爲酉，意思是指『酒』，而用來表明盛酒的壜。

上而講過了許多家室衣食的文字，還有許多字是表明高等文化的原質。從『聿』yü 字的聿，我們有了一個最古文具的圖象，是一種尖器用來雕刻文字於獸骨龜甲或竹木的上面。後來竹木漸漸成爲正式的文具，寫者應用狹長的竹片從頂上寫下。竹片有連續的，就編成一起，於是成爲一本書。這個可以從古寫的『冊』ts'ê 字冊看出來。現今中國的書籍，還有這種裝置的遺跡。讀者從書頁的右面頂上起讀，一直到了頁脚，於是再往左邊第二行的頂上（在西洋的書籍裏算是最末一頁的，在中國書上應該是第一頁）。

在別種文明的產物上，還可以看到音樂的器具。『樂』字的樂，是放在一個架上的鐘鼓；這個字可以代表娛樂的樂 lo，也可以代表音樂的樂 yo。『卜』pu 字和『兆』chao 字都足以表明古代卜者所用的器具，他們是指獸骨龜甲上的裂紋（上文關於河南龜甲的發現曾經說過），卜者依這種裂紋和各個字體的形似來解釋的。我們還有一個很奇異的『鬼』kuei 字，：甶頭的形狀頗似古式的。這個字有幾種異體，還具有一個小的捲曲之物，鬼（亦『鬼』字）；這捲曲之物，有幾個解說者釋爲鬼神在空中疾趨而過，好像旋捲的東西；另有幾個解說者釋爲鬼的尾巴，較爲自然。

圖畫文字適用於代表具體的事物，是很值得讚美的；這種字體已經有幾千成爲通行的了。但是抽象的觀念怎樣的表示出來呢？固然，卽使抽象的觀念也有一部分可以用圖畫代表出來。中國文字屬於本國語言學者所謂『指事』這一類的有百餘字，所以我們有『一』i『二』er，『三』san 等字，以及『上』shang 字的丄，和丄相反的，又有『下』hia 字的丅。『分析』這個觀念很適當約用八（卽今『八』pa 字）這個符號來代表，在很早的時候『八』用作數目字，因爲『八』的數目最可以除盡的。『中』chung 字表明『當中中心』的意義，是很明瞭的。『回』huei 字的@，是表明『旋轉回轉回復』的意義。有幾個代表數目的字，解說者依照字形來類聚他們的解釋，雖然常是不對，也很精巧有趣；這些很古的字，眞正的起源，現在我們已經不能考出了。例如『五』wu 字，古代寫做㐅。這個數目在中國的表徵上是很重要的，正如西洋的三數和七數：例如五行，五勝，五德，五惡之類。這個字有說是代表五方；東，南，西，北，及中央。這種說法又可以用來解釋爲什麼後來再裝上兩畫，如𠄡（亦卽『五』字），這是表示宇宙上創造天地五方的兩大勢力，就是『陽』yang 屬於上天，光明，美善，生長，積極，雄性等的原理，和『陰』

yin，屬於下地，黑暗，醜惡，容受消極雌性等的原理。他們又以同樣的根據來解釋『十』shï 字，以爲是代表全數的方位，宇宙的全體，這是一個完數，爲單數的最高者。

雖然應用這種『指事』來表現抽象的觀念，比較上只有少數的幾個表現得滿意，這是顯然的。所以還須依賴別種好方法。

有個普通的方法，是應用具體實物的圖象來代表一個抽象的觀念；這個觀念或者和那個實物很有密切的關係，或者借了那個實物可以很強的把他提示出來。例如『相交接觸相關』的意義，寫做『交』kiao 字的[illegible]，就是一個人以兩腿相交。『高』的意義，用『高』kao 字的[illegible]來代表，就是一座塔。『行』的意義，是用通常走路的行跡來代表：[illegible]（即今『行』hing 字，就是足跡。『北方』的意義，是用『北』pei 字的[illegible]來代表，畫上兩個人背對背的站着；正是表示『掉轉頭來，向着那個人的背面走去』——因爲中國地方常認北方爲後背，以南方爲面前，所以房門王位等等都是朝南的。

另外一種方法，是借一個具體的同音語詞來代表的。例如一個『來』字，代表『麥類』的意義，又代表通常『行來』的意義，現在北京音上統讀做 lai。在古代中國語上，這兩個語詞顯然是同音的，因爲我們曉得代表『行來』的這個語詞很難描畫出來，而代表『麥類』的這個語詞很容易描畫，來（卽今『來』字像具有麥芒的植物）；所以從極古遠的時代，『行來』就已經寫做『來』字了。依據同樣的方法，『萬』wan 字的萬，本是指一種『毒螫』，用來代表意義比較複雜『十千』的萬。這種方法，因爲過於輕率任意，是很危險的；假使用得太普遍了，那這種文字就有含糊不清的影響；但是古代語言上或者沒有很多的同音語詞，所以這種方法應用的範圍，也決不至於很廣汎的。

這幾種方法，中國人無論怎樣運用得巧妙，對於製造大多數抽象意義的文字，總是不敷應用的。不但是這樣，而且有許多具體的語詞，也不能用單純的圖象就足以表明的，所以必須有再進一步的發明；因之就發生了許多『合體字』，是根據固有的單純圖象來創製的。

第一步就做出一類重要字體的發明，叫做『會意』，由意義的會合而成，所以是論理上的合體字。把兩個或兩個以上的單純圖象合併起來，使他們的意義發生論理上的關係，於是所產出的合體字可以用來代表一個新觀念。這種便利的方法應用得很廣，通常字體由這樣構成的，不下有千個。這許多結合的字體所包含論理上的關係，也有不同的種類，我們可以把他們舉出幾個例子來。

結合的字體，一種顯著的形式，是兩種實物的結合，這兩種實物對於所表現的性質或情狀，都是很顯明的，至少也都共同具有這種性質或情狀。於此我們得個「明」ming 字是用「日」加上「月」來表示「明」的意義；「鮮」sien 字是用「魚」加上「羊」來表示「鮮」的意義，（很明白的，魚和羊總是鮮的好吃）；「件」kien 字是用「人」加上「牛」來表示件的意義，因為人和牛對於單個的事物，是兩個模範的代表。

還有一種結合的字體，是兩種實物的結合，這兩種實物共同的存在，就足以提示一種觀念。這類的例子，如「好」hao 字由「女」字和「子」字結合而成，所包含的意思是人有了子和女，就快樂了。對於女性的輕視，有個「姦」kien 字，包含三個（意思是指好幾個）女字以表示「姦」的意義。另外的例子，如「寧」ning 字，「安寧」的意義，（宀是房屋，心在房屋器皿之間）；「友」yu 字的㕛，表明「友誼，朋友」，（兩手交接）；與此相似的有「共」kung 字的𠬞，表明「共同」，（四手相連）。這種結合的字體特別有趣的是個「思」si 字的恖，表明「思想」（腦和心的合作，就產生了思想）；「召」chao 字是「裁判」的意思，由口字（用口來判決）和刀字（中國古代各種通常的肉刑都用刀割）合成；「設」shê 是「設施，建設」的意思，由言字（發命令）和殳（手裏的鞭策）合成，又「黑」hei 字的㷵，由火燄和一個孔隙（就是通煙的煙囪）合成，就是所發生的煙煤。

而論理上的合體字，最普通的形式，尤其是用兩個實物來表明，其中一個是依附於另一個之上。代表抽象語詞的文字由這樣造成的，其中很多是動詞。動作的意義不能用單個的形象表現出來，就可以利用結合的字體來顯示。所以我們從一個人字得了許多動作：「坐」tso 字，等於兩個人在泥土上；「閃」shan 字，具有發出的意義，等於一個人從門裏跑出來；「見」kien 字，等於一個人（有兩條腿的）加上一目；「休」hiu 字，等於一個人在樹蔭底下休息；「伏」fu 字等於一個人伏起來好像狗的樣子。從手字又發生了許多字，例如「開」k'ai 字等於用兩手（廾）開門閂；『算』suan 字，等於兩手掌理竹製的目狀的算盤；『看』k'an 字，等於一隻手放在目的上部，我們遠看時常用手隱護兩眼；『取』ts'ü 字，等於右手捉住一耳。由言字構成的，如『計』ki 字等於言字加上十字（十數爲單數的最高級，自此以下都是合成數，所以有計算的意義）；『誩』king 字，相爭的意思，等於兩方各執一辭彼此相爭；『獄』yü 字意思是指『訟獄』，（於是又來指『監獄』，是通常訟獄的結果）等於兩隻犬在那裏爭訟——這是一個精細悅目的諷刺畫。從口字構成的，如『告』kau 字，等於一隻牛用口來觸物；『哭』k'u 字等於一隻犬和幾個口；『占』chan 字，等於用口讀卜辭上的裂紋（在獸骨龜甲上的）。此外各種混雜的合體字裏，可以舉出個『焦』tsiao 字，等於火在一隻鳥底下，要燙焦了，和『益』i 字的意等於水溢出器皿的緣邊；『瞿』kü 字表明恐懼的意思，等於鳥的兩目；『分』fên 字，等於刀字加上八字，用刀來分析。

論理上的合體字代表抽象語詞的，其中有許多是表明性質的。『美』mei 字是一個顯著的例，等於一隻大的羊。『左』tso 字，等於左手做工，『右』yu 字，等於右手爲口（拿食物入口的）？這兩個字似乎可以表明中國人古代的習慣。『古』ku 字比較牽強一點，等於十口，就是古時遺流的東西，由十代相傳下來的。誇大的字體是：——『悤』ts'ung 字的悤，表明『怱忙』的意義：心在窗中；『危』wei 字的⺈，表明『危險』的意義：一個人用一脚立於石崖之上。『白』pai 字的日，表明太陽向上照，太陽上升，就白了；『東』tung 字表明太陽從天邊的樹木的後面升出來，就是『東方』。『隻』chi 字可以看一隻鳥拿在手裏，這個字正和『雙』shuang 字相反，雙字，是兩隻鳥拿在手裏。『昔』si 字的昔，是畫了許多肉片在太陽下曬乾，原來是指『陳舊』，後來變爲『古昔』的意思，正和『新鮮』相反。『彊』k'iang 字，是弓矢射過幾處疊田，代表『強有力』的意思，是很巧妙的。『男』nan 字，等於力田，表明在田操作是男子應有的職務。正和女子的在家相反。分字和貝字相結合，成爲『貧』p'in 字，——貝是指資財，『貧窮』乃資財分散的結果。

這種結合的字體不但可以表明抽象的意義，也可以代表具體的實物。『囚』siu 字表明一個人在囚籠裏，我們很容易看出他是一個『囚犯』，或『俘虜』。『夷』i 是一個大人背着一弓，表明他是『野人』。此外還有許多有趣的例子，『婦』fu 字等於一個女人握着一帚；『奴』nu 字等於用手搶來的奴婢；『仙』sien 等於一個人隱息在山上。其餘還有許多很簡明顯豁的，如『父』fu 字的ㄆ等於用手執朴以教；『股』ku 字等於受鞭笞地方的肉；『器』k'i 字等於四口一犬，就是餵飼許多狗的器皿；『家』kia 字等於豕在屋頂下；『李』li 字等於生子的樹木。還有很清晰明瞭的，如『桑』sang 字等於許多手在樹木裏採桑葉；『泉』ts'üan 字等於白的水（譯者案此說非是，泉字古本作[illegible]，就是從山窟裏流出的水，參看後文）。『庫』k'u 字等於放車的房子；『丈』chang 字的[illegible]等於十手，表明十隻手那麼長；『灰』huei 字的[illegible]等於用手從火裏取出來的東西；『蚤』tsao 字的[illegible]等於搔人的虫；最後又有一個『狄』ti 字，等於火狗，用來指『野人』。

上面講過各種論理上的合理字，對於單純的圖象所不能表明的語詞，雖然都表現得異常適當，可是有一種缺點，就是他們所需要創製的心思未免過鉅了。等到需要創製代表幾千個語詞的文字，那這種方法過於困難，就不能適用了。所以古代中國人又要靠着一種完全新的方法，利用了他，可以創出無限數的新字。

這種新方法，是一種音標的字體。可是決不能說，這是表示中國人已經采用了字母文字。字母文字的原則，其目的只在表明語詞的聲音，沒有計及他的意義，只是分析語詞聲音組織上的各部分；例如英語裏 c-u-t 一字，現在我們看來，似乎是很簡單很自然的了，可是在人類的發明上，實在是個很費時的東西。這種方法，和中國人的思想路徑適相異趨。一方面，中國人慣用了的字體，是表示語詞的意義的，他們決不願完全放棄這個表意的原則。另一方面，上文說過，中國人已經具有幾個字是屬於一種原始的表音字體，就是聲音『假借』，例如有個『萬』字是表明一種『毒蠍』，國語上讀做 wan ，另有一個語詞和他同音的，意思是指『十千』，國語上也讀做 wan ，就用這個『萬』字來替代（參看上文第六一頁）。可是中國人得了別種原則的輔助，把這種笨拙的假借方法修正一下，就使他變成爲一種很精巧簡捷的方法。例如『寸』字的彐，（手的大姆指上標上了一點，譯者案此說非是，寸字的一畫是表明臂上離開手掌一寸的地方）。國語上讀做 ts'un ，假使沒有加以變化，不能用來代表『村落』的『村』（國語上也讀做ts'un）這個語詞，因爲這樣就要引起誤會的；所以中國人把這寸字加上了一個『木』的圖象，（木顯然是建築的材料）就得了一個『村』字村字的右旁是表示這個語詞的音讀和『寸』字相同，——中國人那時還沒有到了分析語詞聲音的程度，只是把整個的合體當做語音的單位，——而這個字的左旁是一種限制的符號，表示他『不是』指『寸』字所代表的那個語詞，而是和寸同音，有關於『木料』的那個語詞，就是『村』。這種方法，用來表音的，又不必需要『絕對』同音的語詞，只是在聲音上有密近的類似就够了；因之這種方法，更覺合於實用了。

這種新字一定要包含兩部分：一部是『音標』，用來表明——或者至少提示着——這個語詞的音讀，一部是『意標』，（歐洲人普通說他是『字根』，這是一個含混的名辭，因爲使人容易誤會做語源學上語根的觀念。）用來表明——或者至少提示着——這個語詞的意義，或者他所屬於範疇。

舉出幾個例子，就可以表明這種新方法有怎樣的效用。假使我們比較下面的幾個語詞：

坊 fang　街坊

紡 fang　紡紗
訪 fang　訪問
鈁 fang　鐘鈁
枋 fang　枋木

就可以看出他們在現代國語上有個相同的音讀 fang。這個音和『方』fang 字（一個古代的圖畫文字）的音讀相同因爲『方』這個原質都成了他們的一部分，所以很顯然的，古代的中國語上，他們必定已經和『方』的音都相同或相似了，所以把『方』字插入於這五個字，只是表明他們的音讀和『方』這個語詞大致的相同。於是『方』成爲這幾個合體字的『音標』。至於意義方面這幾個語詞大相逕庭；他們彼此不同的意義，也用字體來精密的區別。『街坊』的『坊』fang，以加上一個『土』字來表明這個『土』字就是他的意標部分，就是『字根』；『紡紗』的『紡』fang，他的字根是『糸』也足以提示他的意義；『訪問』的『訪』fang，他的字根是『言』；『鐘鈁』的『鈁』fang，他的字根是『金』，『枋木』的『枋』fang 他的字根是『木』。

『工』kung字(木匠所用矩尺的圖象)是一個很普通的音標,見於下面這些字裏:『功』kung(他的字根是『力』),『訌』hung(他的字根是『言』),『灴』hung(他的字根是『火』),『紅』hung(他的字根是『糸』),『扛』kang(他的字根是『手』),『杠』kang(他的字根是『木』),『江』kiang(他的字根是『水』)和『貢』kung(他的字根是『貝』)。我們必定看到這些語詞在現代國語上並非完全同音的,但是也有極強的類似性,他們在古代語上也必定是相似的。

這種音標並不必一定是單純的圖畫文字,有許多字他們自己是由二個或多個單體字組織成功的,而又爲另外許多新合體字的音標,例如『分』fên(用刀劈分)是『紛』fên(他的字根是『糸』),『粉』fên(他的字根是『米』),『忿』fên(他的字根是『心』),『吩』fên(他的字根是『口』),『枌』fên(他的字根是『木』),『盆』p'ên(他的字根是『皿』),『盼』p'an(他的字根是『目』)這些字的音標。同樣的例子,如『古』

ku（十口相傳）是『姑』ku（他的字根是『女』），『詁』ku（他的字根是『言』），『枯』k'u（他的字根是『木』），『固』ku（他的字根是口）等字的音標。而且，由這樣一個字根和一個音標所組織成的合體字，也可以認做一個單位，以爲另一個新字的音標。例如剛纔說過的『固』ku 字，和『人』這個字根相合成爲『個』ko 這個新字。要把這個新字分析起來，就須經歷下面這個冗長的程序：把『個』ko 字分做字根『人』和音標『固』ku；這個『固』字又是字根『口』和音標『古』組織成功的，而這個『古』字又分析爲『十』和『口』兩個原質。

這種方法是應用一個表意的字根，和一個表音的音標，來組成新字的；中國人因此得到一個簡單便利的手術，任意來創製許多新字。中國字的最大多數——約有十分之九——是用這種方法造成的。

說到這裏，也難怪讀者要發生了一種駁論，以爲從這一類的合體字上，中國語實在具有一種音標文字，那末，對於我們前面所說的中國字只是表示語詞的意義，沒有表示他的聲音，自然要發生一種反對的論調。可是，這種反對的論調，並沒有什麼效力。中國文字史上，在某個時期，某種範圍內確爲音標文字；但是不久就變了。凡是有字母文字的語言裏，大概字形的演化，總是緊密的隨着音讀的變遷。例如英語裏的副詞 faste，音讀上失去了末尾的一個音綴，於是書寫上也把末尾的 e 廢去了。英國人在文字方面還是顯著的保守者；至如德國人很忠實的依據音讀的變遷來改進字母的拼法。而在中國文字上，一點也沒有變更。文字的構造在數千年前一經固定了之後，許多語詞的聲音，大都已經受到極大的變化，而字形始終沒有隨着改進。至於文字經過了許多世紀語音的演化，而他的音標還保存着原來的功用的，實在只有少數的例子。例如『方』fang 足以適切的表示『坊』fang，『訪』fang 等字的音讀，實是由於偶然撞巧的事實：原來這幾個語詞，聲音上極相類似，所以用『方』做這幾個合體字的音標，後來因爲語音演化的結果，他們完全變爲同音語詞了——在現今國語上都是讀 fang。可是旁的許多字就不是怎樣了。例如『工』kung，在『扛』kang『江』kiang 這兩個字裏，現今只有一種曖昧的表音作用。還有許多事例，當中因爲語音演化的結果，使語詞的音讀大大的紛歧，於是合體字的讀法，和他的音標，很難看出彼此有類似的地方。例如『占』chan 和『帖』兩個語詞現在的音讀完全不同；假使我們不能證明這兩個語詞在西元後第六世紀的語音裏，還是很相似的，那末我們絕對不能相信『占』chan 這個字可以做『帖』t'ie 字裏的音標；他們在六世紀時的音讀比較現在相似得多，那時『占』chan 字是讀 t'siän，『帖』t'ie 字是讀 t'iep，他們的語首同屬一個部位，語尾也同屬一個部位，而母音也極相似。

這樣看來，假使所謂『音標字體』，即在古代也是極粗陋的——音標和轉成字很少是正確的同音的，所以前者不足以供為後者確鑿的音讀的表率，——那末在後來二三千年中，經過語音不斷的變遷，這種音標的效用，全部都更靠不住了。

中國文字的特性，當然使中國字典的編製成為實用上一個很困難的問題。所采用的編製方法，約有好幾種。有許多字典，正如西洋一樣，是依照語音來編製的。但是中國人類別語詞，不是如西洋那樣依照語首的字母的，乃是第一步依照音調來分做四大類，第二步再把這四大類中，依照語尾來分韻，把語詞歸成各個韻部，每一韻部裏的語詞，又依照語首的子音來排列。在這一種音標字典中顯然的，我們只能用來查考一個已經曉得了音讀的語詞，因爲我們說過，中國字不是表示音讀的；我們只能應用這種字典來查考許多成語或複合語詞的意義，而他們第一個分子的意義先已曉得了。我們要查考一個沒有知道音讀的語詞，那不得不應用另外一種字典，（或者依據同樣的原則所編成字根的索引，通常大都附錄於剛纔所說的音標字典中）。我們說過，全部中國字中有十分之九是用一個字根和一個音標組成的。此外，還有一小部分的圖象，確是通用做字根的，事實上也只不過二百之數。這些相同的字根，在一大羣的複合字中再三循環的顯現着。例如四千個最普通的語詞當中，不下有一百七十五個用『口』字做他們的字根，有一百二十個用『糸』字做他們的字根等等。可是，中國人已經把字典全部的體系四百十四個字根列成一表。這個表是依照各個字根筆畫的數目來排列的：用一畫寫的字根放在起首，然後用二畫寫的字根接在後面，這樣遞降下去，以至於用十七畫寫的字根爲止。其餘的文字，統排列在這些字根之下，他們除出了字根之外所包含的筆畫數目，就用來做排列他們序次的標準。舉出幾個例子，就更明瞭了。譬如我們要查考一個『女』字。『女』字是一個普通的圖象，是一個單體字，我們可以從二百十四個的字根中尋了出來。我們從三畫的字根裏去尋得着他在第三十八個上，在這裏注出他是讀 nü，意義是『婦女』。我們要查考另一個『好』字，這字包含着二個普通的圖象，他們都是字根表上所具有的，兩個都是三畫，在三畫的字根中我們尋得『好』字左邊的這個是在第三十八，右邊的這個是第三十九。那末，這兩個字根，究竟應該往那一個的下面去查考『好』這個合體字呢？關於這一點，我們確是沒有方法可以立刻來斷定；我們必定要往第一個上試尋，然後再及於第二個上。我們從左邊這字根第三十八個『女』字上着手，除去了女字，計算右邊的『子』字，是三畫。我們翻開字典，在第三十八個字根裏再去尋三畫的字，（除出這字根的筆畫數）我們就得了『好』字，查出他是讀 hao，意思是『美也善也』。又，假使我們要考查一個『姑』字，立刻認定他左旁的『女』是第三十八個字根，右旁的『古』字，算得五畫，在第三十八個字根下，五畫的字裏，就很容易尋得這個『姑』字，他是讀 ku，意思是『姑母』，——右旁的那部分是一個音標（古音爲 ku）。

我們計算『女』字爲三畫，『古』字爲五畫，似乎是有幾分不合理的，在通常的人看來，他們似乎應該包含有四畫和六畫這個疑難，可以用中國人寫字的事實來解明，中國人計算筆畫，依照寫字的方法，對於寫字有許多很嚴格的規則，寫出的筆畫有一定的次數，一定的程序。一個『口』字，必須分做三次寫出，而依照這樣一種程序：『丨』加上『𠃍』加上『一』等於『口』；一個『女』字，分做三次寫出，依照這樣一個程序：『一』加上『く』加上『丿』等於『女』。所以要想在中國字典上能查考中國字，必須要曉得中國字是怎樣寫的。

中國文字在他的結構上，是這樣的複雜的。達到了這樣複雜的程度，不但要經過了許多世紀的時間，而且要費了許多人的心思和腦力。這種演化的過程大致如下。最古的時代所引用的，是一種圖畫文字；這樣繼續了一個長時期；於是第一步進而爲論理的合體字，後來又進而爲音標的合體字，因此文字的數目範圍大大的增進了。這種演化的層次，可以用古代的刻文來證明的。在殷商時代（西元前一七六六年——一一二二年）的刻文裏，幾乎沒有音標的合體字，只有很多論理的合體字，但是也沒有單體的圖象那樣多。大部分音標的合體字，使文字上發生最大的一類的，顯然是創製於文盛的周代（西元前一一二二年——二四九年），尤其是周代的末期，或者還要後一點。而有許多論理的合體字，他們的性質，包含有豐富的意想力，足以表示這種字的創造，並非由於初等的書吏，而是一般很高等的學者所爲；那末這些字的發生，也是比較的晚後。這樣看來，我們要尋求眞正的原始文字，必須要返歸於這些單體的圖象。

中國文字結構上的演化，在西元以前早已經完成了，但是另有一種形式上的演化，進行到了更後的時期。

西元前第一千年以前，書寫上技藝的演進究竟是怎般的，因爲材料的缺乏，很難考明。我們現在只能說當時各個字形式上的異體是很多的，是很紛歧的。例如我們舉出代表「馬」這個語詞的文字，就有下面這幾個異體：[illegible]，[illegible]（即今「馬」字）；又如代表「魚」這個語詞的文字可以寫出[illegible]，[illegible]，[illegible]等，（即今「魚」字）。關於「犬」這個語詞的文字有[illegible]，[illegible]（即今「犬」字）這些形式；關於「耳」這個語詞的文字有[illegible]，[illegible]（即今「耳」字）這些異體；關於「山」這個語詞的文字有[illegible]，[illegible]（即今「山」字）等。這些異體，根據中國的傳說，約當西元前八百年時，頒布一種官令的字目，確定了一種比較統一的書體，就是所謂「大篆」文字；但是這種書體，仍是過於古式而難以記憶和書寫的；而一般書吏又很粗心，所以他們各因自己的便利，寫成了各種字形，結果中國字體就有很衰敗的現象。孔子曾經對那時情形給我們以一個暗示，悽然的說道：『我曾經看見許多書吏（因爲他們所不知道的文字）就留了許多空白的地方；到了現在就沒有了』。（『吾猶及史之闕文也，今無已夫！』）最後自然必須有個改革。當西元前二百十三年，秦相李斯憤恨當時一般人的譏諷，就煽動秦始皇實行大焚書，又頒布一種新的官令字目以爲書吏的表率，而統一了中國字體。李斯曾竭力保存古代的字體，但是他把古字加以簡省，常用簡略的幾筆來替代一個古代精細的畫象。上文所舉幾個文字的異體，在這種新書體裏，便成爲下面這幾個形式：[illegible]（即『馬』），[illegible]（即『魚』），[illegible]（即『犬』），[illegible]（即『耳』），[illegible]（即『山』）。這種字體凡是李斯所訂定的，叫做『小篆』。因爲焚書的緣故，我們所看到中國大部分的字體，只是用小篆寫的。上面所舉幾個古代圖畫文字的例子，爲簡便起見，都變爲這種書體了。比這種較古的字體，偶然在銅器等等的刻文裏保存下來，和這種小篆比較一下，也可以曉得李斯對於古代文字常有誤解的地方，有時他又竭力的用新字來替代古字。例如，有個古字

[illegible]，所代表的語詞，意思是指『伸張，引伸，伸出』等等。他不懂得這個字，就用一個大致相似的字來替代，——或者是某個草率的書吏所杜撰的一個異體，——[illegible]兩手伸張一種長的東西（卽今『申』字）。所以李斯的小篆，在許多字例上看來，實在是一種完全新的字體。

雖然，小篆在文字形式上的演化，絕對不是最後的一級。小篆引用之後，不到了幾年工夫，就進入於另一個新狀態。這種由於書寫上原料的變遷。從前寫字是用刀或尖器刻於木版或竹簡之上；到了這時，發明了一種墨水；又有一個人——傳說是蒙恬將軍——想到用駱駝毛來製筆。第一步曾經用縑帛來代替竹木，不久之後，就用紙來寫字；中國紙的發明，說是在西元後一〇五年，從那時到今，中國書寫上的原料，就沒有變過。現今中國人用一種尖細的毛筆漬着墨水來書寫的。

用了古代的尖器，許多彎屈的曲線，可以隨着意旨寫出的；用了毛筆之後，那更細密了。假使逆着筆毛的勢寫去，筆毛就要迸出，有幾處筆畫也要汚損了。所以引用了這種書寫的新工具之後，文字的形式就急劇的發生了變化。小篆的形式因爲受了毛筆的變化，就成爲一種新書體，叫做『楷書』。一直到了現在，成爲官令的文字，用於習字本上，并爲書法上，公文上的標本，爲印刷體的根據。

用了毛筆，可以寫得很快，可是容易使人趨於草率；而要寫得快，就把文字的形式犧牲了。所以第一步就起了一種微細的變化，叫做『行書』；第二步就成爲一種速寫體；這種速寫體，有個生動的名稱，叫做『草書』或『草字』。這種草書並不像西洋的速記術那樣有一種嚴格齊整的系統，而是一種很隨意伸縮的體制，容許個性的或其他種種的變化，字根的縮寫，也可以有許多不同的樣式。有一種叫做『小草』，還是稍有規則的，可是有一種『大草』，幾乎使人受了極大的困難。下面這個表，可以顯示毛筆的應用，怎樣的貶損了中國文字：

	『馬』	『佳』	『忽』	『取』	『門』
小篆	馬	佳	忽	取	門
楷書	馬	佳	忽	取	門
行書	馬	佳	忽	取	门

草書

我們可以看出行書和草書，對於小篆原來的圖象，已經很不相似了；卽使楷書也和小篆大不相同，只是偶然間——如『門』字之類——我們還可以認出原來圖象的筆畫。我們觀察從生動的圖畫怎樣的轉變做牽強的形象，有時在技術上卻很微細，這是很奇怪的。『馬』字和『鳥』字在小篆的形式上，還是容易認出的圖象，但是楷書的形式事實上雖然變得很少，而和馬的形象或鳥的形象，一點也不相似了。

由小篆轉變而爲楷書，有時也使我們錯認了字源上的關係。例如『泉』字原始的字形和小篆上，都作𣳾，這是一個泉水的很適當的圖畫：畫了一個山石上的空隙，泉水從中流出。而楷書上這個字作泉，似乎由『白』和『水』二字所結合而成；並且給了泉水一個很好的定義，說是『白水』，顯然因爲當時某個書吏善於推想，在小篆變爲楷書的中間，就引用了一個流行的字源學說的分子。

從上面所說，可以曉得西元後二千年間所用的楷書，對於文字原來的組織，並沒有給予我們以許多線索；一方面常把許多圖像摧毀了，以致失去原形，成爲不能認識；另一方面倘有各種錯誤的解釋：楷書的作者，也許已經對小篆發生了曲解，而小篆的作者李斯，也許又對古代的字體發生了曲解。這樣，中國本地人或西洋人爲實用上起見，要學習中國文字——第一步學楷書，第二步再學行書草書，——就不得不記憶一大批純粹習慣上的符號。有時，例如『明』字（等於『日』加上『月』），他的字源上的組織，經過了幾千年，還是很明顯的，結果可以補助我們的記憶。但是大部分都沒有這種效用，對於他們的形體，意義，和在某種方言上的音讀，只得很機械的去強記熟讀。

所以中國文字各種歷史的起源，成爲現今科學研究上的主要問題；可是這一項學問，古代已經具有了，要曉得中國學者，在許多世紀以前，已經用心研究這一項學問。

楷書和草書的發生，此種形式的演化，完成於西元前，那時關於文字上的粗率和放縱，已經達於極點，幾乎有搖動文字生存的趨勢。一般學者以爲寫了當時流行的書體，覺得自己很恥辱的。在這種危險的時候，有一個許慎起來拯救文字，他在西元後一百年著成他的字典，說文解字，因之引起學者對於字源學和正字學上的興趣。在這本書裏他對於流行的字體下了批評的觀察，又將李斯的字目，加以條理的刊布，傳給當時一般學友，這樣他就把毀壞字體的趨勢遏止住了。他這部書受了普遍的稱頌，現今許注家尊視『說文爲一種經書』。從那時以後，在一般重要的書籍及公文中，都應用楷書，而個性的行書和草書，只限於私人之間。許氏說文更有一個重要的結果，使一般對於文字歷史的研究，得着一個激勵。自從此書出世，中國的學者就用其心思於研究的工作，從古代中國的遺物上，搜尋了他們所保存下來的篆文的異體，使漸漸的進於光明的境界。這些研究的結果，刊布的很多，或者把說文加以注釋，或者把說文的原本加以擴大和刷新；這些工作實在有很大的價值，因爲所登載的對象，大部是久已湮沒了的，文字史上有許多疑難的地方，可以應用他們而得個明白的。

這裏要說明的，搜尋中國文字最古的形式，這種工作，離開了結局還是很遠。中國的文獻學者，雖然是很熱心很精到的，可是每每把自己所得的結果，認爲滿足了；這些在批評的科學上當然不能認爲合於需要。有許多字他們費了很大的心力求得一個解釋，也不過鬧出許多笑話罷了。例如「王」wang 這個字，他們以爲最好的解釋是：內中的「丨」一是個人，「三」是天，地人，這個人能貫通天地人的，就叫做王。又如上文說「五」字和「十」字的解釋，就有學者推想的意味。這樣看來，關於中國的文字雖然大部分的字源關係，已經很明白的建立了，倘有許多地方留待後人努力的。中國地土貢獻出許多考古學上寶貴的材料，所以要將中國文字的歷史重新舉起而把他認爲一個更深切的研究對象；這個在將來的支那學上，實在是一件重要的工作。

中國文字是眞正的一種中國精神創造力的產品，並不像西洋文字是由古代遠方的異族借得來的。（譯者案，西洋文字的字母源於腓尼基人，而出自埃及和巴比倫，皆和歐洲人爲異族）。中國地方對於文字特別的敬愛，這種又是西洋人所不能理會的。中國文字有了豐富悅目的形式，使人能發生無窮的想像，不比西洋文字那樣質實無趣，所以對於中國文字的敬愛更是增進。中國文字好像一個美麗可愛的貴婦，西洋文字好像一個有用而不美的賤婢。中國文字常常很多因爲藝術上的目的而寫作。書法學是繪畫術之母，而兩者常有密切的關係；專門的書法家在中國常爲一般所重視，正和第一流的畫家一樣。西洋人裝飾房子只用圖畫，不用文字的，而中國人常用書法家所寫成的白紙黑字的格言，懸掛於壁上，當做房子裏的點綴品。中國人在書法上能巧運其筆，就可以成名，正如在繪畫上一樣。因爲書和畫有密切的關係，所以中國的藝術家常爲書法家而兼繪畫家，在他們的畫作上，喜歡插入幾行字，他們把這種點綴的方法運用得很巧妙。這幾行字大都是某首古詩上短的節句；酷似文學的人，（他們當然熟悉這全首的古詩）看到這個節句，就覺得這畫上又添進一種怡情的附屬品了。因之文學和書法又發生了密切的關係，這又是西洋人所不能理會的。他們署名於題辭的下面，寫得很精緻優美；又加蓋了紅印內中也有他們的名字。畫幅上的題辭，偶然有用楷書寫的，可是不常用；大概藝術家喜歡用上古的篆文，（尤其在紅印裏的名字），或者喜歡行書或草書。藝術家在中國地方正如在西洋一樣，都是一般不守常規的人民，所以他們的草書有時很個性的，很混雜的。「富」fu「壽」shou 兩個字，是大家所信奉的，常用爲裝飾的目的。這兩個字約有幾十個的異體；用這些字寫成的匾對等等，在中國各處可以購買得到，這是很特別的。實際上，中國裝飾的文字是一種專門的學習，需要長時期的嚴格訓練。支那學者以爲這一項在學術不很重要，很少願意犧牲時間來研究；因此，如在博物館中的作品，他們常聘請中國的專家來共同製作，因爲這一班人從少起就已經熟習了中國文字的奧妙。

這項專門的學習是很費氣力的，但是爲通常的目的而學習三四千年以來的楷體字，那並不是很繁難的工作。我們熟悉了幾百個最普通的單體字，（許多單純的圖象），就得着各種合體字（或論理的合體字，或音標的合體字）裏常見的分子；因此要學習新字，只須學習這些新字裏所包含的分子，或者應用西洋的語言，來表明他們怎樣的拼法。

第五章

前面幾章裏，我們已經討論中國的單純語詞，以及代表他們的文字；不過只是關於語言的原料，還沒有論到中國語是怎樣一種表現思想的工具。語詞是用一種分析的手續所得來的單位，但是語言上的單位並不是語詞，而是語句，不過有時某種語句上只包含一單個的語詞罷了，如『是』！『瓊斯』，（要回答這樣一句問語的時候，如：『是什麼人』？）。

我們第二步要詢問的：是中國語上的語句是怎樣構造的呢？語詞是怎樣結合起來表現思想的呢？

中國語裏各個字是固定的單音綴，這種情形在確立語句的結構上，很有絕大的勢力。印度歐洲語言裏，一個語詞具有各種的形式，就是形式變化；語詞在他的語句上所占有的地位，是應用這種形式變化來表明的。在一個通常的語句中，聽者或讀者靠着形式變化語尾的指導，立刻可以懂得他的意義。例如在下面這個英語的語句裏：

Albert's mother gives him cakes.

我們立刻看出其中 gives 是有定式的爲述辭上的動詞；又 Albert's 不能當做主辭用，因爲他很顯明的表示出來是別一個語詞的附加辭（是屬於領位的）；him 也不能當做主辭用，因爲他是屬於賓位的；還有兩個語詞，他們的形式都可以有做主辭的資格，——mother 和 cakes——其中前一個必定是主辭，因爲 gives 這個動詞（屬於單數的）不適合於 cakes。

英語裏有許多形式變化已經衰退了，但是還可以應用語詞的形式變化來指定他們在一個語句上的功用；至於別種印度歐洲語言上，如拉丁語，俄語，德語，措辭上的種種關係，更表明得很正確。例如拉丁語上這個語句：

Pater amat filium.

其中主辭和述辭，功用上的分別，很明白的用形式變化表示出來；而英語上同是這個語句：

The father loves his son.

那個是主辭，那個是述辭，聽者只從語詞的序次上看出來。形式變化的各種語尾，在無論那種語言上，似乎是很可寶貴的東西，把他們廢除了，未免太可惜了；但是在事實上印度歐洲語的演化，有漸漸把他們全部廢除的傾向。對於聽者的傳達，凡是從前應用了形式變化的地方，現在漸漸改用他種方法來表明。在這一方面，歐洲的各種語言有漸漸變爲中國語的傾向；從這一點來觀察，可以知道中國語比較西洋任何種語言總爲先進的，因爲中國語差不多已經到達了無附添語的時期。

中國語這種事實上的情形和習見於西洋方面的，正是完全異趣，我們只須提及他缺乏形式變化，這個實在的斷案，就很顯然的了，就是，中國語，大概說來，沒有正式的詞品的。一個實物，一件事情，具體的或抽象的，例如『人』，『快樂』之類，可以爲一個述辭的主辭或一種動作的賓辭，又可以用爲領位的，或者表明其餘一切的個體。印度歐洲各種語言裏，是應用各種附添語來表明這些功用，因此應用了各異的形式，就成功所謂『變形』(paradigms)，例如拉丁語上的變形，homo, hominem, hominis, homines, hominum 等等，組成文法上『名詞』的這個範疇。這樣，拉丁語上就有一種正式的詞類，叫做『名詞』，大概和心理上『事物』這個範疇恰好相當。同樣，如英語上『動詞』的變形 call, calls, called 之類內中語尾 s 和 -ed 是表明動作進行上某幾種規定的狀態，因此就產生了一種『動詞』正式的範疇，正和心理上『動作』這個範疇相當。中國人在心理上當然和西洋人一樣，具有各種範疇；可是在言語上，中國人卻沒有各種相當的詞品。某種現象，例如一個急引的動作，我們可以當他發生的時候，沒有動作者的關係：如『急引得很強』，（英語 The jerk was very strong）；或者也可以當他為某人發出的動作，如『他急引他的臂』，（英語 He jerked his arm.）。在前一個語句裏，英語上的表現方法，必須要采取名詞上各種變形（主位 jerk, 領位 jerk's, 複數 jerks）的一種；在後一句裏，英語上必須要采取動詞上各種變形（jerk, jerks, jerked）的一種。至於在中國語上，就沒有這種分別。中國語說：『急引得很強』，『他急引他的臂』，兩個語句裏所用『急引』這個語詞的形式，正是完全的一樣。從心理上的觀察，雖然這個語詞在兩句裏的功用不同，可是在語言上，總認『急引』這個語詞，正是完全一樣的。

再另舉幾個例。『長』 chang 這個語詞在『子長』 tsï chang 這個語裏，其功用適相當於英語上的一個動詞；在『長子』chang tsï 這個辭語裏，適相當於英語上的一個形容詞；在『長吾長』chang wo chang 這個成語裏，第一個是動詞，第二個是名詞。『父』fu 這個語詞通常有個很具體的意義，例如『父來』fu lai，『父兄』fu hiung。但是『父父』fu fu 這個成語並不像我們所猜度的是『父的父（＝祖父）』的意義，因爲這樣雖然在文法上可以解釋，但是實在的意義是『以父待父（＝待父以孝）』；這樣對於中國語的文法也沒有違背的地方。又如一個『上』shang 字，抵過英語上許多種詞品；這個語詞基本的意義是『在上』。『上』shang 可以說是『在上的人皇上』，那就相當於一個名詞，英語 the emperor；『上邊』shang pien 的『上』就相當於一個形容詞，英語 the above side，『上馬』shang ma 的『上』，就相當於一個動詞，英語 to mount a horse；『馬上』ma shang 的『上』，就相當於一個介詞，英語 on the horse；『上有天』shang yu t'ien 的『上』，就相當於一個副詞，英語 above there heaven。

說中國語的語詞沒有形式上的類別，只適合於一般大概的情形，這個正如普通文法的規則一樣，也不無例外，下文所舉的幾點，可以證明：

要表明形式變化的各種範疇，不但只有應用附添語的一種方法。此外還有兩種方法：有時可以應用內部的形式變化，例如英語上有用母音的變化來表明的：man, men; bind, bound。另一方面又可以應用助語詞，——這種正和純粹的附添語完全相反，因爲附添語自己單獨是不能表明意義的，——助語詞在語言中別處地方用做獨立的語詞，而當用爲形式變化的目的時，其意義比較的微弱。例如英語下面這個語句：

I have been in London.

其中 have 是一個助語詞，（和 I have five shillings.這個語句裏的 have 比較一下，就可以知道這個 have 的意義纔是完全的。）

這兩種的形式變化，中國語上也有相似的現象。

內部的形式變化，在中國語上所發生的各種形式，不是在音綴上的母音，而是在他的『音調』。這種和英語上的變化，並不是完全相同，而是極相似的。『好』 bao˘ 這個語詞，意思不但是指『美好』（形容詞），也是指『愛好』（動詞），便讀爲 hao`。這裏，中國語也具有形式上的差別，和心理上的各種範疇相應；這裏意思是指中國語上也有一種現象，和詞品上的差別相應。但是，這類的例子比較的少，並不足以搖動中國語形式上沒有詞類的這個通則。

形式變化最重要的事例，是應用了許多助語詞；這種助語詞在俗語上和文言上都所具有的。俗語上最顯明的例子，是『要』 yao 這個未來時的助語詞。『要』 yao 這個語詞獨立應用時，意思是指『願意，需要』，而『他要來』 t'a yao lai 這個語句，意思就爲『他將來了』，等於英語的 He will come。用英語的 will 來比，是很完全的；我們更可用『怕要死』 p'a yao sï 這個語句來解釋，內中的『要』 yao 就顯然沒有『願意，需要』這個完全的意義了。俗語上另外有個很普通的助語詞『了』 liao；這個語詞獨立應用時，意思是『完了』。當做助語詞用時，便是表明主要的動詞所表現的動作，乃是完了的：『他去了』 t'a k'ü liao，就等於英語的 He went。再舉一個文言上的例子，有個動詞『以』 i，意思是指『用』；這個語詞很多當做助語詞看待，用來表明一種工具的意義，例如『以手扶之』 i shou fu chï，意思是『用手來扶他』。這樣一個動詞，他本來完全的意義是『應用』，這裏卻變做一個介詞了。有時這種助語詞也變成純粹的附添語。他們單獨應用時所具有一切的意義已經消滅了，已經減縮了，等於一個英語上形式變化的附添語。例如現代法語裏的有定冠詞，如在 "le-garçon, l'homme" 裏 le, la, l'，只是一種附添語，沒有單獨應用的，而且他們自己也沒有單獨的意義；這種冠詞本來就是指示代名詞 "ille"，後來漸漸縮減，把這個獨立的語詞變成爲附添語的冠詞，可是大家久已不知道了。中國語裏也發生這樣相類的事情。例如國語裏有個音綴『的』ti，放在一個語詞或一羣語詞的後面，用來表明這個語詞或這羣語詞是後面另一個語詞的附加辭。這個『的』ti，我們不妨在英語上稍稍破壞習慣，用 "y" 這個語尾來直譯他的功用，（y 等於德語的 -g）：『張三的娘』（chang-san-ti niang）就是英語的 chang-san-y mother，（德語的 die Chang-San-ige Mutter）等於 Chang-San's mother；『好的人』hao-ti jên，就是英語的 good-y man，等於 a good man；『說話的樣子』shuo-hua-ti yang-tsï，就是英語的 speak-word-y-manner ＝ manner of speaking，『桌子上的土』

cho-tsï-shang-ti t'u，就是英語的 table-upon-y dust——the dust upon the table；『昨天來的人』tso-t'ien lai-ti jên，就是英語的 yesterday come-y man——the man who came yesterday，等等。俗語裏實在沒有一個獨立的『的』ti 具有一個相類似關聯的意義，所以我們從現代國語的立場上看，這個『的』ti，純粹是個形式變化的附添語，為一種附加辭的記號。

用中國文言來比較，就可以明白這個『的』ti 大概是出於一種助語詞；從文言裏，我們看到『之』chï 的這個音綴，恰好和俗語上的『的』ti 相當，都是附加辭的記號：例如『父之心』fu-chï sin，就是英語的 father-y heart——the father's heart；文言上的『之』chï 和俗語上的『的』ti，彼此有字源上的關係，這是無疑的。極古時代的文言裏，這個音綴，除了表明附加辭的功用以外，似乎還有一種意義，是當做獨立的語詞應用的，就是『這個，這些』；例如『之子』chï tsï，等於英語的 this young man。所以這個語詞用為附加辭的記號，也不過由一個代名詞縮減而成的；『父之心』，從前是用『父，此心』表現出來的。

文言上也有幾個形式變化的分子，沒有完全的意義，不當做獨立的語詞來應用，所以也可以歸爲純粹的附添語。例如有個『者』chê字，是用來構成名詞的。這個『者』連接於『死』sï這個動詞，便成了兩種動名詞：『死者』sï-chê意思是指『死的動作』，相當於英語的to die, death；『死者』sï-chê，意思是指『死的人』，相當於英語的the dying, the dead man。但是這個『者』chê，雖然沒有當做獨立的語詞來應用，而和上文所說的『之』chï或者有字源上的關係，大概也是起源於代名詞的。

我們的前面，有了這幾種新鮮的事實，讀者心理上對於上文所論及的或許要發生了兩種疑難。第一點，既然俗語上和文言上都有形式變化的分子，如『的』ti『者』chê之類，他們的存在，都沒有獨立語詞的性質；那末中國語畢竟必是一種有附添語和形式變化的語言了。是的，無疑的，可是少數的例外，不能用來概括全體。中國語裏確實無疑的附添語，實在很少。而且我們上文已經討論過，我們進一步可以推迹這些附添語是由助語詞的演化成功的，而這些助語詞也是由獨立的語詞演化成功的，（『的』ti，『之』chï以及『者』chê都是源出於代名詞的）；所以最多我們只能說中國語上有某種趨勢是傾向於形式變化的附添語，——正如我們上文所指明的，（第四〇頁）是傾向於轉成作用的附添語，——不過這種趨勢是很微弱的，那末，說中國語是一種沒有形式變和附添語的語言，這種大概的描述，當然還可以成立的。

第二點，我們可以說，既然中國語應用了許多助語詞，那末，他必定應該具有詞品的。許多語詞，凡是應用『要』yao（未來時）這個助語詞加以變化的，他們因此就注定爲動詞了。我們對於這個疑難，可以回答說，中國語上不管他有助語詞的應用，我們總不能承認他有動詞，名詞等等的存在；因爲中國語上爲了形式變化的目的而應用助語詞，比較英語及他種語言上，實在佔一個很不重要的地位；在英語及他種語言上，助語詞是一種文法上有規則的工具，而在中國語上，不但所有的助語詞只有很少的幾個，而且又不是拘束的。英語裏如這樣一個語句：

His mother whacked him yesterday.

當然只能有這種表現的方法。可是，中國語裏，有許多形式，可以任意的選擇，或者采用和英語還

種相當的形式，或者采用另一種的形式，這種形式假使在英語上可能的話，便成為

He mother whack he yesterday.

這樣一個語句了。所以中國語或者是：

『他的娘昨天打了他』 t'a-ti niang tso-t'ien ta-liao t'a

或者是：

『他娘昨天打他』 ta niang tso-t'ien ta t'a

事實上，助語詞只是為了明晰起見而必需應用的時候，纔不能免除。否則，便可隨意的應用；有時因為協韻和調音的緣故，纔用到他們。即使聯詞，西洋人看來，似乎是不能少的，在中國語上也時常可以不用，例如：

『他不給你錢，我就給你』 t'a pu kei ni ts'ien wo tsiu kei ni

在英語上應當說做：

If he does not give you money, I will give you.

必須有個 if。又如：

「他來了，請告訴我」 t'a lai liao t'sing kau su wo

在英語上應當說做：

When he has come, please tell me.

必須有個 when。現代國語上的助語詞，比之二千多年前孔子經典的語言上確是較少，而大部分又可以不需用形式變化的附添語及助語詞的。那末，我們說中國語是沒有形式變化的語言，這種大概的描述，仍是很適合的。

關於中國語的結構，我們說過的，大都只是屬於他消極方面的性質：語言上形式變化的附添語既為一般所缺乏，助語詞的應用也是很有限制的。那末，中國語上構造明晰的語句所應用的積極方法是什麼呢？我們可以回答一句，主要的方法是應用一種井然不紊的語詞序次。英語上 The father loves the son 這個語句裏，那個名詞是主辭，那個名詞是賓辭，只有語詞的序次來表明；中國人也正如英語裏這種方法，表現這件同樣事情，也是用同樣的方式：

『父愛子』fu ai tsi，相當於英語的 The father loves the son.

但是要說：

『子愛父』tsi ai fu，就相當於英語的 The son loves the father.

中國語裏所采用的語詞序次，大概對於英國人也是很自然的。我們從所舉的這個語句，歸納得一個序次：

主辭，加上動詞，加上賓辭。

附加的區別辭，常放在他的主體語詞之前；例如『嚴父』yen fu，相當於英語的 the stern father（但是說『父嚴』fu yen，就相當於英語的 The father is stern.）在這一方面，英語和中國語間很相一致，比之英語和法語間還要一致；因爲法語裏附加的區別辭，常放在名詞之後，（如 cet homme excellent）。只有副詞的成語常有許多不同的位置。這幾種規則，雖然不無例外，但是從全體上看來，總是很準確的；對於中國語句的分析，通常總以這幾種規則做基礎。

但是，中國語句裏這種固定的序次，也和英語的習慣有幾點極不相同的地方。關於這一層，有兩種有趣的現象值得指出的。

英語上表明『疑問』的一種範疇，常用原來語詞顛倒的序次。我們疑問的語句，有兩種：一種是要求決定的疑問，一種是要求告訴的疑問。英語上要求決定的疑問（用 yes 或 no 回答的，主辭和述辭都已經曉得了，這種疑問，就是要決定那一個述辭可以適合於這一個主辭）除出顛倒語詞的序次（還伴着一種疑問的語調）以外，就沒有別種形式了；如 Will he come? 就是 He will come 這個語句裏序次的顛倒。中國語上就不用這種方法，因爲在嚴格的序次裏，一經顛倒，就要發生混淆的。所以把通常的序次，依舊保存着，而表明『要求決定的疑問』這種範疇，就應用了別的兩種方法。或者是：

他來麼？（或嗎？） t'a lai mo （或 ma）

『麼』 mo 或『嗎』ma 是一種疑問句上收尾的語（詞，可以和拉丁語的 ne, num, nonne 比較）。回答一聲『是』 yes 或『不』 no。或者是：

『他來不來』？ t'a lai pu lai

第一種的成句法，可以無需說明。第二種的成句法，也不難瞭解。說者預定了兩種可能的答句，——『他來』；『他不來』，——聽者就從中任擇了一種：『（他將）來』 lai，或『（他將）不來』 pu lai。

至於要求告訴的疑問（這種疑問，語句上的某個分子，總有幾分不曉得的，就用答句上『a 等於 x』這種形式來解明）。常常包含一種疑問代名詞，或者一種疑問副詞；例如英語的 Who is he?, What is he? Where is he? When will he come? 單是從這種疑問的語詞上，聽者就曉得有一種疑問的意思了；所以英語裏因爲這種和要求決定的疑問起了類比的作用，也把語詞的序次顛倒，這實在是無需要的。語詞序次沒有顛倒，也是十分的顯明；如 He is who? He is what? 等等，這樣就和中國語的序次，在論理上很相符合了：

『他是誰』？ t'a shï shuei

但是，假使我們把這種語句的疑問性質表明得強一點，就可以加上『呢』 ni 這個收尾的疑問語詞，（不是屬於第一種範疇的『麼』mo 或『嗎』ma ）：

『他是誰呢』？t'a shï shuei ni

中國語裏沒有和英語上那樣的形式，把主辭加上述辭這種序次顛倒的，可是在現代國語上，另有一種文法上的範疇，單是用語詞序次的變化表明出來。我們說過，副詞成語的位置，是依照某幾種規則的，我們在此地不能詳細論列。『不』 not 是表明動詞的否定辭，我們現在且當他做一個副詞的成語，來觀察，怎樣利用副詞的移動，依照一種有趣的方法，以表明各種的範疇。假使語詞只是單純的否定的，那個否定辭就放在他的前面，例如『他不來』 t'a pu lai，相當於英語的 He does not come. 現在國語上有一大批的複合動詞，由一個主體動詞和一個或二三個的補助動詞組織成功的，相當於英語裏的動詞加上介詞，或動詞加上副詞的複合語詞；例如『拿去』 na-k'ü 等於英語的 take away，『打開』 ta-k'ai 等於英語的 hew apart，『說完』 shuo-wan 等於英語的 speak to an end，『打倒』 ta-tao 等於英語的 throw over 等等。假使否定辭不放在動詞的前面，而插入這種複合動詞裏各個分子的中

間，那就是表明一種『能具』capability的範疇，（或者說得確切一點，是『不能具』，因爲這種語句總是否定的）

『他拿去』t'a na-k'ü，等於英語的He takes away；

『他不拿去』t'a pu na-k'ü，等於英語的He does not take away；

『他拿不去』t'a na-pu-k'ü，等於英語的He cannot take away。

這種是國語裏一個極普通的現象，對於應用語詞序次以表明各種文法上的範疇，這也是一個極顯著的例子。

中國語句的組織，實際上是怎樣構成的，我們可以引用許多連接的散文來做說明的標本。這裏所舉出的第一篇，是現代國語裏一種北京方言的例子：

有一個年輕的人，是個傻子。他的爹娘嫌他傻，給他銀子，叫他出去學俏的。

yu i ko nien k'ing ti jên shï ko sha tsï t'a ti tie niang hien t'a sha kei t'a yin tsï kiao t'a ch'u k'ü hüe tsiao ti.

他就走了。到了外邊，來到一棵樹底下。那樹
t'a tsiu tsou liao tao liao wai pien lai tao i k'o shu ti hia na shu

上有一大些個家雀，喳喳喳喳的亂叫。忽然
shang yu i ta siə ko kia tsiao cha cha cha cha ti luan kiao hu jan

來了一個梟子，往樹上一落。嚇得那家雀都
lai liao i ko yao tsï wang shu shang i lo hia tê na kia ts'iao tu

不敢叫了。可巧有一個念書的人，也在樹底下
pu kan kiao liao k'o k'iao yu i ko nien shu ti jên ye tsai shu ti hia

坐着呢。就說：一鳥入林，百鳥啞音啊。那個傻子
tso cho ni tsiu shuo i niao ju lin pai niao ya yin a na ko sha tsï

就問：先生你說什麼？那個人不願意答理他
tsiu wên sien shêng ni shuo shên-mo na ko jên pu yüan i ta li t'a

說：我愛說什麼，說什麼：不用你管我。他說：先
shuo wo ai shuo shên-mo shuo shên-mo pu yung ni kuan wo t'a shuo sien

生　教　給　我，我　給　你　銀　子。那　個　人　說：那　也　行　了。
shêng kiao kei wo wo kei ni yin tsï na ko jen shuo na ye hing liao

要　了　他　的　銀　子，教　給　他　說：一　鳥　入　林，百　鳥　啞　音。
yao liao t'a ti yin tsï kiao kei t'a shuo i niao yu lin pai niao ya yin

剛　學　會　了，那　個　傻　子　又　往　別　處　去　了。走　到　了
kan hüe huei liao na ko sha tsï yu wang pie ch'u kü liao tsou tao liao

一　個　井。冬　天　那　挑　水　的　撒　的　水，井　台　上　凍
i ko tsing tung t'ien na t'iao shuei ti sa ti shuei tsing t'ai shang tung

成　冰　淋　了。
ch'êng ping ling liao

有　一　個　老　頭　子　牽　着　一　匹　老　驢　來　飲　來　了。這
yu i ko lao t'ou tsï k'ien cho i p'i lao lü lai yin lai liao chê

驢　往　井　台　上，一　上　就　場　倒　了。那　老　頭　子　着　了
lü wang tsing t'ai shang i shang tsiu t'a tao liao na lao t'ou tsï chao liao

急，就喊叫說：給我抽驢來罷！給我抽驢來罷！
chi tsiu han kiao shuo kei wo ch‘ou lü lai pa kei wo ch‘ou lü lai pa

那個傻子就問：你說什麼？那老頭急得喊着說：
na ko sha tsï tsiu wên ni shuo shen-mo na lao t‘ou ki tê han cho shuo

給我抽驢來！我沒有說別的。他說：你教給我，我
kei wo ch‘ou lü lai wo mei yu shuo pie ti t‘a shuo ni kiao kei wo wo

給你銀子。那老頭說：行了。就教給他說：給我
kei ni yin tsï na lao t‘ou shuo hing liao tsiu kiao kei t‘a shuo kei wo

抽驢來罷。那傻子給了他銀子，就回了家了。他
ch‘ou lü lai pa na sha tsï kei liao t‘a yin tsï tsiu huei liao kia liao t‘a

爹娘看見他回來了，就很歡喜的。街坊鄰舍
tie niang k‘au kien t‘a huei lai liao tsiu hên huan-hi-ti kie fang lin shê

的也都來看他來了。正在說話的時候，衆人
ti ye tu lai k‘an t‘a lai liao chêng tsai shuo hua ti shï hou chung jên

亂嚮，那傻子的娘來了。進了門，衆人都立起
luan jang na sha tsï ti niang lai liao tsin liao mên chung jên tu li k‘i

來，不念一聲。那傻子就說：一鳥入林，百鳥啞
lai pu nien i shêng na sha tsï tsiu shuo i niao ju lin pai niao ya

音。他爹聽見他說的這話，就歡喜的哈哈大笑。
yin t‘a tie t‘ing kien t‘a shuo ti chê hua tsiu huan-hi ti ha ha ta siao

笑着笑着一下子跌了個交，就跌倒了。那傻子
siao cho siao cho i hia tsï tie liao ko kiao tsiu tie tao liao na sha tsï

就喊叫說：給我抽驢來！給我抽驢來！
tsiu han kiao shuo kei wo ch‘ou lü lai kei wo ch‘ou lü lai

這是一個現代俗語的例子。我們試將下面文言上的標本和這個比較一下：

田饒事魯哀公，而不見察，謂哀公曰：君獨
T‘ien Kiao shï Lu Ai Kung êr pu kien ch‘a wei Hi Kung yüe kün tu

不見夫鷄乎？首戴冠者，文也。足附距者，武也。敵
pu kien fu ki hu shou tai kuan chê wên ye tsu fu kü chê wu ye ti

在前敢鬬者，勇也。得食相告，仁也。守夜不失
tsai ts'ien kan tou chê yung ye tê shï siang kao jên ye shou ye pu shï

時，信也。雞者，此五德，君猶日瀹而食之者，何也？
shï sin ye ki chê tsï wu tê kün yu jï yo êr shï chï chê ho ye

則以其所從來者，近也。
tsê i k'i so tsing lai chê kin ye

夫黃鵠一舉千里，止君池囿，食君魚鼈，啄
fu huang ku i kü ts'ien li chï kün ch'ï yu ch'ï kün yü pie cho

君黍糧，無此五者，君猶貴之，以其所從來者
kün shu liang, wu ts'i wu chê kün yu kuei chï i k'i so ts'ung lai ahê

遠矣。臣將去君，黃鵠舉矣。
yüan i ch'ên tsiang k'ü kün huang ku kü i

我們要解釋中國這樣的文辭，就要遇着三種主要的困難，這裏我們當進而來敍述他們。

其中一種困難，在各個語詞所包含的意義顯然過於繁複。一個語詞，在不同的關係上現出許多不同的意義，因之我們幾乎不能認他爲同一個語詞。這種現象的本身實在沒有什麼例外。同類的事情在各種語言上，都可以見到。且舉一個英語的例子，spirit 這個語詞，有很多各異的意義：『精神』，『靈魂』；『鬼神』，『妖怪』；『生機』『生氣』，『熱誠』；『精力』『勇敢』；『性情』，『神氣』；『精意』；『醇酒』等等。可是這種情形在中國語裏，風行的程度，更可驚異。其原由因爲中國語具有幾千年來的一種文言，大多數的語詞，經過了時代的變遷，分裂爲許多不同的意義。幾百個最普通的語詞，也是很混淆的；因之聽者對於某個語詞也只能靠了上下文的輔助，來猜度他許多意義中說者所指究竟屬於那一種意義；這些普通的語詞，對於表明一個語句的意義，沒有供給了可靠的方法，常引起疑惑的困難情形。所以對於一個特別的語詞，要學得他怎樣的寫法，怎樣的讀法，意思是什麼，是很不容易的；這種情形，實出於意想之外；要考查他的意義，等於一部字典裏一頁或幾頁書的研究。

有許多空泛的語詞，在他們單獨應用的時候，意義方面已經很紛歧了；另外有許多語詞，在他們和別個語詞結合應用（在複合語詞或固定的成語中）的時候特別的困難。前一種的例子，我們可以舉一個「經」 king 字來觀察他原來的意義，「織機上的經線」是很具體的，專門的；所以現今寫這個字旁邊有個「糸」用做表意的部分。從這種意義就發生各種副意義：有機體上大的脈絡，如動脈，靜脈，神經等也叫做「經」；（地理上的經度）如子午線，經線等，也叫做「經」；又如「經營」，「經紀」，「經略」，「經濟」，「經制」，「經界」，「經綸」，（都是關於國家的）；又如「經星」，（關於星的）此外如「經常」，「經義」，「經書」，「佛經」，「念經」；「經用」，「經驗」，「經遭」，「經歷」，「經過」，「早經」，「業經」都是「經」的意義。單認識這個字，以及他某幾種意義，在語句裏並不足以完全瞭解他，這是顯然的；只有從上下文的關係，可以看出來。另舉「節」 tsie 這個語詞做例，他基本的意義，是「竹上的節」，所以這個字有「竹」做他的字根。普通漸漸用做「轉節」，「肢節」的意思，於是就演化成為下面這一大批的意義：「節段」，「節落」，「節目」；「時節」（一年裏轉接的期間，新的時節，從此開始了）；『關節』（注意拉丁語裏這個語詞，也有同樣的歷史），『事節』『符節』，（君主賜予諸侯的竹牌）；（系統的連接好像竹上的節落），『節制』『節度』，『禮節』，『節文』『節概』，『調節』『忠節』，『裁節』，『節操』，『貞節』（是說寡婦的）；『節守』，『節慾』，『節奏』等等。又如『故』 ku 意思是指『緣故』，『故所以』；（有個緣故所以）『故意』（和緣故相對的）『事故』；（不快樂的緣故）『物故』，『病故』，『作故』；又有『故鄉』的『故』（不是新的『故鄉』 ku hiaug 就是本鄉）；『故人』的『故』（舊的就是親密的朋友）；『故代』的『故』（例如歷史上的『故事』 ku shï ）。『生』 shêng 這個語詞，意思是指『生活』，『產生』『生產』，『新生』；又『未養熟的』，也叫做『生』；『不親屬的』，也叫做『生』，（例如『生子』 shêng tsï 這個語詞是西洋所沒有的）；所以『生人』 shêng jên 這個語詞的意義，可以說是『生出一個人』，也可以說是『一個生疏的人』。『天』 t'ien 這個語詞有許多副意義；『天天』，『天時』，『天氣』，（由天所賦予者），『天然』，『天性』，（屬於天的代表者）；『所天』，『帝天』等等。『命』 ming 原始的意義是『命令』，但是也指「天命」，所以有「命運」，「年命」，「生命」等等。「本」 pên 這個語詞，意思是指樹的「根本」，他的副意義，是「基本」，「本質」，「本原」，「本有」，「本要」，「本部」，「本始」，「本然」，「本性」，「本眞」，等又如「本鄉」的「本」，（「故舊」的意思和「生疎」相反）；「本家」的「本」（是指「自我」的意義）。

有很多的語詞，假使他們獨立應用的時候，意義不很明顯，那末依據他們單獨的意義，要想暸解他們所結合的成語，就很困難了，有時或并且不可能的。自然有大部分明顯的成語，如「金錶」 kin piao 之類，但是，比較這種情形要複雜的，也是很多，有許多成語，雖然意義不明顯，也是容易暸解的，如下面所舉的幾個：

「看」 k'an 意思是指「看見」，「察看」；又「中」 chung，意思是指「中心」，「得中」，「中意」等等。「看中」 k'an-chung，意思是「察看得中意」，就是「願取」。

「外」 wai，意思是指「外邊」，「外面」，「餘外」；又「號」 hao 意思是指「呼號」，「稱號」；「外號」 wai-hao，意思是指「餘外的稱號」，就是「綽號」。

『希』hi，意思是指『希少』，『希薄』；又『圖』tu，意思是指『圖書』，『圖謀』；『希圖』hi-tu，意思是指『認爲希少而圖謀』，就是『熱望』，『尋求』。

『光』kuang，意思是指『光明』；『陰』yin，意思是指『黑暗』；『光陰』kuang-yin，意思是指『光明和黑暗的連續』，就是『時間的過去』，『時間』。

『土』t'u，意思是指『地土』，『音』yin，意思是指『聲音』；『土音』t'u-yin意思是指『地方上的音讀』，』就是『方言』。

『要』yao，意思是指『需要』，『要求』；『命』ming，意思是指『命令』，『天命』，『命運』，『年命』，『要命』yao-ming，意思是指『需要他的生命』，就是『可怕』。有時，也很可以應用西洋語言上表現的形式來比較，如『手』shou，意思是指『兩手』；又『下』hia是指『下面』，『底下』；『手下』shou-hia，是指『兩手的底下』，就是『立刻』的意思；這個可以和法語的“main-tenant”比較。

其次，我們有許多複合語詞，他們所代表的觀念，是很不容易明瞭的，沒有旁的輔助，幾乎不能得到他們的意義；再有許多複合語詞，其中一個或兩個分子是意義上絕不相關的單純語詞，因之那一種的應用纔是適合我們很不容易看出來。第一種的複合語詞舉一個例子，如『先生』sien-shêng，就是『先時所生的』，指『長輩』，『主人』，『教員』，『貴人』等等。另外許多標本的例子如『東西』tung-si，（或東或西實在不知是那一個）是指一個無定的物體，『一種事物』；又如『憲台』hien-t'ai，就是『憲法的堡壘』，是指『官吏』，『顯職』等。第二種的複合語詞，其中顯出困難的情形，正如下面所舉的幾個事例：

『天』t'ien，意思是指『上天』，『天時』，『天節』，『天氣』，『天生』，『天然』，『帝天』等等；而『分』fên，意思是指『部分』，『股分』，『定分』；『天分』t'ien-fên，意思是指『天所生的部分』，就是『天賦』。

『顧』ku，有『回顧』，『看顧』，『顧及』，『顧念』，『顧忌』，『指顧』，『顧問』，『管顧』，『照顧』等的意義；『命』ming，有『命令』，『天命』，『生命』，『年命』等的意義；『顧命』ku-ming，是『顧念的命令』，就是『遺囑』。

『東』 tung ，有『東邊』，『東方』，『東家』『房東』等的意義；而『道』 tao ，有『道街』，『道路』，『道理』，『道眞』，『道德』，『說道』，『稱道』等的意義；『東道』 tung-tao ，意思是指『東家的道理』，『主人的款待』就是『東道主』。

複合語詞凡是初眼看去不容易明瞭必須加以解釋的，可以分做二種：一種是專門的名辭，是需要一種所關實在的知識的；一種是類比的組織。

專門的名辭可以用下面這幾個語詞來做例證：『秀才』 siu-ts'ai ；『舉人』 kü-jên ，『進士』 tsin-shï ，這是從前考試學位上三種特別的名辭，有幾像現在的『學士』，『碩士』，『博士』。『日本』 jï-pên ，意思是指『太陽的本源』，用來指東方的日本國，nippon 這個辭語正是從中國古代借入的語詞，在日本譯音上同是 jï-pên 的形式）。『巡撫』 sün-fu ，意思是指『一省的治理者』。『手談』 shou-tan ，用手指談話，是指『下棋』。『股人』 ku-jên ，是『公司的主有者』的專門名辭（可以用西洋的 member 一字來比較；案 member 原來是『肢體』的意思，也用來表明『分子』，『人員』等）。

有許多複合語詞，是由類比作用組成的。我們剛纔已經說過的『先生』sien-shêng，是指『主人』，『教員』等等。因『先生』這個語詞，第一步就組成和他相關的一個語詞『學生』hüe-shêng；第二步更以『先生』『學生』這兩個語詞的類比作用，便成了各種有『生』shêng字的語詞，如『醫生』i shêng 等等。

中國語上的詞彙，除出大部分這種意義繁複的語詞之外，還有更深的困難所在：有許多顯然是單純語詞的，在組成某幾種複合語詞上，他們便是起首的一個分子，而依據一種省略的方法，就用來代表這些複合語詞。在英語本身上也有這種事情的許多例子，如 stage-coach 意思是指『驛馬車』，這個語詞減省爲起首一個分子 stage；而這個 stage，又可依通常的方法，和他種語詞結合成爲另一種複合語詞，如 stage-driver，意思是指『驛馬車之御者』。這種程序，在中國語上極普通的。『股人』ku-jên 這個語詞裏的『股』ku 字，和『票』p'iao 這個語詞，結合成爲『股票』ku-p'iao；後來又單用這個『股』ku 字來代替『股票』。同樣，『東西』tung-si 這個語詞起首的部分『東』tung 字，可以單獨用來代表『東西』tung-si

這個複合語詞的意義，而又可以和他個語詞結合起來，如『古東』ku-tung，指『古代的東西』，（案現在統寫做『古董』）。

應用省略的形式來創製複合語詞，關於這一層，我們已經討論過許多例子，而複合語詞的本身，在應用這種省略的形式上，也極端的自由。英語裏這種省略的語詞，可以舉出 taxi 之於 taximeter 或 taxicab，tops 之於 top boots，clay 之於 clay pipe；但是這些省略的形式都是固定的，大家公認的，要是越出這許多縮寫字以外，那就要發生不能瞭解的危險。可是，在中國文言上，關於這方面卻有極端自由的餘地。文言上很講究音律的協和，和辭句的簡潔，假使作者爲了這種需要，對於無論那個複合語詞，幾乎都可以使他們的形式化爲簡略的。我們已經曉得『日本』jï-pên 是指日本國。但是一個新聞記者，假使講到日本的兵士，他就毫不遲疑的寫做『日兵』jï-ping，而不寫爲『日本兵』jï-pên-ping，所省略的分子，只留給讀者自己去補足。同樣，我們可以說『衆生』chung-shêng 來代替『衆學生』chung-hüe-shêng。又如從前人說『兩院』liang-yüan，我們要曉得這是指『一省裏的兩個長官』（總督，巡撫）要解明這個語詞，便須有一個冗長的注釋。我們說過，「巡撫」 sün-fu 是指「一省的長官」。從「巡撫」這個語詞的省略，便組成另一個複合語詞「撫院」 fu-yüan ，就是「巡撫的衙門」；而這個語詞又漸漸用來指「巡撫」的本身，（土耳其稱皇帝為 the Sublime Port「至尊的朝廷」，和這個正可以相比較）。此外還有個語詞「部院」 pu-yüan ，就是「總督的衙門」；後來就用來指「總督」的本身。所以我們說「兩院」 liang-yüan ，就是指「兩個長官」；其中第二個分子「院」 yüan 字，是經過兩次省略的結果，是「撫院」 fu-yüan 和「部院」 pu-yüan 兩個語詞的省文。

中國語上最困難的情形，我們此地已經詳細的示例過：大多數中國語的語詞，意義的應用，極端自由；據本書著者的意見，這個對於許多不得不要熟習這種奇異的語言的學者，實在是個最嚴重的——即使不是真正最大的——困阻。而在中國語句的分析上，又增進了二重很大的障礙。

內中的一種，只是我們說過了好幾次的那種現象的結果。我們已經指明的，歐洲語言的演進，常趨向於形式的單純化：形式變化上種種表白的分子，漸漸廢除，對於聽者猜度的力量愈加需要；沒有這種文法上的標記只需要聽者尋求意境的能力；許多語詞在說者和作者心理上的種種範疇，聽者也失去了這種文法上標記的輔助，只是需要這種能力把他們歸納出來。如希臘語，拉丁語等比較上這方面的傾向還少，但是印度歐洲語系中，最近代的，最「實用」的英語，向着這個途徑上進行已經很遠了。上文說過中國語在這方面更爲深進，幾乎完全到達了沒有形式變化的境地，結果使他對於解釋者「猜度」能力的需要特別的強；而中國語的語句裏語詞彼此的關係，沒有形式上的表明，只有他一種主要的措辭方法，語詞的序次，也不過在某種程度上略資補救。可是，這種含混的地方，中國人不但不因之感受了困難，反而願意養成他；即使應用語詞序次這種方法的觀察，所得到明晰的程度，也對他采取極端嫌棄的態度。中國語的語句，比較歐洲語實在是一種很「簡略的辨論法」(brachylogical)。我們曉得，許多用在電報上的語言中，我們表示意義所應用的語詞，要力求減少；例如英語上下面這個電文：

Going New York important business tell Jones forward trunck Liverpool Monday。

在歐洲語言裏，我們對於語句上兩個基本的要素，主辭和述辭，無論那一個，大概不把他取消了的；可是在中國語裏，主辭和述辭假使其中的一個可以從上下文裏看懂的，那就無需辭費，把他們統統表辭出來。一個英國人拒絕購買某種東西的時候，他就說：I won't buy it；這樣，把主辭和賓辭（I 和 it），很細心的表示出來。一個中國人却以爲這個主辭和這個賓辭都是辭費，無需表明出來的，只簡單說：『不買』pu mai。

中國語這『簡略』(sketchy)的性質，缺乏詳細明晰的指目，顯然沒有正式的語句結構，使學習的途徑上，發生了嚴重的困難。要得到語句上的意義，只是把其中的語詞一個一個的直譯，——遇到了含混的語詞，也只得把他一種一種的意義來嘗試，——這樣從上下文裏竭力的求得許多斷案；否則，就沒有辦法了。譬如拉丁語上的語句，就沒有這種類似的情形。一個聰穎的學童，熟悉了普通的文法，有了字典的輔助，并且依據了形式的分析；對於拉丁語上無論那一個語句，總是能把捉他的意義的，（只要內容所講的事實，對於他不是過分的生疎的）。但是中國語的語句，即使對於一個支那學的專家，也可以發生了疑難；他究竟應當怎樣的解釋，常不能斷定。偶然間有時把語詞一個一個的直譯，立刻就得到他明白顯著的意義。但是，也常有一串連續的語詞，需要我們全部的智力，才能從中求出一種意義。又常見一個語句，可以容許好幾種的解釋，而在文法上，都可以通的。於是你必須具有一種靈敏的感覺，必須足夠的『中國語文化』(Sinicized)，才能『自覺』那種意義是正當的；——這種情形，在簡略的文言上，比較現代的口語尤爲特別的適合。對於中國語文，這種自覺的『氣味』，只是依據充分的閱讀，才能顯出。我們試來觀察幾個文言上的例子。

下面是禮記上一段很容易的文辭，講明『三從』san ts'ung 的道理，就是『婦女三種服從的義務』：

無　專　制　之　義，有　三　從　之　道：在　家　從　父，事
wu chuan chï chï i yu san ts'ung chï tao tsai hia ts'ung fu shï

人　從　夫，夫　死　從　子。
jên ts'ung fu fu sï ts'ung tsï

〔婦女〕沒有自治的權力，（自由的行爲），〔他〕有三種服從的義務：在〔他父母的〕家裏，〔他〕服從父親；〔當他〕出嫁了，〔他〕服從丈夫；〔當〕丈夫死了，〔他〕服從〔他的〕兒子。

下面這一段，是出於晉代的史傳上的，也很容易讀下去。一個官吏召至一個權相的前面，明知道他自己要被殺了。可是，他很勇敢的聲說：

聞 天 下 有 道，守 在 四 裔，明 公 何 須 壁 後 之
wên t'ien hia yu tao shou tsai sï i ming kung ho sü pi hou ch

人？
jên

〔我〕曾經聽到，〔正當〕（天下，就是）國家有（道，就是道義，就是）好的政府，〔人民〕在〔國家的〕，四邊上也被（守，就是）保護的；明公，〔你〕爲何在牆壁後面要放了〔武裝的〕人呢？

又下面這個語句，是某個學者對於另一個學者評論的話，就沒有像那樣的容易了。

名 下 定 無 虛 士。
ming hia ting wu hü shï

〔他是〕一個學者，依〔他的〕（名，等於）名譽（定，等於）必然（無，等於）不是虛空的。就是，得了很好的名譽的人，必定是個學者。

朱熹（西元後十二世紀時人）的這一行詩，更加難懂了：

顏　生　躬　四　勿，曾　子　日　三　省。

yen shêng kung sï wu Tsêng tsï jï san sing

顏生（『生』shêng 字是代替『學者』，看第一一五頁），（躬，等於）身上注意四項（勿，等於）勿做，曾夫子考察〔自身〕每日三次。四『勿』，就是：——『非禮勿視，非禮勿聽，非禮勿言，非禮勿動。』

下面這段禮記上的文辭，至少可以說不能有顯明的解釋。當着一個大饑荒，有個人幾乎要餓死了，到了善士黔敖的前面來乞食，黔敖就輕率的給他飯吃。那個餓的人承願死，不願受了這個賜予，說了下面的話：

不　食　嗟　來　之　食。

pu shï küe lai chï shï

〔我〕不吃一種『嗟！來！』的食物。就是，一種食物由別人叫一聲『來！』給他的，〔用一種很不客氣的神氣給他的〕。

又有一段文辭也是一樣困難的，是出於另一種禮經，叫做儀禮。曾參是一個仁孝的模範者。他於此道給予我們一個顯著的例證；因爲他的妻子奉侍姑母，煮了東西不好，他就棄絕了他的妻子。另有一個對他抗議說：

非七出也。

fei ts'i ch'u ye

『出』ch'u 這個語詞，有時可以具有使因的意義：『使得某人出去』，就是『棄絕』；這個語句的意思是：〔這〕不是七種〔合法的〕出妻〔原因的一種〕。可是曾參仍堅持他的主張，以爲這是合於出妻的合法原因的第三種條件，這七種是——『無子，淫佚，不事舅姑，口舌，盜竊，妬忌，惡疾』。

上文所說的幾個例句，雖然難懂，但是至少他們也只感受了一種的解釋。可是無論那種經文裏，我們可以見到許多含混的文辭。下面這句簡鍊的文辭；是古代執法官吏的一種信條，又含混，又好玩的，可以取來做個例子：

失入不如失出。

shï ju pu ju shï ch'u

第一步我們先注意『不如』這個普通的語詞，意思是『不等於』或『較卑於，較劣於』；又『入』ju 和『出』ch'u 二個語詞須當做使因的意義來解釋，意思是『使入』，就是『下獄』，『使出』，就是『釋放』。這個語句，依直白自然的解釋，意思似乎是『疏忽了下獄，較劣於疏忽了釋放』。幸虧得實在的意義不是這樣。中國人無論在事實上是怎樣，在思想上，總歸是很人道的；所以這個語句正當的解釋是：『弄錯了下獄的案子，較劣於弄錯了釋放的案子』，就是『使一個無罪的人下獄，較劣於使一個有罪的人釋放』。

我們讀到一句古代描寫征伐的文辭『死者十九』sï chê shï kiu，這裏我們要小心，切不可直白解釋為『被殺的人有十九個』。這樣在文法上固然是對的；『十九』shï-kiu 這個語詞，在通常的情形中，正如法語的 "dix-neuf" 意思是十九個。可是，此地合理的解釋，決不是這樣的意義；眞正的意義是：『被殺的人（十之九，等於）十個裏有九個』。所以這個『十』 shï 字，在措辭上是屬於領位的表分字。

書經裏有一句文辭：『太康尸位』 T'ai K'ang shï wei。這個語句，容易解釋做：『太康〔帝〕的（尸位，等於）墳墓』；但是，意思不是這樣，應該是：『太康〔帝〕（尸位，等於）登位好像一個尸首』；就是說他懶惰不留心政治。

對法官的呈請書裏，有個普通的成語：

筆　舒　丹　而　霜　肅。

pi　shu tan　êr shuang su

這個成語，關於法官用紅字簽批判決書的這種事實。依照文法上，可以這樣的解釋：『〔你的〕筆舒着丹，於是霜成了嚴肅，（有嚴厲的結果）』；但是，實在的意義不是這樣。這個成語全體是一個極端尊敬的頌辭，應當解釋爲：『〔你的〕筆舒着丹，而〔你是〕（霜肅，等於）如霜那樣嚴肅』。

另有個例子：

心之憂危，如蹈虎尾，涉於春冰。

sin chï yu wei jo tao hu wei chê yü ch'un ping

依據文法上很好的解釋，就爲『心裏的憂愁，好像踏着虎的尾巴，走上春天的冰，那樣危急』；但是這不是正確的解釋。眞正的解釋沒有那樣十分的明白：『（我的）心裏（憂等於）害怕着危險，好像踏着虎的尾巴，走上春天的冰（那樣害怕）。』

對於中國語句的分析，第三種主要的困難，是屬於書寫上的性質，所以這種只在文言裏遇見。西洋許多語言中現在應用了某幾種巧妙的方法，來表明語句上的原質和詞品；中國語裏缺乏這些巧妙的方法，實是一個很利害的缺點。這些方法，可以分做兩種。

一方面表明語言上的各種詞品，是怎樣的連接的；語句子句等，用句號，分號，逗號等分離出來；複合語詞是不應該像單個的語詞那樣連接的寫着，中間就用短畫來表明；諸如此類。他們的應用，固然沒有嚴格的法則來規定；各種語言裏標點的方法，也各不相同；卽在一種語言中各個作者，也彼此相異；又複合語詞，寫做一個或幾個語詞，也很不一致，（如英語的 gold-beater 寫做二個語詞，而 goldsmith 就寫做一個；法語的 tandis que，寫做二個語詞，而 puisque 就寫做一個）；但是，大概說起來，歐洲人表明語言上論理的關係，可以說有了一種滿意方法。中國人就不是這樣。最近的時候，固然開始輸入了標點符號，尤其在報紙上及學校課本上最為風行；但是多數的人還是認他為不學者一種輔助的工具罷了，許多重要書籍的印本上，語詞，子句，語句等，彼此連續不斷的寫着，一點也沒有把他們分離出來。而中國的文字，在複合語詞上，——無論古代的書籍，或現代的學校課本裏，——總沒有分辨的記號，常把他們所包含的分子當做獨立的語詞看待。在這一方面，缺乏表明符號，對於語句的分析，增加了很大的困難。事實上，中國語上，許多錯誤的解釋和翻譯，大半直接由於語句的誤分，而發生了失錯。我們試把司馬遷（西元前第一世紀的人）史記上一段文辭來分析，可以示明一句話能發生了各異的結果：

翟公為廷尉，賓客盈門；及廢，門外可設

Ti Kung wei t'ing wei pin k'o ying mên ki fei mên wai k'o shê

雀羅。

ta'iao lo

假使我們把這段文辭，這樣的標點：『翟公爲廷，尉賓客，盈門；及廢門外，可設雀羅』。就可以演成下面的意義：『翟公造了一個廷，他爲看守賓客把門關住；一等到〔把他們〕放出門外，〔他〕可以設了一個雀網，〔也不至受了驚動〕』。這樣和中國語的文法，也沒有違背，可是和正確的解釋，完全兩樣了。我們必須把這段文辭這樣的標點：『翟公爲廷尉，賓客盈門；及廢，門外可設雀羅』。而演成：『翟公〔當時〕做了廷尉，賓客盈〔他的〕門；等到〔他被〕〔廢，等於〕免職，〔他〕可以設一個雀網在〔他的〕門外，〔也不至受了驚動〕。〔等於沒有一個人來看他了〕』。

另一方面，歐洲人應用字母的大寫表明專有的名辭。如英語上的 Mark, Hill, Brown, Lee, Turner, Meadows，這許多是專名，決不會引起誤會的。可是中國語裏通常在書寫上沒有把這種專名特別的分辨出來；因此課文上所遇見的專名，有時竟成爲疏忽的陷阱。有許多地方，把所說的語詞直白的解釋，其意義在上下文裏是絕端不會有的，這樣固然可以顯示這些語詞的本身，是屬於專名的。但是這種情形並非常例。譯釋者把代表專名的語詞，毫不遲疑的，用通常直白的意義來解釋，而在上下文裏也似乎可以相通。這種事情也是常有的。試舉下面這段文辭為例.

桓公使管仲求寧戚。

Huan kung shï Kuan chung kʻiu ning tsʻi

內中『管仲』二字是個專名很顯然的；自然可以把這段文辭解釋為：『桓武的公侯，使管仲去尋求一個安寧的親戚』；但是實際上正確的解釋是：『桓公使管仲去尋求寧戚』。

又關於漢代高祖帝朝廷上的記載，我們見到一句：——

叔孫通制立朝儀。

shu sun tʻung chï li chʻao i

也將毫不遲疑的解釋為：『〔帝的〕叔和孫把朝廷的儀式統統制定排列了』；——實在『叔孫通』是個相臣的名字呢！

下面這個語句，正有同樣的危險，這個語句，是說明一個有才的人，沒有得到他們應得的高位.

千里之技，不逢伯樂，伏櫪而悲。

ts'ien li chï ki pu fêng po lo fu li êr pei

最自然的解釋，似乎是：『(能跑得)一千里(路程)的技藝沒有遇着公伯的(快樂等於)欣賞，就不能不伏着(車)櫪而悲傷』。可是這樣是錯的，因爲『伯樂』Po lo 一個著名相馬者的名字；這個語句的意思是；『(能跑得)一千里(路程)的技藝，而沒有遇着一個伯樂(就是一個能賞識他的好才具者)，就不能不伏着車櫪(的下面)而悲傷了』。

中國人關於私人的名氏，也有一種奢華的習氣，因此在認定專名上，又增進了很多的困難。社會上稍爲重要一點的人物，每個人總有一大批的名稱。新生的小孩，他的母親就給他一個『乳名』；進了學校之後，先生就給他一個『書名』來替代乳名。這兩種名字沒有什麼價值，文書上也少有記載。到了成人之後，他取了一個通常的名字，叫做『官名』。除了官名之外，他又取得一個文名；更進一步他自己取了，或由朋友給他取了一個，或多個的『幻名』。末了，假使他是一個很著名的人他死後，又得了一個『謚名』。文書上這幾種名字都可用來代表他。這裏舉一個例，西元後十一世紀有個著名的學者司馬光；『光』是他的通名，意思是『光明』。他的文名是『君實』，而勅謚爲『文正』。在這種情形之下，課文上即使比較顯著的人物，我們也必須對於中國的歷史十分的熟悉，然後可以認定他們的名字；至於滿天微小的星，更不必說了。

這種因爲書寫上缺乏了分辨的記號，因之發生含混的弊病；上文所說的各種情形，實爲引起疑惑的主要原因，而這種含混的弊病，顯然足以增進疑惑的原素。

第六章

我們上面講到中國語上的單純語詞以及他們代表出來的文字，他們結合為複合語詞，成語，和語句種種的形式，已經把中國語的結構說一個大概了。但是還有重要的一點留存着，就是詞句上人工的修飾。無論那一種語言，假使對於他的風格，沒有相當的注意，那就不能正確的表彰他的性質。這種在中國語上更為特別的重要，因為某幾種風格上的特性，在他的應用上實佔着一個顯著的地位；而這幾種特性，間接就是上章所討論的現象的一種結果。

這是很顯然的，語詞意義的繁複錯綜，語句組織的空漠無定，書寫上種種輔助記號的缺乏，中國語上這幾種性質，連累着文言的學得和熟悉，不是由於文法規則上的練習，而只由於誦讀上的經驗。有了良教師的指導，并依據可靠的注釋來校正他的解說，一課一課不斷的誦讀，只有這種方法，可以用得。實行了幾年之後，我們纔能得一種真實的意義，具有一種言語上的感覺力，把語句真正的意義，幾乎成為自然的顯現。初學者每每要遇着語句，依據文法而發生許多種不同的解釋；可是成熟的注釋者，就立刻能覺察其中那一種是正確的解釋。無論是中國的本地人，或外國人學習中國語文的，都離不了這種情形。中國人要讀中國的文書，正不得不用歐洲人所用的同樣方法。要明瞭這種情形，我們可以看中國學校裏從古代一直到了本世紀的初年所采取的教學方法。在初級學校裏，兒童開始把文書課本一册一册的來記誦，同時也熟習了許多文字；到了高年級，先生們纔把這些課本內容的意義，傳示一點給兒童。這種實在的教學法有一個大利益：兒童在他們感受力極強的時代，把許多文言上模範的課本記誦在心裏，一經明瞭他們的意義，就可用爲進讀他種文書啟鑰的工具。那時中國學生，卽使在低年級裏，必須背誦幾種大部的經典，幷須熟記歷代名家所作幾百篇的文章和幾百首的詩歌。這種學習的課程，采用了已經二千年，養成大家，於古代文書，具有特別的熟悉；結果，對古代的歷史和文學，又發生了一種崇視敬愛的心理；這種實在是中國人的特色。這種聚集成功的大資產，以供中國著作家任意的使用，在他文辭的修飾上，自然能得到有效的結果。

這種文辭的修飾，可以采用好幾種方法，試將他們簡略的說明如下：最便當的方法，自然是

『引證』(quotation)。凡是一種事物的發生，可以從某種經典上直接借得一個適合的文辭來表明的，中國就立刻把他引證過來。西洋各國裏有許多伶人，在他們表演中他們幾乎隨時可以插入許多『打諢』(gag)，也有許多作者濫引文書；但是大家都認這種是劣等的風味。這種在中國恰好相反，正認爲高妙的文雅，而表示絕藝的地方。一個人要說明他自己受了一個大失錯，可以這樣的告示我：『以德報怨』 i tê pao yüan，這是借引孔子書上的文辭；或者他背了一句『知今是而昨非』 chï kin shï êr tso fei，這是從陶淵明的一篇名作上引來的。

這種引證的文辭，假使詩文裏包含巧妙的風格，和修辭上的詞藻，那末最有特別的用處。我們在各種語言中表現意義，大部分都應用隱喻或詞藻，這是大家都知道的事實。只有一小部分的現象，是用直接明白的語言表現出來；例如『太陽照來』，或『狗咬在這個乞丐的脚上』。藻飾的成語，實在無限數的，而現在還覺得他們是屬於藻飾的，例如『他是明星』之類；可是更有許多辭語實在具有藻飾的性質，而現在已經消失了藻飾的感覺，例如『思想的範圍』，『工作的本體』等。所以有句格言說：『語言是消失了的隱喻之陳列所』，實在有幾分眞理。

中國語也不外是例。你可以從中發現着無數的隱喻語，或是活的，就是現在還覺得的，或是死的，就是已經消失了的。前面幾章裏所討論的辭語，有幾個是消失了的隱喻語，正可以用來做很好的標本，例如『手下』shou hia，等於『立刻』，這個成語裏，中國人當然很少覺得他具有絕妙的藻飾性質，正如法國人說"maintenant"這個語詞時所覺得的一樣。而中國語裏，完全活的隱喻語也實在是很豐富的。例如，有個辭語『坐井觀天』tso tsing kuan t'ien 等於『心地狹小』。

這類的隱喻語，假使包含在引證的文辭上，中國人尤爲特別的歡迎；換句話說，能用一個有歷史依據的隱喻語，中國人最所歡迎。

有許多文書上借來藻飾的成語，他們本身很完滿，很明瞭，對於實在的事物，正是一個有力的說明，即使未曾知道他們的來原，也可以得着同樣的效果。而在一般熟悉古代人物的學者，這些藻飾的成語，除了這種實際的價值以外，還有主觀愛好方面很高的價值。如『冬日可愛』這個隱喻的成語，他的本身是很精美的；而因爲原出於左傳，他的價值更大大的增進，因爲左傳是古代經典的一種，爲注釋孔子的春秋而作的；這個成語在左傳上是用來表明趙衰的，因爲他是一個很受愛戴的賢大夫。依據同樣的方法，「開門揖盜」這個成語，把「無疑慮和不謹愼」的行爲表現得生動如畫；可是他的眞正的價値，只是因爲見於中國史書上而發生的。吳大帝孫權（西元後第三世紀時）當他的兄弟死了，他過依中國舊教，專心於喪禮，而置政務於不顧。張昭於是出來諍諫他，說了下面的話：「現在姦臣賊子都來攻擊我們，豺狼充滿於道路；而你只顧着喪禮，這樣就是等於開門而揖盜了」。（「今姦宄競逐，豺狼當道，乃欲哀親戚，顧禮制，是猶開門而揖盜，未可以爲仁也」）。再有一個例子，「脣亡而齒寒」，這個成語，是用一種否定的形式來表明西洋「合羣卽強」（Union is strength）這句格言的同樣意義。這個隱喩語也是采取於左傳上，而爲當時某個政治家的言論。

但是還有許多成語完全是文書上借得的性質，很顯然的；因爲事實上這些隱喩語的本身不能瞭解，在讀者（或聽者）方面，逼着要知道他們在文書上的來源；否則，便不能瞭解他們的意義。這種不能瞭解的原因，可以分做好幾方面來說。

包含着隱喻語的引句，可以從他所存在的全文中割斷得來的，因此讀者要把捉他的意義，必須要知道他所從割斷來的全部文辭。這種割斷的語句很常見的。例如『有影以成三人』這個成語，表明『幽靜的快樂』，而出於下面這首小詩，是大詩人李太白（西元後八世紀時）所作的：

花　間　一　壺　酒　　獨　酌　無　相　親
hua kien i hu tsiu　　tu cho wu siang-t'sin
舉　杯　邀　明　月　　對　影　成　三　人
kü pei yao ming yüe　　tuei ying ch'êng san jên

（『親』ts'in 和『人』jên 古代是叶韻的：『親』讀 ts'iĕn，『人』讀 njiĕn）『我在花當中，有了一壺酒，獨自斟滿着杯，沒有伴侶；我就舉着杯邀請明月，又和我的影子，成了三個相伴的人』。

另有一首詩，是『伐柯』這個成語所從出的；『伐柯』，意思是指『得着一個媒人來進行婚姻」。這首詩，載在詩經裏，關於古代用媒人議定婚姻的習俗，現代還是很風行的：

伐　柯　如　何？　　非　斧　不　克。

fa　k'o　ju-ho　　fei　fu　pu　k'ê

取　妻　如　何？　　非　媒　不　得。

ts'ü　to'i　ju-ho　　fei　mei　pu　tê

『怎樣伐柯呢？沒有斧子，就伐不來的；怎樣取妻呢？沒有媒人是得不到的』。

此外還有一首詩，構成了『座上有南來之客』這個成語，意思是『緊閉着你的口，不要說粗率的話』。這段詩，錄如下：——

座　上　若　有　江　南　客，　莫　向　春　風　吹　鷓　鴣。

tso shang jo　yu kiang nan k'o　mo hiang ch'un fêng ch'ang chê-ku

『假使座上有個江南（南方）來的客人，當春風吹着的時候，不要唱出鷓鴣的歌聲』。據中國人說：鷓鴣只歡喜向南方飛去的，所以大家認他爲懷思家鄉的一種代表。

『五雲』wu yün 這個簡略的描語，常用來表明『署名』的意思，是本於唐朝韋陟的故事。韋陟用一種恣縱奇妙的草體來署他的名字，常說『我的名字陟，宛如五朵雲』。

可是隱喻語的引句，不必定是因受割斷而不能瞭解的。即使在文書裏原來的底子上，也常有很牽強不自然的文辭；所以只細心觀察他的上下文，纔能懂得他的意義。而後代中國人又喜歡炫耀這種隱喻語，結果自然是很暗晦的。例如隋代史記上，載着一個學者李諤上奏章到隋帝，以當時的文學取譬爲『月露風雲』yüe lu fêng yün；從那時以後，就用『月露風雲』這個成語來代表『文學』的意義了。從前有一次用辭語上生硬的藻飾，叫鏡子爲『壽光侯』shou kuang hou，從此『壽光侯』就成爲習慣上代表『鏡子』的辭語。（譯者案：王度古鏡記稱鏡爲『壽光先生』）。

依這種方法，漸漸集合成爲專門名辭的寶藏，這些專門名辭的本身是很不容易瞭解的。他們在某種程度上，正可以和古冰洲語詩歌的『見識』kenning，如以『龍牀』the dragon's bed 代表『金子』之類，互相比仿。這種文辭活動所及的範圍，最有力的例證，是用『平原督郵』

ping-yüan tu-yu 代替『劣等的酒』，『青州從事』Ts'ing-chou ts'ung-shi 代替『優等的酒』。中國人說美酒可以及於『臍』ts'i（腹臍），而劣酒只能及於『膈』ko（橫膈膜）。這個『臍』ts'i 字恰好和另一個也讀為 ts'i 音的『齊』字形體相似，而『齊』為一個地方的名辭屬於青州治下；所以美酒叫做『青州從事』。另一方面，『膈』ko 字和另一個也讀為 ko 音的『鬲』字形體相似，而『鬲』也是一個地名屬於平原縣治；又因為劣酒止於『膈』，所以叫他是『平原督郵』；（督郵是管理轉遞的首領。）桓溫（西元後四世紀時）的主簿是一個酒的鑒賞家，發出這種文學上的詼諧語，正可用為代表中國語的精美智巧的一個例子。

還有特別的一部分，其中這類費解的引喻語占有絕大的價值，就是許多稱呼上文雅的形式。你要尊敬受說的人，就把他和他的一切統統擡高起來，而把你自己和你的一切統統降低下去；這是全部東方普通的情形。所以我們在尺牘的體裁上，有了一個廣大的範圍，可以盡量的應用藻飾語。你稱你自己為『鄙僕』，稱你的房子為『茅廬』，稱你的妻子為『執巾執箕』，稱你的兒子為『小犬』，等等而對於受說的人稱他的房子為『崇第』，稱他的來信為『玉簡』，稱他的父親為『尊公』；你要請求他來說准予『煩勞尊駕』和『光臨茅舍』，就是說他來訪問，你就得了榮耀。在尺牘的體裁裏，時常有機會用到古代所遺留的精巧的誇飾語。例如要請一個人來輔助你，推薦你，就可以對他說：『毋惜金玉之口』，『俾我得託蔭庇』。

另有一種文體上的修飾，他的風行也不亞於引證的方法，就是歷史的引喻。這種修辭上的藻飾，西洋方面也是有的。西洋語言裏用歷史上或神話上的事情來做引喻的也有許多很流行的；例如英語的 "to go to Canossa," "to meet one's Waterloo," "to recognize one's Pappenheimers," "to fight wind mills, this then was the poodle's purport" 等等。但是在中國語裏，這種引喻已經成為狂癖了。中國四千年的歷史自然使這種收集的人得着一個豐富的地域——要曉得，這種引喻語上所采取的材料，並不一定是最偉大最顯著的事情；巧妙的著作家常用瑣細的事情，或者只在精深學者所知道的故事來做引喻。

取『倒屣』tao si 這個辭語做個例子，他的意義已經成為一種『謙恭的迎接』了；因爲古代有個著名的蔡邕聽說王粲在門外要來看他，他就很忽促的出去迎接，因之他的屣也倒穿了。『東床』tung ch'uang 這個辭語意義所以等於『佳壻』，是因爲下面這個緣故。太尉郄鑒要想把他的女兒配給王導的子弟，就寫信給他來尋求了。王導就叫這個帶信的人自己向諸子弟中去尋求一個最合意的。其餘子弟聽到了，馬上做出矯裝的樣子，只有一個最少的，『坦腹東床』，就是『坦着腹臥在東邊的（就是最佳的）床上』，口上大嚼東西，和他貞潔的兄弟談笑着。郄鑒曉得了這個，他就立刻決定，說這個瀟灑的少年正是我所要的『佳壻』。

『失馬塞翁』shï ma sê mêng，就是『塞上一個失了馬的老叟』，正和『一個有遠慮的人』意義相同。哲學家淮南子他的書上敍說下面這個故事。從前有個老叟，住在長城的邊塞上，他有一匹馬走失了。鄰居都來弔他；可是，這個老叟對他們說：『慢慢，這件不幸事安知後來不成爲福呢』？果然，他的馬一天回來了，又伴帶一匹美麗的胡馬來。鄰居都來賀他；這個老叟又說：『不要慌，這件事安知後來不成爲禍呢』？不久，老叟的兒子，果然因爲騎這匹新馬跌下來，成爲一個蹩腳的人了。鄰居又來弔他；老叟回答說：『誰知道這件事不會變成了幸福呢』？不久，胡人大舉侵入，其地年少的人都召去戰爭十個有九個都殺死了。這個蹩腳的兒子，自然留在家裏；因此，這個老叟，到死還有一個兒子來扶養他。

另有一個哲學家莊子，是下面這個故事的主人翁。就是『鼓盆之歌』ku p'ên chï ko這個隱喻語所從來的；就是『鼓着盆而唱歌』，意思乃是指『妻死之感』。莊子妻死，惠子來弔他。莊子方在那裏箕踞而坐，并且鼓着盆，唱着歌。惠子就說：『你不哀痛，已經夠了；還這樣的快樂起來，未免太過分罷！』莊子回答說：『死人很平安的休息在一個偉大的場所裏，假使我為他悲哀哭泣，就是不懂得天意了；所以我一點也不悲哀的』。又『掛神武之冠』kua shên wu chï kuan，意思是等於『辭職告退』。這個辭語是由於下面這個事實：陶宏景（西元前四九三年時（當他辭去官職的時候，把他的禮帽掛在南京的神武門。（譯者案：南史陶宏景傳，『永明十年，脫朝服挂神虎門，上表辭祿』。神虎門因唐人避諱，改為神武門）。『東山之費』tung shan chï fei，意思是指『優待戚友』。史上載着說：謝安石（西元後四世紀時），當他離官告退時，在東山地方造了一個別墅，款待親友子姪，很是隆重。最末了一個例子，可以舉出『冰人』ping jên 這個辭語，意思是指『媒人』。有個令狐策做了一個夢：他立冰的上面，而和冰下一個不相識的人談話。他就到一個預言家那邊去問這個夢的意義。那個雅人（案即索紞）就說：冰上是男子之象（陽），冰下是女子之象（陰），當冰融化的時候，就是一件男女婚姻的事，而你適居中間，要做了一個媒人』。後來，這個預言果然成爲事實。

中國的著作家，不是爲了一般通俗而寫作，乃是供一班和他自己飽學相似的學者看讀的；各種引喻語大都很奧妙，因此中國人覺得有編纂類書的必要，把各種引證語和引喻語編成大字典，以輔助學者。

可是這種學問上的事實，雖然爲了種種文學上主要的目的而設，但是他的應用並不是只限於書本上的。在日常生活的交接上也佔有極重要的地位。我們只須往中國的城市裏一看各種的招牌，就可以曉得這種情形。一個歐洲的醫生，只須將他的招牌寫着 "John Smith, M. D." 之類，這樣毫無詩意，而却很有效力的，就很可以自滿足了。可是，你要曉得，中國醫生的門前，總要寫着這類文字：

『橘井』 kü tsing，

『杏林』 hing lin；

其解釋如下。對於第一個例：有個蘇耽（案，就是蘇仙公），將要脫離人世的時候，對他的母親說：『明年此地定要發生一個大疫，只須吃了我們門外橘樹上的一瓣葉，以及我們園井裏的一點水，就立刻可以療疫了。』他這樣說過，就駕上雲霧，從空中不見了。他的預言果然成爲事實；因爲他的指示，幾千人的性命，都救轉來。對於第二個例：董奉是個有名的醫生。他有個癖性，來請他醫治的，不要他們的費，只要幾株杏樹。病重的，他要五株，病輕的，一株。不久，他就有了一個大杏林，幷且養了許多老虎來看守。

受過教育的人，他們普通談話當中，也增入了大部分的藻飾語。外國人到了中國來，只要注意一點，他就可以覺得：他自己雖然已經熟悉了普通人的語言，而對於上流社會的談話，仍是莫明其妙的。本書的著者和親愛的中國人談話，所說給他的，很能完全暸解；可是他們彼此談話的時候，他幾乎一句話也不懂；這是時常遇着的。中國人在談話之間，也喜歡炫耀自己的博學多文，因此一般外國人從少未曾飽受這大批的見聞的，卽使用盡了他們的智巧也絕對不能懂得智識界上的談話。只須舉一個例來說明就夠了。我問一個中國的雅人，問他的年紀，他可以回答一句：『而立』ĕr li。這兩個字的意義，直白說只是『於是站住』，實在太不容易明瞭。但是，假使我，一如中國受過教育的人，能夠記得孔子的書籍，就曉得在論語第一册，第二章，第四段裏，有下面這一段文辭：『十五而志於學；三十而立 san shï ĕr li；四十而不惑；……』。所以對我說話的人，回答說，他的年紀是『而立』ĕr li 意思是他現在已經三十歲了。

文體上的藻飾，還有一種很特別的，中國各級的人民，無論受過教育或未受過教育的，在文雅的稱呼上，總有許多誇飾的辭語（上文已經說過），任他們應用。誇飾的辭語，不但限於一方面，而且各方面都很完全的；一切事物，屬於受說的人，用這類附加的區別辭來表明，如『貴』kuei，『寶』pao，『台』t'ai，『大』ta，『令』ling；而關於說者的一切事物，總是用這類區別辭表明，如『賤』tsien，『下』hia，『小』siao，等。

我會見一個雅人，第一次見面時，他當然要問：『貴姓』kuei sing？我就回答說：『賤姓高』tsin sing kao (Karlgren)。他第二次就要問：『貴國』？我回答說：『敝國是瑞典』。詢問一個人的家庭，既然是文雅上極大的表示，這裏就須輪着我來問他：『尊公』？就是問他的父親；『尊閫』？就是問他的妻子；『令郎』？就是問他的兒子；『令愛』？或『令媛』？或『千金』？就是，問他的女兒？他或者要回答說：『小弟』——他認我為長兄——有五個『小犬』，就是，指他的兒子；一個『陪錢貨』，指他的女兒快要『出閣』了，就是快要出嫁了；他的『賤內』，或『拙荊』，『鄙婦』，指他的妻子，是不值得掛齒的。

斯密斯 (Arthur Smith) 氏有許多關於中國社會的著作，頗為著名；他的書，雖然不免有過於酷刻的地方，也很有精到處；他敍說下面這個故事：

一個客人來了，穿着他最講究的袍子，坐在應接室裏，等待他的主人來見。那時正好有一個老鼠在屋樑上跳躍，樑上安放着一個油瓶，原來是為防備老鼠來吃的。那老鼠卻慢慢將他的鼻子鑽進瓶裏，忽然因為客人來了，受了驚動，馬上跑走了；因此翻倒了那個油瓶，正好直接跌上那個客人的身上。客人因之受了一個大擊，而他那件精美的衣服，也浸透了油，被弄壞了。那個客人受了這樣晦氣，發怒得臉上現出青紫的顏色；恰好此時主人進來。彼此如儀相見畢，客人就開始來說明這種情形。「我走進你的貴室裏，坐在你的貴樑下面，當時我輕忽的驚動你的貴鼠，貴鼠逃走了，翻倒你的貴油瓶，跌在我的敝衣上。爲了這個緣故，所以我在你的尊前，現出這種鄙陋可笑的態度來了」。

我們現在把中國語言情形，簡略的敍論，這個啓示的故事，正是對他很確切適合的。

文化藝術出版社
Culture and Art Publishing House

名家·名篇·名译

日本经典中篇小说

主编 | 盛宁 选编 | 冯季庆

THE WORLD
-
CLASSICAL
-
NOVELLAS

序言

盛宁

十年前，我们曾选编过一套《世界经典短篇小说》，我在那套书的序言里说到，随着现代生活节奏的不断加快，加之各种新兴科技手段和媒体形式的介入，人们在这个世界上的生存方式，包括我们对所处世界的整个认识方式，都已发生了极大的变化。变化带来的负面影响之一，就是一些曾有过辉煌显赫历史的艺术形式无可挽回地式微衰落了，尽管我们费尽心力去抢救，它们仍不以人的意志为转移地飞离我们普通人的日常视野，沦为仅供少数人观赏把玩的“藏品”。于是“文学已经衰亡”，“纸介印刷物必将被数字出版物取代”一类的哀歌，彼落此起地响彻文坛。

这些说法所引发的悲观情绪很快蔓延到了学界。记得那年美国著名的文学批评家J. 希利斯·米勒曾来华讲演，他很坦诚地诉说了自己五味杂陈的内心感受，那篇讲稿后来在美国著名学刊《辨析》上发表，他又将讲话稿的标题改为“废墟上的文学研究”，其悲悼之情溢于言表。

转眼十年过去。情况又发生了什么变化呢？在千千万万令人眼花缭乱的事件中，移动通讯手段的革命性更新拔得头筹。手机的普及，特别是集通讯、浏览、搜索等功能为一体的iPhone的问世，将2010年推入所谓的“微博”年。据最新统计，中国网民规模现已达到4.85亿，“微博”用户的数量则爆发增长到近2亿，成为用户增长最快的互联网应用模式。“微博”突如其来的出现，且规模如此之大，它立刻给大众阅读习惯带来了谁也不曾料到的冲击。几乎就在一夜之间，这种带有“娱乐化”、“碎片化”特点的资讯消费形式，变成了时下最流行的大众阅读方式。所谓“娱乐化”，就是阅读活动除实现资讯传递的目的外，还带有一种搞笑逗乐的“狂欢”色彩；而所谓的“碎片化”，则是指人们在快节奏的日常生活中，利用各种活动的间隙或空当来完成阅读，使阅读一改过去那种连续、专注的特点，而变成一种时断时续、见缝插针式的消遣。

这样的一种阅读形式，对需要长时间静坐默读的长篇小说来说，显然是要排斥的。而从这个角度想下去，传统意义上的文学似乎很快就没有了自己的位置。但实际情况却并没有糟到这般田地。说来也颇值得玩味，据美国全国文学艺术基金会历年的调查报告，自上个世纪 80 年代起，美国青年和成人中阅读文学作品的读者比例接连二十多年持续下滑，17 岁年龄段中完全不读文学书的人数，2004 年比 1984 年足足翻了一番，达到了百分之二十左右；然而，2009 年的调查报告称，由于各级教育机构的努力，18 ~24 岁年龄段阅读文学书籍的人数竟在 2008 年出现了拐点，首次大幅度回升，增加了三百多万人。而中国的情况非但不像文学消亡论者所描述的那么悲观，甚至比上述美国报道更令人鼓舞。仅就最近十年的情况统计看，纸介印刷读物并未显出“退市”的意思，非但没有，这些年的全国图书出版总量还一直保持着 10% 左右的年增率，其中文学读物年增率也达到了 9%。仅以 2009 年为例，文学类图书出版总数达 25 万种（其中初版新书为 18 万种），总码洋 8.3 亿元，居然还高于经济类的图书。尤其值得注意的是，再版文学书竟占了文学出版总量的四分之一，而据从事文学图书出版的人士说，再版书基本属于文学经典名著一类的“长销书”，也就是说，文学经典名著仍占据四分之一左右的文学类图书市场。

这一串数据有点枯燥，但至少可说明两点：其一，“文学”没有消亡。所谓“消亡”一说，实在是个伪命题。因为“文学”本是个后设的、集合性概念，它是对某一类你认为应该命名为“文学”的文字的界定，既然它的内涵是人为的，流变的，它能不断吐故纳新，所以也就谈不上消亡。而最终会消亡的，只是某个具体的文学形式（体裁、文类），这种文学形式由于存在条件的变化或丧失，则可能发生嬗变或消亡，但没准什么时候它又会重新萌生，中外文学史上可找到许多这样的实例。

其二，以往被笼统看待的大众读者群，现已按接受教育的层次、专业兴趣和审美品味等进一步分化为一个个“小众”读者群。这也就是说，尽管有相当数量的读者投靠新兴媒体，转而采取了网上浏览、微博短信一类新的阅读方式，但这个世界上仍还有相当数量的读者（其中也包括一部分网民读者）保持着通过纸介读物来获取知讯的传统阅读习惯，更何况网上读库中也搜罗了大量的纸介读物的电子版。对于这些电子版读物的读者来说，读物载体发生了变化，读物的内容却未变。由此看来，我们说文学类读物至今仍拥有相当大的读者群也没有什么不对。而每年有一大批文学经典或名著的再版，则说明新生代年轻人中仍有大批喜爱文学的读者，而新生代读者群的逐年更新则为文学经典的传承提供了保证。

正是基于这样的考虑——文学经典仍有不小的市场，新生代读者对文学经典仍有相当大的需求，我们也就满怀信心地选编了这套“外国经典中篇小说”丛书。有读者或许会问，你们将选本称之为“经典”，那你们心目中的“经典”应该是怎样一个标准呢？坦率地说，有关“经典”的定义确实是众说纷纭，要找一个大家都认可的界定还真有点困难。在我所看到的有关“经典”的各种界说中，我最欣赏的是意大利著名作家卡尔维诺对“经典”所作十几条定义中的两条：“一部经典作品是一本每次重读都像初读那样带来发现的书；一部经典作品是一本即使我们初读也好像是在重温的书。”前一条定义强调了经典常读常新的特点——经典必须经得起重读，因为它涵义隽永，因此总能新意迭出，让读者获得新的发现；而后一条定义则强调，经典提供的经验必须具有某种普遍、永恒的价值。它所讲述的道理，你也许在别处也曾听说过，但是你读后会发现，你原先所听说的那些道理，其实是由这部经典文本首先说出，而且它比任何后来者都表述得更加全面，更加深刻。

不过严格说来，卡尔维诺的定义或许更是一种对思想理论经典的概括，文学经典恐怕还另有一些自己的特性：它无意直接提出具有永恒意义的理论命题，它更擅长的是在想象的层面，通过故事的叙述和人物的刻画来表现带有普遍性的人类生存经验。因此，衡量和判断一部作品能否跻身于文学经典，最基本的一条必须要讲一个好故事，再就是要看作品是否塑造了扣人魂魄、令人过目不忘的人物形象。除此之外，文学还有另一个与其他类别不同的特点：它是一门语言的艺术。文学的“文”，既是“人文”的“文”，又是“语文”的“文”。古语说：“言而无文，行之不远”。文学语言不仅是反映生活的语言，更应该是高于生活、能为生活效仿的语言。在这个意义上，文学经典还必须在语言上具有示范的作用。我们现在的这个选本不是小说原作，而是译作。因此对译文的讲究、推敲，它是否忠于原作，能否再现原作的艺术风格，也就成了我们挑选作品时很重要、很实际的关注。

写到这里，读者或许会觉得我对眼下文学的处境并无太大的忧虑，甚至还隐隐流露出一点激动或亢奋。其实，恰恰相反。尽管从出版数字看文学似乎还有不小的市场，然而我深知，文学在当今社会所发挥的作用，文学对读者所产生的影响，则与过去完全不可同日而语。这其中的道理很简单，我指的是，与广播、电视、电影、流行音乐、特别是现在的互联网这些媒体相比，今天的“文学”在影响人的精神面貌、价值观方面，在向人们的头脑中灌输想象这个世界的各种参照方面，已再也不能像过去那样发挥一种主导性的作用了。也正是在这个意义上，我们说文学已被彻底地边缘化了，这已是毋庸争辩的一个事实。这与文学是否还占有一定的市场实际上毫无关系，因为两者说的根本不是同一个层面的意思。

文学之所以会边缘化，其原因也不难找。主要就是因为“文学”在今天的商业社会中再也不能快速地带来直接的财富，因而遭到了冷落，说得再直白一点，就是“无用”。这些年，不止一次有从事文学研究的青年学者跟我说，他们为申请出国留学基金而去面试时，有些从事自然科学的专家评审官，往往提的第一个问题就是“你这搞文学的，出去有什么用?”毫无疑问，“文学”在他们眼里，就像人身上的阑尾一样，一无所用！然而，他们怎不想想，人之所以为“人”，除了四肢五官以外，更主要是因为人具有任何其他动物都不具有的复杂的思想和崇高的精神！人的气质、禀赋、情怀、修养，人对于真、善、美的洞察力、鉴别力、感悟力，以及人所特有的复杂的语言表达力，等等，所有这些决定人之所以为“人”的素质和能力，都不是从娘胎里带来，而是需要通过后天的陶冶和训练才能习得。而就在人习得上述素质和能力的过程中，“文学”不仅在发挥作用，而且发挥的是一种不可替代的作用。

文学究竟有用无用，有什么用？不妨再听一听两位诺贝尔文学奖的得主是怎么说的。早在1933年，T.S. 艾略特在《诗的作用和批评的作用》一文中说："一个不再关心其文学传承的民族就会变得野蛮；一个民族如果停止了生产文学，它的思想和感受力就会止步不前。一个民族的诗歌……代表了它的意识的最高点，代表了它最强大的力量，也代表了它最为纤细敏锐的感受力。"很显然，在艾略特看来，"文学"是衡量一个民族文明程度高低的标识，而一个不再关心自己文学传承的民族，停止了文学生产，就会变得野蛮，变得粗鄙，而当下严酷的社会现实已一再为此提供了有力的佐证。

1987年诺贝尔文学奖得主约瑟夫·布罗茨基似乎对今日的现状则早就有预见，他在授奖仪式上致答辞时指出，"……尽管我们能够谴责对文学的践踏和压制——对于作家的迫害，文字审查，焚书等，然而，当不读书这种最糟的事情真的来临时，我们则毫无办法了。如若这不读书的罪过是由某个人犯下，那他将终生受到惩罚；如这个罪过是由一个民族犯下，这个民族将为此受到历史的惩罚。"布罗茨基认为，文学总是在不断地创造一种审美的现实，因此它往往是超前的——赶在"进步"之前，赶在"历史"之前。因此他认为，人们在选择自己的领袖时，最好应该先了解一下他们的文学阅读经验，对那些执掌我们未来命运的人，我们应首先问一问他们对司汤达、狄更斯、陀思妥耶夫斯基是什么态度，而不是他们的施政纲领，这样的话，这个世界上的痛苦就会减少许多。

布罗茨基这番话，或许有点让人觉得过于书生气。但我想他的本意并不是要让文学家去从政，充任各国的领导人。他其实只是在用他诗人的方式，来解释文学对于铸造一个人的心灵会起到怎样的作用。我们都知道，司汤达、狄更斯、陀思妥耶夫斯基也好，任何其他文学大师也好，他们并不提供解决社会问题的具体方案，即使退一万步说他们提出了某种方案，生活在特定现实中的我们也不可能去照抄照搬，如法炮制。那么，文学的作用到底是什么呢？我认为，真正能够称得起是"文学"的，它的最大的作用就是它会提问——提出各种对我们具有挑战性、能迫使我们进行思考的问题。所以文学作品能否成为经典，看来还应该加上一条，那就是它的提问是否具有这样一种独特的价值。从这个意义上说，文学的作用就是搭建起一个思想平台，让我们在这个平台上对人性、对道德、对历史、对公民社会、对各种智识性的问题展开论辩，而最难能可贵的是，这种论辩还包括了对我们自身的反省。通过这样的论辩，我们从中找到自己所认为是正确的答案。

关于我们这套丛书所选作品在思想内容上还有什么具体的社会意义，在写作风格和写作技巧上又如何出类拔萃等等，这里就没有必要再一一介绍了，我们还是请读者自己来品尝一下“开卷有益”的乐趣吧。因为我们相信，只要你翻开这套丛书中的任何一本，阅读其中的任何一篇，你都会从中发现一个与你的生活全然不同的世界，它一定会唤起你强烈的求知欲望，而当你阅读了这些作品之后，如果你对所读作品的作者及相关背景还有遏制不住的兴趣，那你完全可以从任何一部文学百科全书或名著导读中，毫不费力地找到所需要的信息。而现在，作为读者的你，只需迈出这关键的第一步：打开丛书，开始阅读吧。

2011年8月2日识于蓝旗营

目录

雁 …… 1

［日本］森鸥外著/高慧勤译

哥儿 …… 60

［日本］夏目漱石著/胡毓文译

路边草 …… 141

［日本］夏目漱石著/柯毅文译

棉被 …… 290

［日本］田山花袋著/黄凤英　胡毓文译

雁

［日本］森鸥外　著
高慧勤　译

森鸥外（ōgai Mori，1862—1922）　本名森林太郎，号鸥外，生于武士家庭，祖上历代为藩主侍医。自幼受武士道教育，通习儒家经典。毕业于东京大学医学部，后留德深造，广泛涉猎西方文史名著。供职于日本陆军部，官至陆军部医务局局长。森鸥外的文学创作、翻译和评论，对日本文学的现代转型卓有建树，是日本现代文学的奠基人之一。其创作以中短篇小说为主，重要作品有：《舞姬》、《泡沫记》、《信使》、《花子》、《雁》、《山椒大夫》、《鱼玄机》、《高濑舟》等。短篇小说《舞姬》（1890）是森鸥外的成名作，叙述日本青年丰太郎与德国女郎爱丽丝纯洁凄迷的爱情故事，其中表现的个性与封建家族、自我与权力机构的矛盾，凸显了日本现代化过程中具有普遍意义的问题。中篇小说《雁》（1911）中，贫家女小玉沦为高利贷者的外室，当她意识到能救助自己的只有自己，对人生要有所追求时，风华正茂的大学生冈田成了她恋慕的对象，但小玉却错失了唯一一次表白爱情的机会，大雁之死象征着她的不幸命运。小说浓郁的感伤情调，令人掩卷难忘。

一

这是老早以前的事了，碰巧记得发生在明治十三年（1880）。之所以清清楚楚记得那年头，是因为我当时住在东京大学铁门的对过，一个叫上条的小公寓里，和故事的主人公恰好比邻而居，仅一墙之隔。这家上条公寓在明治十四年着火烧掉了，使我没了住处。故事就发生在着火的上一年，所以还记得。

住在上条公寓里的，大抵是医大的学生，再就是到大学附属医院看病的病人。一般来说，各家公寓都有几个特别吃得开的房客。这些客人，首先要手头阔绰，处世乖巧，见到老板娘坐在火盆旁，从廊子经过时，必定打声招呼，时不时地还会蹲在火盆前聊上几句。倘若在房间里饮酒作乐，叫厨房给准备酒菜，便请老板娘帮忙照顾，看似为所欲为，其实，账房那里大得实惠。总之，大凡这类房客最受尊敬，他们也常借此摆摆架子要要威风。然而，上条这儿吃得开的房客，我隔壁的那个男生，却与众不同。

他姓冈田，也是学生，比我低一级，总归快要毕业了。要说冈田是怎样的人，就得从眼前最显眼的特点说起。那就是，他是个美男子。但绝不是那种脸色苍白的文弱书生，而是气色极好，体格矫健。长得像他那样的人，我还从来没见过。勉强要说嘛，不论当时还是后来，我始终认为，年轻时的川上眉山，还相仿佛。就是那位因为创作陷入绝境，结局悲惨的文士川上。冈田，和川上年轻时的模样很像。不过，冈田当时是赛艇选手，体魄远远强过川上。

论长相，足可夸口于人。但是，单凭长相就想在公寓里吃得开，那是不够。至于品行，我想，当时很少有人能像冈田那样，过着规规矩矩的学生生活。他不是那种为奖学金而拼命用功，每逢学期考试便强争分数的学生。该做的事，他都认真去做，在班级里，属于中上。玩的时候，绝对去玩。晚饭后，必定散步，十点钟前，准会回来。星期天，不是划船，就去郊游。除了比赛之前跟队友住在向岛，或是暑假回老家外，我这位邻居在不在房里，时间绝不会差。如果有人中午忘了听号声对表，那就去冈田屋里问他。就连上条账房里的时钟，也常和冈田的怀表对。天长日久，看到冈田的立身行事，周围的人心里越来越觉得此人可靠。上条的老板娘开始夸冈田不巴结人，不乱花钱，也是出于这种信任。他房钱月月清，这是最有力的事实，无须多说。

“瞧瞧人家冈田先生！”这话常挂在老板娘的嘴上。

“像冈田君，我可办不到。”原先搬走的学生有这么说的。一来二去，不知不觉的，冈田便成了上条房客的楷模了。

冈田天天散步，大多有一定的路线。走下寂静的无缘坂，绕过蓝染川的黑水流入的不忍池北侧，在上野山溜达一会儿。然后，穿过“松源”和“雁锅”等酒楼所在的广小路，以及狭窄而热闹的仲町，走进汤岛神社，拐过阴暗的臭橘寺，最后返回公寓。或者从仲町朝右拐，打无缘坂回来，这是又一条路线。有时，穿过大学，出西侧的红门。因为铁门老早就上锁，所以，要先进患者出入的长屋门，再穿过校园。后来，长屋门拆了，便是现在春木町尽头新开的黑门。出了红门，是本乡大街。经过黄米年糕铺，进入神田神社，下到当时颇为新颖的眼镜桥，在柳原一带的片侧町逛一会儿。然后回到御成道，随便从西面那条狭窄的小胡同穿出来，依旧回到臭橘寺，这又是一条路线。除此而外，很少走别的路。

散步途中，冈田有些什么活动呢？无非不时进旧书店转转。在上野广小路和仲町上，当时旧书店颇多，如今只剩下两三家了。御成道上当时也有旧书店，而在柳原压根儿一家都没有。本乡大街上的，几乎家家都挪了地段换了店主。冈田出了红门，极少朝右拐，固然因为森川町街面狭窄，地方局促，但当时，西面连一家旧书店都没有，也是原因之一。

冈田逛旧书店，用现在的话来说，是他有文学趣味。不过那时，新小说和戏剧还没出现，抒情诗也在子规①的俳句和铁干②的和歌产生之前的格局。谁都该想到，无非是用又粗又黄的纸印的《花月新志》，或者是白纸印的《桂林一枝》一类的杂志。槐南、梦香写的香艳体诗歌最是流行。我当时也爱看《花月新志》，所以还记得。有一篇西方翻译小说，就是这本杂志首先发表的，故事写一个洋人大学生，回老家的路上遭人谋害。记得译者是神田孝平，用的是白话文。这是我头一回看西方小说。因为是在那样的时代，冈田的所谓文学趣味，不过是汉学家把一些新事儿写成诗文，他读来饶有兴趣罢了。

我这人生来不善于交际，在校园里，哪怕是熟人，没事儿也不搭讪。至于住在同一个公寓的学生，也很少脱帽致意的。和冈田能熟识起来，是旧书店搭的桥。不像冈田，我散步的路线没有定准，健步如飞，从本乡一直走到下谷、神田，只要有旧书店，就停下来进去看看。那时常会在店里遇见冈

① 正冈子规（1867—1902）：日本近代诗人，以写俳句、和歌为主。主编俳句杂志《杜鹃》，主张俳句革新，倡导写生文。

② 与谢野铁干（1873—1935）：日本歌人、诗人，成立新诗社，创办机关刊物《明星》，成为浪漫主义文学的中心，对现代短歌的形成起到推动作用。

田。“倒是旧书店里常碰头哩。”也不知是谁先开的口，总之我们开始亲切地攀谈起来。

那时，下了神田神社前面的坡，拐角有个店，吊钩吊着的木板上晒了很多旧书。在那儿，我发现一部中文《金瓶梅》，一问价钱，店主要七元，便还价五元。“方才冈田先生出六元，我都没答应。”凑巧，我手头正宽裕，就照价买了下来。过了两天，遇见冈田，他说道：

“太不够朋友啦。我好不容易发现一部《金瓶梅》，叫你给买走了。”

“可不是嘛。店主还说来着，你还了价，他不肯让。你想要，就让给你吧。”

“哪儿的话。住在隔壁，等你看完了借我看看就行了。”

我欣然答应。就这样，同冈田虽然一墙之隔，住了很久却老死不相往来，现在终于有点来往。

二

那时，无缘坂的南面，有一座宅邸，主人姓岩崎。哪像现在，有道高高的墙围着，当时不过是堵脏兮兮的石头墙而已，石上长着苔藓，从缝里拱出凤尾草和笔头菜。挨着石墙的上方，是平地还是小土坡，我没进过岩崎家的院子，到现在也不清楚。反正石墙的上面，杂树疯长，路上能看见树根，根旁的野草难得除掉。

北面，是一排寒碜的房子，体面点的，便是围着木板墙的小店面房，或是手艺人住的。店铺无非是山货铺或香烟店。其中，最吸引来往行人的，是教授缝纫的女裁缝家。白天，纸格窗内，一群姑娘凑在一起做活。天好时，窗敞着的话，看见我们学生走过，那些叽叽喳喳说得正在兴头上的姑娘，一个个会抬起头，朝路上瞧上一眼，然后又继续说笑。隔壁一家，格子窗擦得一尘不染，房门口的三合土台阶上铺着花岗岩，傍晚经过，常常见到已洒上水。冷天，纸窗关闭；热天，遮着竹帘。因为裁缝家热热闹闹的，这户人家便显得格外的冷清。

这故事发生的那年九月，冈田从老家回来不久，晚饭后照例出去散步，走过一座古建筑，是从前加贺藩主前田家的大殿，解剖室临时设在那里，溜达着刚要下无缘坂，碰巧有缘，看见一个洗澡回来的女人，正要进裁缝家隔壁那座冷清的房子。已经入秋，没人出来乘凉，坡上一时无人。冈田经过时，女人刚回到寂静的格子门前，正要开门，听见冈田的木屐声，蓦地停住手回过头来，恰好和冈田打了一个照面。

一身蓝绉绸的单衣，系着一条夹腰带，是黑贡缎和博多产的花布缝的；纤纤的左手，随便提着编工细致的竹篮，里面放着手巾、肥皂盒，还有搓身用的米糠袋和海绵等；右手搭在门格子上，正扭过头来。这女人的身影并没给冈田留下多深的印象。不过，他注意到，新梳好的银杏发髻，两鬓薄得像蝉的羽翅；一张瓜子脸上，高高的鼻梁，略带寂寞的神情，从前额到两颊，说不出是哪儿，显得有点平板。冈田不过看了这么一眼，等他走下无缘坂，早把这女人给忘得一干二净。

可是，过了两天，冈田又朝无缘坂走去，快走到格子门那家人家时，前两天遇见的那个洗澡回来的女人，突然从记忆的深处兜上心头，便朝她家瞄了过去。窗台上竖着一根竹竿，横着架了两层削得细细的木棍，上面缠着蔓草。纸拉窗拉开一尺来宽的缝，露出一盆万年青，盆里扣着鸡蛋壳。因为分心去看，放慢了脚步，等走到门前的工夫，就富余出几秒钟的时间来。

就在他走到门前时，万年青的花盆上面，深锁在灰暗中的背景上，蓦地浮现出一张白净的面庞，含笑望着冈田。

从那以后，冈田散步时，每次经过这个人家，几乎没有一次不看到这个女人。这女人的面庞也时时闯入他的脑海，最后竟如同己物，可呼之即出。她是在等我走过吗？还是无意瞧外面，偶然和我碰面的呢？冈田曾这么疑惑过。那么，从见到她洗澡回来那天再往前想，她有没有从窗口露过面呢？可是印象中，在无缘坂一侧的住宅当中，最热闹的裁缝家隔壁，总是打扫得干干净净、冷冷清清的，除此之外，不记得别的什么。冈田心里确实曾琢磨过：究竟是什么人住在里面？当然不会有答案。反正纸窗一向不是关着，就是挡着竹帘，屋里静悄悄的。这么看来，那女人近来似乎对外面很留意，开着窗在等自己走过。冈田终于下了这样的判断。

每次经过都见面，往往就想这些事，冈田不知不觉对窗内女人觉得亲切起来。不到两个礼拜的工夫，一天傍晚，照例经过窗前，他无意中脱下帽子敬了个礼。女人白净的脸上忽地通红，寂寞的微笑变成如花的笑靥。从此，冈田走过时必定向窗内的女人致敬。

三

冈田喜欢看《虞初新志》[1]，其中《大铁椎传》几乎全都背得。为此，多年前曾想习武，由于没有机会也就作罢了。这几年，热心于划船，经同伴推荐，当上选手，能取得这样的进步，也因冈田做事有毅力。

《虞初新志》里，还有一篇文章冈田很喜欢，那就是《小青传》。传里所写的女主人公，用新词儿来形容，就是视美丽如同性命，悉心修饰自己，让死亡的天使等在门外。这位女主人公，真不知让冈田有多同情。在冈田看来，女人是美丽而可爱的，不管什么境遇，都该安心于保养自己的美丽与娇柔。这恐怕也是他平素喜读香艳体诗歌，以及明清 sentimental（感伤）而 fataliste（宿命）的才子佳人小说，潜移默化中受了影响所致。

冈田向窗内女人点头致意后，过了很久，压根儿没想打听女人的身世。当然啦，从她家的样子，她的穿着，也猜得出来，是人家的外室。不过，并不觉得有什么不值得高兴的。她姓甚名谁固然不知，但也不一定非知不可。看看门牌许会知道，他未尝没这么想过。可是，女人在窗内的时候，不免有顾忌没去看。她不在时，又怕近处有人，或被路人看见。所以，檐下的小木牌上写的什么字，一直没去看。

四

其实呢，冈田才是这故事的主人公，关于窗内女人的身世，直到事情过去以后我才听说的，为方便起见就先说个大概吧。

那是大学的医学系还在下谷时的事。当年藤堂藩主府的一溜门房，做了学生宿舍。灰瓦上涂着灰浆，墙上开出一个个窗户，就像棋盘格一样。窗户全敞着，竖着嵌了一排胳膊粗的木头。学生住在里面，说来可怜，简直像牲口似的。当然喽，现在要想见识一下那种窗户，只有丸之内的望楼上还保留着，连上野动物园饲养狮子老虎的兽笼，格子都做得比那窗户精致。

宿舍里有杂役，学生可以差他跑腿。学生扎着白布腰带，系着小仓产的

---

① ［清］张潮编，所收多为明末清初文言短篇，共二十卷。

棉布裙裤，买的东西千篇一律，就是所谓的“羊羹”和“金米糖”。羊羹者，实乃烤白薯；金米糖者，开花豆也。文明史上或许值得记下这一笔，以备参考。杂役跑一次腿可得两分钱。

有个杂役叫末造。别人胡子拉碴，像毛栗子壳咧开嘴。可是末造，胡子刮得干干净净的，青乎乎的下巴上嘴唇抿得紧紧的。别人身上的小仓布衣裳邋里邋遢，他却整齐利索，有时还穿件蓝条纹或是别的衣服，系上条围裙。

也不记得是什么时候谁说起的，听说缺钱时末造肯垫付。不过是五角、一元的小数目，慢慢地变成可借五元、十元，但要写借据或欠条，最终成了一个十足的放高利贷的。本钱到底从何而来？难道靠那两分跑腿钱攒下来的？一个人若肯倾注全力，专心于一事，恐怕就没有办不到的事。

学校从下谷迁到本乡的时候，末造已经不当杂役。他搬到池之端，家里不断有些毛手毛脚的学生进进出出。

末造当杂役的时候已经三十出头，虽说家穷，倒也有妻有子。自从放高利贷发了财，搬到池之端以后，开始嫌老婆又丑又唠叨，觉得不够意思。

这时，末造忽然想起一个女人来。从前他去大学干活，要穿过练屏町后面一条小胡同，路上常常遇见她。阴沟盖总是坏的那附近，有座暗黢黢的房子，门长年半掩着。夜里从门前经过，房檐下停着车拉的摊床，即便没这些，也得侧着身子才能走过小胡同去。当初引起末造注意的是，这户人家里有练三弦的声音。后来知道，弹三弦的是个可怜的姑娘，年纪只有十六七岁。这姑娘和这户人家很不相称，总是干净利落，穿着整洁。站在门口，见有人过来，立即回身进到黑黢黢的屋里。末造生性谨慎，也没去特意打听，只知道那姑娘名叫小玉，没有娘，跟爹两人过日子，她爹在秋叶原摆个摊床做糖块卖。不久，胡同尽头的那份人家，发生了翻天覆地的变化。檐下的摊床，夜里走过时已不见。一向是悄无人声的房子和周围，用当年流行的字眼来形容，被“开化”的物事给取代了。一半坏一半翘着的阴沟盖换成了新的，门口也装修了一番，换上了新格子门。有时还看到门口有脱下的皮鞋。又过了不久，门口钉上了新门牌，写着警察某某。末造上松永町、仲徒町那边买杂物时，不经意中，得知卖糖块的老爷子招了上门女婿，门牌上的警察便是他姑爷。老爷子把小玉看得比眼珠还要紧，把闺女交给吓人的警察，真好比天狗抢去了心头肉。姑爷闯进家里，老爷子大不自在，同平时的朋友商量，却没一个人肯明明白白地劝他回绝掉。你瞧瞧，有的说：“本来就说给找个好人家，你偏说就这么个独生女儿，舍不得，还说些叫人为难的话。现在可倒好，招来这么个没法拒绝的女婿来。”也有的吓唬他说：“你要不愿意，只能搬到远处去，没别的法子。可人家是巡警，马上能查出你搬哪儿去了，会找上门去算账，不管怎么着，你逃不出他手心。”其中有个老板娘，都说数她明白事理，听说她是这么讲的：“你闺女长得这么俊，三弦师傅也夸她，看样子能有出息。所以，我不是说过嘛，趁早送她去学当艺妓。哪天来个巡警，挨家挨户转悠，看见长得娇小玲珑，留在家里，就不由分说给带走了。反正让那种人看上了，只能认倒霉，还能有什么法子！”末造听了这些言论，又过了三个来月。一天早晨，卖糖块的老爷子家，大门紧闭，门上贴张条子，上写：“吉屋招租，承办人在松永町西”。于是，买东西时，顺便又听到街坊传闲话。巡警在老家原本有老婆孩子，冷不防来找他，结果大吵大闹。小玉跑出屋说要投井，让瞧热闹的邻居大妈好不容易给劝住了。巡警说要当上门女婿时，老爷子曾同好些人商量过，当时竟没一个能在法律上给他出出主意。户籍怎么办啦，交什么申请表啦，老爷子全没当回事。巡警捻着胡子说：“手续的事就甭操心了，我包了。”老爷子信以为真，一点都没起疑。当时松永町有个北角杂货店，店里有个长得白白净净的姑娘，圆脸盘，短下颏，学生都叫她“无颏姑娘”，她告诉末造说：“小玉真可怜呀！那孩子忒老实，竟真拿他当丈夫。可人家巡警大爷，成心住旅馆呢。”北角老爷子是个秃头，他手摸着光溜溜的脑袋，一旁插话道：“老的也挺可怜哪！在街坊面前抬不起头，说是这样下去可不成，就搬到西鸟越那边去了。那一带没有什么孩子买他的糖，原先的生意做不成，听说又到秋叶原去了。摊床本来卖掉了，说是到佐久间町的旧货店去求人家，又赎了回来。又是赎车又是搬家的，恐怕花了不少钱，想必挺困难的。巡警把老婆孩子晾在那儿不管，大模大样地喝酒，逼着没酒量的老爷子陪他，咳，八成做梦，以为在享老来福呢。”打那以后，末造把卖糖块的闺女小玉给忘了。可是发了财，手头阔了，他忽然又想了起来。

如今，末造在地面上越来越有面子了，他暗中派人到西鸟越一带去找，打听到卖糖块的老爷子，现住在柳盛座戏园子后面车行的隔壁，小玉还没嫁出去。于是，派人去说和：有个大财东想纳小，不知行不行？最初小玉不愿意当小，但她为人孝顺，结果为了她爹又答应了，在松源酒楼跟当家的要行见面礼，事情已经进行到这地步了。

五

末造除了钱，就不曾想过别的事。现在，一旦打听到小玉的下落，还不知人家答不答应，就亲自到附近去找房子，看了几处，有两处临街的房子挺中意。

一处也在池之端，在不忍池的西南角。那座房子正在末造家和当时有名的荞麦面馆莲玉庵的中间，更靠近莲玉庵，离街面略往后缩。房子的院落里，栽了一株高野罗汉松、两三株矮罗汉柏，从树缝里看得见竹格子窗。由五十来岁的老婆子带路，让末造把屋里仔细瞧了一遍。屋里各处都打扫得非常干净。末造觉得还不错，便把押金、房租和管房子人的名字记在小本上。

另一处就是无缘坂中段的那座小房子。当初，连招租帖子都没有，是听人说要出让，末造才去看的。房主是汤岛那边开当铺的，房主的老爷子一直住在小房子这儿，最近死了，房主就把老太太接了过去。隔壁是教裁缝的，有点吵。不过，人家为了在此颐养天年，特意种上一些树，看样子住着会挺惬意的。从门口的格子门，直到铺着花岗岩台阶的院子，显得既整洁又幽静。

末造在床上翻来覆去，想了一个晚上：究竟该挑哪一处？老婆为哄孩子睡觉，哄着哄着自己也睡着了，躺在身旁，嘴巴张得老大，鼾声打得很响，简直没个女人样。老公只顾盘算如何放钱增利，通宵熬夜是常有的事。究竟熬到什么时辰才睡，老婆从来都不放在心上。末造心里禁不住好笑，一边瞧着老婆的脸，一边心想：咳，同样是女人，竟有长成这德性的！想那小玉，虽然很久没见面，那时还带着孩子气，老实听话，却透着一股刚强劲儿，模样长得真是爱煞人了。这会儿，出息得想必女人味更足了吧？单瞧她那张小脸蛋儿就让人开心。臭婆娘！让你什么都不在乎，睡你的大觉去吧！你以为老子光是琢磨钱的事吗？那你就大错特错了。咦？有蚊子啦？下谷就这点讨厌。该挂蚊帐了，这婆娘倒不要紧，会咬孩子的。想到这儿，又琢磨起房子的事。左思右想，等到打定主意，已经过一点了。他是这么想的：有人也许会说，景致好的房子才好。要说景致，池之端的房子就够不错的了。房租虽说便宜，租下来这个那个的事太麻烦。再说，地面过于开阔，惹人注意。不小心开了窗，这婆娘领着孩子到仲町去，要给她瞧见就麻烦了。无缘坂那儿暗一些，不过，那地方除了学生散步，几乎没人来往。一次掏偌大一笔钱买下来，怪舍不得的，但用的都是好料，合计下来算便宜的，若再上保险，日后卖掉，本儿还能捞回来。这样算下来，倒也可以放心。就买无缘坂那座吧，就这么定了。到了傍晚，洗完澡，收拾得体面些，编几句瞎话把这婆娘糊弄过去，就出门啦。等我打开那格子门，一直走进去，会是个什么情景呢？小玉那小冤家，腿上抱个猫儿什么的，孤孤单单地在盼着我吧？准会打扮得漂漂亮亮的等我，这还用说。得给她置几套衣裳。别急，钱可不能乱花呀！当铺里也有好东西。用不着像别人那样，叫女人穿的戴的过分讲究。隔壁福地家的房子，比我们家的气派得多，带着数寄屋町的艺妓到池之端来招摇，让那些学生家瞧得眼红，还觉得挺得意，可是，家里穷得捉襟见肘。他算哪门子学者！还不是靠一管笔，专拣好的写。店伙计终有卷铺盖走人的时候。哦，对了对了，小玉会弹三弦，让她弹段小曲听听倒不错。她除了当过巡警太太，一点不懂世故人情，恐怕不肯弹。准会说："不嘛，会笑话我的。"我命令她："弹呀！"最终还是不肯弹。什么都爱害羞的吧？一准儿是脸上通红，羞答答的。我头一天晚上去，该怎么办才好呢？他止不住胡思乱想。东想西想，想的事慢慢变成零碎片断，白皙的肌肤在眼前闪现。听见窃窃私语，末造终于迷迷糊糊睡着了。身旁的太太，依旧鼾声大作。

六

在松源见面那天，末造想给自己 fête（庆贺）一下。虽说是吝啬鬼，攒钱的人也分各式各样。他们有个清一色的毛病，就是小处着眼，一张手纸分成两半用，有事写明信片，密密麻麻的小字，不用显微镜都认不出。这已影响到他们生活的方方面面，绝对奉行，这是真正的吝啬鬼。再一种，就是在某一点上能开个口，缓口气。过去，小说里写的，戏台上演的守财奴，差不多全是极端的家伙，而活着就为攒钱，实际上有很多不尽如此。虽说吝啬，但有的好色，有的好吃。前面曾提到，末造喜欢穿着得体，在大学当杂役时，到了休息日，就脱掉那身固定的小仓布做的筒袖褂子，换上漂亮的衣衫，像个地道的商人。他把换装当成一种乐趣。学生遇见穿一身蓝条纹布褂的末造，不禁大吃一惊，也是这个原因。除此之外，末造没有特别的嗜好，既不嫖娼，也不下馆子。到莲玉庵吃碗面，都要发个狠，豁出去才行。老婆孩子还是很久以前带去过，眼下绝不能再开口要她带去，那是因为老婆的衣着和自己的服饰太不相称了。老婆若要他给买点什么，末造总是推辞："别说浑话。你跟我不同，我有应酬，是迫不得已。”把老婆驳回去。后来，钱生了利，末造也开始出入饭馆酒楼，那只限于随大流凑份子，自己却从不花钱去吃饭。现在让小玉行见面礼，忽然来了兴致，要摆个 solennel（盛大的）排场，发话说在松源酒楼办事情。

且说眼看要行见面礼了，却碰到一个难题：就是给小玉置装的事。单是小玉的倒也罢了，连她老子的行头也得置办。从中牵线的老婆子好不为难，那闺女对她老子的话百依百顺，非不让她老子出席的话，难保不把事情谈崩了。老爷子自有他的道理：“小玉是我的命根子，独生女。她跟别人家的独生女不同，除了她，我没别的亲人。原先我跟我媳妇两个人相依为命，过着清寒的日子，可她死了。我媳妇当年三十多才生头生，生下小玉，结果得病死了。求人家帮着喂奶，刚四个月大时，整个江户（东京）流行麻疹，大夫都不肯再看了，我扔下生意，什么都不顾，一心看护她，好不容易保住了一条小命。当时，世道正乱，先是暗杀井伊大老，第二年，又出了横滨生麦杀洋人的事。她就是那年生的。后来，生意没了，家产也光了，我几次想死掉算了，可是，她用小手摆弄我的胸口，一双滴溜溜的大眼睛看着我笑。我不忍心丢下可怜的小玉，咬牙忍住了，一天天地苟延残喘。小玉生时，我已经四十五了，加上一直辛苦操劳，比年纪显老。俗话说，一人吃不饱，两人能糊口。有人好意劝我，把孩子送回老家，给我介绍个有俩钱的寡妇，上门入赘。我可怜小玉，一口回绝了。也是人穷志短，想不到，我一手拉扯大的小玉，竟让骗子给要了，我好不痛心。幸亏人家都夸这闺女好，有心把她嫁到一户可靠的人家去，因为有我这样一个老子拖累她，没人求亲。我也想过，不论怎么着，绝不当人家的外室，给人做小。但是，你说老爷人靠得住，小玉明年也该二十了，想趁她青春年少，好歹找个婆家，我只好凑合了。我把宝贝闺女小玉给他，务必得让我一起去，见见老爷。”

这话带给末造时，末造觉得和自己的想法不大一样，心里不太满意。本来想，等把小玉带到松源，就尽快把老爷子打发走，剩下他和小玉两人单独相对，正可开心取乐，结果落了空。老爷子跟着一起来，说不定会更隆重。末造也有心要摆摆阔，这欲望一向压抑着，现在是解开绳索的第一步，意味着新生活的开始，而见面礼，更是这新生活首要的一步。然而，她老子插进一脚，这热闹场面就变味了。听老婆子说，父女俩都很本分，要闺女给人做小去服侍人，起初两人异口同声都不答应。后来有一天，老婆子把小玉叫到外面，劝她说：“你爹一天天地做不动了，你就不想叫你爹享两天清福吗？”

劝了半天，才点头答应，后来把她爹也给说动了。末造听了这话，当时心里还偷偷高兴来着，居然能弄到这么一个温柔贤淑的姑娘。父女俩这么诚实耿直，要一起来松源，这头一回见面，岂不变成女婿拜见老丈人了吗？这场面的变化，不啻给末造发热的脑袋浇了一瓢冷水。

但是，末造心想，一直把自己吹成堂堂正正的生意人，这回非拿出个样儿来不可。为了显摆自己阔绰大方，他最后同意给父女俩置办衣物。既然小玉人到手，将来她老子的后事就不能看着不管，全当后事提前办，只好认了。这也促使他拿定主意应承下来。

那么眼下就得说好花费多少，给人家一笔钱。可是末造不这样办。末造好穿戴，自己专有一家裁缝做衣裳，他就去找人说清楚，给两人挑好合适的衣料，尺寸叫老婆子去问小玉。可怜小玉父女俩，对末造精明吝啬的作为，还以为他是一片好心，不拿出现钱是出于对他们的尊重。

七

上野广小路那里很少发生火灾，不记得松源失过火，所以，那家店现在说不定还在。末造要挑一间幽静而小点的包间，从朝南的大门进去，径直走过廊子，没走几步便朝左拐，给带进一间六席大小的房间。

穿号衣的伙计正在卷起遮阳的大纸帘子，是涂了柿漆的那种纸。

“天黑之前，一直西晒着。”带路的女侍解释了一下便退了下去。壁龛里挂了一幅手绘的浮世绘画轴，不知是原作还是赝品。花瓶里插了一枝栀子花。末造背对壁龛坐了下来，目光尖利地向周围扫了一眼。

楼下和楼上不同，房间虽然特意朝着不忍池，杀风景的是，当年外面有赛马场的围栏，历经沧桑，而后又改成自行车的赛场，所以，屋外围了一道竹篱笆，免得池边路上的行人往里张望。墙与房之间，仅留一痕窄窄的地面，像根带子似的，没法按庭园布置。从末造坐的地方，能看见长在一起的两三棵梧桐树，树干如同拿油抹布揩过一样。还能看见一只春日灯笼，此外就只有疏疏散散的小扁柏了。太阳依旧照了一会儿，广小路上来来往往的行人脚下，扬起白花花的尘土，而篱笆内，洒过水的苔藓却青翠翠的。

不大会儿工夫，女侍送蚊香和茶水来，问点什么菜。末造说等客人来了再点，让女侍退下，一人独自抽烟。刚坐下时觉得有点热，隔了一会儿，从廊下吹来一阵阵的小风，因经过厨房和厕所，微微带着各种气味。身旁，女侍给放了一把脏兮兮的团扇，压根儿用不着。

末造靠在壁龛的柱子上，一边吐烟圈，一边又胡思乱想起来。当年路上看见小玉时，就想："真是个好姑娘。"但那时，毕竟还是个小姑娘。现在长成什么样了呢？会打扮成什么模样来呢？她老子也跟了来，太不作美了。能不能想个法子，把老爷子赶快打发走？心里这么寻思着，二楼上在调三弦。

廊子上响起两三个人的脚步声，"客人到了。"女侍先进屋通报说。"请吧，直接进屋吧。老爷人开通，用不着客气。"说话的是牵线的老婆子，声音像纺织娘叫。

末造忽地站起来，走到廊下一看，老爷子正猫着腰，在拐角靠墙那里磨蹭，站在他身后的，便是小玉，没一点胆怯的样子，好奇地东张西望。原以为是个胖乎乎的小圆脸，蛮可爱的小闺女，不知不觉的，竟长成一个瓜子脸，比以前出落得更娟秀了。银杏髻梳得很光溜，这种场面，一般人都浓妆艳抹的，而她没有，可以说是张未施脂粉的素净脸。跟末造想象的，大异其趣，只显得更加标致。末造瞧得眼睛都直了，真是称心如意。而小玉这边，是怀着舍身救父的决心来的，反正是卖身，管他是什么买主，不承想，见了面色微黑、目光锐利、有点讨人喜欢的末造，穿着还颇讲究却又不扎眼，她仿佛又捡回一条性命，刹那间也感到一丝满意。

末造指着坐席，恭敬地对老爷子说："请到那边坐吧。"随后把目光移向小玉，催促道："请吧。"把两人安置停当，又把老婆子招呼到一边，交给她一个纸包，悄悄儿说了几句话。婆子又恭敬又有些不怀好意地笑着，露出染黑①的脏牙，已经斑驳褪色，再三地点头哈腰，当即就回去了。

等回到座位，见父女俩回避，一起躲在门口，末造再殷勤地招呼他们入座，向等在旁边的女侍订菜。不大会儿工夫，端上酒和小菜，先敬了老爷子一杯。从谈吐中可以看出，老爷子毕竟从前过过好日子，不像那种从没见过世面骤然穿身新衣裳的人。

末造起初以为老爷子碍事，心里火烧火燎，没想到感情反慢慢融洽起来，平和地拉家常。末造一方面尽其所能，显示他的全部善良，一方面心里偷偷乐：能让性情温柔的小玉信任他，无意中倒是一个好机会。

上菜的工夫，三个人的样子，让人还以为是一家人出来游逛，上酒楼吃饭的。末造对妻子一向像个 tyran（暴君），妻子有时反抗，有时屈服。等女

---

① 日本古代，已婚妇女时兴将牙染黑，明治初年此风犹存。

侍走开，看小玉羞红着脸，腼腆地含笑斟酒时，末造咂摸到一种从未有过的、淡淡而真切的快乐。他下意识地感到，酒席上这幸福的影子，宛如在幻境里，同时不由得反省起自己的家庭生活，何以没有这种情趣呢？这种相敬如宾的感情，要维持下去，需要多大的约束呢？这种约束，自己和老婆，究竟做得到做不到？从来没有商量过，也没仔细考虑过。

突然墙外嗒、嗒地响起梆子声。接着一个声音嚷道："哎，哪位捧场点一出？"楼上的三弦声停了下来。女侍扶着栏杆在说什么。下面换了粗重的声音应道："好啊！那就来两出折子戏，成田家的《河内山》和音羽家的《直次郎》。《河内山》先上。"

女侍来换酒壶，说道："哟，今晚倒是真戏子。"

末造不懂。"你说真的假的，还有什么分别吗？"

"可不是，这些日子是大学生来卖艺。"

"带吹鼓手吗？"

"带呀。行头什么的一模一样。但一听声音就知道。"

"那么，是固定的一班人马吗？"

"是呀。只有一个人演。"女侍笑着说道。

"姐儿，认识他吧？"

"因为常上这儿来嘛。"

老爷子从旁说道："学生里也有多才多艺的呀。"

女侍没做声。

末造出奇地笑了起来。"反正这些人，读书都不怎么样。"说着，心里想起常来找他的那些学生。其中有的极力模仿手艺人的样子，以嘲笑小妓院取乐，平时说话用词，都学手艺人那套。不过末造认为，他们未必真的沉湎于声色犬马之中。

席上，小玉一声不响地听他们说话，末造觑着她，问道："小玉姐捧哪个角呀？"

"谁都不捧。"

老爷子补充道："因为她从来不看戏。柳盛座戏园子离得这么近，街坊那些姑娘都去看，小玉压根儿不去。听说那些爱看戏的姑娘，一听见'咚呛、咚呛'响，在家里就待不住了。"

老爷子的话里，带有夸女儿的意味。

八

事情已经说定，小玉搬到无缘坂去住。

可是，末造把搬家想得过分简单，这事上又多少出了点麻烦。小玉提出，希望尽可能把她爹安置在近处，好时不时过去瞧瞧，照看一下。起先小玉打算把拿到的月银，分一大半给老爷子，再找个小使女伺候他，让六十多的老人家过得舒坦些。这一来，就不必留在西鸟越那边住车行隔壁的破屋子里了。既然要搬，最好搬得近些。这就和相亲时一样，本来单叫他女儿一个人去，结果老爷子也跟着去了。这回末造满以为收拾好房子，把小玉迎过去就成了，闹了半天父女俩都得搬。

当然，小玉也表示，让父亲搬家是她自作主张，一切花费不给老爷添麻烦。但是，她既然这么说，末造就不能装聋作哑。相过亲，对小玉越发中意，想显示一番自己的大方，这种心思又活动了。结果是让小玉搬到无缘坂，老爷子搬到末造先前看好的另一处房子，就是池之端那座。这样商量下来，不论怎么说，小玉就用自己那份月银把一切事都办妥了。可是，眼睁睁地看着她紧巴巴的，自己却装作没事人似的，也办不到，所以不管什么都得开销。末造又大方了一下，掏出这笔费用，有好几次让牵线的老婆子吃惊得目瞪口呆。

等两边都搬完家，消停下来，已是七月中了吧。小玉说话和举止是那么妩媚，真叫他越看越爱。在银钱交易上，末造调动了他性情中一切严苛的成分，唯独对小玉，使尽了温存抚慰的手段，天天晚上到无缘坂来，讨小玉的欢心。史家常说“英雄爱美人”，这里怕是也有这么点意思吧。

末造没有过过夜，但天天晚上都来。经那个老婆子介绍，末造给小玉雇了一个十三岁的使女，叫阿梅。像小孩子过家家似的，在厨房里学着做饭。因为没有人可以说说话，渐渐地，小玉感到无聊，到了傍晚，心里开始惦着老爷早点来，等她意识到，自己也觉得好笑。在鸟越住的那会儿，爹出去做生意，小玉一个人看家，做点活挣钱，心里算计着：做这么多能挣多少钱呢？爹回来一定吃惊，会夸自己吧？虽说跟街坊上的姑娘处得不熟，小玉也从来没觉得无聊过。现在她明白，整天养尊处优，人就开始无聊了。

尽管如此，小玉的无聊，到了傍晚好歹有老爷来安慰。奇怪的是，搬到池之端的老爷子，一辈子疲于谋生糊口，突然享起清福来，自己都觉得像失了魂似的。从前在小油灯下，跟小玉两人说说闲话，父女俩亲密无间，那样的夜晚，简直像美梦，再也不会有了，他有说不出的留恋。他估摸着，小玉该来看望了，天天都在盼。但是过了好些日子，小玉一次都没来。

头一两天，老爷子乍住进漂亮的房子，心里那份高兴劲儿，叫乡下出身的女佣只管打水烧饭，他自己亲自收拾打扫，想起缺什么，便差女佣到仲町去买回来。等到了傍晚，一面听女佣在厨房里叮叮当当做饭的声音，一面给窗外高野罗汉松浇水；或是抽着烟，望着上野山上昏鸦聒噪，雾霭在池中岛辩财天女神社的林子上，在莲花盛开的水面上，一点点弥漫开来。老爷子觉得一切都很难得，什么都十全十美。但在那一刻，心里同时也感到有点美中不足：那就是小玉不在身旁。小玉一生下来，是自己一手把她抚养成人，用不着说话，彼此也能心意相通，事事温柔体贴。自己从外面回来，总有小玉在家迎候。坐在窗畔，望着池中景色，看着来来往往的行人。此刻，一条大鲤鱼正跳了出来。眼前，那个西洋女人帽子上插的羽毛像只鸟。老爷子看到兴起，每每想喊："小玉，快瞧!"可她不在，他感到很失落。

又过了三四天，老爷子开始烦躁起来。女佣在一旁做事，也让他心烦。几十年没使唤过人，他又生性温和，不会呵斥人。只是女佣做事件件不合他意，心里实在有气。他拿女佣和小玉比，小玉举止稳重，做起事来轻手轻脚，难怪乡下来的女佣要困惑不解。终于在第四天伺候他吃早饭的时候，看见女佣把拇指杵到汤碗里，他忍不住说道："不必伺候了，一边待着去吧。"

吃完饭，看了看窗外，天空阴沉沉的，但没要下雨的样子，也没晴天那么热，似乎挺舒适，便想出去散散心，遂走出了家门。可是，又怕不在家的时候小玉过来，就不时回头朝家门口张望，光在池边溜达。在茅町和七轩町之间，顺路能到无缘坂，中间有座小桥，不大会儿，他就走到那里。琢磨着，要不要去看看女儿？不知为什么又打消了念头，连自己都觉得客气得出奇。做父亲的，不论什么场合都不该这么见外，"奇怪，真奇怪。"心里念叨着，终于没有走上桥去，依旧在池畔溜达。他忽然发现，末造的家就在水沟的对过。这是搬家时，牵线的老婆子在窗口一边指着一边告诉他的。一眼看过去，房子的确气派，高高的土墙外面，斜着围了一圈削尖的竹子。听说隔壁人家姓福地，是位了不起的学者，福地的房子大归大，就是太陈旧，太鄙俗，一点也不气派。站了一会儿，瞧着末造家原木色的后门，大白天也关得紧紧的，他压根儿没想进去看看。然而，一种无可奈何的寂寥感蓦地袭上心头，无所思量，愣着只管出神。如果用语言来表达，只能说是穷途潦倒，卖女为妾，一种为人父的感怀吧。

挨过一个礼拜，女儿还是没来。思女之心越来越深，结果渐生疑窦：那丫头享了福，会不会就忘了爹？即便他成心这样怀疑，也只不过是想着玩罢了，疑心归疑心，倒没觉得女儿有多可恨。就像对人说气话一样，心里只是想，她若真的可恨倒还好了呢。

尽管如此，老爷子近来常这样想。光待在家里，免不了要胡思乱想，我得出去走走，但回头她来了见不着我，会觉得不快吧？不然她就准想：特意来了，让人家白跑一趟。随她想去吧！老爷子心里这样嘀咕着，出了家门。

到了上野公园，恰好在树阴下找到空椅子，便坐下去休息。望着穿号衣的人力车夫从公园穿过，老爷子心里想象着，这会儿自己不在家，女儿来了不知所措的样子。此时的感触是，她活该！自己要体验一下这种感情。这几天晚上，有时到吹拔亭去听圆朝说书，或是驹之助说唱。即使人在书场，心里仍惦记女儿会不会回家来。忽地又转念，女儿该不会上这儿来吧？有时就去巡视梳银杏髻的年轻女子。有一次，幕间休息时，看见一个梳银杏髻的女子，跟着一头戴当时还很少见的巴拿马草帽、身穿单和服的男子上了二楼。她手扶着栏杆，临坐下来打量着下面的客人。猛然间，老爷子当成是小玉。仔细看过去，脸比小玉圆，身材也矮。而且，戴巴拿马草帽的男人，不仅带了她一个，身后还有三四个梳岛田髻、梳桃形髻的，都是艺妓或者雏妓。坐在老爷子身边的学生说："呀，我们福地先生来啦。"散场回去的时候，有个女人挑了一盏长把大灯笼，上面斜着写有三个红字："吹拔亭"，给戴巴拿马草帽的人送行，几个艺妓和雏妓相随身后。老爷子一路上跟着他们一行，时而落在后面，时而走在前面，一直回到家里。

九

小玉自幼没有离开过父亲，现在不知老爸过得怎样，很想去看望。可是，老爷天天来，自己不在家怕惹他不高兴。所以，心里尽管惦记着，却一直没去父亲那儿，一天一天拖了下来。老爷从来不待到天亮，早的时候，十一点来钟就回去了。有时来了，"今儿个还得上别处，先过来看看"。说着在方火盆的对面坐下来，抽会儿烟就走了。老爷究竟哪天不来，小玉算不准日子，没法决定哪天去。白天出门也不是不行，但是，小使女还完全是个孩子，什么事都不能放手交给她做，而且，总觉得会给邻居瞧见，所以小玉不愿意白天出门。起初，去坡下洗澡，也先要叫小使女出去看看有没有人，然后再悄悄溜出去。

虽说没什么事，但搬来的第三天，还是出了一件事，让胆小怕事的小玉吓得心惊胆战。搬来的头一天，菜店和鱼店的拿着账本来，请她同意以后送货上门来。可是那天鱼店的没来，便打发小梅到坡下去随便买些回来。事情就出在这时。小玉并非天天都要吃鱼。父亲一向不喝酒，只要对身体没坏处，什么菜都行，现成有什么菜都能下饭，已成习惯了。然而，别人会议论说："那户人家穷，他们家几天都不见荤腥。"不能叫小梅心里委屈，再说也对不住老爷的厚待。出于这种心思，特意叫小梅到坡下去看看。没想到，小梅竟哭丧着脸回来了。问她，怎么了？原来事情是这样的：小梅找到一家鱼店，但不是送货上门的那家。老板不在，老板娘在店里。大概老板从码头回来，留一些货在店里，然后自己就挨家挨户给主顾送货去了。店里有许多新鲜鱼，小梅看中一堆新鲜的小竹荚鱼，便打听价钱。"没见过你这个小丫头，是从哪儿上这儿来买东西的？"小梅回说是从谁家来的，老板娘马上板起脸："噢，是吗？对不住你啦，回去吧，就说，我们店没鱼卖给放印子钱的小老婆。"说完就转过脸去，只管抽烟不理她。小梅受了一肚子窝囊气，也没心思再上别的鱼店，就跑回家来。到了主人面前，可怜巴巴的，把鱼店老板娘的话，断断续续复述了一遍。

小玉一听，连嘴唇都变得煞白，好半天做声不得。一个未经世事的女儿家，心中百感交集，一片 chaos（混沌），像团乱麻，自己都无法理清。惶惑迷乱的情绪，整个儿重重地压在她的心头，全身的血仿佛都流到心里，脸色煞白，背上冷汗直流。这时，使她首先恢复意识的，不是什么了不得的事，而是想：出了这样的事，小梅怕是不能再在这儿待下去了。

小梅一动不动，盯着主人失去血色的面孔，只知道太太非常窝火，但不明究竟。她忽然想到，自己只顾生气回家，中饭的菜还没有着落，这样待着怪对不住太太的。方才给的买鱼钱还别在腰带里没拿出来。"真的，没有那么讨厌的老板娘啦。谁稀罕买他们的鱼！我再往前走走，小稻荷神社那儿还有一家。我马上就去买回来，好吗？"小梅安慰似的看着小玉的脸庞，站了起来。小玉感到小梅还是向着自己的，刹那间的安慰让她感动，随之笑了笑，点了点头。小梅立即吧嗒吧嗒跑了出去。

小玉依旧坐在那里没动弹。情绪稍稍缓和下来，却终于忍不住流出眼泪，便从袖子里掏出手绢捂住眼睛。听见心在呼喊：好窝心呀，好窝心呀！

这是心中那片混乱发出的声音。是因为鱼店不卖鱼给她觉得可恨？还是因为不卖鱼给她从而知道了自己的身份，觉得窝心、感到难过的呢？当然不是。难道是因为自己委身于末造，现在知道他放高利贷而恨他的缘故？抑或是因为自己委身给这样一个人，而觉得窝心、感到难过的呢？也不。小玉隐隐约约知道高利贷令人厌恶，叫人害怕，受世人唾弃。不过，父亲只去过当铺当东西，虽说账房刻薄，不肯如数出父亲要的钱数，但父亲只是说声“没办法”，从不死乞白赖地求账房，也没怨过恨过人家。就跟小孩子怕鬼怕巡警一样，仅知道放高利贷的可怕，并没有切身之感。那么，她窝心的是什么呢？

说到底，小玉的窝心，很少愤世嫉俗的意味。若硬要说她恨什么，或许说是恨自己的命倒未尝不可。自己没做过坏事，为什么要受别人的欺侮？对此她感到痛苦。窝心便是她宣泄痛苦的方式。想到自己上当受骗，被人鄙弃，小玉生平头一次感到窝心。后来，到了最近，不得不给人做妾，又一次尝到这种窝心的滋味。现在不单是给人做妾，做的还是人人嫌恶的放印子钱的妾。等她明白这一点时，从前的“窝心之痛”，虽经“时间”的啃啮磨去了棱角，被“认命”之水冲褪了颜色，现在重又以鲜明的轮廓，强烈的色彩，在小玉的心中浮现出来。小玉那块心病的真正原因，硬要理出头绪来，恐怕就是这个吧？

过了好半天，小玉起来打开壁橱的门，从粗皮包里取出自己做的细白布围裙，围在腰上，长长叹了一口气，走进厨房。同样的围裙还有一条绸子的，小玉盛妆时才围，进厨房从来不用。就连单和服她也怕把领子弄脏，发髻能蹭到的地方，便用手绢叠起来垫上。

此时小玉差不多已经平静下来。认命是她时常乞灵的心理告慰，她的精神，只要向这方面一靠，就如同机械上了油，滑溜顺畅地转动起来。

十

那是有天傍晚的事。末造来了，坐在方火盆的对面。从第一天晚上起，每次见末造来，小玉就拿出坐垫摆在方火盆对面。末造盘腿坐在上面，一边抽烟一边说些家常。小玉手不知放哪好，便在自己平日坐的地方，不是摩挲火盆边就是摆弄火筷子，含羞地回答上一句半句。看那样子，若是让她离开火盆去坐，恐怕会窘得不知待在哪儿才好。可以说她是拿火盆当挡箭牌。说了一会儿话之后，小玉忽然有腔有调滔滔不绝说了起来。大抵是她同父亲相依为命的那几年里所经历的酸甜苦辣。与其说末造在听她说，倒不如说像在听养在笼子里的蛉虫叫，听那鸣啭的哀音，不由得微微笑起来。这时，小玉蓦地发现自己话太多，羞得脸通红，猛地顿住口，又恢复先前少言寡语的情景。在某些方面，末造精于观察，眼光比刀子还尖，小玉的言谈举止，显得那么天真无邪，在末造看来，就像看水盆里那清水一样，没有他看不到的。这样两人相对的滋味，对末造来说，好比辛劳过后，泡在凉热适中的水里，一动不动地暖和着身子一样惬意。末造从来没咂摸过这种滋味，自从来这个家以后，就像猛兽由人豢养，不知不觉受到 culture（驯化）。

又过了三四天，末造照例盘腿坐在火盆对面。终于发现小玉没特别的事要做，却故意忙来忙去，显得心猿意马的样子。小玉羞怯地躲着他的目光，或是半天不答话，这情形开头也曾有过。但像今晚这样子，似乎别有缘故。

“喂，你在想什么哪？”末造一边装烟袋一边问。

方火盆的抽斗已经整理过，小玉拉开一半，并没东西要找，却在仔细翻捡。小玉抬起一双大眼睛，盯着末造说：“没想什么。”这双眼睛还不懂得编故事骗人，不像会隐藏什么了不得的秘密。

末造皱起眉头，随即又舒展开来：“不会没想什么吧？心里准在想：‘真糟糕。怎么办？怎么办呀？’不都明摆在脸上了嘛。”

小玉脸颊立刻飞红，半天不做声，心里思忖怎样说才好。像运转中的精密仪器，一眼便能看穿。

“那个，父亲那儿，早就想去看看，该去看看了，已经拖了很久。”

能看出精密仪器如何运转，却看不出在做什么。虫子要躲避比自己强大的对手，总有种 mimicry（伪装）的本能。这个女人在说谎。

末造脸上笑着，嘴上责备地说：“怎么，都搬到鼻子底下的池之端了，你居然还没去看过？想想对面的岩崎府，不就像在自己家里一样吗？哪怕现在想去都成。好吧，明儿一早去吧。”

小玉拿起火筷拨灰，偷偷瞧着末造：“人家有好多顾虑嘛。”

“别瞎说了。这点小事何需想得那么多！难道一直跟个孩子似的吗？”这回声音放得柔和起来。

这事没再往下说。临了末造说，“既然那么发憷，我明儿早过来一趟，带你走一段怎么样？”

小玉这些日子心事重重。见到老爷时，她真想不通，眼前这样一个可靠、周到、温和的人，为什么要做这种人人讨厌的营生？甚至还想，难道不能想法劝劝他，做点本分生意不成？不过他人倒一点都不觉得讨厌。

末造隐隐感觉到，小玉心里藏着什么事。他试探了一下，但觉得无非是些孩子气的事，没什么大不了的。等到十一点多离开这个家，慢慢走下无缘坂的时候，又琢磨起来，小玉确乎像有心事。末造惯于观察，十分敏感，什么事都逃不过他的眼睛。末造甚至猜出，是不是有人跟小玉说了什么，至少是些让她难堪的话？究竟是谁说了些什么，却无从知道。

十一

第二天早上，小玉到池之端父亲家的时候，父亲刚吃完早饭。小玉没顾得上打扮，便急急忙忙赶来，心里直嘀咕，怕来得早了。一向早起的老爷子已经把门口打扫干净，洒上水，然后洗过手脚，冷冷清清地一人坐在新席子上。

隔着两三户人家，新近设了汽车站，一到傍晚就很喧闹，但左邻右舍家家都把格子门关得紧紧的。尤其一大清早，周围静悄悄的，往窗外望出去，从高野罗汉松的枝叶间，能看见柳丝在凉爽的晨风中款摆，还有对面池中一大片田田的莲叶。也能看见那碧绿丛中的点点粉红，是今儿早上刚刚绽开的花朵。当初曾说过，朝北的房子怕要冷吧？可是到了夏天，想住都住不上呢。

小玉自从懂事之后，心里就有过种种设想：等有朝一日过上好日子，一定变着法儿让爹享福。且看眼前的情景，给爹住这样漂亮的房子，可以说了了一份心愿。不由得心里一阵喜悦。可是，喜悦之中却带着点苦味儿。要是没那个的话，今早见到父亲该有多高兴，不禁痛感世上不如意事常八九。

老爷子放下筷子，正拿着茶盅喝茶。听见大门开了，自打搬来还没客人上过门，好生奇怪，便朝门口看过去。苇箔做的双折屏风还挡着身子，小玉就喊："爹！"一听是小玉的声音，老爷子想立马起来接她，但又忍住了，没动弹。心里忙着措辞，该给她两句什么话好呢？"真难为你，总算没忘记有我这个爹！"要不要来这么一句？这时，看见女儿急急忙忙进屋，亲亲热热来到跟前，这话就再也说不出口了。自己都生自己的气，闷声不响地望着女儿。

呀，多俊的闺女啊！老爷子一向为此感到得意，从前尽管日子过得穷，也绝不亏待女儿，一心叫她穿得体面些。可是刚十天不见，就像换了个人似的。不论日子过得多紧，女儿出于本能，从不邋遢，总是注意收拾得干净得体。今昔相比之下，老爷子记忆中的小玉，只是一块璞玉而已。即便是父母看子女，老人看后生，美的总归是美的。而美，自能使人心软，哪怕是父母、老人，都不能不折服。

老爷子故意不吭声，板着脸，虽然不情愿，脸色终于缓和了下来。小玉在新环境里，身不由己，自幼一天也没离开过父亲，心里尽管一直惦着要来看望父亲，竟至拖了十天，想要说的话一时之间反倒无从说起，只顾高兴地看着父亲的面孔。

“食案好撤下了吧？”女佣从厨房探出头来，尾音向上挑，急口问道。小玉不习惯，没听明白女佣说什么。女佣头发用把梳子随便挽着的小脑袋，配了一张大脸盘，显得很不匀称。脸上的神情既惊讶又高慢，死死地盯着小玉。

“赶快撤下去，再沏壶茶来。沏柜子上的绿茶。”老爷子说着推开食案，女佣端进了厨房。

“哎呀，用不着沏好茶叶。”

“别说傻话，还有点心哪。”老爷子起身从壁橱里拿出个铁罐，抓了些鸡蛋脆饼放在盘里，“这是宝丹后面作坊里做的。这地方真便当，旁边的小巷里就有如燕居的甜酱海味卖。”

“是吗？从前跟爹去柳原的书场听说书，记得如燕老板说的是请客吃饭的段子，说到‘味道之美，如同敝号做的甜酱海味’，把大伙都逗乐了，对吧？那位如燕老板真是福态。一上说书讲台，屁股一咕噜就坐下去。我觉得特好笑。爹要是也能那么胖就好了。”

“胖得像如燕老板，谁受得了哇！”说着，把脆饼拿到女儿面前。

这工夫茶来了，父女俩说着闲话，就像一天都没分开过似的。老爷子忽然像有话不好开口的样子，正色道：

“怎么样，你那儿？老爷常来吗？”

“嗯。”小玉只应了一声，一时语塞。末造不是“常来”，而是没一个晚上不来。如果是正经嫁人，问起小两口处得好不好，就会喜滋滋地回说，挺好的，放心吧。但是，自己是这样的身份，若说老爷天天晚上来，又觉得不好意思，实在难以开口。小玉略一沉吟，说道：“还行。爹不必担心。”

“那就好。”老爷子说道，感到女儿的回答有些言不尽意。问的人和答的人，无意中说话都有些含糊其词。父女二人一向推心置腹，彼此没有秘密，现在虽不情愿，倒好像互相瞒着什么，说话非得咬文嚼字像对外人。头一回，上当找了个坏女婿，在街坊上虽然丢面子，但是父女俩是一个心思：坏在对方上头，所以，说话没一点隔膜。这次与上次不同，父女二人一旦打定主意，把该了的事了了，日子固然富裕了，可如今，他们体会到，这样亲亲热热地说话，却笼罩着一层阴影，氤氲着悲哀的意味。老爷子想让女儿回答得更具体，便又换一个角度问道："他人究竟怎么样？"

"这个嘛，"小玉侧起头，自言自语似的补充道，"倒不觉得像坏人。日子也短，说话什么的并不凶。"

"嗯。"老爷子似乎不得要领，"怎么能是个坏人呢！"

小玉与父亲面面相觑，猛然间心里一阵发慌。她觉得，倘若把今儿个想要说的话和盘托出，这会儿倒正是时候。可是父亲好不容易过上好日子，不再发愁，她怎忍心又给父亲添新愁呢！这样一来，与父亲的隔膜恐怕会愈来愈大，虽说让人不快，但思量下来，也只好忍了。做人家的外室本是暗地里的事，现在又揣上一个秘密。这秘密已经带了来，还没揭开，索性就原封不动再带回去吧。小玉打定了主意，到了嘴边的话便又缩了回去。

"说是做过很多事，他这一辈上就发了迹。也不知脾气怎样，我还担心来着。怎么说好呢？反正，算得上有男人气概吧。至于他心里想什么，简直让人捉摸不透。说话行事，好像是成心给人看似的。您说，爹，处处小心谨慎，那不也挺好吗？"说着，抬眼看着父亲。女人不论多老实，随时都会把心事藏起来，扯些旁的事情，不会像男人那样苦恼。而且在这种场合，话会多起来，就女人而言，可以说是够诚实的。

"嗯，也许是吧。不过，你话里好像对老爷不大相信。"

小玉笑道："这样我才会能干起来呀！往后再也不想受人欺侮了。有出息吧？"父亲感到女儿过于老实，难得在自己面前一露锋芒，所以神色不安地看着女儿："嗯。我这一辈子，一向受人欺侮，给当成傻瓜。不过，被骗总比骗人要心安理得。不论做什么事，都不能昧良心，所以，对恩人可不能忘恩负义呀。"

"您放心吧。爹不是常说嘛，玉儿人诚实。我真的很诚实。话又说回来，这些日子我思前想后，实在不想再上当受骗了。我不撒谎，不骗人，反过来，也不想受人骗。"

"那你的意思是，老爷说的话你也不轻信，是吗？"

"是的。他简直把我当孩子。那么一个八面玲珑的人，我不能不防着点儿。我打算好了，才不像他想的那样是个孩子呢。"

"怎么回事？你的意思是，发现老爷说了什么骗人的话吗？"

"可不是。那个老婆子不是每次都说吗？他太太扔下孩子过世了。你服侍他，虽然不是正室，也跟正室差不多。只不过因为面子的缘故，不便于把一个身份低下的人接到家里。其实，人家正经八百有老婆的呀。是他自己满不在乎说出来的，我都吓了一跳。"

老爷子瞪大了眼睛："是吗？到底是媒婆的嘴。"

"所以我的事，恐怕还一直瞒着他太太。既然能骗他太太，就不可能对我净说真话。所以得小心防着点儿。"

老爷子忘了磕烟灰，出神地望着忽然干练起来的女儿。蓦地，女儿又想起一件事，说道："今儿个我这就回去，既然来过一次，也没什么，往后天天都能上爹这儿来看看。其实，他没叫我来之前，我觉得来了不大好，一直有些顾忌。结果昨晚跟他说好，打过招呼，今早上才来。我那儿的佣人还是个孩子，就连晌午饭，我要是不回去帮她，都做不成。"

"既然跟老爷打过招呼，就在这儿吃了午饭再走吧。"

"不了，可大意不得。很快会再来的。爹，回见。"

小玉站起来的工夫，女佣慌忙赶着把鞋摆正。人虽不机灵，但女人遇到女人，免不了要打量一番。有个哲学家说，即使是陌路相逢，女人也把别的女人看成是自己的对手。把大拇指杵在汤碗里的女佣，尽管山里出身，对小玉也很在意，看样子方才偷听来着。

"那就回头再来。问老爷好。"老爷子坐着说道。

小玉从黑缎子腰带里掏出小钱包，拈了几张纸币给女佣，穿上低齿木屐便出了格子门。

唯有父亲是自己的依靠，走进家门时，一心想把心里的苦水倒出来，与之相对悲叹。现在走出家门，小玉竟也精神抖擞，连自己都觉得奇怪。父亲好不容易能宽下心来，她不愿再让父亲发愁。与其那样，倒不如自己尽量显得刚强些、硬气些。说话的工夫，她发觉，一直沉睡在心底的什么东西觉醒了过来，觉得自己一向依赖人，想不到能够独立了，小玉神情坦然地走在不忍池畔。

太阳已从上野山上升起老高，火辣辣地照着大地，把湖心岛上的辩财天女神社染得红彤彤一片。小玉走在路上，阳伞虽带着，却没有撑开。

十二

一晚，末造从无缘坂回到家里，老板娘已把孩子哄着了，自己还没睡。平时总是孩子睡了，自己也跟着睡下去，可是那晚却一直垂头坐着。明知末造钻进蚊帐，也不搭理他。

末造的铺盖在紧里面靠墙，稍微隔开一点距离。枕边放着坐垫、烟灰缸和茶具之类。末造坐在垫子上抽烟，温和地问道：

“怎么啦？怎么还没睡呀？”

老板娘一声不吭。

末造不想再让着她。这边要和好，她倒不答应，那就作罢，故意满不在乎地抽烟。

“大晚上的，您哪儿去啦？”老板娘突然抬起头，盯住末造问道。自从用了使唤人，说话慢慢知道讲究，可是一旦面对面，便又变得粗俗起来，最后只剩下一个“您”字。

末造目光尖利地朝老婆睃了一眼，什么也没说。肯定她知道点风声，但猜不出究竟，所以，也不好说什么。末造可不是那种信口开河、授人以柄的人。

“我什么都知道啦。”老板娘尖声说道，末尾带着哭音。

“这话好奇怪。你知道什么啦？”末造语气像是挺意外，声音似在安抚人，透着柔和。

“太过分啦。还装着没事儿人似的！”丈夫的沉着越发刺激她。竟至说话断断续续的，拿起袖子去抹淌下来的眼泪。

“这可难办了。咳，你不说出来，谁知怎么回事？压根儿猜不出来嘛。”

“哎哟，亏您说得出口。是不是要我告诉您，今晚您去什么地儿来着？倒真会装傻！跟我说什么生意上有事，却跑到外边儿开小公馆。”塌鼻梁，像给眼泪洗过一样的红脸盘儿，圆发髻也走了样，鬓角上一绺头发黏在脸颊上。眼泪汪汪的小眼睛睁得老大，盯住末造，然后跪着蹭到跟前，使劲抓住末造的手，他手上还捏着抽了半截的金天狗牌香烟。

“松手！”末造甩开她的手，把落在席子上的烟头掐灭。

老板娘抽抽搭搭，又抓住末造的手：“哪有你这种人哪？挣多少钱，就知道自己摆大爷架子，连一件衣服都不给老婆买，光叫她带孩子，自己倒挺臭美，还讨个小老婆。”

“不是叫你松手吗？”本造第二次甩掉老婆的手，“会把孩子吵醒的！再说下人屋里都听得见。”压低了声音狠狠地说道。

最小的孩子翻了个身，说了几句梦话，老板娘也不禁压低声音说：“你到底想要我怎么着？”这回把脸贴在末造的胸脯上，呜呜哭了起来。

“用不着怎么着。你人老实，受人家教唆。什么小老婆，开公馆，是谁说的？”说着，末造看见走了样的圆发髻直颤悠，心里轻薄地想：丑女人一个，何苦梳这样一个不相称的发髻？圆发髻渐渐震得掉下来，末造觉得一对奶水极丰的大乳房，像手炉似的压在胸口那里。“是谁说的？”又问了一遍。

“管他谁说的？反正是真的。”乳房越压越重。

“不是真的，所以不能不管。谁那么嚼舌头？”

“告诉你也没关系。是鱼金家里的。”

“什么？说‘狐’话似的，听不清。咕咕哝哝，你说的什么？”

老板娘的脸离开末造的胸脯，嗔道：“我不是说了吗？是鱼金家的老板娘。”

“哦，是她呀！我猜就是这么回事。”末造看着老婆生气的面孔，慢慢又点上一支金天狗，“小报记者常说什么社会制裁，我还没见制裁过谁。说不定，那些专门造谣生事的人倒该制裁制裁。治治街坊上好管闲事的家伙。要真信了那种人的话，受得了吗？我现在跟你讲点正事。你好好听着。”

老板娘好像头上蒙上一层雾水，懵懵懂懂，只有一点心里倒还清楚：该不会上当吧？尽管如此还是瞅着末造的脸，热切地听他说话。平时总是末造念报纸，话里带些听不懂的词儿，老板娘很发憷，不懂便只好认输。方才提什么社会制裁，就是这样子。

末造不时地吞云吐雾，耐人寻味地盯住老板娘的脸，这样说道：“那个，想必你也认识。还是在大学那边住的时候，有个姓吉田的常上咱家来。就是那个戴金丝边眼镜，穿得挺单薄的家伙。他到千叶的一家医院工作，欠我的账两三年都清不了。吉田那家伙住校的时候就有了女人，在七曲租了房子，一直住到最近。起初月月都寄钱给她，今年，既不捎信，也不寄钱去。那女的就来求我去找他商量。你准奇怪，她怎么会认识我的？因为吉田说，常到咱家来，免不了要惹人注意，不好办，就把我叫到七曲他家里去，商量欠款展期的事。从那次，那女的就认识我了。我挺为难，好在是顺水人情，便答应替她去交涉，可是一直没结果。女的一再死乞白赖地求我，我也觉得给这号女人缠上，实在打发不掉。后来她说要搬到干净一点、房租便宜的地方住，让我帮她找房子。我就在新开路，替她租了间开当铺的老太爷住过的房子，让她搬了过去。这些日子就因这些七七八八的事，不时地过去，待上两三支烟的工夫。街坊上大概有人传闲话。隔壁是个裁缝师傅，聚了一帮姑娘，人多嘴杂。有哪个傻瓜肯在那种地方开小公馆的？”说到此处，末造不屑地笑了笑。

老板娘的小眼睛晶亮，热切地听完丈夫讲的这一席话，这时便撒娇似的说道：

“也许真像你说的。不过，常往那种女人家里跑，谁知道会出什么事！反正那种女人只认得钱。”老板娘说着说着就忘了“您”字。

“胡说。我已经有了你这老婆，难道我是那种拈花惹草的人吗？到现在为止，哪怕一次也好，找过别的女人没有？大家都过了吃醋吵架的年纪。别没事找事。”末造想，没料到这么容易就搪塞过去了，心里大唱凯歌。

“可是，像你这样的人，女人家都喜欢，我不放心。”

“哼，真是没见过世面的家伙。”

“怎么啦？”

“肯喜欢我这种人的，只有你呗！怎么？已经一点多了。睡觉，睡觉。”

十三

末造的辩解真真假假，老板娘的妒火似乎给熄掉了，但也仅仅奏效一时而已，只要无缘坂上实有之人仍在，便少不了流言蜚语。“听说今儿个有人看见老爷进了格子门。”这话又从女佣的口中传到老板娘的耳里，而末造总是有理由。如果说生意上的事，未必非得晚上去不可，他就说：“哪有一大早就找人借钱的？”若问他，怎么从前不这样？他就说：“从前生意没做这么大。”搬到池之端以前，生意上的事都是末造一人经手，现在在家附近设了一个办事处，此外，连龙泉寺町那儿也有一间房算是分号，学生要用钱，用不着跑远路就能借到。根津一带有人需要钱的话，可以到办事处；吉原①那儿的，可以去分号。后来，吉原那里专管接送嫖客的西宫茶馆，同分号联手，只要分号同意，没钱也可去玩。分号俨然成了冶游的后勤。

---

① 根津与吉原，系明治前期东京的花街柳巷。

末造夫妇没再进一步发生新的冲突，彼此相安无事，过了一个来月。就是说，末造的诡辩仍旧管用。然而，有一天意外地出了破绽。

好在丈夫在家，老板娘阿常说趁着早晨凉快要去买东西，便带着女佣到广小路去了。临回来经过仲町的时候，女佣从后面轻轻拽了一下阿常的袖子。“什么事?”阿常看着女佣的脸，叱责地问道。女佣一声不响，指了指站在左边店里的一个女人。阿常不大情愿地看了过去，不由得停下脚步。这工夫，女人也回过头来。阿常和那女人打了个照面。

起先，阿常以为是个艺妓。匆忙间心里思忖，就算是艺妓，像这女人长得这么匀称俊美的，恐怕连数寄屋町那边也找不出一个来。一转瞬，发现这女人身上少了点什么，阿常也说不出究竟少了什么。要说的话，是不是少了态度上的做作?艺妓总是穿扮得很漂亮，态度上必有几分做作。既然做作，就有失稳重。在阿常眼里，觉得她少的那点什么，便是艺妓所特有的那种装腔作势。

店前的女人，无意中觉得有人从身旁经过时停下了脚步，便回过头去看了一眼，也没看出有什么可值得注意的，于是把洋伞靠在稍稍向内并拢的腿上，从腰带里掏出小钱包，低头朝里面看了看，翻找银角子。

那家店就是仲町南侧的他士加罗屋。店号稀奇古怪，有人说：“他士加罗屋若倒着念，意思就是‘干吧!’”那家店卖牙粉，装在金字红纸的口袋里。当时还没有牙膏之类的舶来品，牡丹香味的岸田牌花王散、他士加罗屋的牙粉都属于上等货色。店前的女人不是别人，正是清早去看父亲回来，顺路买牙粉的小玉。

阿常走了四五步后，女佣偷偷说道：“太太，就是她。无缘坂的那个女人。”

阿常默默地点点头。这句话居然毫无效果，女佣觉得很意外。那女人既然不是艺妓，阿常出于本能登时就明白了，是无缘坂的那个女人。若仅仅是一个漂亮女人，女佣绝不会拽住自己的袖子，这固然有助于阿常作出判断，但还有一点，想不到也帮了她忙——那就是靠在小玉腿上的那把洋伞。

已经是一个多月前的事了。有一天，丈夫从横滨给她买了一把洋伞回来，柄特别长，撑开来伞面却挺小。给身材高大的西洋女人拿着玩倒是不错，但给又矮又胖的阿常拿着，说得难听些，就像在晾衣竿头上挂着尿布一样，所以放在那里一直没用。那把伞是白地蓝细方格。那女人的伞跟自己那把一模一样，阿常看得很清楚。

从酒馆拐向不忍池时，女佣讨好地说：

“太太。那女人也不见得多好看。脸平平的，个子那么高，您说是不是？”

“你不该说这种话。”说完就不再理她，急匆匆地往前走。女佣讨好不成，不满地跟在后面。

阿常的心里直翻腾，什么事都理不出头绪来。对丈夫该怎么办？发什么话？心里一点谱都没有。她只想跟丈夫大吵一场，发泄一通。她寻思：买回那把洋伞时，自己多高兴呀。要是不求他，向来什么都不给买。怎么偏生今儿个给买了东西回来？心里还奇怪来着。说是奇怪，其实是想，丈夫怎么忽然殷勤起来了？这会儿思量之下，恐怕是那女人要，给她买的时候，顺便给我也捎了一把。准是那么回事。不知道实情，还着实高兴了一回，我也没指名要，就买了那样一把伞，让人好开心。不光是伞，那女人身上穿的头上戴的，说不定都是他给买的。我打的这把贡缎面子的伞，和她那把洋伞就不一样；同样，我和那女人，穿的戴的全都不一样。不仅是我，哪怕给孩子买件衣裳，他都不情愿，说什么男孩子有件窄袖和服就蛮不错了；还说女儿太小，现在做和服不上算！有成千上万的钱，人家的老婆孩子哪有像我们娘儿个这样的？现在想来，怪只怪他养了那个女人，不顾我们娘几个。什么吉田先生的女人，真的假的谁信他？还说什么七曲，没准儿打那时他就开了小公馆。没错，准是那么回事！自从手头阔绰了，他自己穿的用的越来越讲究，说是有应酬啦什么的，其实是因为有了那女人。他哪儿也不领我去，准是领她去！咳，好气人呀！正寻思着，突然女佣叫道：

“哎呀，太太，您要上哪儿去呀？”

阿常一惊，停下脚步。只顾低头往前赶，已经走过了家门口。

女佣放肆地笑了起来。

十四

早饭吃完拾掇好，阿常出门去买东西时，末造还在抽烟看报。等一回来，他人已经不在了。如果在家，跟他说什么好呢？虽然还没想出个头绪，反正一心想跟他大闹一场，逮着了，吵一通。可是回来一看，阿常顿时泄了气。她得准备午饭。孩子的夹袄刚上手缝，她得赶快缝，因为马上就该穿了。阿常像个机器人似的，照旧忙来忙去。想与丈夫大吵一通的火气，不知不觉渐渐消了下去。从前，跟丈夫吵架，气得豁出脑袋要往墙上撞的事也常有。不料，总是还没等脑袋撞上去，墙倒先变成了布帘子，白费劲儿。丈夫用他那三寸不烂之舌，讲些似是而非的道理，倒也不是给道理说服，听着听着人就蔫了下去。今天似乎没找着出气筒。阿常带着孩子吃午饭。她给孩子劝架，缝夹袄，准备晚饭。让孩子冲澡，自己也冲了冲。点着蚊香吃晚饭。孩子吃完饭出去，玩累了回家来。女佣从厨房出来，在老地方铺床、挂蚊帐。叫孩子解手、睡觉。给丈夫留的晚饭罩上纱罩，火盆上放着茶壶，然后搬到隔壁屋里。丈夫不回来吃晚饭时一向如此。

阿常机械地把这些事情做完，便拿起一把团扇钻进蚊帐坐在里面。她忽然想起今早在路上遇见的那个女人，猜想丈夫八成去了她那儿，觉得不能这样老老实实地坐等。心里寻思：怎么办？怎么办？想着想着，竟想要到无缘坂那里去瞧瞧。不记得多久以前，到藤村点心铺给孩子买他们爱吃的豆包时，曾打那里经过。阿常想：听说在裁缝家的隔壁，大概就是这儿吧？她认识那房子，格子门蛮像样的。她要到那里去看看。灯光有没有照到屋外？说话声虽低，听得见吗？无论如何也想去看看。不，不，不行。要出去，非经过女佣阿松屋旁的廊子不可。这个时候，拉门卸了下来。阿松应该还没睡，在做针线活。她要问起来，都这个时候了，上哪儿去呀？怎么回答呢？要说出去买东西，阿松该说她去好了。这样看来，不论多想去都没法偷着出去。哎呀，怎么办好呢？今儿早回家时，一心想尽快见到他，当时要是见着了，我会说些什么呢？要见着了，我这个人哪，准会前言不搭后语的。他就又来糊弄人，欺骗我。他是人精，反正也吵不过他。索性就不吭声吧！不吭声最后又怎么了局呢？有了那样一个女人，我怎么着他都不会放在心上的。怎么办？怎么办？

她翻来覆去琢磨这些事，不知有多少次，想想又转到开头的地方。不知不觉地，脑子糊涂起来，什么都弄不清楚了。跟丈夫吵是吵不过他的，只好作罢，这一点她倒是拿定了主意。

正在这时，末造进来了。阿常故意摆弄团扇柄，一声不响。

“咦？脸子又变了？怎么啦？”即使太太没照平时那样说句“您回来啦”，末造也没生气。因为他正高兴。

阿常还是不做声。她本不想吵架，可是见到丈夫回来，就不由得心头火起，怎么也压不住。

“又胡思乱想什么？算了算了。”末造说着，手按在太太肩膀上摇了摇，便坐到自己的铺上。

“我在想我该怎么办呢。要回去也没地方可回，又有孩子在。”

“你说什么？你想怎么办？用不着怎么办不也挺好吗？天下本无事嘛。”

“那是您吧，能说这种宽心话？只要我有了法子，可不就什么都挺好的嘛！”

“真可笑。什么有了法子的！用不着想什么法子。这样就挺好。”

“别糊弄人了。有没有我这个人都一样，反正也不把我当回事。对了，不是有没有我，是没有我才叫好呢！”

“你这是闹别扭说气话。没有你才叫好？那就大错特错了。没有你才叫糟糕呢！就算光照顾孩子，你也是挑大梁唱主角呀。”

“回头再来个漂亮妈妈照顾呗。虽说成了没娘的孩子。”

“真不懂你的意思。父母双双都在，哪会成没娘的孩子？”

“可不是，准保是这样。瞧，多得意呀！打算一直这样下去是不是？”

“那还用说！”

“是吗？给美人儿和丑婆娘一人一把洋伞。”

“咦？什么呀，你说的？是演滑稽戏吗？”

“是呀。反正演正戏也没我的份儿。”

“与其演滑稽戏，还是说点正经的吧。你说的洋伞究竟是怎么回事？”

“别装糊涂了。”

“怎么是装糊涂呢？压根儿不明白。”

“那好，我说。前些时候从横滨买回一把洋伞不是？”

“那又怎样？”

“那把伞不光给我一个人买的吧？”

“不光给你一人买，还会给谁买呢？”

“不对，不是这么回事吧？那是给无缘坂那个女人买的，一时心血来潮，顺便给我也捎了一把，对不对？”才提起洋伞的事，这么具体一说，阿常越发觉得窝囊透顶。

末造心里一凛，真叫她说中了！但他马上装出惊讶的神气：“简直是胡说八道。怎么，你是说吉田的那个女人拿的伞，同给你买的那把一样，是吗？”

“买的是同样的伞，拿的当然也是同样的啦。”老婆声音尖厉起来。

“原来这么回事，真叫我想不到。你算了吧。不错，我在横滨给你买的时候，说是只是样品，可是到了现在，银座一带肯定到处都在卖。戏文里也常有这类事，实在是冤枉好人哪。后来怎么样？在什么地方遇见吉田的那个女人了吗？知道得很详细嘛。”

“当然知道啦，这一带没人不知。大美人嘛！”老婆恨恨地说。以前，末造一装傻，她就信以为真。而这次，因为有种强烈的直觉，事情好像历历如在眼前，所以，对末造的话就怎么也没法相信。

末造一方面在沉吟：她们怎么会遇见的？说话了没有？这种场合若是刨根问底，反而不妙，就故意不再追问。

“什么大美人！那就算美人吗？一张脸出奇的平！”

阿常没有言语。可是丈夫的话，挑了那可恨女人脸的毛病，她禁不住感到几分快意。

这晚，夫妇二人又是一番唇枪舌剑，然后又言归于好。但扎在阿常心头上的肉刺，仍未能拔除，余痛尚在。

十五

末造家里的气氛，一天天地沉重。阿常时时惘然地望着空中，什么事也不做。逢到那时，孩子照顾不了，事也做不成。孩子要什么东西，她张口便骂。等骂完了回过神来，又去哄孩子，或是一个人暗泣。女佣问她做什么菜，她也不回答，要么就说：“随便。”末造的孩子在学校里，同学说他们是“放印子钱的孩子”，不和他们玩。末造爱干净，要老婆把孩子收拾得格外齐整。可是现在，孩子在街上玩，头上都是土，衣服都开了线。女佣嘴上说：“太太这样子可不成。”却像劣马偷懒吃路边草一样，也甩手不干活，任凭碗橱里的菜肴馊掉或蔬菜干掉。

末造喜欢家事井井有条，看到这种情景心里有说不出的难受。他知道，造成这局面的罪魁祸首是自己，所以不能埋怨别人。再说即便要埋怨，也是在谈笑之间轻描淡写地说说，让对方反躬自省，他很得意这一手。现在看来，这种谈笑风生的态度，反更惹老婆不高兴。

末造不动声色地观察妻子，结果有个意外的发现。丈夫在家时，阿常不同寻常的举止会变本加厉，一旦不在家，反倒常常很清醒，忙着做家务事。听了孩子和女佣的话，末造知道这情形，开头感到吃惊，但他头脑灵活，再三思索：她对我心怀不满，故而一见了面，老毛病就发作。本来是不想叫她以为丈夫要把她怎么样，对她薄情寡义，或者更加冷淡，不承想我待在家里她反而不高兴，好比给病人吃药，病倒更重了一样。没有比这更无奈的了。往后反其道而行之，再试试看吧。末造心想。

于是末造开始早出晚归，结果更糟。早走时，老婆起初只是惊讶，光瞧着不出声。头一次晚回来，老婆与平时赌气闹别扭不同，似乎已忍无可忍，诘问道："这一整天，您到哪儿去啦?"接着便号啕大哭。第二次正想早点出门，老婆说："您这是要上哪儿?"硬拦住末造不让走。若告诉她去什么地方，便说你撒谎。末造不理她，硬要出门，就说："等等，有事要去问一下，就一会儿。"但她抓住末造的衣服不松手，或是挡在门口不让出门，也不怕女佣见笑。末造的脾气是，多不称心的事照旧心平气和，绝不动粗。然而，为挣脱老婆的纠缠，却把她摔倒在地上，正在这丢人现眼的节骨眼上，给女佣撞见了。这样，末造只好老老实实待在家里，问她："好吧，到底什么事?"要么"您到底想把我怎么样"，要么"这样下去，如何才是个了局"，都是一朝一夕解决不了的难题。总之，末造想用早出晚归一招，对症下药治妻子的病，结果毫无成效。

末造转念又想：我待在家里她不高兴，不待在家里又硬留，看起来她是有意要我留在家里，成心自寻烦恼。接着他想起一件事来：先前住在和泉桥时借钱给学生，其中有个姓猪饲的，穿着一点不讲究，赤脚趿拉一双木屐，走路时左肩膀耸起三四寸高。那家伙赖着不肯还钱，欠条也不打，到处躲债。可是有一天，在青石横町的拐角碰上了。问他："到哪儿去?"他说："去前面柔道先生那里。那事儿等改日吧。"说完就溜了。我装作与他分手的样子，然后偷偷回到原处，站在拐角看他的去向。猪饲进了伊予纹料理店。我看清之后，到广小路办完事，过了一会儿便闯进伊予纹。猪饲那家伙确实吃惊不小，但马上恢复他豪爽的天性，叫两个艺妓硬把我拉到乱哄哄的酒席上，说道："废话不多说，今儿个请赏脸喝一盅。"于是向我灌酒。那是我头一次在酒席上见到艺妓，其中有个艺妓好气派，听说叫阿俊。她喝得醉醺醺的，坐在猪饲面前，不知为什么事不高兴，开始撒酒疯。她的话我一声不响地听着，现在还没忘："猪饲先生，您装得像挺厉害的，可您哪顶胆小啦。告诉您吧，女人这东西，男人得不时地揍她，要不这样，女人就不会喜欢他。您就好好记住吧!"不限于艺妓，也许女人都这样。近来，阿常这娘们儿把我拴在身边，却总绷着脸跟我作对。表面上看，是想要我把她怎么着，其实是要我揍她。不错，她是想挨揍，准是这么回事。阿常这娘们儿，这些年来也没给她吃过什么好的，一味叫她像牛马一样干活，变得像头畜生，没了女人味。自从搬家以后，使唤上佣人，给人喊作“太太”，过上人样的生活，她开始一点一点恢复寻常女人的天性。于是就像阿俊说的，希望有人揍她。

那么我怎么样呢？没发财之前，别人说什么全不在意。连乳臭未干的两岁小儿，也称他老爷，给他鞠躬。哪怕被人踩，挨人踢，只要钱上不吃亏就行，这是我的处世之道。每天每日，不论去什么地方，也不论在什么人面前，都得像蜘蛛一样俯伏在地。同世上那帮家伙打交道后方知，对上司低三下四的人，准把气出在下属身上，拣老实的欺负，喝醉酒便打老婆孩子。我没有上司，也没有下属。我只俯伏在能让我发财的人面前。否则，不管是谁，有他没他都一样，压根儿不把他当回事，撇在一边不理他。打人之类，才不多此一举找这麻烦，白费那份力气，还不如算算利息呢。对待老婆也同样。

阿常这娘们儿想要我揍她，很遗憾，唯有这个我办不到，只好对她不起了。对债务人，好比挤柚子，汁可以去榨干，可谁也不能打。末造心里就盘算这些事。

十六

无缘坂上的行人多了起来。到了九月，大学开学了，回家乡的学生一时又都回到本乡一带的公寓里。

虽说早晚凉爽起来，但有时中午的太阳还热辣辣的。小玉家搬来时刚换的青竹帘子没褪色，也是因为挂在窗外竹格子的内侧，从上到下严严实实，没有一丝缝隙的缘故。小玉百无聊赖，靠着柱子坐在窗内，茫然瞧着窗外。柱子上挂着扇子插，里面插了几把晓斋、是真等人画的团扇。三点钟一过，三五成群的学生从门前走过。每逢那时，隔壁裁缝家那帮姑娘，便像小鸟叫一般，叽叽喳喳个不停。引得小玉也留心去看看，经过的究竟是什么人。

那时的学生，十之七八具有壮士气概，也有少数绅士型的，大抵是即将毕业的人。一些长得俊的小白脸，轻浮浅薄，自命不凡的样子，令人没好感。其中或许也有学问好的，但在女人眼里显得很粗鄙，不讨人喜欢。尽管如此，窗外走过的学生，小玉每天都无心地望望。于是有一天，她感到心里似乎有什么东西在萌生。猛然一惊，宛如潜意识中结的胎，成形之后，突然跳了出来，她给自己的想象吓住了。

小玉当初除了想让父亲享享福，没有任何别的念头。勉强说服了固执的父亲，做了人家的外室，只当成一种不得已的堕落，在利他的行为中求得一份心安。可是，等得知自己托付终身的人，她的夫君，偏偏是个放高利贷的，这时生米已经煮成了熟饭。胸中的苦闷一个人无法排遣，便想向父亲倾诉衷肠，让父亲为自己分忧。怀着这种心思，到池之端去找父亲，目睹了那平稳安逸的生活，便无论如何也不忍心，向老人手中的杯里倒进一滴毒汁。她打定主意，纵然苦闷到极点，也要独自吞下这枚苦果，深藏在自己心里。平生只知依靠别人的小玉，此时决意要自强自立。

从这时起，小玉开始静静地审视自己的一言一行。末造来了，不再像从前那样心无芥蒂，真情相待，而是留个心眼。这中间，她另一颗真心，离开躯壳，退到一旁观看。那颗真心既嘲笑末造，也嘲笑听凭末造摆布的自己。小玉发现了这一点，不禁愕然。然而，随着时间的流逝，小玉已经习惯了，感到自己的心没法不变成那样。

到了后来，小玉待末造越来越好，可是她的心离末造却越来越远。末造对她的照顾，并不觉得有什么值得感谢的；末造为她做的一切，她虽不领情，可也不觉得有什么歉疚。而且，自己固然没受过教育，身无一技之长，但是，变成末造的玩物，终究心有不甘。看到窗外来来往往的学生，终于心里在想：难道其中就没个可靠的人，能把自己从眼前的境遇中救出去吗？她蓦地从幻想中清醒过来，自己竟会有这种想头，不禁猛然一惊。

这时，冈田同小玉相识了。对小玉来说，冈田不过是窗外经过的一个学生罢了。但小玉发现，他虽然是个堂堂的美男子，态度上倒不高傲自大、装腔作势，为人好像挺随和，不觉心生爱慕。此后每天向窗外张望时，不禁私下在盼望：他会不会经过呢？

那时还不知他姓甚名谁，住在什么地方，只因时时见面，小玉对他自然而然有种亲切感。于是有一天，自己忽然朝他一笑，那是一刹那的事，是精神上一时的松懈，抑制力麻木的结果。小玉性情稳重，压根儿不会有那种心：明知自己在单相思，成心向对方示意。

冈田初次摘下帽子向她点头时，小玉心里怦怦直跳，自己都觉得脸红了。女人的直觉是敏锐的。她知道，冈田摘帽子的举动，显然是无意的，并不是有心那么做。这样，隔着窗棂子，朦胧而无言的交往进入了一个新的

époque（时代），她高兴得不得了，在心里反复描摹着冈田当时的样子。

做人家外室的，按常理说就有了人保护，可是她们也有难为人知的苦楚。一个青天白日，小玉门口来了一个三十来岁的汉子，反穿一件印有太阳标记的号衣，说他是下总人，要回老家，脚上有伤走不了路，叫她施舍点钱。小玉于是用纸包了一角银币，让小梅拿出去。汉子打开一看："一角钱？"说着咧嘴一笑："八成是看错了吧？你们就没打听打听！"说完把钱一扔。

小梅脸涨得通红，捡了钱便进到屋里，那汉子也大模大样跟着进了屋，坐到火盆对面，小玉正往里添炭。他东拉西扯，胡说八道。一再讲他蹲监狱如何如何，以为他要撒野，一下子又诉起苦来。满嘴的酒气，熏得人直恶心。

小玉吓得要哭，拼命忍住了，拿出两张五角纸币，那时正通用这种纸牌大小的蓝色纸币，当着他的面用纸包好递过去。想不到他倒知足了："两个半拉也成。大姐，你到底是明白人。准能有出息。"说罢，七倒八歪地走了出去。

出了这样的事，小玉感到无依无靠，忐忑不安，想到"远亲不如近邻"，以后凡是烧了什么稀罕菜，便打发小梅给单身住在右首的裁缝师傅送过去。

女裁缝叫阿贞，已经四十出头，人长得白白净净的，显得挺年轻。原先在前田家里做活，一直做到三十岁，说是结过婚，没多久丈夫就死了。阿贞说话很有教养，写得一手御家流的好字。小玉说想学书法，阿贞就把字帖之类借给她。

有一天，阿贞从后门进来，为头天送她的东西向小玉道谢。站着说话的工夫，阿贞说："您跟冈田先生认识吧？"

那时小玉还不知道他叫冈田。从话里，她知道裁缝师傅说的就是那位学生，阿贞说这话，准是看见冈田向自己点头来着。尽管不愿意，在这种场合，也得装作认识的样子。这些念头宛如电光石火，从心头一掠而过。为了不让阿贞看出一点迟疑的痕迹，小玉赶紧应声道：

"嗯。"

"听说是位极正派的人，人品非常好。"阿贞说。

"您好像很了解他。"小玉大着胆子说了一句。

"上条的老板娘说，公寓里住了那么多学生，像他那样的人再也找不出第二个来。”阿贞说完便回去了。

小玉觉得像在夸自己一样，嘴里不断地念叨着“上条，冈田”。

十七

随着日子一天天过去，末造到小玉这儿来的次数非但没少，反而更多了。除了像以前那样晚上准来之外，说不定大白天什么时候，偶尔也会过来。要问为什么，那是因为他老婆阿常纠缠不休，总要他拿出个办法来，便临时躲到无缘坂来。每逢那时，末造若说：“无须怎么着，照从前那样就成。”阿常便要他非得怎么着不可，然后便数落娘家回不去，孩子又舍不得，自己上了年纪，等等，摆上一堆眼下的生活不能有一点改变的口实。尽管如此，末造还是反复说：“无须怎么着，什么都用不着做。”这工夫，阿常的火气就上来了，拿她一点办法也没有，这样一来末造只有逃出家门。末造对什么事都爱抠死理，像做算术一样，所以阿常说的话，他觉得不可思议。就像有个人站在屋里，屋子一面是敞开的大门，三面挡着墙壁，那人背对着门，说无路可走，他却看着她在那里彷徨苦闷。门不是敞开的吗？为什么不回头看看呢？除了这样告诉她之外，还能说什么呢？阿常的境况比从前舒适得多，对她一点没有压制、克扣、掣肘。不错，无缘坂那里新近的确弄了个人。可是，自己并没像天下别的男人那样，因此就冷淡了老婆，或是苛刻了她。而正相反，比从前待她更温和、更宽容。他觉得，大门不是依然敞着的吗？

当然，末造的这种想法里，有他一厢情愿的地方。为什么呢？纵然在物质上对老婆还和从前一样，说话的态度上，也没有两样，但是，如今有了小玉这个人，却还想叫阿常认为和从前没有小玉时一样，那要求就未免太过分了。就阿常而言，小玉不就是她的眼中钉、肉中刺吗？末造不是压根儿就没想把刺拔掉，好让阿常放心吗？阿常本来就是不可理喻的女人，所以她弄不清楚这个道理。末造所谓的大门，对阿常来说，并没敞开。能让阿常现在放心、日后有盼头的大门上，正罩着一层浓重的黑影。

一天，两人吵架，末造又离开家。大概是上午十点多钟的时候，末造心想，上无缘坂去吧？不巧女佣领着小的一个孩子正在七轩町那里，便故意穿过新开路，漫无目的地从天神町朝五轩町匆匆赶去，时不时地嘴里嘟哝着“畜生”、“臭婆娘”一类骂人话。快上昌平桥的时候，对面走来一个艺妓。

末造觉得有点像小玉，等到擦肩而过时一看，长了一脸雀斑，不由得想："毕竟还是小玉长得俊啊！"心里感到畅快和满意，便在桥上站了一会儿，望着艺妓的背影。雀斑艺妓的身影隐没在讲武所那条小巷里。

当年眼镜桥还是个十分新奇的景观，末造从桥下慢慢朝柳原走去。河畔柳树下，撑开一把大伞，有个男子正叫十二三个女孩子跳住吉舞，四周一如往常围了许多看热闹的。末造刚停下脚步看跳舞，一个穿号衣的男子便像要挨上来，他连忙闪开身子，警觉地一回头，那男子的目光才碰上末造，人就转身溜走了。"怎么搞的，太迟钝了。"末造一边嘀咕，一边将拢在袖子里的手伸进怀里摸了摸。幸好，什么也没掏走，实际上是扒手不机灵。因为夫妻吵架，末造的神经绷得很紧，平时不注意的事都能特别引起注意。感觉本来就敏锐，这时变得越发机警。扒手刚打算动手，末造先就觉察到了。末造善于自制，一向很得意。逢到这种日子，末造多少放松一点自己，只不过一般人不知道罢了。如果有个感觉敏锐的人，仔细观察的话，就会发现：末造比平时要能言善辩，无论是照顾别人，抑或是说什么亲切的话，言行之间，总有些慌张不自然的地方。

他以为从家里出来已经老半天了，便沿着河畔往回走，一边拿出怀表来，一看才十一点钟。离家还不到半小时！

末造旋又信步从淡路町往神保町方向走去，做出仿佛突然想起什么急事的样子。快到今川小路那里，当时有一家打着"御茶渍"招牌的小店。花二十个铜板就能吃顿饭，酱菜之外，还有茶水。末造知道这家店，打算顺便去吃中饭，但时间还早了一些。经过店前，朝右拐，到了俎桥前面的大街。这条街不像现在这么宽一直通到骏河台下。原先跟个口袋差不多，拐到方才末造来的方向便到头了，从那里起路面收窄，医大学生取名叫"虫状突起"。这条小路经过一个神社，神社的柱子上刻着山冈铁舟的字。因为俎桥前的这条大街像条口袋，便譬喻作盲肠。

末造过了俎桥。桥右侧有家鸟店，店里百鸟齐鸣，热闹非凡。末造站在店前瞧着高高挂在屋檐下的鸟笼子，笼子里有鹦鹉和鹦哥，下面摆着的是白鸽和朝鲜鸽。然后末造把目光移向屋内叠置的鸟笼，笼子里有叫的，有转圈飞的，这些小东西叫的声音最响，也煞是活泼可爱。其中笼子最多也最热闹的，是明黄色的外国金丝雀。再仔细一看，有一种颜色很深只一点大的红雀，很吸引末造。末造忽然觉得，买回去给小玉养倒不错。卖鸟的老汉似乎不大愿意卖，末造问过价钱，买了一对。付完钱，老汉问他如何带回去。末造说："不是连笼子一起卖的吗?"回答说："不是。"最后又买了一只笼子，让老汉把红雀装进笼子里。一只满是皱纹的手伸进装着几只小鸟的笼子里，粗手粗脚地抓出两只放进空笼里。老汉问他能分出雌雄吗？他勉勉强强"嗯"了一声。

末造提着红雀笼踅回俎桥。这回步履从容，不时地提起笼子看看里面的小鸟。因吵架跑出来的郁闷心情，就像洗过一样烟消云散了。平时他深藏不露的温和的心，又浮出水面。笼中的小鸟害怕笼子晃动，紧紧抓住栖木，缩起翅膀，身子一动也不动。末造每回看都想：赶快带回无缘坂，挂到窗户上才好。

经过今川小路时，末造进了那家茶泡饭小店，吃了一顿午饭。在女佣拿来的黑漆餐盘对面，放着红雀笼子，他眼睛看着可爱的小鸟，心里想着可爱的小玉。小店的茶泡饭本淡而无味，末造却吃得津津有味。

十八

没想到末造给小玉买的红雀，倒成了小玉和冈田交谈的机缘。

因为讲起这件事，不由得使我想起那一年的气候。当年父亲还在世，住在北千住，家里后院种了秋草。星期六，我从上条公寓回家，见父亲买了很多矮竹条，说是二百十日①快到了，要给女郎花和泽兰之类一株株支上竹条扎起来。可是，二百十日平安无事地过去了。后来又说二百二十日危险，结果也什么事都没有。那阵子，天上乌云弥漫，似乎要变天，有时候闷热难当，以为又回到了夏天。东南风好像要越刮越猛，不料又停息了。父亲说二百十日变成了"细水长流"。

一个礼拜天的傍晚，我从北千住回到上条。学生都玩去了，公寓里鸦雀无声。我进了自己房间，坐着发愣，原以为谁都不在，隔壁房间忽然响起擦火柴的声音。我正闷得慌，立即问道：

"冈田，在屋吗?"

"嗯。"应了一声，不知怎么这声音好像很生分。我和冈田处得很熟，彼此都用不着客气，但他这一声却有些反常。

我心里暗忖：我在这边出神，冈田似乎也在那边发愣。不会是想什么心

---

① 从立春算起第二百一十天，约在九月一日前后，常刮台风，日本农村视为厄日。

事吧？这样一来，我倒想看看他是副什么模样。于是我又开口问："喂，我过去打扰一下行吗？""真不凑巧。其实刚才一回来就在这儿发愣。这工夫你回来了，弄得咕咚咕咚响，这才勉强点上灯。"这回声音倒清朗。

我到了走廊，拉开冈田屋子的纸门。冈田屋里正对铁门的窗子开着，冈田支肘坐在桌前，望着黑暗的窗外。窗上竖着钉了铁栅栏，窗外种的两三棵罗汉柏蒙上了尘土。

冈田回过身来说道："今天闷热得出奇。我这屋里有两三只蚊子，讨厌得很。"

我盘腿坐在桌子的横头，说："可不是嘛。我父亲说，这是二百十日细水长流。"

"嗯。二百十日细水长流，倒蛮有趣。不错，也许是这么回事。我还在想呢，这天一会儿阴一会儿晴，到底要不要出去。结果躺了一上午，看你借我的《金瓶梅》。脑子晕乎乎的，吃了中饭便出去散步，遇见一件奇事。"冈田没看我，脸冲着窗外说。

"什么事？"

"打蛇。"冈田把脸转向我，说道。

"打蛇救美吗？"

"不是。救的是小鸟，不过与美人也有关。"

"这倒有趣。说给我听听。"

十九

冈田讲了这样一件事：

天上乱云翻滚，狂风猛刮不休，一忽儿把街上刮得尘土飞扬，一忽儿又平息下来。刚过中午，冈田看了半天中国小说，看得头昏脑涨，便走出上条公寓，习惯地朝无缘坂拐去。脑子里昏昏沉沉的。中国小说大体上都差不多，《金瓶梅》每看上一二十页，刚觉得有点平实的叙事，却又写些粗俗下流的东西，好像成了规矩。

"因为刚看过那种书，我想，当时走在路上表情一定很怪。"冈田说。

过了一会儿，走到右侧是岩崎家的石墙，开始下坡，发现左侧聚了许多人，正在他平日经过时格外注意的那户人家前面。聚在那儿的都是些女的，有十来个人吧。大部分是小姑娘，像小鸟儿一样，七嘴八舌地在议论些什么。冈田不知是什么事，还没等他起弄清原委的好奇心，刚才走在路中间的两只脚，竟朝那边迈出两三步去。

很多女人的目光都盯在一个东西上。冈田循着她们的目光，发现了混乱的源头：原来是挂在那家格子窗上面的鸟笼子。也难怪那帮姑娘大惊小怪的，冈田看到笼里的情形也吓了一跳：小鸟吧嗒吧嗒地拍打翅膀，一边叫，一边在狭小的笼子里扑飞翻腾。冈田心想，是什么东西让小鸟这么惊恐？仔细一看，是一条大蛇脑袋钻进了笼子，像楔子一样夹在细竹棍之间，笼子看上去还没坏。蛇弄开与身子一样大小的笼子门，脑袋钻了进去。冈田想看清楚些，又朝前走了两步，站在一排小姑娘的身后。小姑娘们像商量好了一样，给冈田让出一条路，把他当成救星请到前面。冈田这时又新发现一件事：小鸟不是一只，除了扑腾着翅膀到处逃的那只，还有一只同样毛色的小鸟衔在蛇嘴里。只不过是一边的翅膀整个给咬住而已，也许是给吓死的，另一边翅膀耷拉着，身子软瘫得像棉花。

这时，有个比她们大一点的女人，像是这家的主人，客气地忙问冈田能不能想法子把蛇弄掉。“她们各位都是到隔壁来学做活的，全出来了，可是女人家，谁也不敢。”女人又补充道。其中有个小姑娘说：“这位太太听见笼子里扑腾声，开门一看，见是蛇，吓得大叫，我们丢下手里的活，都跑了过来。实在是谁都没办法。帅傅还在屋里，就算在场，年纪大了也不顶事。”

讲这件事的时候，冈田说：“那家的女主人还是个出色的美人哩。”可是他没说原先就认识，是那个每次经过门前都向她点头的女人。

冈田回答之前，先到笼子下面打量一番蛇的样子。笼子挂在窗户上，靠近隔壁裁缝师傅家，蛇从两家的中间沿着房檐爬出来，冲着鸟笼子一头钻了进去。蛇身子像搭在绳子上似的，爬过房檐的横梁，尾巴还藏在犄角的柱子顶上。是一条相当长的大蛇，大概是在草木繁茂的加贺邸的什么地方待着，因为这阵子气压变化大，出来四处乱窜，才发现笼子里的鸟。冈田也有点迟疑，怎么办呢？难怪这些女孩子家无从下手。

“有刀没有？”冈田问。女主人吩咐一个小姑娘：“去厨房拿把刀来。”小姑娘看来是佣人。跟师傅家学裁缝的其他姑娘一样，穿着单和服，系了一条紫色毛料缝的吊袖带。小姑娘大概不愿意拿她的切菜刀斩蛇，眼神里带着不满的神色看着女主人。“不要紧，回头给你买把新的来。”主人说。小姑娘似乎同意了，跑进屋里拿出一把厚刃尖刀来。

冈田好像等不及的样子，接过刀，脱下脚上的木屐，一只脚踩在窗台上，左手抓住房檐上的横梁。冈田知道，刀虽新但并不锋利，所以不能一刀就完事。他先用刀把蛇身压在横梁上，来回拉了两三下。刀切在蛇鳞上，手上的感觉就像拉玻璃似的。这时，蛇已经把衔住翅膀的鸟头拖到嘴旁，身子虽受重伤，波浪般地蠕动，却既不想把口中的猎物吐出，也不想把脑袋从笼子里抽出来。冈田手不松劲，又来回拉了五六刀，钝刀像在砧板上切肉一样，终于把蛇切成两截。蛇还在蠕动的下半截，吧嗒一声，掉在檐下种着麦门冬的地方。接着，爬在窗楣上的上半截也耷拉下来，脑袋还插在笼子里。笼子上的竹篾条，弯得像弓却没断，吞下半只鸟的蛇头撑得很大，卡在中间拔不出来。上半截吊在笼子上，坠得笼子歪成四十五度角。笼子里还活着的那只小鸟，居然没累垮，仍旧扑腾着翅膀飞来飞去。

冈田手松开横梁，跳了下来。女孩子家一直屏气看着他。有两三个姑娘看到此处便回到裁缝师傅家。“笼子得摘下来，把蛇头去掉。”冈田看着女主人说。可是，笼子上吊着半截蛇，黑血从刀口那里吧嗒吧嗒滴到窗台上。所以女主人和小丫头谁都不敢进屋把吊鸟笼的麻绳解开。

正在这时，有人大喊一声：“我给您把笼子摘下来吧?”大伙儿一齐把目光转了过去，说话的是酒店的小伙计。礼拜天的下午，冷冷清清的无缘坂上没有行人，冈田打蛇时，只有这个小伙计一人经过，提着麻绳拴着的酒壶和账本，站在一旁看热闹。这工夫，蛇的下半截落在麦门冬上，小伙计扔下酒壶和账本，马上捡块小石头，砸蛇，盯着还没死透的蛇，砸一下，蛇下半截就像波浪似的动一动。“那就麻烦你啦，小伙计。”女主人求他道。小女佣从格子门把小伙计领进屋里。不大会儿小伙计出现在窗口，登上放着万年青花盆的窗台，尽量伸长身子，从钉子上解开吊着笼子的麻绳。女佣不肯接，小伙计拿着笼子跳下窗台，从门口走到外面。

小伙计傲慢地提醒身后的女佣说：“笼子我拿着，你得把血擦干净，都滴到席子上了。”“真的，得赶快擦掉。”女主人说。女佣踅回格子门内。

冈田看了看小伙计拿出来的笼子。一只小鸟蹲在栖木上，瑟瑟发抖。被咬住的那只，大半个身子在蛇嘴里。蛇身虽给斩成半截，直到最后那一刻，蛇仍想把小鸟吞到肚里。

小伙计看着冈田问道：“把蛇拿下来吗?”“嗯，还是拿下来的好。得把蛇头弄到笼子中间再抽出来，要不然，竹子没断也会给弄断的。”冈田笑着说道。小伙计顺利地把蛇头取出来，用手指拽了拽鸟尾巴，说道：“死都不松口。”

留下来的那帮学裁缝的姑娘，到了这时觉得没什么可瞧的了，一齐走回隔壁的格子门内。

“噢，我也该走了。”冈田环视一下周围说。

女主人愣在那里若有所思，听了这话，便看着冈田。她犹豫着想要说什么，眼睛看着旁边，发现冈田手上沾着一点血。“哎呀，您的手弄脏了。”说着便叫女佣端盆水到门口。冈田说这话时，没有详细说那女人的态度，但是他说：“只有小手指上沾了一点点血，我心想，真难为她，居然能看到。”

冈田洗手的时候，小伙计一直想把死鸟从蛇嘴里拽出来。“哎呀，糟糕！”小伙计大叫一声。女主人拿着叠好的新手巾站在冈田旁边，这时一只手扶着敞开的格子门，向外张了一眼问道：“什么事呀，小伙计？”

小伙计摊开手掌堵着鸟笼子说：“活着的那鸟，险些从蛇脑袋钻进来的窟窿里逃走了。”

冈田洗完手，用女主人递过来的手巾一边擦手，一边对小伙计说：“千万别松手！”随后又对女主人说要点结实的线绳，绑上去，免得小鸟从窟窿里飞走。

女人想了一下问道：“头绳行不行？”

“行。”冈田说。

女主人吩咐女佣把梳妆台抽屉里的头绳拿来。冈田接过去，在鸟笼上竹子折弯的地方横竖绑了好几道。

“我能做的也就这些了。”冈田说完便走出大门。

“实在是……”女主人似乎不知说什么好，随后跟了出来。

冈田对小伙计说：“小伙计，辛苦你一趟，顺便把蛇给扔掉好不好？”

“好吧，扔到坡下的深沟里吧。哪儿有绳子呢？”小伙计说着向周围看了看。

“有绳子，回头拿给你。你等一等。”女主人又吩咐女佣。

这工夫冈田说了声“再见”，便头也不回地走下坡去。

至此事情讲完，冈田望着我说道：“喂，你说，虽说是为了美人儿，我的确做了一桩事。”

“嗯，打蛇救美，简直像神话，有意思。不过，事情好像并没有就此结束。”我直率地说出心里想的。

“别胡说。要是没完，就不会说了。”冈田这样说，倒不像是掩饰。但是，倘若事情真就此结束，恐怕他心里也未尝不觉得有点可惜。

听了冈田的话，我只说了一句“像神话”，其实我立即联想到了一点，只是藏在心里没说——冈田出门时刚看过《金瓶梅》，会不会以为遇见了潘金莲？

大学里当杂役出身的末造，如今成了放高利贷的，他的名字在学生当中无人不知。即使没借过钱，也该知道他的大名。然而，无缘坂的那个女人是末造的小老婆，倒是有人不知道。冈田就是其中之一。当时我还不大清楚那女子的为人，只知道她是末造在裁缝师傅的隔壁纳的小。区区的智慧，较之冈田毕竟有一日之长。

二十

是请冈田打蛇当天的事。以前只是用眼神致意，今儿个能同冈田亲切地说话，小玉觉得自己的心情起了急剧的变化，连自己都惊讶。有些东西女人是想要不想买的。商店橱窗陈列着的时钟啦、戒指啦，每次经过，女人会看几眼，但谁也不会特意跑去看。有的事情从门前经过时，必定会瞧一瞧。想要的东西买不了，使之成为不可企及的事，只好死了那份心。那么，愿望与死心便成了一回事，于是产生某种轻微而又甜蜜、不太痛楚又带点哀伤的情绪。女人把咂摸这种滋味视为乐趣。与此相反，有件东西女人想买而不得，就会感到强烈的痛苦。她为此而苦恼，坐立不安。明知等上几天就能到手，她都等不及，一旦心血来潮，立即去买，哪怕酷暑严寒，夜色深沉，雨雪纷飞，都在所不辞。就连那些顺手牵羊的女人也不是特别的木头刻出来的，她们只不过把想要和想买这两件事给混淆了而已。对小玉来说，以前冈田是她想要的，而今天变了，已变成她想买的了。

小玉想：怎样才能借着救小鸟的由头，设法去接近冈田呢？起初想打发小梅送点礼，表示谢意。那么送什么好呢？买些藤村的豆沙包？那太不高明了。这么普通的事，谁都办得到。要是用碎布给他缝个靠垫的话，冈田先生会当成小姑娘家表示情意的玩意儿，要笑话我的。实在想不出送什么好，等想好了，再打发小梅送去吧。名片最近倒是在仲町印了，仅仅附上一张名片又有点不大甘心。附上一封信吧？那也难呀！书只念到小学就辍学了，后来再也没空练字，连封像样的信都写不成。隔壁的师傅自称在官宦人家做过事，要是求她倒也不难。可我不愿意。倒不是要写什么不可告人的事，因为信是给冈田先生的，不愿意叫别人知道。哎呀，怎么办好呢？

这好比来来回回在一条路上走一样，小玉翻来覆去琢磨这点事，梳洗打扮或是进厨房吩咐什么事，一时岔开能忘掉，过一会儿又想了起来。有一天末造来了，小玉一边侍候他喝酒，心里一边又琢磨起来。“什么事想得那么专心？”挨了末造的呲儿。“哪儿呀，人家什么都没想。”小玉若无其事地做出笑脸，心头怦怦直跳。然而，小玉这一向已经老练多了，心里藏着什么事，连目光锐利的末造也难看透。末造回去后，她做了一个梦：终于买了一盒点心，赶紧打发小梅送去。但既没带上名片，也没附封信，猛地想起来，梦醒了。

到了第二天。这一天也不知是冈田没出来散步呢，还是小玉忽略了，她恋慕的那张面孔竟没看到。隔一天，冈田照常从窗外经过。朝窗户看了一眼便走了过去，因为屋里暗，没能和小玉打照面。又隔了一天，到了冈田经过的时间，小玉拿起扫帚，在没什么灰尘的格子门内仔细打扫，除了脚上穿的一双竹皮屐外，还拿出一双低齿木屐，一忽儿摆在左面，一忽儿摆在右面。“哟，我来扫吧。”小梅从厨房出来说。“不用了。你去看看炖的菜，我没事，随便扫扫。”把小梅撵回厨房。这工夫，冈田刚好经过，摘下帽子点点头。小玉脸上通红，拿着扫帚愣在那里，一句话都说不出来，冈田便走了过去。小玉像扔掉烫手的火筷子似的，一把扔掉扫帚，脱下竹皮屐，赶紧进屋。

小玉在火盆边坐下来，一边拨弄火一边想：咳，我真是一个大傻瓜。以为今儿个天凉快，开着窗瞧外面，人家会奇怪，便假模假样地拿起扫帚装扫地，成心等着，真到了节骨眼上，反倒什么也说不出来。在老爷面前尽管装得难为情，只要想说，不管什么事，没有说不出来的。那么，对冈田先生怎么就开不了口呢？人家那么帮忙，谢一声总是应该的。今儿个若不说，恐怕往后就没机会说了。想打发小梅送点礼去没做成，见了面又说不出话来，简直一点辙都没有。我当时究竟为什么不吭声呢？对了，对了，我当时的确想说话来着，只不过不知道说什么好。“冈田先生！”讪着脸招呼人家，我可做不来。那么，见了面“喂喂”地叫人，也难开这个口。这样想来，当时张皇失措，也难怪。就这么慢慢设想，还想不出个道道来。不对，不对，想这样的事，足见我是个大傻瓜。用不着打什么招呼，立马跑出去就行。那样一来，冈田先生准会停下脚步。只要他停下来，我就能说：“那个，上次的事，承您帮忙……”或是别的，什么都可以说。小玉一边想这些事，一边拨弄火，水壶盖在掀动，便掀开一半，让热气冒了出来。

接着，是亲自说好还是派佣人去好，小玉又在这两难之间踌躇起来。不久，傍晚时分，渐渐凉爽起来，窗子没法再开了。扫院子，原先是天天早晨扫一次，自从那天的事以后，小梅早晚各扫一次，自己也不好再插手。小玉去洗澡的时间较晚，想在半路上碰到冈田，但到坡下澡堂子的路实在太近，很难遇见。如打发佣人去，日子越拖越难办。

小玉也曾一时起过这样的念头：索性死了这份心吧。从那次以后，我一直没谢过冈田先生。该谢而不谢，那是对他为我做的事表示领情。我既然领情，他心里也一定会明白。小玉认为，不要弄巧成拙，道谢反而不如这样不道谢的好。

不过，小玉是拿领情当做借口，想尽快接近他。只不过一时想不出办法来，所以每天暗自绞尽脑汁。

小玉是个要强的女人，自从给末造纳了小，周围的人当面瞧她不起，背地里羡慕她，在短短的时日里，她尝尽了做妾的苦头。也多亏这样，她养成了愤世嫉俗的脾气。但她本性善良，只是缺少历练，跟住在公寓里的大学生冈田接近，她觉得十分发憷。

在一个秋高气爽的日子，小玉打开窗户。那次好不容易能同冈田亲切地说说话，递手巾给他，却最终也没能进一步接近。现在，经历过这些事，即使又见面，还不是跟什么事都没发生一样。小玉心里非常焦急。

即使末造来了，隔着方火盆，对面坐着说话的时候，小玉心里也会想，要是冈田先生多好。起初每逢这样想，她还责备自己没廉耻。然而，慢慢儿就满不在乎了，心里光是想着冈田，嘴上附和着末造。到了后来，任凭末造为所欲为，自己则闭起眼睛一心想着冈田。她时常梦着与冈田在一起。没有繁文缛节，无头无尾，两人就在一起了。刚觉得“啊，真开心!”对方竟不是冈田，变成末造了。她遽然惊醒，而后便兴奋得睡不着，有时会急得哭起来。

不知不觉到了十一月。一连几天都是小阳春天气，开着窗也不会惹人注意，小玉几乎又能天天看见冈田了。头些日子阴雨绵绵，有时两三天见不到冈田的面，小玉便心情郁闷。尽管如此，小玉性情温婉，不会拿小梅出气。何况她也绝不愿意叫末造看出自己不高兴。逢到这时，不过是胳膊肘支在火盆边上，一声不响地发愣而已。小梅仅只问一声：“是哪儿不舒服吗?”这几天因为天天能见到冈田的面，难得她高兴起来。一天早晨，她比平日更加愉快，便出门上池之端父亲家玩去了。

小玉每礼拜准去看望父亲一次。每次都没有待过一个钟头以上，因为父亲不让她多待。每次去，父亲待她特别亲。有什么好吃的都拿出来，还沏上茶。吃过喝过，便立即催她回去。这不是老人性子急的缘故。因为他觉得，既然叫女儿去服侍人，要是由着性儿把她留在自己这儿，就太对不住人家。小玉第二次还是第三次来父亲这儿的时候，说上午老爷绝不会去，稍微再多待会儿也不要紧。父亲硬是没允许，说道："不错，前两次兴许他没去。但说不准什么时候，万一有事去了呢？你跟老爷打过招呼那天又当别论，像这样出来买东西，顺路转一下，怎么能多待呢。老爷若以为你到什么地方闲逛，岂不就麻烦了吗？"

要是父亲知道了末造是做什么的，心里会不会难过呢？小玉一直提心吊胆，每次来，都要察言观色，父亲像是毫不知情。这也难怪。父亲自从搬到池之端，没过多久就开始租书来看，大白天里，总是戴副老花镜看租来的书。他只看历史小说和评书话本的手抄本。这些日子看的是《三河后风土记》，因为册数多，所以父亲说，眼下这些书足够他消遣的。租书铺的向他推荐传奇小说，他说，写的都是瞎编的故事吧？他碰都不碰。晚上，说是眼睛看累了，不看书到书场去。在书场里，他不管说的是真事还是胡编的，单口相声也听，说书的也听。广小路的书场主要说评书，没有他特别中意的人出场一般不去。他的娱乐仅止于这些，他不同别人闲聊，没什么朋友。因此，有关末造的身世，也就没人去刺探。

话虽如此，附近也有包打听：常去老人家的漂亮女人是什么人？居然也给他们打听出来，是放高利贷的小老婆。要是左邻右舍爱传闲话，不论老爷子多拘谨，免不了要听些风言风语，幸好一边的邻居是博物馆的职员，性喜字帖，专心于临摹；而另一边的邻居，现在已经很少有这种人了，是木板印刷的刻板师，人也刻板到绝不为多赚钱而改行刻图章。这样，无须担心左右邻居会破坏老爷子心中的平静。同一排房子当中，开店做生意的，当时有荞麦面馆莲玉庵和煎饼铺，再往前快到广小路拐角，是卖梳子的十三屋，此外再没有别的店了。

老爷子仅凭开格子门的动作，轻轻脱木屐的声音，不用听到温柔的喊声，就知道是小玉来了。于是他放下读了半截的《三河后风土记》，等她进屋。摘下眼镜，能见到可爱的女儿，对老爷子来说，这一天就像是过节。女儿来了，他准把眼镜摘了。戴眼镜当然看得更清楚，可老爷子总觉得隔着一层玻璃，不过瘾。平日他存了许多话要跟女儿说，说着说着有些话就忘了，等女儿走了才想起来。但是唯有“老爷身体好吗?”这句给末造问好的话，他忘不了。

小玉看到父亲今儿个挺开心，便叫父亲讲阿茶夫人的故事，又说广小路上新开一家大千住的分店，买来一盒糯米脆饼孝敬父亲。父亲不时地问：“还不回去，行吗?”小玉笑道：“不碍事的。”一直玩到快晌午了。小玉心里琢磨着：末造这些天常常出其不意地过来，要是把这事告诉父亲，“还不回去，行吗?”这话该催得更紧了。日后倘若做下丢人的事，末造不在家的时候，就不好过来了。她已不去操心这些事了。

二十一

天气渐渐冷了起来。小玉家的水池前面，只有木屐踩着的地方才在土里垫块木板，木板上，结了一层白白的晨霜。深水井上的长吊绳冰冷的，小玉心疼小梅，给她买了一副手套。小梅觉得，一次次戴上脱下，在厨房做活不方便，手套一直珍重地收着，仍旧光着手打水。洗衣服、涮抹布，小玉都叫她用热水，小梅的手慢慢地还是粗糙起来。小玉惦记她的手，便说道：“不论做什么，手湿了不管可不好。手从水里拿出来后得马上擦干。做完了活儿，别忘了用香皂洗洗手。”甚至还买了一块香皂给她。小梅的手最后还是变粗糙了，小玉挺心疼她的。自己从前也做过这些活，可是没像小梅的手那么粗糙，心里挺奇怪的。

小玉一向是醒了便起床，近来只要小梅说：“今儿早上水池子冻冰了。您再躺会儿吧。”她就躺在被窝里。教育家告诫青年，为了避免胡思乱想，上床后不可不马上入睡，睡醒后不可不立即起床。身体血气方刚，躺在热被窝里，恰如毒花在火中燃烧一样，会萌生出种种幻想来。小玉这时的想象也相当放肆。眼睛精光发亮，眼睛和脸蛋像吃醉了酒一样涨得通红。

头天晚上，夜空如洗，星光灿烂。是晓霜铺地那天的事。小玉在被窝里躺了好半天，近来总觉得打不起精神，小梅早将挡雨板打开，看到朝阳从窗户射进来，小玉这才起床。她系了一条细腰带，披着棉罩衣，站在廊子上用牙签剔牙。这工夫，格子门哗啦一下打开了。“您来啦。”是小梅殷勤的招呼声。接着便是进屋的声音。

“呀，睡懒觉啦!”是末造，说着便在火盆前坐了下来。

“哎呀，真对不住。怎么这样早呀?”小玉赶紧扔掉嘴里的牙签，把唾沫吐进桶里，脸上红扑扑的带着笑，末造看在眼里，觉得从来都没这么美。小玉自从搬到无缘坂后，一天比一天美。起先有种女儿家的楚楚可怜，让人动心，现在变成一种媚人的风韵。末造看到这一变化，认为小玉懂得了风月，是自己造就了她，感到很得意。末造的眼光尖利，历来什么事都能看穿，可笑的是，对他所爱的这个女人的心思，这回可看走了眼。开头小玉本来一心一意地服侍她的夫主，由于身世急剧变化，她烦闷过，自省过，结果是，哪怕骂她不要脸她也心甘情愿。世上的女人经历男人多了，最后只落得一颗冷漠的心，小玉的心也同样变得冷漠了。为这样一颗心所拨弄，末造觉得是种刺激，感到愉悦。而且，小玉变得不怕羞耻，人也一点一点地放荡起来。末造感到，小玉的放荡挑起自己的欲念，越发为她着迷。所有这些变化，末造竟一点都没看出来。被小玉迷住的感觉，正是这么来的。

小玉蹲了下来，一边挪脸盆一边说道："您把脸转过去一点。"

"为什么？"说着，末造点上一支金天狗。

"人家要洗脸。"

"这不也能洗吗？快洗吧。"

"您瞧着，人家没法洗嘛。"

"真多事。这样成了吧？"末造吐着烟，把后背对着廊子。心想，真是孩子气呀。

小玉没脱衣服，只把领子松开，紧着洗了两把。比平日马虎得多，但她无须靠化妆遮丑，凭打扮增加美色，所以别人看也无所谓。

末造先是把背转过去，隔了一会儿又转向小玉这边。小玉洗脸时背朝着末造，一直不知道，等洗完脸，把梳妆台移过来，镜子里赫然映出末造一张叼着烟卷的脸。"哟，您真坏！"小玉说道，就手拢了拢头发。松开的领子，从后颈到背上裂成一块三角形，露出雪白的肌肤，因为手抬得高，都快看到胳肢窝那里，丰腴的玉臂，末造怎么看也看不厌。末造知道自己要是不吭声地等她，小玉非急急忙忙草草了事不可，便故示轻松，慢条斯理地说道："哎，不用着急。这么早出来没什么事。前两天你问过，说好今儿晚上来，可是有事要到千叶去一趟。顺利的话，明儿个能回来。万一出点麻烦，说不定得后天才回来。"

小玉正梳着头，"哟"了一下，转过头来。脸上的表情显得不放心的样子。

"乖乖儿地等着吧。"末造戏谑地说了一句，收起香烟盒，立刻站起身，朝门口走去。

“哎呀，没等沏茶就……”小玉说了一半，把梳子扔进梳妆匣里，起来出去送他时，末造已经拉开格子门了。

小梅从厨房端出食案放好，拄着手跪在席子上说道：“太对不住啦。”

小玉坐在火盆旁，拿火筷子把火上的灰拨弄下来，一边笑道：“哟，道什么歉呀？”

“我没来得及上茶。”

“哦，为这事！已经跟他打过招呼了。老爷没在意。”说着拿起筷子。

小梅看着正在吃饭的女主人，她人不大爱发脾气，今早显得格外开心的样子。方才笑着说“道什么歉呀”的时候，脸上微微发红，此刻还挂着笑容。小梅心里难免产生疑问：什么缘故呢？不过在小梅极其单纯的心里，她不会刨根问底。只是受了好心情的感染，自己也觉得高兴起来。

小玉不住地盯着小梅看，脸上高兴得越发显得心花怒放。说道：“小梅，想不想回家看看呀？”

小梅惊奇得瞪大了眼睛。在明治十几年的时候，还沿袭江户时商人家里的惯例，即使在同一城里，上人家里当佣人，除了正月或是七月中以外，轻易不能回家省亲，这是规矩。

“今儿晚上，我想老爷怕是不来了，回家后，想住就住下好了。”小玉又重复说道。

“真的吗？”小梅不是不相信，实在觉得是过分的恩典，不由得反问了一句。

“能骗你吗？我才不作那种孽，来捉弄你。吃完早饭也甭收拾了，赶紧回去吧。今儿个痛痛快快玩上一天，晚上住一宿。明儿个可得一大早就回来。”

“是。”小梅高兴得满脸通红。父亲是拉车的，一进门摆了两三辆车，衣橱和方火盆之间仅能放下一块褥垫，父亲若不出车就坐在上面，不在家就母亲坐。母亲鬓角上的头发总是耷拉在半边脸上，系在肩上的吊袖带子难得解下来。小梅的脑海里，仿佛放电影一般，迅速掠过家里的情景和母亲的身影。

吃过早饭，小梅撤下食案。心想，主人虽说不用收拾，该洗的东西还得洗。便在小桶里用热水洗碗碟，碰得叮叮当当响。这时小玉拿个小纸包走了进来。“咦，还在归置。这点东西容易洗，我来吧。你头发昨儿晚上梳好的，这样就蛮好。赶紧把衣裳换上。也没什么可送的，把这个带上。”说着把纸包递了过去。里面包着那种骨牌模样的五角纸币。

把小梅催着赶着打发走之后，小玉麻利地系上吊袖带，把下摆掖进腰带里，进了厨房。像做什么好玩儿事似的，洗起小梅没洗完的碗碟来。做这些家务小玉是把老手，快得小梅望尘莫及。做事仔细周到的小玉，与其说像小孩子玩玩具，倒不如说在磨磨蹭蹭，拿起一只盘子来，五分钟都不离手。她脸上淡淡的红晕，显得生气勃勃，光彩照人，眼睛直勾勾地瞪着虚空。

在她脑海里，一些乐观的景象穿梭不停。女人不靠任何外力，要自己打定个主意，真个是左思右想，优柔寡断，好不可怜，可是一旦下了决心，便不像男人那么瞻前顾后，而是如同一匹蒙上眼罩的马，勇猛直前。女人才不像男人那样疑虑重重，哪怕前面横亘着障碍，也不屑一顾。遇到事情，男人不敢做的，女人却敢作敢为，有时竟意想不到，马到成功。小玉想接近冈田，一度逡巡不前，如果有旁观者，看着都替她着急。但是今早末造来关照，说要去千叶，小玉的心情，恍如把追捕手放上扬帆的小舟，送向彼岸。于是催促小梅，把她打发回家。碍事的末造住到千叶，女佣小梅则住在父母家。一直到明儿早，自己无拘无束，是个自由之身，小玉真是心花怒放。她甚至觉得，事情这样顺利，显然是个好兆头，要达到最后目的并非难事。冈田绝不会偏偏今儿个不从门前经过。他有时一天来回走两趟，头一次万一没见着，第二次肯定不会错过。今儿个不论花多大代价，非得跟他说话不可。既然大着胆子跟他说话，他就不会不停下脚步来。我沦落为一个下贱的小妾，而且还是一个放高利贷的小妾。但是，我人比做姑娘时出挑得还俊，反正没有变丑。而且，慢慢懂得怎样才能讨男人的欢心，这也是不幸中的万幸。退一步来看，冈田未必觉得我是个讨厌女人。不，的确没有。如果觉得我讨厌，就不可能每次见面都点头致意。上次打蛇也是这样，人家家里出的事，没理由非伸手帮忙不可。要不是我家的事，他说不定会装不知道，扬长而去也难说。再说，我有这样的念头，我这份心思就算别人不理解，他总不至于一点都不明白。得了，也许事情没有想的那么难。小玉只顾转这些念头，连小桶里的热水凉了她都不觉得。

小玉把碗盏放进碗橱，又回屋守着方火盆坐下来，不知为什么有些心神不定。今早小梅把火盆里的灰筛得细细的，小玉拨了两三下，蓦地站起来开始换衣服，准备到同朋町的女梳头店去。这是平时来家里给她梳头的女人介绍的，她人很好，说要是出门打扮，可上那儿去梳头。小玉从来都没去过那家店。

二十二

西方童话里，有个一颗钉子的故事。记得不大清楚了，大意是农夫的儿子乘马车出门，轮子上有颗钉子掉了，于是一路上遇到种种麻烦事。我之所以要提这个故事，是因为酱烧青花鱼和一颗钉子，其效果正是殊途同归。

我在公寓或学校宿舍里靠包饭解决饥饿问题，日久天长，有的菜已经吃腻，一看见就要起鸡皮疙瘩。不论坐在多凉爽豁亮的餐室里，摆在多清洁的食案里端上来，那菜我只要看上一眼，鼻子里便仿佛嗅到宿舍食堂里一种不可名状的气味。若是炖的菜里有羊栖菜或是相良面筋，我的嗅觉就会起一种怪不舒服的 hallucination（幻觉）。如果是酱烧青花鱼，那幻觉就简直到了极点。

有一天晚饭，这道酱烧青花鱼终于上了上条公寓的餐桌。我历来是饭菜一来，就立即拿起筷子，这次却迟迟不肯下箸。女侍见我踌躇，便问：

"您不爱吃青花鱼？"

"这个嘛，倒也不是不爱吃。烤的就很喜欢，但酱烧的吃不消。"

"哟，老板娘她不知道。那我去给您拿鸡蛋来吧？"说着便要起身去拿。

"等等。"我说，"其实我肚子还没大饿，散步回来再说。你跟老板娘随便说一声，可千万别说是我不爱吃那个菜。别给人添麻烦。"

"那多对不住您哪。"

"别客气了。"

我站了起来，开始穿裙裤，女侍端起食案走了。我向隔壁招呼道：

"喂！冈田在吗？"

"在。什么事？"冈田清朗地应声道。

"没什么事。想出去散步，回来再到丰国屋去。要不要一起去？"

"去。正有话要跟你说。"

我取下挂在钉子上的帽子戴到头上，和冈田走出上条公寓。这时大概是下午四点多钟吧。并没有商量好往哪走，一道走出上条的格子门，一出门便朝右拐去。

快下无缘坂时，我用胳膊撞了撞冈田说："喂，在那儿哩。"

“什么呀?”冈田随即明白话中的意思，去看左侧格子门的人家。

小玉站在门前，即使憔悴也很美。不过，平日里，相对一个年轻健康的美人儿来说，小玉显然修饰得太漂亮。在我眼里，虽然说不出她哪儿有什么不同，但与平时所见，总归美得不同寻常。她的脸庞光艳照人，甚至有种耀眼夺目之感。

小玉的眼睛痴痴地看着冈田。冈田慌忙摘下帽子点了点头，无意中加快了脚步。

我作为第三者，肆无忌惮地频频回过头去。小玉依然久久地张望着。

冈田只顾低头走下无缘坂，脚步丝毫也没有放慢。我默默地跟着走了下去，心中交织着各种感情，最根本的一点便是恨不得与冈田换个位置。但我不愿承认这一点，我心里在呼喊：“怎么，我难道是那样一个卑劣的人吗?”我于是极力打消自己的念头。我非常气愤，自己竟然压制不住这念头。我想与冈田换个位置，并非想接受她的诱惑，只不过想，像冈田那样受女人的青睐，心中一定会觉得挺得意。那么，受人青睐又能如何呢?在这事上，我还想保留自己的意志。我绝不像冈田那样逃避。我会与她相见，同她说话。我不会玷污自己的清白之身，仅止于见面说话而已。并且，对她会像对妹妹一样爱护，会帮助她，救她脱离泥淖。我的想象漫无边际，最后归结到这一点上。

冈田和我两人一声不响，默默地走到坡下的十字路口。一直走过派出所，我终于开口说道：“喂，不过分吗?”

“嗯，什么?”

“那又算得了什么呢！从方才起，一路上你一定也在想她。我几次回头去看，她一直望着你的背影。恐怕此刻还站在那里往这边瞧呢。‘目逆而送之’，《左传》里不是有这样一句话吗?现在可是人家女的在看你哪！”

“别再提这事了。我只跟你一个人说过，你就别捉弄我了。”

说话的工夫来到不忍池畔，两人都停下了脚步。

“到那边转转吧?”冈田指着池子北岸说道。

“好吧。”我们沿着池子朝左拐去。走了十来步，看见左侧并排有两座二层小楼，我自言自语地说：“这就是樱痴和末造的公馆。”

“真是绝妙的对比。樱痴居士也并不廉洁嘛。”冈田说。

我不假思索地辩驳道：“一旦成政治家，不论怎么样，总难免沾染上一些毛病。”我恐怕是想把福地先生同末造的距离尽可能拉大。

福地公馆的板墙一头往北，隔了两三户人家，有间小房子挂着“川鱼”的招牌，我看了说道：“一看这招牌不知怎的，就让人想吃不忍池的鱼。”

“我也这么想呢。未必就是梁山泊好汉开的店。”

我们说着过了小桥往池子北面走去。一个学生模样的青年站在岸边正打量着什么，见我俩走过去，便招呼道：“喂!”原来是石原，此人柔道颇精，除了专业课外，其他书一律不看。冈田和我同他并不十分要好，但也不讨厌他。

“站在这里看什么呢?”我问道。

石原默默指指池子。冈田和我透过傍晚灰暗浑浊的雾霭，朝他指的方向看去。从通往根津的小沟到我们三人站着的水边，是片茂密的芦苇。枯萎的苇叶，越到池中心越稀疏，只有残荷败叶，以及海绵一般的莲蓬星罗棋布，叶茎和莲蓬高低错落，垂折下来，成锐角形立在水面上，给景物平添一股荒凉的野趣。从沥青色的荷茎缝隙里，看见有十来只大雁徐缓地飞来飞去，朦胧地倒映在黑糊糊的水面上。有的立在水中一动不动。

“石子够得到不?”石原看着冈田问道。

“够是够得到，但能不能打中不敢担保。”冈田回答道。

“试试看。”

冈田有些犹豫。“那群雁都睡了吧？扔石头打，怪不仁义的。”

石原笑道：“如此多情，好难办呀。你下不了手，我来。”

冈田不情愿地捡起一块石子，说：“那我就把它们吓跑。”石子嗖的一声轻响，飞了出去。我举目追踪石子的去向。一只雁高高挺起的头颈应声垂下。与此同时有两三只雁嘎嘎叫着拍打着翅膀，在水面上散开，但是并没有飞走。头颈垂下的一只，仍在原地一动不动。

“打中了。”石原说。他看了一会儿水面，接着说道：“我去把那只雁捡回来，回头你们帮我一把。”

“怎么去拿?”冈田问。我不由得侧耳去听。

“此刻不合适。再过半小时，天就黑了。只要天一黑，我就能轻而易举拿回来。你们不动手也没关系，到时候可得在场帮我忙。回头用这只雁，请你们大快朵颐。”石原说。

“倒有趣。”冈田说，“可是这半小时里干什么呢?”

“我在这附近溜达。你们两位随便去哪儿然后再回来。三个人都站在这里，太惹人注目了。”

我对冈田说："那么咱俩绕池子转一圈再回来。"

"好吧。"说着冈田抬腿就走。

二十三

我和冈田一起走到花园町的尽头，然后往东照宫的台阶走去。一时之间，两人谁都没做声。"雁也有倒霉的啊。"冈田自言自语地开口道。在我的想象中，虽无必然的联系，却浮现出无缘坂的女人。"我只不过朝有雁的地方扔过去而已。"冈田对我解释道。"嗯。"我应了一声，仍在琢磨那女人的事。"不过，我很想看石原如何去拿那只雁。"隔了一会儿，我说道。这回冈田"嗯"了一声，一面想着什么心事，一面走路。大概是惦着那只雁吧。

下了石阶，朝辩财天女神社走去。打死了大雁，两人的心头都笼罩上一层阴影。说话也时断时续。经过辩财天女神社的牌楼时，冈田似想换个题目，打破沉默道："有件事要告诉你。"于是我听到一件意想不到的事。

事情是这样的。冈田今晚原想到我屋里告诉我，正巧我约他出来，便一起到了外面。出来后，本打算在吃饭时说，看样子是说不成了，便边走边拣要紧的说。冈田决定不等毕业便去留学，已经向外务省申请了护照，也向大学方面提出了退学。有位德国 Professor W. 来日本研究东方风土病，是他聘用冈田的，可负担往返旅费四千马克和每月生活费两百马克，条件是要懂德语又能流畅阅读汉籍的学生，贝尔兹（Baelz）教授便推荐冈田去。冈田到筑地去找 W 教授，接受考试。教授让他翻译《素问》和《难经》各两三行，《伤寒论》和《病源候论》各五六行。《难经》里偏巧出的是"三焦"中的一节。"三焦"的焦，译成什么好呢？颇费斟酌，最后音译为"chiao"。总之考试合格了，当即签了合同。W 教授现在贝尔兹教授所在的莱比锡大学任教，所以要把冈田带到莱比锡去，医师考试由 W 教授负责。毕业论文可以引用为 W 教授翻译的东洋文献。冈田明天便要离开上条公寓，搬到筑地 W 教授那儿去，把教授从中国和日本收集来的书籍装箱。然后跟教授一起去九州考察，随即在九州乘 Messagerie Maritime（法国海轮）公司的船动身赴德。

我时时停下脚步说："真想不到!"或说："你真果断。"存心放慢脚步，好一边听他讲。等他讲完，一看表，跟石原分手不过十分钟。绕着池子已经走了三分之二，仲町后面的池之端快走到头了。

"现在就过去还太早。"我说。

“上莲玉庵吃碗面吧？”冈田提议。

我当即同意，遂一起踅回莲玉庵。从下谷到本乡一带，莲玉庵当年是口碑最好的面馆。

冈田一边吃面一边说道：“好不容易念到现在，不毕业就走，实在遗憾。可是官费留学没份儿，失去这次机会，就不可能一见欧洲了。”

“那当然，机不可失。毕不毕业又算什么，在那边能当上医师也一样。再说，即使当不上医师也不用担心。”

“我也这样想，只不过取个资格而已。入乡随俗，聊复尔耳。”

“准备得如何？动身似乎太匆忙了。”

“哪里，我就这样动身，据 W 教授说，日本做的西服，在那边穿不出去。”

“是吗？记得以前看《花月新志》，说是成岛柳北在横滨突然心血来潮，当下打定主意，乘上船就走了。”

“是啊，我也看过。听说柳北信都没给家里寄就走了，我是已给家里详详细细写了一封信。”

“是吗？好羡慕你呀。你随 W 教授同行，路上用不着提心吊胆的。出门旅行也不知是怎样的情景，我一点也想象不出来。”

“我也不知道会是什么样。昨天去见柴田承桂先生，他一向很照顾我，同他说了这件事，便送我一本他写的《西洋旅行指南》。”

“哦，还有这样的书？”

“嗯，是非卖品。听说只给初次留洋的乡巴佬。”

话说到这里，一看表，差五分钟就半小时了。我和冈田急忙离开莲玉庵，赶到石原等我们的地方。池上已经暮色四合，辩财天女神社的红漆牌楼在雾霭中隐约可见。

等在那里的石原拉着冈田和我，走到池边，说道：“现在正当其时。没伤着的雁都换了栖身地。我马上动手，你们在这儿待着，得给我指点。你们看！两丈来远的前方，有株莲茎向右弯。在其延长线上，有株莲茎稍矮，向左弯。我得顺着那个延长线一直往前走。若走偏了，你们就在这儿喊我，往右或是往左，给我指正方向。”

“然。根据 parallax（视差）原理。水不深吗？”冈田问道。

“哪的话。不必担心我够不到底。”说着，石原迅速脱下衣服。

石原踩下去的地方，淤泥仅及膝盖上。他像鹭鸶似的，抬起一只脚再踩下去另一只脚，一步一步地挪过去，深一脚浅一脚的，眼看着越过了两株莲茎。过了一会儿，冈田喊："向右!"石原便向右迈过去。冈田又喊："向左!"因为石原向右偏过头了。石原立刻停住脚并弯下身去，随后转身往回走。等过了远处的那片莲茎，可以瞧见他右手提着的猎物。

石原上了岸，只半截腿上沾了泥。那只雁比想象的要大。石原把脚洗了洗，穿上衣服。这一带此时很少有人来往，从石原下池子直到上岸，没有一个行人。

"怎么拿回去呢?"我问。

石原一边穿衣服一边说道：

"冈田的斗篷最大，藏在他斗篷里拿回去。在我的住处做菜。"

石原租了别人一间屋子。房东阿婆人缘不大好，倒正是可取之处，只要分些雁肉给她，就能封住她的嘴。从汤岛的新开路到岩崎公馆的后面，有条小巷，房子便在那条弯弯曲曲的小巷尽头。石原简短地说了说拿着雁去那儿的路线。首先，到他的住处有两条路：一条是从南走新开路，另一条是从北走无缘坂。两条路都以岩崎公馆为中心，远近相差不大。此时也顾不上远近。麻烦的是，两条路上都有一个派出所。权衡利弊，决定避开热闹的新开路，取寂静人少的无缘坂。雁由冈田藏在斗篷里提着，其余二人一左一右，分别挡着冈田，这是万全之策。

冈田苦笑着提起大雁。不论怎么个拿法，大雁的翅膀都会从斗篷的下摆露出两三寸来。而且，下摆撑得不成样子，人看起来像个圆锥体。石原和我必须设法不让他太显眼才行。

二十四

"行啦，就这样走吧。"说着，石原和我把冈田夹在中间走了起来。起初，三人担心的是十字路口的派出所。从门前经过时，石原不停地高谈阔论，说这是窍门。我记得说的好像是："心不可动，心动即生隙，隙生则不得上乘。"石原引了老虎不吃醉汉为例。他说的这段，怕是柔道师傅讲的，然后鹦鹉学舌讲给我们听。

"这么说巡警是老虎，我们三个是醉汉喽。"冈田嘲弄道。

"Silentium（安静）!"石原喊道。因为已经快到拐角，该上无缘坂了。

拐过弯是一条小巷，一侧是茅町临街房的屋后，一侧是池边住宅的后院，当年小巷两侧停放着板车之类。到了拐角，已能看见巡警站在十字路口的身影。

走在左面的石原突然对冈田说：“你知道计算圆锥体体积的公式吗？什么？不知道？那简单之极。是底面积乘以高的三分之一。如果底面积是圆，体积的公式就是 $1/3r^2\pi h$，若能记住 $\pi=3.1416$，便很容易了。我能记得小数点以下八位，$\pi=3.14159265$。再往下的小数，意思就不大了。”

这样说着，三人穿过了十字路口。派出所位于我们经过的小巷左侧，巡警站在门前瞧着从茅町往根津方向跑去的人力车，只朝我们无意地瞥了一眼。

“为什么算起圆锥体的体积来了？”我问石原道，与此同时，一眼认出站在坡中间的女人，她正朝我们望了过来。我心里感到异常的激动。从不忍池北头往回走的一路上，比起派出所的巡警，我想的更多的是这女人。不知是为什么，总觉得她似乎在等冈田。果不其然，我的猜想没骗我。女人离开自家门口，在前面两三户人家那里迎候着。

我睃了一眼石原，看了看女人的面庞，又看了看冈田的脸颊。冈田的脸一向气色红润，这时显得格外的红。他忽然佯装去碰帽子，手扶着帽檐。女人的面容如石头一样凝然，睁得大大的一双美目，蕴含着无限的遗憾。

这时，石原正在回答我的问话，我耳内只闻其声，心中不辨其意。石原大概是说看见冈田斗篷下摆鼓鼓的，像个圆锥形，由此联想到圆锥的体积，便冲着巡警算了起来。

石原自然也看到了那女人，可能他只是认为，一个美人罢了，并未留意。石原继续饶舌：“我告诉你们不动心的秘诀，是因你们的修养还差一点，一旦面临紧要关头，恐怕难以做到。为此我想出办法，不叫你们的心思转到别处去。说什么都行，关键要像我方才讲的道理，于是提出圆锥公式的算法。总之，我的办法不错吧？幸亏这个圆锥公式，走过巡警面前时，才使你们保住泰然自若的态度。”

三人走到了岩崎公馆向东拐的地方。一进小巷，连一辆单人人力车都过不去，可以说不会有任何危险了。石原从冈田身旁走开，在前面带路。我又一次回过头去，已经不见那女人的身影了。

那晚，我和冈田在石原的住处一直待到半夜。雁肉成了下酒菜，陪着石原喝酒。冈田留洋的事只字未提。我本有很多话要说，只好忍住了，听石原和冈田讲划船比赛的事。

回到上条公寓，我因疲倦和喝醉，未及多说话，同冈田分手后倒头便睡。第二天，从大学回来一看，冈田已经人去屋空。

正如同一颗小钉子引发出大事件一样，上条公寓晚餐的一碟酱烧青花鱼，竟使冈田同小玉永无相会之期。而且不仅如此。不过，后来的事，已是“雁”这故事的题外话了。

这个故事写完，屈指算来，距当年已三十五载。故事的一半，是我与冈田交友一场亲眼所见，而另一半，冈田走后，不承想我竟同小玉相识，是亲耳听来的。这就好比在立体镜下，左右两张图合成一个图像来看一样，把先前亲眼所见与后来亲耳听说的，两相对照，便合成了这个故事。或许读者要问我：“同小玉是怎么认识的？在什么场合听说的？”如同上文所说，这个问题的答复，已属本故事的题外话。唯有一点不言而喻，我不具备成为小玉情人的资格，故而请读者诸君切莫妄加猜测为好。

哥　儿

［日本］夏目漱石　著
胡毓文　译

夏目漱石（なつめそうせき，1867—1916）　本名夏目金之助（なつめきんのすけ），日本近代文学巨匠。生于小官吏之家，毕业于东京帝国大学英文系。求学期间开始俳句写作。青年时代接受汉文学所蕴含的道德观念、英国文学中的启蒙思想和俳谐文学的文人趣味与美学观念。后公派留学英国，返日后在东京帝国大学任教，几年后成为职业作家。代表作有中长篇小说：《我是猫》（1905）、《哥儿》（1906）、《旅宿》（1906）、《三四郎》（1908）、《其后》（1909）、《心》（1914）和《路边草》（1915）等。《我是猫》确立了夏目漱石在文学史中的地位，以滑稽幽默的笔法描写了明治时代一群自命清高、愤世嫉俗的知识分子形象。《哥儿》是一篇广受读者喜爱的中篇小说，作品塑造了一个正直单纯、嫉恶如仇、具有“江户之子”气质的哥儿形象，以哥儿在一所偏僻中学任教的坎坷经历嘲讽人性深处的丑恶和明治时期日本教育界的黑暗。作品吸收了日本民间文学的艺术表现方法，诙谐有趣。《路边草》是作家的晚期作品，沿袭了他一贯的艺术风格和社会批判精神。

一

爹妈给的鲁莽性子，使我从小就尽是吃亏。上小学时，一次我从学校的二楼跳下来，闪了腰，约摸一个星期直不起来。也许有人要问："为什么要那么胡来？"我也说不上有什么特别的理由。只是我从新盖的二楼刚探出头去，同班的一个同学就起哄说："任你怎么逞能，也不敢从那里跳下来，胆小鬼！"当校工把我背回家的时候，父亲瞪大眼睛说："从二楼跳下来就闪了腰，有这么笨的吗？"既然他这么说，我就回敬了一句："那好吧，下次跳一个不闪腰的给你瞧瞧！"

亲戚给我一把西洋刀子，我把那亮闪闪的刀刃映在太阳光下给伙伴们看。这时有人说："亮是亮，好像并不快。"我拍着胸脯说："哪有不快之理，不信，什么都可以切给你看看！""那好呀，把你的手指头切切看！"对方指着我的手说。"这算什么，这么个手指头，你瞧这一刀！"说着就朝右手大拇指盖斜着一刀切了下去。幸好刀小，大拇指骨头硬，所以至今大拇指还连在手上，可是伤痕却是到死也不会消去了。

从院子往东走二十步，到了顶头再朝南往高处走，有一小块菜地，正当中长着一棵栗子树。那栗子可是比命还重要的啊！果实熟了的时候，我一大早就爬起来，赶紧从后门溜出去，把掉下的栗子拾回来，带到学校去吃。菜地的西边，紧连着当铺山城店的院子。这家当铺有个小子，叫勘太郎，十三四岁了。不用说，那小子是个胆小鬼。胆小是胆小，可他竟敢越过方格篱笆来偷栗子。一天傍晚，我躲在门后，终于把勘太郎抓到了。当时，勘太郎无路可逃，就拼命向我扑来。对手比我大两岁，胆子虽小，力气可大。他扬起螳螂头，狠命地朝我胸口顶撞过来。突然，勘太郎的头一滑，钻进了我的夹衣袖筒里①。这一来我的手就不好使了，只能使劲乱摇乱晃。一摇晃，袖筒里的勘太郎的头也就随着摇来晃去。到后来，他吃不消了，就在袖筒里照我的膀子咬了一口，痛得我把他推到了篱笆边，一脚把他绊倒在那里。山城店的院子比菜地要低六尺，勘太郎压倒了一段方格篱笆，嗡的一声，一个倒栽葱跌到自家的院子里了。勘太郎跌下去的时候，顺势扯走了我一只夹衣袖子，这下我的手才自由了。当天晚上，我娘到山城店去道歉，顺便把那只夹衣袖子取了回来。

此外，还干了不少淘气的事。有一次，我领着木匠兼公和鱼店的阿角，把茂作家的胡萝卜地给毁了。胡萝卜秧还没有出齐，地上铺满了稻草，我们三个人在上面玩了半天摔跤。这么一来，胡萝卜就全给糟蹋了。还有一次，

---

① 日本的和服，胸口开襟，袖筒很大，头从胸口处可以钻进袖子里。

我把古川家地里的水井管子给堵死了，人家找上门来算账。那是用捅穿竹节的粗竹子，深埋在地下，用来引水灌溉水稻的装置。那个时候，我哪里晓得这是什么装置，只是一个劲地把石头和小木片往里填塞，直到看着不冒水了，才回家吃饭。这时，古川红着脸吵上门来了。记得像是罚了款才算了事。

爹一点也不喜欢我，娘也光是偏爱哥哥。我这个哥哥，皮肤特别白皙，喜欢学戏里的旦角。爹一与我照面就说："这家伙反正不成器。"娘也说："老是这样淘气，真叫人担心啊！"算是说对了，我是不成器，你瞧，到头来还是这么个样子。前途叫人担心，也不无道理，只是一生没有被抓去坐牢罢了。

娘死的前两三天，我在厨房里翻筋斗，肋骨碰在灶角上，痛得要命。娘气极了，说不想看到我这鬼样子，于是住到亲戚家去了。这一去，就传来了娘去世的噩耗。真没想到她会死得这么快。我回来奔丧，心想：早知她病得这么重，多少老实点就好喽！这么一来，我那位哥哥就说我不孝，是因为我，娘才死得这么快。我很委屈，给了他一记耳光，挨了爹一顿痛骂。

娘死了之后，我和爹、哥哥三个人过日子。爹是个什么也不干的人，但一看到我，就像念经似的说："你这家伙算完了，完了！"什么叫"完了"，至今我还不明白。真有这么怪的爹！哥哥拼命学英语，说要当什么实业家。他本来就是个女人似的性格，又很狡猾，我们俩关系很不好。每十天总要吵上一回架。有一回，我俩下将棋①，他卑劣地做了手脚，见我为难，他就得意地奚落我。我实在气极了，把拿在手里的飞车朝他双眉正中扔过去。皮砸破了，出了点血。哥哥告诉了爹，爹说要与我断绝父子关系。

当时，我也认定这是没法挽回的了，心想随他们的便吧。可是，十年来一直在我家当女仆的阿清婆哭着向爹说情，总算让爹消了气。尽管如此，我依然不怎么怕爹，反而觉得对不住这个叫清的女仆。据说这个女仆原是豪门出身，幕府倒台时，家道衰落，最后只得出来当佣人。因此已是上年纪的人了。不知什么因缘，这个老太太特别疼爱我，真是怪事！像我这样一个人，娘在临死前三天对我都绝望了，爹成天拿我没办法，街坊邻里人人讨厌的闯祸闹事的坏孩子，她却无端地器重我。我本来认定了自己反正是不会招人喜爱的，所以别人把我当做一块废料，我也毫不奇怪。可是这个阿清婆却如此

---

① 一种日本棋，类似我国象棋。

溺爱我，反倒叫人费解。阿清婆经常在厨房里，趁没旁人的时候赞扬我说：“你直筒筒的，真是个好性子。”我不明白阿清婆这话的意思，心想：如果是好性子的话，那么，除了阿清婆，其他人也该待我好一些呀！每当阿清婆提及此事时，我总是回答说：“我不爱听奉承话！”这么一来，阿清婆更加高兴地望着我的脸说：“正因为这样，才叫好性子嘛！”看上去，她像是感到用自己的力量改造了我，而引以为自豪似的。真叫我有些怪难为情！

娘死了以后，阿清婆更加疼爱我了。在我幼小的心灵里，对她为什么这样爱我，有时感到不可理解，心想：真没意思。不这样，我反而好受些。又一想：也觉得对不起她。任你怎么着，阿清婆照样喜爱我。她经常用自己的零花钱，不是买馅儿糕，就是买煎饼给我吃。寒冷的夜晚，她会悄悄地买好荞麦粉，说不上在什么时候，就会把荞麦羹送到我躺着的枕边来。有时还买来砂锅面条给我吃。不光是吃的东西，还给我袜子，给我铅笔，给我笔记本。她甚至还借给我三块钱，这当然是很久以后的事了。当时并非是我提出向她借钱，而是她拿着钱到我房间里来说：“身边没有零花钱，会不方便的，拿去花吧！”就这样把钱给了我。我当然说“不要”。可她说：“一定得拿去！”因此就借下了。我当然顶高兴。我把那三块钱装进小钱包里，边往怀里揣，边去上厕所。刚蹲下，钱包一滑，就掉进茅坑里去了。没法，只得慢吞吞走出来，一五一十地把情况告诉阿清婆。她一听，连忙找了根竹竿来，说：“我给你去捞！”过了一会儿，听到井边有哗啦哗啦的声音，出去一看，只见她把拴小钱包的绳子钩在竹竿尖上，正在用水冲洗。完了，打开了来看，几张一元一张的钞票都变成了茶色，连上面的花纹都快看不清了。阿清婆在火盆上把钱烘干，递给我说：“这行了吧！”我闻了闻说：“还臭哩！”她说：“好吧，你给我，我去给你换。”也不知她在哪里怎么把人蒙混了，竟把纸钞换成了三元硬币回来。这三块钱是怎么花的？已经忘光了。当时我只是说：“很快还你。”实际上并不曾还。时至今日，即使想加十倍奉还，也没法还了。

阿清婆给我东西的时候，肯定是爹和哥哥不在场的时候。要说我讨厌什么，我认为再没有比背着旁人独得好处更讨厌的了。我和哥哥的确相处不好，可是我并不想瞒着哥哥从阿清婆那里得到点心和颜色铅笔。我也问过阿清婆：“为什么只给我一个人，不给哥哥呢？”阿清婆却不在意地说：“哥哥有你爹给他买，不要紧的。”这是不公平的！我爹虽很顽固，可他绝不是那种偏心眼的人。也许在阿清婆看来，他是那种人吧。这完全是她溺爱我才产生的偏见。老太太虽说出身旧世家，却没有受过教育。你拿她有什么办法呢！问题不仅如此，偏见实在可怕。阿清婆一心认定我将来会飞黄腾达，成为一个了不起的人物。相反，对于用功读书的哥哥，却断言只是皮肤长得白，其实并不中用。碰上这么个老太太，真没办法！她坚信自己喜爱的人，一定会声名显赫，而自己讨厌的人，肯定会潦倒终身。我在那个时候，对自己的前途并没有过多地想过。但因为阿清婆总说我将来会如何如何，所以也曾心想，说不定真的会当个什么。现在看来，实在是太缺乏自知之明了。有时，我也曾试着去问阿清婆："你说我会当个什么？"可是阿清婆似乎也没有什么特别确定的想法，只是说将来肯定会坐上黄包车，住进很气派的房子。

后来，阿清婆还打算等我成了家，独立门户了，就和我一起过，并反复多次求我到时一定得把她收下。我也感到像有了家似的，满口答应说："好，我养着你。"可是，这老太太是个极富想象力的女人，一个人竟随心所欲地空想开了，问我：你喜欢哪块地方？是麴町还是麻布？院子里要搭个秋千架，西式房间只要有一间就够了，如此等等。那时候，我根本没有想到要成什么家，西式洋楼也好，日本式建筑也罢，全都用不着。所以我总是答复她说："不稀罕那些个东西!"这一来，她又夸奖开了："你不贪心，心眼好。"阿清婆这个人，不管我说什么，她都要称赞我。

娘死后的五六年期间，我就是在这种状态中生活过来的：挨爹的骂，与哥哥吵架，从阿清婆那里得到点心，经常受到她的称赞。我别无他求，觉得这已经足够了，心想别的小孩也都不过如此吧。可阿清婆一提到什么，就没完没了地说："你真可怜，真不幸。"因此我也想过：既然她这么说，也许我是可怜、是不幸的吧。除此之外，再也没有尝到过什么苦头。只是对爹不给我零花钱，感到不好受罢了。

娘死后的第六年正月，爹也中风死了。当年四月，我在一所私立中学毕了业。六月，哥哥也从商业学校毕业了。他在一家公司的九州分店找到了工作，要到那里去。我在东京还得继续上学。哥哥提出：卖掉房子，处理了家产，再去走马上任。我答道："随你怎么着都行。"反正我也不想得到哥哥的照顾。即便受他照顾，也免不了同他吵架，这一来，他一定又会说出什么话来。就为得到一星半点的照顾，还得去向这位哥哥低头。与其如此，我决心不如去送牛奶，也能活下去。于是，哥哥把旧家具店的人叫来，把祖宗八代留下的破破烂烂贱价处理掉；宅子也由某人作中，让给了一个财佬。这下哥哥像是得了不少钱，具体数目我也没有过问。我提前一个月就搬到神田小川町的公寓里去了，在去向未定之前，一直住在那里。阿清婆对于自己住了十多年的宅子，一下子让给了人家，感到十分难过，但不是她自己的家业，也无可奈何。她老是唠叨着："你年龄再大些的话，就可以把这份家业继承下来喽！"如果真像她说的，年龄大些就可以继承家业的话，那么，眼下不是也可以继承吗[①]。老太太什么也不懂，她以为只要年龄大了，就可以得到哥哥的家业。

我和哥哥就这样分了家。可为难的是阿清婆往何处去？当然，哥哥是不可能带她一同去的，阿清婆也说她根本不想跟着哥哥下到九州去。而我，这时正住在一间四铺半席[②]的廉价公寓里，一旦说要搬，还得马上滚蛋。我的处境如此，更是毫无办法。我问阿清婆："你想不想到哪家去做工？"她想了想，终于下定了决心，答道："在你有了房子，娶了亲之前，没法子，只好去依靠我那外甥吧！"她这个外甥在法院当录事，说起来，眼下的生活也还过得去。在这以前，也曾两三次劝过阿清婆，说想来就来好啦！可阿清婆说："虽说是给人家当佣人，但这是长年待惯了的家，还是这里好。"所以没有答应。可事到如今，她也许考虑到：与其换到一个不知底细的人家去当佣人，再受不必要的拘束，倒不如去依靠外甥的好。末了，她说："尽管如此，还是望你早些成家，娶上媳妇，我再来侍候你。"看来，比起自己的亲外甥来，她更喜爱我这个别人家的儿子。

哥哥在去九州的前两天，来到我住的公寓，拿出六百元钱，交代说："用它当资本做买卖也好，当学费上学念书也好，任你怎么花都行。但要说清楚，往后我可不管了。"对这位哥哥来说，能做到这一步，已经是蛮不错的了。我心想：就是不给我这六百元，也难不住我。对他这种非同寻常的慷慨，我很满意，所以对他表示了谢意，把钱收了下来。接着，哥哥又拿出五十元，说要我顺便把它交给阿清婆。我二话没说，接了过来。两天过后，我俩在新桥车站分了手。从此以后再也没有见过这位哥哥。

我躺在床上，想着这六百元的用法。做买卖，太麻烦，我干不了那种事。何况就这么六百元钱，也做不成个像样的买卖。就算是做得成买卖，像我现在这样，在人面前很难理直气壮地说自己是受过教育的，岂不还是失算之举。什么资本不资本，还是用它当学费念书的好。六百元分作三份，一年

---

① 日本的遗产继承权只属于长子。

② 一铺席约两平方米。

用二百，可以念上三年书。三年时间拼命学的话，总可以学到点什么。接着，我又考虑进哪个学校好。可是，提到学问，无论哪一门，我生来都不感兴趣。尤其是语言和文学什么的，更是不敢领教。谈到新体诗之类的东西，二十行当中，我连一行也看不懂。反正不感兴趣，所以学什么全都一样。一天，我从一所物理学校门前经过，正好看见那里贴出的招收学生的广告，我想什么都是缘分，就领来了一份章程，很快就办妥了入学手续。现在回想起来，这又是爹娘给的鲁莽性子所造成的失算。

三年时间，总算和人家一样学过来了。本来天资就不怎么好，所以排起成绩名次来，总是倒着去找我的名字要方便得多。可也怪，三年过去，我居然毕业了，连自己都觉得可笑，但也无可抱怨，就那么老老实实地毕了业。

毕业后的第八天，校长找我。心想难道有什么事？跑去一见，说是在四国地方有一所中学需要数学教员，月薪四十元，同我商量，看我去不去。说实话，念了三年书，我根本没想过当教员，更没想过到乡下去。而不当教员干什么呢，也没什么打算。所以当校长与我商量时，我当即答应说：“那就去吧！”这又是爹娘给的鲁莽性子在作怪。

既然答应了，就得去上任。三年来，我闷在那间四铺半席的小房子里，没有挨过一回骂，也没有同人吵过架，在我一生当中，这一段时间是比较自由自在的。可现在我不得不从这四铺半席的地方搬走了。打出生以来，走出东京地界，也就是和同班同学到镰仓远足过一次。而这一次可不是镰仓，是要到很远的地方去。在地图上一找，这地方在海边，只能看到针尖大那么一点地方。反正不会是个好地方。不知那是个什么样的城市？住着些什么样的人？不知道也不要紧，不用担心，去就是了。不过，心里多少感到有些不踏实。

宅子卖出去之后，我仍常到阿清婆那里去。说到阿清婆的外甥，那可是个意想不到的好人。我每次去，只要他在，总是热情地招待我。阿清婆经常当着我的面，向她外甥夸我。甚至还吹嘘说：将来我学校毕业了，就要在麴町那边买个公馆，到衙门去上班。她自编自排地唠叨着，弄得我很难堪，脸都红了。这不止是一次两次，有时候还把我小时候尿床的事也兜了出来，真叫人怪难为情的。阿清婆的外甥听了她夸夸其谈，会怎么想，我不得而知。不过，阿清婆是旧时代的女人，她把我和她的关系，看成是封建时代的主仆关系。以为既然我是她的主人，当然也是她外甥的主人。这样，外甥可就吃亏了。

事情最后决定了。在即将出发的前三天，我去看望了阿清婆。她正患感冒，躺在朝北的三铺席小房间里，见我来了，连忙坐了起来，问："哥儿，你什么时候成家、找房子呢?"在她看来：只要毕了业，金钱就会自动地涌进腰包里来。既然我是这么个了不起的人，那为什么还叫我哥儿呢，岂不是太糊涂了吗。当时，我只是简单地说："眼下一时还没有房子，要到乡下去。"她一听，显得很失望，不停地搔着她那两鬓斑白的乱发。我看了实在难受，就安慰她说："去是要去，但很快会回来的，明年暑假一定回来。"尽管我这么说，她脸上显得还是不对劲。我就问："给你买点什么特产呀，你要什么?"她说："想吃越后[①]的竹叶糖。"越后的竹叶糖，我没有听说过，首先，方向就搞错了。我告诉她说："我要去的乡下，好像没有竹叶糖。"她反问道："这么说，那是上哪儿呀?"我说："是西边。"她又问："是箱根那边？还是这边?"真拿她没办法。

动身那天，阿清婆一早就来了，帮了不少忙。她来时还在路上的小杂货铺里买了牙膏、牙刷、毛巾，给我塞在帆布包里。我说："不要这些个东西。"她根本不听。我们一起坐黄包车来到火车站，走上了月台，她凝望着已经上了车的我的脸，小声地说："也许再也见不着了，你要多保重啊!"眼睛里饱含着泪水。我没有哭，但也快要流泪了。火车开出去一段之后，心想这该不要紧了吧。于是从窗口探出头来，回过去一看，阿清婆还站在那里，显得特别矮小。

二

呜的一声，轮船停下来了。小舢板从岸那边划过来，船夫赤条条的，只扎了块红色兜裆布。真是个野蛮地方！当然，天这么热，的确是穿不住衣服。阳光很强，水面特别耀眼，只要瞧上一会儿眼就花了。问了问船上办事的人，说我该在这里下船。看上去，不过是大森[②]那么大的一个渔村。心想：这不是捉弄人吗？这么个地方我怎么能受得了啊！可人已经到了这里，还有什么办法。我打起精神最先跳上了舢板，接着好像又上来了五六个人，此外，只装了四只大箱子。扎红兜裆布的人把舢板划回岸来。船一靠边，我第

① 位于东京的北部，指现在的新潟县一带。

② 东京地名。

一个跳上了岸，随即抓住一个站在岸上、拖着鼻涕的小鬼，打听中学在哪里？那小鬼呆头呆脑地说：“不晓得。”真是个傻里傻气的乡下佬！就这么巴掌大一个镇子，哪有连中学在哪里都不知道的呢？这时，来了一个穿窄袖和服的人，说：“到这边来。”我跟着他，来到了一家叫什么港店的客店。几个讨厌的女人齐声说：“请进啊！”被她们一说，我反而不高兴进去了。就站在门口问道：“中学在哪里？”听说中学从这里坐火车去，还有七八里地，就更不想进屋去了。我从穿窄袖和服的人手里，夺过自己的两个提包，慢慢吞吞地走了出来。客店的人现出诧异的神情。

我很快找到了火车站，顺利地买到了车票。坐上去一看，火车跟火柴盒一样，咔嗒咔嗒地开了约莫五分钟，就说该下车了，难怪车票那么便宜，只花了三分钱。下车后，雇了一辆车子，来到中学时，已经放了学，谁都不在，校工说值班的有点事出去了。这样的值班员真是再舒服不过了。心想：那就去找校长吧，可又太累了。于是登上车，吩咐车夫说：“拉到旅店去！”车夫劲儿挺足地把我拉到了一家叫山城店的旅店。说起山城店，跟当铺勘太郎家的字号一样，这倒怪有意思！

女茶房把我领进了楼梯下面一间昏暗的屋子里。房间热得没法待，我说：这样的房间没法住。她说：“真不凑巧，全住满了。”说完，扔下我的提包就出去了。没办法，只得钻进房间里，淌汗也得忍着。不一会儿，来叫我去洗澡，我扑通一下跳进了澡池，洗了两下就出来了。往回走时顺便看了一下，有许多凉爽的房间空着。无礼的东西，竟敢说谎！不一会儿，女茶房送来了茶饭。房间虽热，可饭菜却比东京公寓的要好得多。女茶房边侍候边问我从哪里来，我答道：“从东京来。”她一听就说：“东京是好地方吧？”我答道：“那还用说。”女茶房收拾好碗筷，回到厨房之后，传来了一阵狂笑。因为待着无聊，马上就躺下了，但怎么也睡不着。不光是热，而且太吵，比公寓还要厉害五倍。昏昏欲睡中梦见了阿清婆。阿清婆嚼着竹叶糖，连竹叶子都贪吃掉了。我说：“竹叶有毒，别贪嘴的好。”她说：“不，这叶子还可以当药哩！”仍然吃得挺香。我感到奇怪，张开大嘴，哈哈地笑了起来，就这样笑醒了。女茶房在开雨窗，看上去又是个晴空万里的好天气。

曾听人说：在外住店，要给茶钱，不给茶钱，会遭到怠慢的。我之所以被塞进这又窄又暗的房间，也许就是因为没给茶钱？或是因为我衣着粗俗，又拎着帆布提包和粗布洋伞吧？别看乡下佬，竟敢轻视人！好吧，赏给你头等的茶钱，唬唬他们！从东京来时，我把学费余下的三十元带在身边，除买火车票和轮船票，以及零星开销外，约莫还有十四元。即使全都给了他们，往后我可以拿到薪水，也没关系。乡下人不开眼，给上五元钱，肯定要大吃一惊。我主意已定，要看个究竟，便洗了脸，回到房里等着。昨晚那个女茶房又送茶饭来了。她端着盘子，一边侍候着，还嬉皮笑脸的。真是个不懂礼貌的东西！我脸上又没有什么热闹好看，何况比起她的长相来，我总要端庄得多。本想吃完了饭再给钱的，由于实在气极了，饭没吃完就拿出一张五元钞票，说："等一会把它拿到账房去！"女茶房显出诧异的神情。我随即往学校去了，连皮鞋都没有擦。

因为昨天坐车来过学校，大致的方向是清楚的。拐过两三个十字路口就到了学校大门前。从学校大门到校舍门口的路，是用花岗石铺的。昨天车子从这铺石路上走过时，发出叽叽嘎嘎的响声，使人很不舒服。一路上，碰上许多穿粗布衣服的学生，全都从这个门往里进。其中也有比我个子高、显得挺壮实的。难道要我教这样一些学生？想到这里，心里难免有些不是滋味。我拿出了名片，被领到了校长室。校长是个稍有胡须，皮肤发黑，大眼睛，长相像狐狸似的人，摆出一副傲慢不逊的架子，说："好吧，打起精神来好好干吧！"然后郑重其事地在委任状上盖了个大印，交给了我。这张委任状，后来在我回东京时，揉成纸团，扔进海里去了。校长对我说："这就领你去与教职员见见面，把这张委任状给每个人都看一看。"真是多此一举！与其这么麻烦，不如把委任状贴在教员办公室里，示众三天！

教员们要在第一节课的下课号吹过之后才能回到休息室来。还有不少时间。校长拿出表来看了看，说："以后再慢慢跟你谈，先让你了解一下大致的情况！"便就教育的精神来了一通说教。我当然是敷衍相应，甚至边听边想：这可是来到了一个不曾想过的地方，我哪能照校长说的去办呢？把我这样一个鲁莽人找来，说什么要当学生的楷模啦，什么应该被尊为全校的师表啦，什么除了传授学问之外，如不能让学生受到自己的感召，就不能成为教育工作者啦，如此这般地来了一套无理的要求。若是那么个了不起的人，还会为这四十元月薪，打老远到这乡下来吗？当时我心想：凡是人，大都一个样，一生气就要吵架，这一点谁都会这么干的。如果按这里的要求，就等于既没法开口说话，也不能外出散步。早知是这么难干的差事，在雇我来之前，一一说个清楚，该有多好。我最忌讳说谎。可也没法，既然被骗来了，只好豁出去。又一想：不如决心就此辞聘归去。可是，已经给了旅店五元，钱包里只有九元之数了，光这九元钱是回不了东京的。什么赏钱，不给就好啦，真是后悔莫及！可再一想：就这九元钱，也非全不顶事，虽不足旅费，总比扯谎强得多。于是，我说："要按你说的那样，我终归是做不到的，把这委任状还给你吧！"校长眨着狐狸般的眼睛看着我。过了一会儿，笑着说："刚才说的，只是希望罢了。你做不到，这一点我很清楚，请放心好啦！"既然你这么清楚，何不从一开始就别那么装腔作势呢！

正在说这说那的时候，号声响了。教室那边顿时喧闹开来。校长说老师们可能已经全到休息室去了。于是，我便跟在他身后，走进了休息室。在一间窄长的房间里，四周摆着桌子，大家都坐在那里，见我进来，所有的目光不约而同地一齐朝我射来。我又不是展览品！接着，我按事先嘱咐的，来到每位老师面前，手捧委任状，一一致以见面礼。对方大都起身鞠躬还礼。也有顶认真的，接过我递去的委任状，从头到尾拜读之后，再恭恭敬敬地还给我。真像演社戏一样。第十五人是个体育教员，转到他面前时，因为老一套的动作反复了多少回，我有些厌烦了。你想，对方只要来那么一次就算了事，而我，同样的动作要做十五回。总该多少替我想想吧！

在见面时，其中有个叫某某的教务主任，据说是个文学士。说起学士，那是大学毕业生，在这里也许要算个了不起的人吧。可此人说话像女人一样温和，倒也奇怪。最奇怪的是，如此热天，他竟穿着法兰绒的衬衫。即使料子再薄，同样是热，这是肯定的。因为是文学士，就得穿这种苦不堪言的服装？何况那衬衫还是红颜色的，更叫人莫名其妙。后来一问，说此人整年都穿红衬衫。真有这种怪毛病的人！据他本人解释：红色是保护身体的良药，为卫生起见，才特意定做的。果真如此的话，真是多余的考虑。顺便把衣服、裤子全都做成红的，岂不更好。下一个是英语教员，名叫古贺，此人脸色很不好。一般说面色苍白的人都很清瘦，可此人却是苍白而肿胖。过去上小学时，同班同学里有一个姓浅井叫阿民的孩子，他父亲就是这种脸色。浅井是庄稼人，所以我曾问过阿清婆："当了庄稼人，是不是就得变成这种脸色？"阿清婆告诉我说："不是，那是因为他尽吃老秧的南瓜，所以才苍白而肿胖的。"从那以后，凡见着苍白而肿胖的人，我就认为他一定是吃老秧南瓜的结果。这位英语教员肯定也是净吃老秧南瓜。说起来，什么叫老秧瓜？至今我也弄不清。我问过阿清婆，她只笑不答，兴许她也不知道。下一个是和我同行的数学教员，姓堀田。他体格壮实，剃光头，活像叡山[①]的凶僧。

① 位于京都东北，上有寺庙。

我很恭敬地把委任状递过去，他看也不看，只是说：“啊，你是新来的，上我那里去玩玩吧。啊哈哈。”有什么值得啊哈哈的。像这种不懂礼貌的家伙，谁会到他那里去玩呢！我从这时候起就给这和尚取了个外号，叫野猪。到底还是汉学老师认真拘礼，滔滔不绝地说：“昨天刚到，一定累了吧。这一来就得上课，相信你会干得出色的……”真是一位和蔼可亲的老爷子。图画教员一副艺人派头，穿着轻飘飘的薄绢褂子，摇着折扇，开口说：“你家是哪里？啊！东京？太高兴啦！有做伴的了……我也算个江户儿[①]哟！”我心里在想：这种人也算江户儿的话，我真不高兴出生在东京了。其他的人，如果照这样一一记述下去的话，那就太多了。而且也写不完，干脆到此为止吧！

见面礼过后，校长说：“今天嘛，先回去也行，至于上课的事嘛，先和数学主任商量好，后天起就来上课。”我问数学主任是谁？不料就是那位我给取名叫“野猪”的教员。真是倒霉，在这种人手下工作，委实叫我大失所望。野猪说：“喂，你住在哪里？是山城店吧，那好，回头去找你商量。”他说完，拿起粉笔就往教室去了。既然当了主任，却主动前来商谈，真是太不体面了。当然啰，比起把我叫去，总有令人敬佩之处。

完事之后，我从校门出来，心想立即回店去。可又一想：回去也没有事，不如在街上走走。便无目的地信步而行。看到了县衙门，那是一座前世纪的古老建筑；看到了兵营，不如麻布[②]的团部那么威风；逛了大街，街道只有神乐坂[③]一半宽，市面也没有那么整齐。看来二十五万石封地的诸侯住城，也不过如此。把这么个地方夸耀为城市的人，真是太可怜了！我边走边想，不知不觉就到了山城店门前。这地方看起来很大，其实很狭小，只这么一逛，就大体参观完了。回店吃饭吧！于是走进门去。坐在账房里的老板娘，见我来了，连忙跑出来招呼说：“您回来啦！”她行礼时头低到了地板上。我脱了鞋进去，女茶房说：“客房空出来了。”便把我领到了楼上。那是楼上一间临街的十五铺席的大房间，还带有很大的壁龛。我有生以来，还没有进过如此高级的房间，往后什么时候能住上这种房间，也还说不上。我脱了西服，只穿一件浴衣，手脚摊成一个大字，躺在房间的正中央，心里舒坦极了。

吃完晚饭，赶紧给阿清婆写信。我写不好文章，甚至有些字都写不出

---

① 江户是东京的旧称，道地的东京人，称作江户儿。

② 东京麻布区，设有兵营。

③ 东京的街道名。

来，所以特别不爱写信，也没有要去信的地方。可是阿清婆也许在惦念着我，如果她担心我翻船淹死了，那多不好。因此我发狠给她写了封长信，内容如下：

> 昨天抵达。这里太没意思。睡在一间十五铺席的房间里。给了旅店五元茶钱。老板娘行礼时头都碰到了地板上。昨晚睡不着，梦见你吃竹叶糖，连竹叶都吃了。明年夏天回去。今天到学校去了，给他们全都起了个外号，校长叫狐狸，教务主任叫红衬衫，英语教员叫冬瓜脸，数学教员叫野猪，图画教员叫帮腔佬。其他一些事下次再写。再见。

写完了信，心里挺痛快。睡意来了，于是，像先前一样，手脚摊成大字，舒舒服服地躺在房间中央。这回没有做梦，睡得很香。“是这间房子吗？”有人在大声说话。我睁开眼睛一看，原来是野猪进来了。他上来就说：“对不起，你担任的课……”也不管人家有没有起来，一上来就谈工作，弄得我狼狈不堪。其实，他说的要担任的课，倒也并不怎么难，我随即答应了。这么一点事，不用说后天，就说从明天开始，又有何难！上课的事谈完之后，他自作主张地说：“你不会一直住在这家旅店里吧？我给你找个好房东，搬去吧。要是旁人，那家是不会答应的，我去说说的话，马上就能办到。越快越好，今天去看房子，明天搬，后天好去上课，就这么办。”说来也是，不可能总住十五铺席的房间，否则，把月薪全交了房租，兴许还不够。可下狠心赏了五元茶钱，马上就搬家，多少有点可惜。但又一想，既然迟早要搬，不如早早搬去安顿下来的好。因此决定把此事拜托野猪从中帮忙。可野猪说：“总得一起去看看吧。”于是一同去了。房子坐落在街尽头小山坡的半腰上，十分幽静。房东做古董买卖，人们叫他骗子银。老婆比他还要大四岁。在中学时，学过“女巫”一词，他老婆恰似女巫。就算是女巫，既然做了人家的老婆，倒也无妨。最后说定了明天搬去。往回走时，野猪在通街请我喝了一杯冰水。在学校初次见面时，觉得他是个特别傲慢无礼的家伙，没想到他竟如此多方相助，看来似乎并非坏人。只是和我一样，性情急躁，肝火太旺罢了。后来一打听，说此人在学生中是最有威望的。

三

我终于去上课了。走进教室，第一次登上讲台，总觉得有些不自在。一边讲课，一边在想：难道我也能当老师？学生不太安静，不时地用特别大的声音叫唤老师，我这当老师的则要给予回答。过去在物理学校时，每天也是老师老师地直叫。可是，叫人老师和被人叫老师，真有天壤之别。不知怎么的，脚心总是痒丝丝的。我既非懦弱者，也非胆小鬼，但遗憾的是缺少魄力。被学生大声一叫老师，就像肚子饿的时候，在丸之内听到午炮响[①]一样。第一堂课总算马马虎虎过来了，倒也没有碰到特别困难的问题。回到休息室，野猪见面就问："怎么样？"我只"嗯"了一声，野猪好像放了心。

第二堂课，拿着粉笔走出休息室时，不知怎么的，觉着像是踏进敌军阵地一样。进教室一看，这个班的学生尽是些比上一班个子大的家伙。我是江户儿，身材显得斯文矮小，即使站在高处，也没有那种镇住人的威严。若论吵架，甚至摔个跤给你看都行。而面对着这四十个大个子，单凭自己一个舌头，是无法使人害怕的。可我心里想：在这些乡下佬面前示弱，会惯出他们的毛病来。所以尽可能提高嗓门，带点卷舌音给他们讲课。刚开始时，学生不知深浅，显得茫然不知所措。叫你们知道知道我的厉害！我心里更加得意了，于是撇起了东京腔。这时，坐在最前面一排正当中的一个看上去挺凶的家伙，突然站了起来，叫了一声"老师！"我寻思："哟，真的来啦！"就问他："什么事？"他说："讲得太快，听不懂，您稍微讲慢点行呗。""行呗"是当地人说话一种拖泥带水的调子。我答道："若是太快，就给你们讲慢点。我是江户儿，不会说你们的话。若是听不懂，就等到能听懂再说。"就这样，第二堂课比预想的还要顺利。可是，下课后，一个学生拦住我说："请把这道题给讲解一下行呗。"他拿了一道看来难解的几何题逼着问我，使我出了一身冷汗。没法，只好直说："这道题有些难解，下次教给你吧。"随即抽身往回走。这时学生们"哇"的一声哄了起来，还听到其中有人说："不会，不会。"我在心里想："真是一帮蠢货！老师也有不会的题目，这是常有的嘛。不会就说不会，这有什么大惊小怪的呢！如果这么难的题能马上做出来，有这个水平的话，何必为这四十元到这乡下来！"回到休息室，野猪又

① 过去，在东京丸之内设有午炮报时。

问："这回怎么样？"我还是"嗯"了一声。可光"嗯"还觉着不顺气，就又说了一句："这学校的学生尽是些糊涂虫！"野猪听后，显出惊讶的神情。

第三堂课和第四堂课以及午后的一堂课全都大同小异。第一天几个班上的课，都多少有些失败之处。这时我才知道：教师并非像在旁边看到的那样轻松。课是全上完了，但还不能回去，没事也得等到三点。据说到了三点，等任课班级的学生来通知说，本班教室已经打扫好了，就去检查，然后清点一下到课的人数，这才算完事。我想：即使这身子是用月薪买下的，也不该连空闲时间都得把人拴在学校里，让人死盯着自己的桌面呀，这算什么规定！可是，其他人都老老实实地按规章办事，光我这个新来的人去招惹是非，反而不好，所以就忍住了。在回来的路上，我对野猪说："老兄，不分青红皂白，硬要在学校待到三点过后才走，这不是太笨了嘛！"野猪笑着说："可不是，啊哈哈。"接着，他又忠告似的对我说："老弟，可不要总说学校的坏话啊，要说只能对我说，因为这里可有非常奇怪的人啊！"我们在十字路口分了手，没来得及去细问。

回到住处，房东前来说："沏茶吧！"他说沏茶，我还以为是请我喝茶呢，不料，他却不客气地沏了我的茶叶，自己喝开了。看来我不在时，他大概也是随便自己进来沏茶喝的。房东说："我喜欢古董字画，所以就暗地里做开了这项买卖。看起来，你也是个风雅人士，也来搞搞这个玩意儿，怎么样？"真是异想天开的勾引。两年前，曾有那么一次，我奉某人所差，前去帝国饭店，人家竟错把我当成了修锁的。还有一次，我披着毡子去参观镰仓的大佛，拉车的人叫我头儿。除此以外，到今天为止，被人错看的事还有不少。可是，从来没有人抓住我说："你很风雅。"一般说，从服装和模样就能看得出来，大凡风雅之士画中常见，那是上披头巾，手拿诗笺的人。他那么一本正经地把我这样的人说成什么风雅之士，说明他绝非一般的滑头。于是，我说："这种悠闲的退休老人干的事，我很讨厌。"房东一听，啊哈哈地边笑边说："不，谁都不是一开始就喜欢的。可是，一旦入了门，就很难出得来。"他做着奇怪的手势，独自倒茶喝着。实际上，这茶是我昨天晚上托他买来的。可是，这样又浓又苦的茶我不爱喝。喝上一杯，就感到胃不舒服。我说："往后买茶，味道不要太苦。"他答道："好的。"说着又倒出一杯来喝了下去。这家伙以为反正是别人的茶，就一个劲儿地喝。房东走了之后，我把明天的课准备了一下，就躺下了。

从此以后，我每天到学校去，照章办事；每天回到住处，房东就来沏茶喝。过了一个星期，对学校的情况大致有所了解，也大体知道了住处房东夫妇的为人。我问过其他老师他们刚来时的情况，据说在接受委任的头一个星期到一个月期间，非常关心对自己评价的好坏，而我却从来没想过这些。有时在课堂上出了点差错，当时心里觉得不对劲，可过去三十分钟之后，就会忘个精光。我不分什么事，即使打算长期记住，也还是记不住。课堂上的差错会对学生有什么影响？这影响又会使校长和教务主任产生什么反应？我都毫不在意。我呀，正如上面说的，是个缺少魄力的人，但遇事却能想得开，这倒也不错。我打算着：如果这个学校待不下去，就到别的地方去。所以狐狸也好，红衬衫也好，我一点都不怕。至于对班上的那些小鬼，就更不想面带笑容和说奉承话了。在学校里这么着可以，可在房东家却不行。如果房东只是来喝茶，倒也可以忍耐，可他却把各种各样的东西拿来。起初拿来了一些印章，一摆就是十来个。他说："一共才三块钱，很便宜，买吧！"我说："我又不是下乡的孬画师，用不着这东西！"接着他又拿来叫华山什么人的花鸟画轴。他把画挂在壁龛里，称赞说："画得多好呀！"我随便应酬着说："是吗。"他又作着无聊的解释说："华山有两个[①]，一个叫某某华山，另一个叫某某华山。这是那个叫某某华山画的。"接着，他催促着说："怎么样，你要买的话，十五元就卖。买下吧！"我回绝他说："没有钱。"可他还是坚持说："钱不打紧，什么时候给都行。"我说："有钱也不买。"这才把他撵走了。最后，他又搬来了兽头瓦一般的大砚台。说："这叫端溪砚，端溪砚。"一连说了两三遍端溪砚。我半开玩笑地问道："什么叫端溪砚？"他随即解释开了："端溪砚的石料分上中下三层，现在通常看到的均为上层。可这砚台是真正的中层石。你看这石眼[②]，竟有三个之多，实属珍品，磨出墨来也很润笔。你试试看！"说着就将大砚台向我推来。我问："多少钱？"他说："物主是从中国带回来的，说一定要卖掉。那就便宜些，给三十元吧！"这物主一定是个傻瓜。学校方面好歹相安无事，可是碰上这么个用古董来逼我的房东，实在叫我无法长久在这里住下去。

后来，我对学校也厌烦了。有一天晚上，我在叫大街的地方散步，见邮局旁边一家小店的招牌上写着"荞麦面"三个字，下边注着"东京"。我最喜欢吃荞麦面。在东京时，每次从面铺前过，一闻到那股作料香味，就总想

---

① 两个华山指日本封建幕府时代的两个画家，即渡边华山（1793—1841）和横山华山（1784—1837）。

② 指端溪石中的圆形斑纹。

钻进门帘去。这些日子，因为教学和古董，使我一时忘却了荞麦面。可眼下见到了招牌，就不能过门不入，顺便吃上一顿吧。我走进店去，一看，并不像招牌上注的那样。既然标榜东京，就该稍许搞得干净些。可是，不知是不了解东京，还是没有钱，屋里显得非常脏。铺的榻榻米变了色，而且踩上去还有沙子沙沙作响。墙上被煤烟熏得漆黑。天花板不仅被油灯烟熏黑了，而且很低，几乎要使人缩着脖子走动。只是那张堂堂正正列着荞麦面名称的价目单是新贴上去的。也许是买人家的什么旧房子，两三天前刚开张营业的吧。价目单上的第一项就是炸虾面。于是，我大声叫唤着："喂！来碗炸虾面。"这一叫，原先缩在旮旯里呼啦呼啦地吃着面条的三个人，一齐向我看来。屋里很暗，我没有注意，等一照面，原来全是学校的学生。他们向我行礼，我也还了礼。当晚，因为好久才吃到荞麦面，觉得味道极美，一下子吃了四大碗炸虾面。

第二天，我毫不在意地走进了教室，只见满黑板写着"炸虾面老师"几个大字。学生一见我，就嘻嘻地笑开了。我弄不清这是怎么回事，问道："是为吃炸虾面发笑吗?"这一问，一个学生说："不过，一连吃四碗也太多了吧，是不。"我说："吃四碗也好，吃五碗也好，自己花钱自己吃，这有什么好笑的。"很快讲完了课，回到了休息室。十分钟之后，我走进了另一个教室，见黑板上又写着："四碗炸虾面，不可笑也。"刚才我没怎么生气，可这回却恼火了。玩笑过了度，就成了恶作剧；烧饼烤焦了，就不会有人赞赏。乡下佬不通此理，也许认为不管放肆到什么程度都不要紧。住在这狭小的城市里，走上一个小时，就没有可逛的地方了，又没有什么好玩的东西，所以就把炸虾面当做一件事，喧嚷成日俄战争一样了。真是一帮可怜的家伙！从小就受这种教育，培养出来的都像是盆栽枫树般的早熟小人。如果是幼稚无知，一起笑笑，也未尝不可。这样乱写，算什么本事。年龄虽小，却怪讨人嫌。我不声不响地把炸虾面几个字擦去，然后说："这种恶作剧有什么好笑，这是一种卑劣的玩笑，你们知道卑劣这个词的意思吗?"有人回答道："自己做过的事，人家一笑就生气，这就是卑劣。"多么可恶！特意从东京来，就为教这些家伙吗？想到这里，感到自己真没出息。我说："别讲那些多余的废话，好好学习吧！"接着便开始上课。哪知再往下一个教室去，那里又写着："吃了炸虾面，就想讲废话的人。"真叫人不能容忍！我实在气极了，说："尽是些不懂道理的家伙，我不教了。"说完，气呼呼地走了。后来听说，学生因为不上课都高兴极了。如此看来，比之于学校，还是古董好得多。

炸虾面的事，回到住处睡过一晚之后，也就不那么生气了。到学校去一看，学生也都来了，我有点莫名其妙。接下去有那么三天，安然无事。第四天晚上，我去叫住田的地方吃团子。住田这地方，街上有温泉，从城里坐火车去只要十分钟，走路去要三十分钟。那里不仅有饭店，有温泉旅馆，有公园，还有妓院。我去的那家团子铺在烟花巷的入口处，很有名。听说那家的团子特别好吃，所以在洗了温泉之后，顺便去尝了尝。心想这回没有碰上学生，该不会有人知道吧。第二天到学校去，第一堂课一进教室，就见写着："两碟团子七分钱"。确实，我是吃了两碟，付了七分钱。这些家伙竟是如此讨厌！我知道第二堂课一定还会写些什么，果然不出所料，那里写着："妓院前的团子真好吃，真好吃！"这些家伙真叫人哭笑不得。团子的事就这样结束了，可紧接着又议论开了红毛巾的事。我寻思这是怎么回事呢？说起此事也很无聊。我自来到这里之后，每天准到住田去洗温泉澡。在这里，所能见到的一切，全都不及东京，唯有温泉，实在非常好。难得来到这个地方，就想每天去洗温泉澡。所以在晚饭前，我总是作为运动上那里去。每次去时，我总是搭着一条西式大毛巾。这条毛巾经温泉水一泡变了颜色，再加上原来的红色条纹，乍一看，像是红颜色的。我无论来去，坐车也好，走路也好，总是搭着这条毛巾。据说就因为这个，学生就叫我红毛巾、红毛巾。住在这小地方真是讨厌！还有，温泉浴室是三层楼的新房子，上等浴池，连租用浴衣带搓背，只要八分钱，而且还有女招待送茶来。我每次都洗上等浴池。这一来，就有人说话了："四十元的月薪，每天洗上等浴池，太讲究啦！"真是多管闲事！不仅如此，浴池是用花岗石砌的，有十五铺席那么大，一般总泡着十三四个人，偶尔也有别无他人的时候。水深齐胸，为了运动，在浴池里游游泳，很是痛快！我一见没别人的时候，就在这十五铺席大的池子里游来游去，好不惬意！一天，我兴致勃勃地从三层楼下来，心想今天可以游游泳吧，没想到，朝入口处一看，只见那里钉着一块大牌子，上面写着"禁止在温泉池中游泳"几个黑黑的大字。在温泉池中游泳的几乎绝无仅有，看来，这块牌子是特意为我而新做的。打那以后，我只好打消了游泳的念头。泳是不游了，可到学校一看，黑板上照例写着："温泉池中禁止游泳"，使我大为吃惊。好像全体学生都在监视我一个人似的，叫人实在不痛快。不管学生说什么，我不是那种对自己想干的事轻易就肯罢休的人。可是，一想到处在这么个一转身就碰鼻子的小地方，实在令人扫兴。而且回到住处，照例要受到古董的打扰。

四

学校里有夜间值班制度，由教职员轮流承担。但狐狸和红衬衫例外。我问过：为什么这两个人能免除这应尽的义务？回答说：因为他俩享有任免权。真叫人生气！月薪拿得多，工作时间少，还借此逃脱值夜班，哪有这样不公平的呢？任意制定规章制度，摆出一副这是理所当然的架子，真有这样厚颜无耻的人。对这件事我感到很不公平，但据野猪说：任你一个人怎么鸣不平，也无济于事。按理说，只要是正确的意见，不管是一个人还是两个人，都应该采纳呀！野猪引用了 mighlis right 的英语来告诫我，我弄不懂是什么意思，反过去问他，他说是“强者有理”的意思。提起强者有理，此话我过去就听说过，用不着野猪再来解释。可强者有理和值夜班是两码事，何况谁也没有承认狐狸和红衬衫是强者嘛。议论归议论，反正这回要轮到我值夜班了。我一向有个毛病，如果不舒舒服服睡在自己的被褥里就睡不着觉。从小时起几乎就没有在朋友家过过夜。既然连朋友家都睡不惯，就不用说在学校里值夜班了。尽管不乐意，但这是包括在四十元之内的事，又有什么法子呢，只好耐着性子去干吧！

等老师和学生都走了之后，一个人闷坐着实在是太无聊了。值班室设在教室背后、学生宿舍西边尽头的一间。进去一看，正顶着太阳的西晒，热得没法待。在乡下，即使到了秋天，热季也拖得特别长。晚饭是从学生食堂打来的，真是难吃极了。学生们吃得这么差，还有劲这么胡闹，真是难得。而且四点半钟就早早把晚饭吃完了，真是好样的！饭是吃过了，可天还没有黑，当然没法睡觉，这一来就想到温泉去一下。我不知道值班员能不能外出，可这样待着就像关禁闭一样活受罪，实在受不了，记得头一次到这学校来时，曾问过值班员哪里去了？校工说有点事出去了。当时觉得奇怪，现在轮到自己值班了，这才知道外出是理所当然的。我对校工说：“我出去一下。”他问有什么事？我答道：“没有什么事，上温泉。”说完转身就走了。遗憾的是红毛巾忘在房东家没有带来。今天就借用那边的吧。

随后，我在温泉里出来进去消磨了很长时间，黄昏时分我才坐上火车，来到古街车站下了车。那里离学校不到一里地，走着并不费劲，索性走吧！这时，看见狐狸迎面走来，他也许是要从这里坐车往温泉去吧，匆匆地直往前来。和我擦肩而过时看见了我，我点了一下头，狐狸却显得挺认真似的问道：“今天是不是你值班？”什么“是不是”，两个钟头之前，你不是还对我说：“今晚该你第一次值班，有劳你喽！”这种客套话嘛。当了校长，说起话来尽是转弯抹角。我很不高兴地说：“是呀，是值班。因为值班，这才往回走。既然要住一宿，就认真地去住呗！”说完，我就走了。来到竖街的十字路口，这回又碰上了野猪。真是个小地方，只要外出走走，肯定就得碰上什么人。野猪问：“喂，你不是值班吗？”我答道：“嗯，是值班。”他又说：“值班也随便跑出来，不合适吧。”我故意神气十足地说：“这有什么不合适的，不出来走走才不合适呢！”他说：“你这么随便，真不好办。要是碰上校长或是教务主任，会惹出麻烦来的！”这不像野猪说的话。于是我说：“刚才碰到过校长了，他对我出来散步还大加赞赏呢，说天热的时候，如果不出来散散步，值班员也真够受的！”我怕说下去太啰唆，就转身走回学校来了。

渐渐地天就黑了。天黑后，我把校工叫到值班室，闲谈了两个小时，觉得腻味了，心想睡不着也得在床上躺着。于是，换上睡衣，撩起蚊帐，把红毯子往旁边一推，屁股朝下猛地一蹾，仰面躺了下去。睡觉时蹾屁股，是我从小养成的习惯。说起来这是个坏习惯，我在小川街公寓住的时候，住在楼下的法律学校的学生，还找上门来提过抗议。那个学法律的学生很懦弱，可那张嘴却特别厉害，说起蠢话来也是长篇大论的。我还口说：“睡觉时咚咚地响，那不是我的屁股有毛病，而是公寓的房子太简陋。你要是有意见，那就找公寓去说吧！”这值班室不在楼上，任我怎么蹾屁蹲儿也不要紧，而且我如果不尽情地在床上蹾个屁蹲儿再躺下，就感觉不出要睡觉的意思来。啊，真叫痛快！我把两腿使劲一伸，这时感到有什么东西飞到了腿上。涩拉拉的，又不像是跳蚤。我吓了一跳，用脚在毯子里踢了两三下。这一来，碰上的东西一下子更多了，小腿上有五六处，大腿上有两三处，屁股底下“扑哧”一声压碎了一个，有一个还跳到了我的肚脐儿上——我更加吃惊了。一翻身坐了起来，把毯子呼地朝身后一甩，褥子上飞出五六十只蝗虫来。不明真相时多少有些害怕，等看清楚是蝗虫之后，立刻就火冒三丈了。小小的蝗虫也敢来吓唬人，看我怎么治你。随即拿起长圆枕头打了两三下。可是对手太小，扔得劲大，却不大起作用。没办法，只得又坐在褥子上，像扫除时把席子卷成圆筒敲打榻榻米似的，用枕头朝身子周围不停地拍打起来。蝗虫被惊动了，随着枕头飞了起来，不停地碰到或落在我的肩膀上、头上、鼻子尖上。落在脸上的，没法用枕头打，只好用手抓住，使劲往外摔。可恨的是无论怎么使劲，因为摔到了蚊帐上，所以只是轻轻地动动，毫无反应。摔出去的蝗虫就那么趴在蚊帐上，要死不活的。约莫打了半个钟头，总算把蝗虫治除了。我拿来扫帚，把死蝗虫扫了出去。校工来问：“出了什么事?”“还问什么事不什么事的，我倒要问你，有什么地方蝗虫养在床铺里的。糊涂东西!”他申辩说：“我不知道呀!”我说：“不知道就算完啦!”说完，我把扫帚往走廊上一扔，校工战战兢兢地拾起扫帚，扛着走了。

我立刻叫住宿学生派三个代表来，可来了六个。你来六个也好，来十个也罢，没有什么了不起。我穿着睡衣，挽起袖子，开始了谈判。

“这是怎么回事，为什么把蝗虫放进我的床铺里?”

“什么是蝗虫呀?”最前面的一个说，显得十分沉着。我心想在这个学校里，不仅是校长，甚至连学生说话都是拐弯抹角的。

“连蝗虫都不知道?真不知道，就给你们瞧瞧!”我说。可是不巧，全都扫走了，一只也没有剩下。我又把校工叫来，说：“去把刚才的蝗虫拿来。”他问：“全都倒到垃圾堆里了，是不是要拾回来?”我说：“嗯，快去拾来。”校工一听连忙跑了出去，不一会儿，在纸上摆着十来只端了回来，说：“实在对不起，正巧赶上天黑，只找到这么些，等明天再多拾些来!”连校工也是糊涂蛋。我拿过一只蝗虫让学生看，说：“这就是蝗虫。长这么大的个子，连蝗虫都不知道，真不像话!”听我这一说，最左边的一个圆脸的家伙，装腔作势地反问起我来：“这是蚂蚱纳摩西①?”我反驳说：“糊涂蛋!蚂蚱也好，蝗虫也好，都是一样的东西。特别是你们不该在老师面前开口就说什么纳摩西，这叫什么话。烩饭只是在插秧时吃的嘛!”

“是不是和豆腐音相同，是不?”这些家伙一开口总要说“是不”。

“蝗虫也好，蚂蚱也罢，为什么要放进我的床铺里?我什么时候拜托你们放来着。”

“谁也没有放呀!”

“没有放怎么会跑到床铺里来呢?”

“蚂蚱喜欢暖和的地方，大概是它们自己爬进去的吧。”

“胡说!蝗虫能自己爬进去吗?——蝗虫自己爬进被子还受得了吗?——快说!为什么要恶作剧。”

---

① 纳摩西是日本四国等方言语气词，无具体意思，读音与“烩饭”近似。这句话的意思，即“这是蚂蚱呀!”

“怎么说，没有放，要我们说什么呀？”这帮家伙真可恶！

既然自己干的事都不敢承认，那索性就别干。别人拿不出证据来，他就硬是厚着脸皮给你装作不知道。我在上中学时也曾干过一些淘气的事，但要是有人问是谁干的，那种不敢认账的胆怯表现，一次也没有过。干了就承认干了，没有干就说没有干。我这个人，不管干了多少淘气事，也是光明正大的。如果想借说谎来逃避受处罚，那打开始就别淘气。淘气和处罚是连着的。有处罚，淘起气来心里才痛快。我想，说不定光想淘气而不想挨罚的劣根性在什么地方很流行吧。借了人家的钱却不想还，这种丑事肯定是这样一些家伙毕业后干出来的。来上中学到底为了什么？进了学校，说谎、骗人、暗地里偷偷摸摸地干那些见不得人的坏事，然后大模大样地毕了业，还误认为自己是受过教育的。真是不屑一说的乌合之众。

和这么一帮子尽出坏点子的家伙谈判，实在感到恶心。我说：“既然不肯说，不问也罢。进了中学，连什么是高尚，什么是下贱都分不清，实在太可怜啦！”说完，我把六个人全撵走了。我的话和态度虽不见得高尚，但心地要比这帮家伙高尚得多。六个人从容地走了出去，从表面看，他们比我这个当老师的还要神气。其实，他们越沉着就越显出他们的心眼坏。我的胸怀实在没有那么开阔。

我又钻进被窝躺了下来。因为刚才一阵骚乱，蚊子在蚊帐里嗡嗡直叫。要是点上蜡烛去一只只地烧，实在太麻烦了。于是从吊钩上摘下蚊帐，叠成长条，在屋子里上下左右乱挥了一阵，钩环扫过来，狠狠地打痛了我的手背。第三次钻进被窝时，这才稍稍静了下来，但还是很难入睡。一看钟，已经十点半了。想想自己真是来到了一个讨厌的地方。如果说中学教员不管到哪里，都要和这些家伙打交道，也未免太可怜了。可愿当教员的还挺多，大概都是些有耐性的庸人吧！我可实在干不了。想到这里，不由得感到阿清婆实可敬佩，虽说她是个既没有受过教育，又没有身份的老太太，但为人却颇值得尊敬。以往，她那样照顾我，也没有想到要特别去感谢她。如今一个人来到这老远的地方，才体会到了那种亲情的宝贵。她想吃越后的竹叶糖，即使特意去越后买来给她吃，也是值得的。阿清婆夸我不贪心，性子直。其实，夸奖我的人比我这个被夸奖的要高尚得多。不知怎么的，这时真想见到阿清婆。

心里想念着阿清婆，翻来覆去睡不着。这时，突然在我的头顶上方，足有那么三四十人，像要把楼板给踩塌似的，齐声咚、咚、咚地跺得楼板直响，接着又响起一阵与跺脚声一样大的哄叫声。我以为出了什么事，吓得跳了起来。就在跳起的瞬间我意识到了：这是学生在对刚才的事进行报复。你们干了坏事还没有认错，罪责是逃不掉的。干了坏事，自己心里也明白。按说，应该躺到床上好好反省一下，第二天早上前来道歉才是正理。即使不来认错，也该感到于心有愧，安安静静地躺在床上才对。现在这么胡闹，又是为何呢？盖宿舍又不是为了养猪，装疯卖傻也该有个限度。看我怎么治你们！我穿着睡衣奔出了值班室，三步并作两步跨上了楼梯。说来也怪，刚才上面明明大吵大闹的，这会儿却突然静下来了。不但没有人说话，连脚步声也听不到了。这真是怪事！灯已经熄了，周围很暗，分辨不出在哪里有什么东西。但有没有人，这从周围的样子就能看出来。从东到西的长长走廊里，连一只老鼠也别想藏住。月光从走廊的尽头射过来，老远望去，那边还是顶清楚的。实在奇怪！我小时候常爱做梦，梦里突然跳起来，说莫名其妙的梦话，经常被人笑话。十六七岁时，一天晚上梦见拾到了宝石，蓦地站了起来，兴致勃勃地问旁边的哥哥："刚才的宝石呢？"当时一连三天，家里人把这事当做笑柄，弄得我怪难为情。看来刚才的事兴许也是做梦。可是，的的确确是闹了一阵的，我站在走廊当中，正在寻思，这时，从月光照射的那边，三四十个人数着"一、二、三，哇"地同时喊起来，紧跟着，又像刚才那样有节奏地一起跺得楼板直响。好哇！并不是做梦而是事实。我也毫不示弱，放大嗓门喊道："吵什么！深更半夜的。"便向走廊那边跑去。我走过的地方比较暗，只能朝有月光的那头跑。我跑出去不到一丈远，在走廊当中胫骨碰上了个硬硬的大东西，刚觉着真痛，身子已经扑地一下向前倒去。我骂了一声"畜生！"爬起来一看已经跑不动了。心里着急脚却不听使唤。急得我用一只脚往前跳，却已经跺脚声、吵声又都没有了，周围安静极了。人怎么卑劣，也不能卑劣到这个程度，真是跟猪一样！我横下一条心：既然如此，我非把躲起来的家伙抓出来不可，不让他认错，决不罢休。我想打开一间寝室的门看一下里面，可是门打不开。不知是上了锁，还是用桌子之类的东西顶住了，任你怎么推，就是推不开。我接着又去推了推正对面朝北的一间，还是一样推不开。我正急着想打开门把屋里的家伙揪出来，东边尽头又响起了起哄声和有节奏的跺脚声。心想，这些混账东西！商量好了对策来捉弄我。我却不知如何对付的好。老实坦白说：我是个勇猛有余，智谋不足的人。在这种时候，应该怎么办？我一点主意也没有。尽管没有主意，可又不甘心失败。就这么收场，那是有伤我的面子的。让人家说江户儿没有志气，那是很遗憾的。若让人认为我在值班时，被拖着鼻涕的小鬼捉弄得毫无办法，无奈只好忍气吞声，那我一生的名誉就扫地了。何况我家原属旗本①，旗本的祖先是清和源氏②、多田满仲③的后裔，生来就与这些乡下佬有着根本的区别。可惜的就是缺少智谋，该怎么办好？的确令人发愁。发愁是发愁可也不能认输。因为我为人正直，所以才不知怎么办。请想想看，在这个世界上，正直者不能取胜，难道别的人就可以取胜吗？今晚胜不了，明天会胜；明天胜不了，后天会胜；后天再胜不了，就从房东家把饭盒带来，一直在这里待到取胜为止。我这样下定了决心，就盘腿坐在走廊当中等着天明。蚊子嗡嗡地直飞，我也没去管它。用手摸了摸刚才碰着的胫骨，怎么一滑溜溜的，可能是出血了。要出血就让它出吧！渐渐地困劲儿上来了，不觉昏昏睡着了。忽听一阵喧闹之声，我睁开眼睛一看，哎呀，糟啦！随即跳了起来。我坐的地方右边房间的门开了一半，两个学生站在我的面前。我清醒过来，心中一怔，随即伸手抓住面前学生的脚使劲一拖，那家伙扑通一声跌了个仰面朝天。活该！另一个正在惊慌的时候，我扑过去抓住他的肩膀，推搡了两三下。他吓呆了，直眨巴眼睛。“走，到我房间里去！”说着就要把他带走。看上去这是个胆小鬼，老老实实地跟着来了。这时，天已经亮了。

我开始审问带到值班室来的家伙。是猪，打也好，鞭打它也好，到头来还是猪。他只是一味地回答说不知道，看来是想就这样坚持到底，绝不招认。就在这时，来了一个，又来了两个，学生们陆陆续续地从楼上聚集到值班室来了。一看，一个个全都困倦不堪，眼睑肿胀。不中用的东西！只是一晚没睡，就成了这个熊样，还算什么男子汉！我对他们说：“去洗洗脸再来说话！”可谁都不去洗脸。

我和五十来个对手争辩了个把小时。突然狐狸来了。后来才知道，这是校工特意去报信，说学校里出了乱子。这么一点小事，也值得报告校长，太没出息了！正因为如此，所以只配当中学的校工。

校长听我说了一遍，也听了一下学生的申诉，然后说：“这事很快会做出处理，在此之前，你们照常上课。快去洗洗脸，再不吃早饭，时间就来不及了。快去！”就这样把寄宿的学生全放走了。真是太宽容了！如果我是校长，当即把寄宿学生全都给开除。正因为办事拖拉，所以学生才敢捉弄值班

---

① 旗本为日本江户幕府时代武士中的一个等级，家禄在万石以下，五百石以上。

② 清和源氏，为日本清和天皇之子孙，被赐姓源民的一族。

③ 多田满仲，原名源满仲，为日本平安中期的武将，因居摄津多田，故称多田满仲。

教师。接着，校长又对我说："你也操心了，一定累了吧，今天的课就不用上了。"我回答他："不，我一点也没有操心。只要我活着，即使每天晚上出这种事，也是不操什么心的。课照常上，如果这么一个晚上没有睡觉，就不能上课，那就该把领到的月薪扣还给学校。"校长不知在想什么，盯着我的脸好一会儿，又提醒说："可是，你的脸有些肿了！"我的确感到脸部有些沉甸甸的，而且满脸发痒，肯定是给蚊子狠咬了一顿。我一边搔着脸上的痒，一边回答说："脸是有些肿，但嘴还能说话，不影响上课。"校长笑着赞扬说："倒是蛮精神的嘛！"实际上，这可能不是赞扬而是讽刺。

五

"你去不去钓鱼？"红衬衫问我。红衬衫这个人，说起话来娇滴滴的，简直分不出是女是男，听了叫人难受。男子汉就该有男子汉说话的样子，何况还是个大学毕业生呢。连我这个物理学校毕业的，说话都是这么干脆。身为文学士，却是这么个腔调，太不像话！

"这个嘛。"我不大起劲地答应着。他又很不礼貌地说："你钓过鱼吗？"我说："很少钓，但小时候，在小梅①的养鱼池里，钓到过三条鲫鱼；后来又在神乐坂的毗沙门②庙会那天，钓到一条约八寸长的鲤鱼。以为到手了，没想到'吧嗒'一声又掉进水里了。至今想起这事来还觉得可惜！"红衬衫一听，翘起下巴哈哈哈直笑。其实，用不着那么装腔作势地笑。"这么说来，你还没有摸到钓鱼的门道喽！如果想学，可以教你一手。"他相当得意。谁会向你请教？一般来说，钓鱼、打猎的人尽是些残酷无情的人。若不是残酷无情，岂能以杀生为乐。鱼也好，鸟也好，活着当然比被杀死好。当然，那些只能靠钓鱼打猎为生的人，应另作别论。而过着什么都不缺的生活，却不杀生灵就睡不着觉，这不是太过分了吗！我虽这么想，可对方是文学士，能说会道，辩论起来，我肯定不是对手，只好默不作声。这一来，这位先生误认为把我说服了，于是不停地劝我："马上教给你吧，有空的话，今天怎么样？一起去，光和吉川君两个人去，怪寂寞的，走吧！"他说的吉川君，是图画教员，就是那个帮腔佬。这位帮腔佬不知打的什么主意，早晚总在红衬

① 小梅为东京向岛的地名。

② 神乐坂的毗沙门，即坐落在东京神乐坂善园寺内的毗沙门堂。

衫家进进出出，上哪里都得跟着。看上去根本不像同事，而好似主仆。红衬衫要去的地方，帮腔佬定去无疑，这已是不足为怪的了。可是两个人去就行了，为什么又叫上我这个讨人嫌的去呢？大概是这个傲慢不逊的钓鱼爱好者，为了显示自己的钓鱼本事，或是别有其他用意才邀我去的吧。这哪能唬得住我？就算你能钓起两三条金枪鱼来，又有什么大惊小怪的。我也是人，无论怎么不会，只要把钓线放下去，总能钓起点什么吧。因为是红衬衫邀请，我如果就此不去，他肯定要怀疑我是因为不会才不敢去，而并非是因为讨厌他们。这么一想，便答应说："去吧！"放学之后，我回到寓所准备了一下，然后到车站跟红衬衫和帮腔佬会齐，一起到海边去。船夫只有一个人，船身细长，东京一带从未见过这种形状的船。一上船我把舱里到处看了看，却看不到一根钓竿。没有钓竿怎么钓鱼呢？我问帮腔佬："这是怎么回事？"他摸着下巴，显出蛮内行似的说："近海钓鱼，不用钓竿，只用钓线。"早知他这么说，不如不问的好。

船夫慢慢地划着船，显得特别老练。回头一着，船已经离岸很远了，海岸显得很小了。高柏寺的五重塔从森林中像针尖一样耸出。再往前面看，青岛已在眼前，据说那是无人居住的岛，细一看，尽是石头和青松。的确，光是石头和青松怎么住人呢？红衬衫望着远处，不停地说："好景色！"帮腔佬也说："真是绝景！"我虽不知道是不是绝景，反正心里挺舒畅。我认为在这辽阔的海面上吹着海风，对身体有好处。只是肚子饿得慌。这时，红衬衫对帮腔佬说："你看那青松，树干挺直，上面像伞盖一样。这景物像在透纳①的画里见过。"帮腔佬心领神会地说："真跟透纳的画一样，没有比这种曲线再美的了，与透纳的画毫无二致。"我不知透纳是怎么回事，这事不问也无关紧要，所以没有吭声。船从岛的右边绕了过去。海面上没有一丝浪，平静得令人难以相信这就是大海。托红衬衫的福，算是过得挺愉快。可能的话，真想上岛去看看。于是我问："在那有岩石的地方能靠船吗？"红衬衫说："靠是可以靠，只是靠岸太近不好钓鱼。"他不同意，我只好不再坚持了。过了一会，帮腔佬说，"怎么样？主任，往后就把那个岛取名透纳岛吧！"真是多余的倡议。红衬衫表示同意："那太有意思了，我们往后就这么叫吧！"在这声"我们"之中，若把我包括在内，就麻烦了。在我看来，叫青岛也就够

---

① 透纳（1775—1857），英国风景画家。

了。帮腔佬又说："怎么样？把拉斐尔的玛童娜①放到那块岩石上，该是一幅多么好的图画啊。"红衬衫说："别提玛童娜的事吧，哈哈哈。"他的笑声令人不快。"没关系，这里又没有旁人。"帮腔佬说话时看了看我，又故意背过脸去咯咯地直笑。我感到说不出的讨厌。玛童娜也好，柯旦那②也罢，反正与我无关，随你叫她站在那里好了。但说些人家听不懂的话，认为人家听了反正也不懂，就装作满不在乎的样子，这是下流行为！可他还说过"我也是江户儿"呢。我猜想玛童娜肯定是与红衬衫相好的艺妓的绰号。让相好的艺妓站在无人岛的松树底下，自己慢慢欣赏，这当然是再美不过的。帮腔佬满可以把它画成一幅油画，送到展览会上去，不是更好嘛！

船夫说："这里行吧！"便停船抛锚。红衬衫问："这儿有多深？"答道："大概有两丈多深吧。"红衬衫说："只有两丈多深，很难钓到加级鱼喽！"说完把钓线抛下海去。看他想钓加级鱼，胆量倒是不小。帮腔佬说："不要紧，凭主任的本事，一定能钓着，何况又是风平浪静呢！"他一边奉承，一边也把钓线拉开，抛进了海里。我看他光是在线头上吊一块坠子一样的铅，却没有浮标。钓鱼没有浮标，等于不用寒暑表测量温度一样。这种钓法我可不会，便在旁边看着。可帮腔佬问我："喂，你也来钓呀，有钓线吗？"我说："钓线倒很多，只是没有浮标。"他却说："没有浮标就不会钓鱼，那是外行。你看，就这样，当钓线下到底时，在船边用食指钩住线，试水下的动静。如果有鱼吃食，手指会有感觉的——瞧，来啦！"这位先生连忙把钓线捯上来，以为钓到了什么，可什么也没有，只是鱼食没有了。真活该！帮腔佬说："主任，真可惜呀！刚才准是条大家伙。主任这么高明都叫它跑了，今天的确不能大意。可鱼跑了算什么，比起那些只会呆呆地盯着浮标的人要强得多。他们就像没有车闸就不敢骑自行车的人一样！"帮腔佬一味地说着怪话。我真想揍他一顿。我也是人，这海又不是教务主任一个人包下来的，我总能钓上个把条的吧。于是，我嗵的一下把坠子和钓线抛了下去，用手指随随便便地钩着钓线。

过了一会儿，好像有什么东西在碰钓线。我想这一定是鱼，不是活东西是不会这么抖动的。"有啦，钓着了！"我连忙把钓线捯起来。"哟，钓着了吗？真是后生可畏呀！"帮腔佬说着风凉话。这时，我已把钓线收起很长一

① 玛童娜，即圣母玛丽亚。拉斐尔是意大利画家，他画了许多圣母像。

② 柯旦那，为日语"小少爷"的近似音译。

段，只剩五尺来长浸在水里了。从船边看去，一条有着跟金鱼一样条纹的鱼钩在钓线上，左右摇晃着随着手浮了上来。太棒了！鱼被提出水面时，一跳，弄得我满脸是水。好不容易抓住了，想把鱼钩摘下来，却很难摘。抓鱼的手黏糊糊的，觉得很不舒服。我嫌麻烦，于是抡起钓线，把鱼朝船舱里使劲一掼，鱼当即死了。红衬衫和帮腔佬在一旁呆呆地看着。我用海水哗啦哗啦地把手洗净放到鼻子前闻闻，还有腥味。已经够了，以后不管钓着什么鱼，我再也不想用手去抓了。当然，鱼也不想被我抓住。我随即把钓线卷了起来。

"你得了头功，可惜是条哥尔基[①]。"帮腔佬还是那么傲慢。"哥尔基，倒是跟俄罗斯文学家的名字很像啊。"红衬衫风趣地说。"是呀，完全跟俄罗斯文学家一样。"帮腔佬马上随声附和。"哥尔基是俄罗斯文学家，丸木[②]是芝区的摄影师，可吃的树[③]是活命的恩人喽！"这是红衬衫说话的怪癖，无论提谁，总爱用外国音来说那个人的名字。凡人各有所长，像我这样的数学教师哪里知道什么高尔基或拉车的，不如稍稍客气些的好。要说就该说一些我也听得懂的名字，诸如富兰克林自传啦、处世秘诀[④]啦，等等。红衬衫经常把红封面的《帝国文学》[⑤] 杂志带到学校里来，津津有味地读着。问了问野猪，他说红衬衫说的人名，全是从那本杂志学来的。《帝国文学》也真是造孽的杂志！

后来，红衬衫和帮腔佬一直在拼命地钓鱼，约莫有一个小时，两个人钓了十五六条。可笑的是，钓来钓去全是些哥尔基。还想用什么加级鱼来滋补身子，可就是钓不到。红衬衫对帮腔佬说："今天可是俄罗斯文学大丰收啊！"帮腔佬答道："您那么大本事都才钓到哥尔基，那我只能钓哥尔基了。这是理所当然的了。"我问了问船夫，据说这种小鱼刺多，味道不佳，很难吃，只能作肥料。这么说，红衬衫和帮腔佬是在拼命积肥，真是太可怜了！我钓了一条就尝够了苦头，所以一直仰面躺在船舱里望着天空。这比钓鱼要风趣得多。

他们两个人又开始小声说起话来，说的什么，我听不清，也不想去听。我仰望着天空，又想起了阿清婆。如果有钱，把阿清婆带到这景色秀丽的地

---

① "哥尔基"是当地产的一种鱼的译音。与俄国大文学家高尔基的读音近似。

②③ "丸木"、"可吃的树"日文发音与"高尔基"相似。

④ 原文为"Pushing to the front"，是一本描写利己主义的书，美国人马丁著。

⑤ 《帝国文学》为东京帝大文科的机关报，创刊于明治二十八年六月。

方来玩玩，她一定会高兴的。眼下尽管景色秀丽，可与帮腔佬之类的人待在一起实在没趣。阿清婆虽然已是满脸皱纹的老太婆，可无论同她到哪里去，也不会感到难为情。像帮腔佬这种人，坐马车也好，乘船也好，登凌云阁[①]也好，总是接近不得。假如我是教务主任，红衬衫是我的话，帮腔佬肯定也会对我唯唯诺诺，卖弄唇舌，反过来讽刺这位红衬衫的。难怪人家说江户儿轻浮，就是因为这种家伙在外面到处声称自己是江户儿，才使乡下人认为轻浮的人是江户儿，江户儿太轻浮。我正这么想着，不知为何，他们两个人格格地笑开了。笑声里还夹杂着一些话，可断断续续的也听不清楚是什么意思。"什么？怎么啦……""……可不是……一点不知道……真是罪过。""是吗……""把蝗虫……这可是真的。"

别的话，我没有注意，但听帮腔佬说到蝗虫，不由得一怔。不知为何他单在蝗虫两个字上特别大声，使它清楚地送进我的耳朵里，接下去却又故意含糊其辞。我仍旧躺着没动，继续听着。"又是那个堀田……""也许是吧……""炸虾面……哈哈哈哈……""……唆使……""团子也……"

他们的话虽然断断续续，可从谈到蝗虫啦，炸虾面啦，团子啦来推测，肯定是在背地里谈论我。要说就大声说；如果要背后议论，何必又邀我来。这种人真讨厌！蝗虫也好，草鞋[②]也罢，错又不在我，是校长说要听候处理，我是看在狐狸的面子上才在等候处理的。自己是个小丑却瞎批评起别人来，还是待到一边舐你的画笔尖去吧！我的事迟早我自己会处理好的，不用你来多嘴！可是，使我介意的倒是"又是那个堀田"和"唆使"的话，不知是说堀田唆使我把事闹大了？还是说堀田唆使学生来捉弄我？这可捉摸不透。看看天空，阳光渐渐弱下来了，海上吹起了略带凉意的风。像线香的烟一般的云在晴朗的天空下缓缓地扩展开去，不知不觉中飘向远方，变成薄薄的一层霭雾。

"我们回去吧！"红衬衫像想起了什么似的说。"噢，是时候了。今晚是不是要见玛童娜呀？"帮腔佬说。"别瞎说！免得引起麻烦。"红衬衫这么一说，靠在船边的那个家伙稍稍直起了身子说："啊哈哈哈，不要紧，听到了也……"当他转过身来时，我瞪起铜铃大的眼睛，直射向他的脑袋。他像是头昏目眩似的立即把头转了回去，"啊，这家伙认输了。"他缩着脖子，搔了

① 凌云阁原位于东京浅草公园内，1923 年东京大地震时被毁。

② 原文作"雪踏"，系一种硬底草鞋，其日语发音与蝗虫发音接近。

搔脑袋。真是个自作聪明的家伙！

小船从静静的海上划向岸去。红衬衫问我："看起来你不大喜欢钓鱼？"我答道："是呀，不如躺着看天的好。"我把吸剩的烟头抛进海里。"嗤"的一声，烟头随着被桨划起的浪花摇摇晃晃地漂走了。红衬衫又说："你来了之后，学生们都非常高兴。希望你好好地干呀！"这回他说起了与钓鱼完全不相干的事。"不是那么高兴吧！"我说。"不，不是说奉承话，的确是很高兴。你说是吧？吉川君。"红衬衫说。"岂止是高兴，简直是引起了轰动。"帮腔佬嘻嘻直笑。说来也怪，这家伙说什么都招人生气。红衬衫又说："不过你如不注意是危险的。"我便对他说："反正是危险。既然如此，我就冒这个险了。"实际上我早已打定了主意：不是我被免职，就是寄宿学生向我承认错误，两者必居其一。"你那么说，我就没什么可谈的了——实际上，我作为教务主任也是为你着想，才这么提醒你的。你如果往坏处想就不好办了。""主任对你全是好心。我虽力所不及，但都是江户儿，也希望你能长期留在这学校里，也好互相帮助。我暗地里也在为你尽力。"帮腔佬这回算是说了几句人话。不过要帮腔佬来帮忙，我不如一根绳子吊死的好。

"要说学生对你来这里是十分欢迎的。尽管这里面有种情况，也有使你生气的事，我认为这方面你要忍耐，不要任性。这样做决不会对你不利的。"

"你说有种种情况，什么情况？"

"情况比较复杂。不过你慢慢就会知道的。即使我不说，也自然会知道的。是不是？吉川君。"

"是呀，情况是非常复杂，终归不是一朝一夕能弄明白的。但慢慢地也就会知道的，即使我不说，也自然会知道的。"帮腔佬与红衬衫是一个腔调。

"既然情况那么复杂，那就不问也罢。因为你这么提起，我才问问的。"

"这倒是。我开了头，又不接着往下说，那就是不负责任喽！那么，我先给你透露一点吧。说起你来，恕我失礼，你刚从学校毕业，当教员这是第一次。要知道，学校是人情世故非常复杂的地方，那种书生气的坦率是行不通的！"

"坦率行不通，怎么着才行得通呢？"

"因为你太直率，所以说你还缺乏经验……"

"我本来缺乏经验嘛，履历表上不是明写着，只有二十三年零四个月嘛。"

"正因为这样，就会被人家从想不到的地方钻你的空子。"

“只要为人正直，谁来钻空子，我也不怕。”

“当然不怕。可不怕还是被人钻了空子呀！你的前任教员就吃了苦头，所以才提醒你注意的。”

我觉得帮腔佬变老实了，回头一看，原来他不知什么时候跑到船尾和船夫谈论起钓鱼的事。没有帮腔佬插嘴，说起话来就好得多。

“我的前任教员被谁钻了空子？”

“说出人来，就关系到人家的名誉，所以不能说。而且又没有确凿的证据，如果说出来，那就是我的不对了。总之，你特意来这里，如果失败了，那就失去了我们请你来的本意。你得多加留神。”

“你说留神，还怎么留神呢。只要不做坏事就行呗！”

红衬衫哈哈地笑了。我并不曾说什么惹他发笑的事，而且到目前为止，我坚信这样是对的。看来，世上的多数人似乎都在鼓励干坏事。他们相信不干坏事，就不能在社会上获得成功。偶尔见到正直、淳朴的人就叫人什么毛孩子啦，小鬼啦，挑剔指责，加以轻视。既然如此，小学和中学的伦理教员，不如别教什么要诚实、要为人正直了。干脆再教些说谎的方法，怀疑人的手段，陷害人的策略，不是对社会、对本人更有利吗？红衬衫哈哈地笑，是笑我太单纯，在这个单纯和坦率会遭到人家讥讽的社会上，你有什么办法！阿清婆在这种时候是绝不会笑的，一定会抱着十分敬佩的心情听着。阿清婆要比红衬衫高尚得多！

“当然啰，不做坏事是不错。不过，只是自己从善，却不知道别人从恶，还是会吃苦头的。世上有的人看起来光明磊落，很坦率，甚至亲切地帮忙给找房东什么的，但也千万不能就对他大意……哟，冷起来了，已经是秋天啦。瞧！海滨被暮霭染成了暗红色，多么好看的景色。喂！吉川君，怎么样？你瞧那海滨的景色……”红衬衫大声地招呼帮腔佬。“可不，真是绝妙的景色。如果有时间，应该写生作画，就这么放过去，太可惜啦！”帮腔佬又起劲地帮起腔来了。

港屋的二楼上亮起了一盏灯。当火车的汽笛“呜”的一声鸣叫时，我们乘的船“哧”的一声，船头冲到了岸边的沙滩上，不再晃动了。“您回来得早啊！”老板娘站在海滨向红衬衫打招呼。我“嗨”的一声，使劲从船边跳上了岸。

六

帮腔佬太可恶，这种家伙应该缚上压腌菜的石头沉到大海里去，才算是为日本做了好事。红衬衫的声音也令人讨厌。他也许是把本来应有的声音，故意装成那种温柔的腔调给人听吧？可不管怎么矫揉造作，那副尊容还是不行呀！就算有人被他迷住，也不过是玛童娜之类的人罢了。不过，到底是个教务主任，说的话要比帮腔佬深奥些。回到住处，又把那家伙的话想了想，觉得似乎有理。因为他没有把话说明白，所以难以捉摸，但话里似乎在说，野猪终归不是好东西，要提防着他。可是，如果真是那样，那就明确说出来，又有什么不好。简直不像个男子汉！再说，如果他是这么坏的教师，不如趁早把他免职的好。身为教务主任，难道因为是文学士就这样没有魄力。连在背地里议论人都不敢公开指名道姓，这种人肯定是胆小鬼。胆小鬼总是和蔼可亲的，所以红衬衫才显得跟女人一样和蔼可亲吧。可亲归可亲，声音属声音，因为声音不顺耳，就否认了人家的可亲之处，那也是不公道的。尽管如此，还是觉得世上的事不可思议，心里讨厌的人倒可亲，而情投意合的朋友却是恶棍。这不是把人弄糊涂了吗？也许因为这里是乡下，一切都与东京相反吧。真是个危险的地方！说不定往后还会出现大火结成冰块、石头变做豆腐的事呢。话是这么说，那野猪总不至于唆使学生来干淘气事吧？当然喽，他是最有威望的教师，他要想那么干，什么事都是干得了的。——可是，那又何必绕那么大的弯子呢？直截了当地抓住我，找个碴儿吵上一架，岂不省事得多。如果嫌我碍事，那就老实告诉我，因为如此这般，你在这里碍事，你辞职吧。那也好嘛。事情只要有商量，怎么都好办。只要你说得有道理，我明天就可以滚蛋。总不是只有这里才有饭吃吧，哪怕走到天涯海角，也不至于饿死道旁。野猪真是个不值一提的家伙！

初到这里的时候，第一个请我喝冰水的就是野猪。让这种口是心非的家伙请我，哪怕只是一杯冰水，也关系到我的脸面。我只喝了一杯，他只付了一分五厘钱。可是，一分也好，五厘也罢，受了这种欺诈鬼的恩赐，至死心里也不会愉快。明天到了学校，把一分五厘钱还给他吧！我曾借过阿清婆三元钱，已经过了五年，这三元钱仍然没有还。不是还不起，而是没还。阿清婆根本不会盯着我的钱包，想着“他快还了吧”之类的事；我也不想做“把钱还给她吧”那种账目清楚的见外事。如果我有这种担心，便是怀疑了阿清婆的一片好心，等于玷污了阿清婆美好的心灵。不还钱绝不是欺侮阿清婆，而是把阿清婆看做我的骨肉。当然野猪和阿清婆是根本没法相比的，不过，接受了人家的恩惠而一声不响，即便是一杯冰水，一杯甜茶，那就是承认对方是个了不起的人，是对对方作出深切的谢忱的一种表示。本来还了钱便可以了事的，却宁愿让对方付，而在心里怀着感激之情，这种情义绝不是金钱所能买得到的。尽管我无官无位，但也是个独立自主的人。一个独立自主的人低下头来致谢，这个礼应该看做比千金还要贵重的。

这么一来，我觉得让野猪付了一分五厘钱，自己却向他表示了比千金还要贵重的答礼，按理说，野猪应该反过来感谢我才对。可是他却在背后干出如此卑劣的勾当来，实在混账透顶！明天去把那一分五厘钱还给他，来个欠偿两清！完事之后，再跟他干仗。

我想到这里，睡意上来了，随即呼呼睡去。第二天，因为有心事，所以比平常早早地到了学校，单等野猪到来。可是总也不见他来。冬瓜脸来了，汉学老师来了，帮腔佬来了，到最后，连红衬衫都来了，只有野猪的桌上躺着一支粉笔，显得那么清静。我本打算一进休息室就把钱还他，所以从住处出来时，像拿洗澡钱一样，手心里攥着那一分五厘钱一直攥到学校。我是汗手，伸开手一看，那一分五厘钱都被攥出了汗。心想把冒汗的钱还给他，不知野猪又会说出什么话来。于是把钱放在桌子上吹干，然后又捏在手里。这时红衬衫走过来说："昨天太对不起啦，难为你喽！"我答道："倒也没有什么，只是托福让我饿了肚子。"红衬衫两手撑在野猪桌子上，那张椭圆形的面孔就到了我的鼻子跟前。我心想：他要干什么？他说："老弟，昨天回来时在船上说的事，务必保密，你该没有向任何人说吧？"就听他说话时那女人腔调，想必也是个胆小怕事的人。的确还没有向别人说，可是正打算把话说出来，并且已经把一分五厘钱攥好在手心里，如果就此让红衬衫封住了嘴，那可不太妙。红衬衫也真是红衬衫，尽管没有点野猪的名字，但已经把这个谜说到一猜就着的程度了，却又怕点破，简直是不负责任，不像教务主任干的事。按理说，在我和野猪开了火，白刃相搏的时候，他应该挺身而出，把责任担当起来，这才称得起是一校的教务主任，显示出穿红衬衫的目的。

我对教务主任说："还没有跟任何人说过，不过打算就要和堀田进行谈判。"红衬衫一听慌了手脚，连忙说："你这么鲁莽是不行的。在堀田君的事上，我可不记得向你明确说过什么——你若是在这里胡闹，我可就不好办了。你总该不是为了挑起事端，才到这学校里来的吧！”他竟提出了这么个脱离常识的怪问题。我说：“那是当然，拿着薪水制造事端，这样学校也要为难的。”红衬衫又说：“那么，昨天说的事，仅供参考，切勿外传！”他求我时脸上都快急出汗来了。因此我答应说：“好吧，虽说我也为难，不过既然会给你添麻烦，那就算啦！”红衬衫又叮嘱了一句：“你可要说了算数啊！”真不知他是否干什么都是这么女人气。如果文学士都是这么些家伙的话，也真够无聊的。提出这种自相矛盾、不合逻辑的要求，也不知道难为情，还对我表示不信任，我可是个堂堂的男子汉，一旦答应了的事，岂能反过来又不算数，起那种卑鄙的念头呢！

这时，两边邻桌的主人都到校了，红衬衫连忙回到了自己的座位上。红衬衫连走路都是很注意的，他在房间里走动，总是踮着脚尖，轻轻地放下脚，不让鞋跟发出声音来。走路不出声音，也引以为自豪，这种事我是从这时起才知道的。又不是学着当小偷，何不该怎么走就怎么走呢？不一会儿，上课的号声吹响了，野猪还是没有来。没法，只好把一分五厘钱放在桌子上，上课去了。

由于讲课的原因，第一堂课稍许下课晚了点，回到休息室时，别的老师都在靠着桌子闲谈。野猪不知什么时候也已经来了。我以为他不来了，原来是迟到了。他一见我的面就说：“今天为了你的事我迟到了，要罚你的款！”我拿起桌上的一分五厘钱，放在野猪跟前，说：“给你，拿去吧，这是前几天在大街喝冰水的钱。”野猪笑着说：“你说什么呀！”见我显得特别认真，就说：“别开这种无聊的玩笑啦！”把钱扔回到我的桌子上。哟！野猪还真想请客请到底呢！

“不是开玩笑，是真的。我没有要你请喝冰水的理由，所以把钱还给你。你哪能不收？”

“一分五厘钱也这么认真，那就收下也行。可为什么到现在你才想起来还钱呢？”

“管它现在，还是几时，反正要还。我不高兴要人家请客，所以要还。”

野猪冷冰冰地看着我的脸，“哼”了一声。如果不是红衬衫求过我，我会当场把野猪的可耻行径抖搂出来，跟他大吵一场。可是答应了不说，这就没法发作了。人家已经火到了这个程度，他却在鼻子里哼哼，真是岂有此理！

“冰水钱我收下。但你得从寓所搬走！”

“你收下这一分五厘钱就行啦！至于我从寓所搬走不搬走，那是我的自由。”

“这可不是自由不自由的事。昨天房东来说要你搬走。我问了他为什么，房东说的有道理。但为了进一步证实此事，今天早晨我又到寓所去，把详细情况问了一遍。”

我不明白野猪说的是什么意思。

“房东跟你说了些什么我管不着。这事哪能你一个人决定？如果有道理，就先把道理讲出来才是。一上来就说什么老板说得有理，未免太不礼貌了吧！”

“哟！既然这样就告诉你。你太胡来，那家老板拿你没办法。虽说人家是房东老板娘，但总归跟佣人不同吧。把脚伸出来让人家给揩，也太过分了。”

“我几时让房东老板娘揩脚来着？”

“有没有让人家揩我不知道。反正那家对你很头痛。人家还说：就那么十几元的房钱，只消卖掉一件假古董，马上就赚回来啦！”

“真是个很会无中生有的家伙。那么，当初为什么要出租呢？”

“为什么出租我也不知道。租是租了，可如今是人家讨厌你才要你搬走的。你就搬出来吧！”

“当然要搬。他就是磕头求我留下，我也要搬。说到底，当初你把我介绍到这么个无事生非的地方去就不对！”

“是我不对，还是你胡来？到底是谁？”

野猪也是个不亚于我的暴性子，粗声大气地喊起来。使休息室的人都以为出了什么事，目光一起朝我和野猪这边投来，一个个伸着下巴发愣。我并不感到我做错了什么事，便站起身来向室内环视了一圈。大家都很吃惊，唯独帮腔佬顶感兴趣似的在笑。我瞪大眼睛，狠狠地直盯着他那张瓜瓢脸，仿佛在说：“你也要干仗吗？”帮腔佬马上装作一本正经的样子，显得特别小心谨慎。看样子有些害怕了。这时，号声响了，野猪和我都停止了争吵，上课去了。

下午开会，讨论处分前天晚上对我无礼的寄宿生的问题。提起开会，平生还是第一次，根本不知道怎么个开法。心想也许是把教职员叫到一起，各自发表自己的意见，然后由校长把意见归纳起来，作出结论。所谓作结论是对那些是非难分的事说的。像我这件事，谁看了都很清楚是学生的不对。无论谁来做解释，都不会有不同的看法。为这事儿开会，真是浪费时间。这么明摆着的事，校长当场处理一下不就得啦。真是太无决断了！如果校长都是这样，算什么啊！不过是优柔寡断者、拖泥带水的人的别名罢了。

会议室在校长室旁边，是一间狭长的房间，平时用作食堂。二十来把黑皮椅子摆在长条桌的周围，有点像神田的西餐馆。桌子的一端坐着校长，旁边是红衬衫。据说往下的位子可以任意选坐，唯独体育老师总是谦逊地坐在末位上。我不了解这些规矩，挤到博物教员和汉学教员之间。一看对面，坐的是野猪和帮腔佬。帮腔佬那张脸，怎么看都显得下贱。若论干仗，还是跟野猪干来劲得多。记得给爹举行葬礼时，在小日向养源寺的客厅里，挂着一幅人物画，跟他很相像。我问过和尚，据说是叫韦陀天尊的怪物[①]。野猪今天显得很生气，眼珠子滴溜乱转，不时地看看我。你这样我就怕你啦？我也毫不示弱，同样瞪起眼睛，狠盯着他。我的眼睛长得并不好看，但若论大小，却不亚于一般人，阿清婆经常说："你是大眼睛，当演员一定很合适。"

"人差不多都到齐了吧？"校长说，秘书川村点了点人数，还少一个。我心想还少一个？可不是少了一个，吃多了南瓜的冬瓜脸君还没有来。我和冬瓜脸君不知有什么前世的因缘，打见到他之后，便怎么也忘不了。一到休息室，首先看到的是冬瓜脸君；在路上走，心里想到的也是冬瓜脸老师的神态；到温泉去，也经常看到脸色苍白的冬瓜脸君泡在浴池里。跟他打招呼，他总是连声答应着，恭恭敬敬地低下头行礼，使人感到他很可怜。在学校任教的人中，没有一个像冬瓜脸君这么老老实实的。他很少笑，也从不说闲话。我从书上知道有"君子"一词，以为那只是见之于字典，实际生活中不会有这种人。自从遇上冬瓜脸君之后，才知道这是个的确实有其人的名词，心里十分敬佩。

因为是这么一位印象极深的人，所以一走进会议室立刻发现冬瓜脸君不在。说实话，我来时本暗中打算坐在他旁边的。校长说："也许快来了吧！"于是打开了他面前的那个紫色纱巾包袱，拿出一本胶版印的东西来看。红衬衫开始用绢手帕擦他那琥珀烟嘴儿，这是他的爱好，倒也与红衬衫相配。其他的人都和身边的同事窃窃私语。闲着没事干的，就用铅笔一端的橡皮头不停地在桌子上乱画。帮腔佬总想找野猪攀谈，可野猪却不愿理睬，只是哼哈

① 佛名，名守护神。善奔跑，身披铠甲，手捧宝棍，形象凶狠。

地应声，相反却不时地将凶狠的目光朝我投来。我也毫不示弱地以眼还眼。

这时，等待已久的冬瓜脸君一副可怜的样子走了进来。他毕恭毕敬地向狐狸行了个礼说："因为有点事迟到了。""那么，开会吧！"狐狸叫秘书川村君先把胶版印刷的文件分给大家。一看，头一项是处分问题，其次是学生的管教问题，其他还有两三条。狐狸照例装腔作势，好像他就是教育的灵魂。他说："学校的教职员和学生出了差错，都是本人寡德所致。每当出了什么事情，我总要扪心自问自己能不能胜任校长的职务，心中羞愧不已。不幸的是，这回又发生了这样一场风波，对此我谨向诸位深表歉意。可是，事情既然已经发生，那就无法挽回，只是应该认真作出处理。情况正如诸位所知，无须多言，请就善后措施，开诚布公地畅述己见，以作参考。"

我听了校长的话，心想真不愧是校长，是只狐狸，他说得如此冠冕堂皇，真了不起，佩服佩服。既然像这样校长把一切责任都承担起来，说什么是自己的过错啦，自己寡德啦，那何不免除对学生的处分，首先从自己做起，引咎辞职，岂不更好。这样一来，这个多余的会议也就没有必要召开了。首先，从常识来讲也是明摆着的。我老老实实地值夜班，学生们要捣乱。过错不在校长，也不在我，当然全在学生。如果是野猪唆使的，那把学生和野猪惩罚一下也就行了。把人家做错的事，自己揽过来，到处去说：这是我的错，是我的错。哪里有这样的蠢货呢！若非狐狸绝演不出这种戏来。他发表了这一番与事理不符的讲演之后，颇为得意地环视了一下在座的人，可是谁也没有开口。博物老师眺望着落在第一间教室房顶上的乌鸦。汉学老师把文件叠起来又打开。野猪还是死盯着我的脸。要知道开会是这么无聊，不如不来去睡个午觉要强得多！

我烦躁起来，想第一个发言，屁股刚抬起来一半，见红衬衫开口说话，就又坐了下来。只见他收起烟嘴儿，用带条纹的绢手帕边擦脸边说。那手帕肯定是从玛童娜那里拐来的，男人用都是白麻纱手帕。"我听到寄宿学生闹事，深感身为教务主任办事不周，而且自己平日又没有从道德上去感化学生，实在惭愧。至于这件事，那是因为工作中的缺陷才引起的。就事情本身而言，好像错误全在学生。可是，究其真相，也许责任还在学校方面。因此，我认为光从表面现象来严惩学生的话，相反会对今后不利。何况少年血气方刚，生气横溢，好坏不分，这么淘气，说不定多半出于无意。当然如何处分，权限在校长，本是不容我多嘴的。只是请在这方面予以斟酌，希望尽可能给予宽大处理。"

如果说狐狸不愧为狐狸的话，那么，红衬衫也不愧为红衬衫。他这番话的意思是：学生胡闹，并非学生有错，而是教师不好。也就是说疯子之所以打人的头，是因为被打者不好，才招致疯子打的。真是难得的好运气！如果说精力过盛无处发泄，那最好到运动场去摔上一跤。哪有把蝗虫放进人家床铺里多半是出于无意的呢？照这么说，砍了犹睡未醒的人的头，也是多半出于无意，可以赦免喽！

想到这里，我准备发言。既然要发言，就得滔滔不绝，使人吃惊，否则，就不够味。可是我有个毛病，生气的时候说话，说不上两三句就会卡壳，接不下去。狐狸也好，红衬衫也好，从人品来说居我之下，但讲起话来却是把好手。如果我说得不够味，让人钻了空子，岂不难堪。那就先拟个腹稿吧，便在肚子里做开了文章。不料，坐在我对面的帮腔佬这时突然站了起来，使我吃了一惊。心想帮腔佬你来发表什么意见，太不知趣了吧！帮腔佬还是那个嚼舌的腔调："说起来，此次蝗虫事件和呐喊事件实为罕有之事，足使我等有心的教职员，为我校的发展前途抱危惧之念。我等教职员，此刻应该力图上进，自我反省，以整顿全校之风纪。故此，刚才校长和教务主任所述之言，实为中肯剀切之良策，我彻头彻尾地赞成，希望尽可能给予宽大处理。"帮腔佬的话，虽是语言但无意义，罗列了一大堆汉语名词，却听不懂是什么意思。我所听懂的，只是"彻头彻尾地赞成"这么一句。

我虽然没有听懂帮腔佬说话的意思，但却感到非常生气，腹稿还没有完成就站了起来："我彻头彻尾表示反对……"说了这一句之后，下文一下子出不来，"……这种毫无道理的处分法，我很讨厌。"只得又加了一句。教员们全都笑了起来。"这全是学生的不对。无论如何得让他们认错，否则会惯出毛病来，即使开除也不要紧……真不懂礼貌，以为我是新来的教师就……"说完，坐了下来。接着，坐在旁边的博物教员说："学生不对是不对，如果处分过重，相反会起反作用，反而不好。我还是赞成教务主任说的，从宽处理为好。"他的话显得很软弱。左边的汉学教师也赞成稳重处理的说法。历史教员的意见也与教务主任所说相同。多么可恶！大都是红衬衫的同党。这帮家伙凑在一起把持着学校，旁人还有什么话说。我已经横下一条心：不是让学生认错，就是我辞职，二者必居其一。如果红衬衫操了胜券，我打算立即回住处卷铺盖。反正我没有本事靠嘴皮子去说服这帮家伙，即使说服了，我也不愿意长期和他们打交道。只要我不在这学校里，他们怎么搞，我就管不着了！我若再说什么，肯定他们还得笑，谁个愿意多嘴。我默不作声了。

这时，一直默默地听着的野猪很气愤地站了起来。我心想，这家伙准又是要表示赞成红衬衫的意见。反正要跟你干仗，随你的便吧！一看，野猪用能震动玻璃窗的声音说："我根本不同意教务主任和其他几位的意见。我之所以这么说，是因为这次闹事，无论从哪方面来说，都只能认为是五十名寄宿学生轻视新来的那位教师，要捉弄人家，才这么恶作剧的。教务主任似乎认为闹事的原因，要从教师本人表现如何去找。可是，我要抱歉地说，这种说法是不恰当的。轮到那位老师值夜班，是他到校不久的事，与学生之间的接触还不到二十天。在这短短的二十天里，学生们对他的学识和为人，还没有充分的时间来作出评价。如果有应该受到轻视的正当的理由，因而受到了轻视，那么对学生的这种行为，也许还可以进行斟酌。可是，没有任何理由，却要戏弄新来的老师，对这种轻浮的学生如予以宽容，这将关系到学校的威信。我认为教育的精神不仅只是传授学问，而是在宣扬高尚、正直、勇敢精神的同时，还要扫除那种卑贱、轻浮、粗暴的恶习。如果害怕引起反作用，担心乱子闹大而姑息迁就的话，那不知何时才能纠正这些弊端。正是为了杜绝这种弊端，我们才到学校里来供职的。如任其自流，那不如打开始就别当教师。根据以上理由，我主张除了严惩全体寄宿学生之外，还应该当着那位教师的面，公开赔罪认错，才是正当的处理办法。"他说完猛一下坐了下去。所有的人都沉默着一言不发。红衬衫又擦开了他的烟斗。我感到无法形容的高兴，仿佛野猪代我把想讲的话全都讲了出来。我就是这样一个头脑简单的人，把刚才吵架的事全忘光了，脸上带着十分感激的神情，看着坐下去的野猪。而野猪却显出一副全然若无其事的样子。

过了一会儿，野猪又站了起来，"刚才有几句话忘说了，再补充一下。当天晚上的值班员在值班时外出，像是上温泉去了。我认为这是很不应该的。既然自己承担着全校的值班任务，却趁不会有旁人责怪之便，擅自去温泉洗澡，这种行为也很不成体统。学生的事归学生，但在这点上，也希望校长敦促承担责任的人特别引起注意。"

真是个怪人！刚维护了我，接下去马上又来揭人家的短。我因为知道有值班员外出的先例，以为这是习惯，所以才不以为然地上温泉去的。可是经他这么一说，才知道原来这是自己的不对。受到指责，当然无话可说。因此，我又站起来说："我在值班时的确是上温泉去了，这是完全错误的，我认错。"说完坐了下来，所有的人又都笑了起来。只要我一说话，他们就要笑，真无聊！你们这些家伙，自己做错了事，敢于像我这样公开承认错误吗？也许是自己做不到才这么发笑的吧！

这时，校长说："看起来，意见大致发表完了。待我好好考虑之后，再作出处分吧！"在这里，我顺便把后来处分的结果说一下：寄宿学生禁止外出一星期，并到我面前来认错赔礼。因为我坚持如不赔礼，当即辞职不干，所以才勉强照我说的处理的。不想却因此酿成了大祸，这事以后再说。接着，校长宣布继续开会，又谈了以下问题："学生的风纪，必须由教员来感化，方能得到端正。其方法之一，我希望老师们尽可能不要在饮食店之类的地方进进出出。当然，如果是开欢迎会什么的，可当别论。但最好不要单独到那种下等的地方去——比如说荞面铺啦，团子店啦——"说完，大家又笑了。帮腔佬看着野猪，挤眉弄眼地说了声"炸虾面"。可野猪未加理睬。活该！

我脑子笨，所以不大懂得狐狸说话的意思。我想：如果说因为去了荞面铺或团子店，就当不了中学教员的话，那么像我这样一个贪吃的人，根本就没法干这门差事。真是这样也没关系，一开始就说清楚，只聘用不爱吃荞面和团子的人。事先不说清楚，就下了委任状，现在再来下这种作孽的命令：不准吃荞面！不准吃团子！这对我这个别无爱好的人来说，打击实在太大了。接着，红衬衫又发言了："说起来，中学教师要属社会的上流人物，因此，不应该只是追求物质上的享受，如果沉醉于这方面，最后势必给品德带来坏的影响。可是我们是人，如果没有什么爱好，在乡下这狭小的地方，日子也的确难过。因此，去钓钓鱼啦，看看文学书啦，还有，作作新体诗或俳句[①]啦，总之，应该去追求高尚的精神娱乐……"

若是不吭气，光听他说，他就会信口吹嘘下去。如果说到海上去钓肥料，把哥尔基叫做俄罗斯文学家，让相好的艺妓站在松树下，还有什么"青蛙跳进古池塘"[②] 等等，都是精神娱乐的话，那么不管吃炸虾面，还是吃团子，自然也都是一种精神娱乐了。与其在这儿教这种无聊的娱乐，不如去洗洗你那件红衬衫为好。我实在气不过，顶了他一句："与玛童娜幽会，是否也属精神娱乐？"这一回，谁也没有笑，一个个露出诧异的神情，你看着我，我望着你。红衬衫自觉难堪地低下了头。瞧，尝到厉害了吧！不过，最可怜

---

① 俳句为日本的一种旧体诗。

② 这是日本著名俳句作家松尾芭蕉（1644—1694）的佳作。按俳句五、七、五的音律，试译为"寂静古池塘，青蛙纵身入内藏，但闻水声响"。

的还是冬瓜脸君。我这么一说，他那苍白的脸，更加苍白了。

七

我当晚就从那家寓所搬了出来。回到住处整理东西的时候，老板娘就问："有什么照顾不周的吗？如果您有不顺心的事，说出来，我们改。"这就怪啦？怎么世界上尽是这么些莫名其妙的家伙？真不明白到底是要我搬走，还是让我留下。简直是疯子！与这种家伙争吵，有损江户儿的名声。于是，我叫来车夫，拉着东西匆匆地走了。

出来是出来了，可往哪里去，却没有目的。车夫问："这要上哪儿呀？"我说："别问啦，跟着走吧，到时候就知道了。"车在后面"咣当咣当"地跟着走。我心想：真烦人，还是回到山城店去吧？可说不定还得搬出来，又是麻烦事。就这么着往前走，说不定会碰上挂着旅店之类招牌的店家。就这样听天由命地去找一个下榻之处吧！车子"轱辘轱辘"地在清静宜人的街上走着，终于来到了铁匠街。这一带是旧官僚的住宅区，并非旅店之类店家的街道，因此又想返回到更热闹一点的地方去。这时突然想起了一个好主意，我敬爱的冬瓜脸君就住在这条街上。冬瓜脸是当地人，住着祖先世代相传的住宅，他对这一带的情况肯定很熟，去找他问问，兴许能给介绍一个好的房东。幸而我曾来拜访过一次，知道地点，用不着费劲到处去找。大致看了一下，记得好像就是这家。于是连叫了两声"劳驾"，一个五十来岁的老年人，点着老式的灯笼从里面走了出来。我并不是讨厌年轻的女人，但一见到老年人却更有一种亲切感，也许因为喜欢阿清婆，从而把这种好感移到其他老太太的身上了吧。这位老太太可能是冬瓜脸君的母亲，是一位剪着短发，仪态端庄的妇女，跟冬瓜脸的长相很像。她说了声"请进"，我说："想见见古贺老师，请他到大门口来吧。"老太太把冬瓜脸叫了出来，我向他如此这般地说明了情况，问他能不能设法找个地方。冬瓜脸老师说："这么说，你很为难喽！"他想了想又说："在这后街上有家叫荻野的，只有老夫妻俩过日子，曾经托过我，说客房老空着也白费，如果有可靠的人，就想租出去，要我从中介绍。可不知道现在还肯不肯租。这样吧，我们一起去问问看。"于是，他很热情地把我领到了那家。

从那天晚上起，我就成了荻野家的房客。奇怪的是，我从骗子银家搬出来之后，第二天，帮腔佬就像走错了门似的，毫不在乎地占住了我待过的那间房子，连我这个无所谓的人也为之一惊。也许世上尽是些欺诈鬼，所以彼此都在钻空子。越想越觉得可恶！

假如世道就是这样，我也不能示弱。如不随波逐流，便不能生存下去。不从小偷身上捞一把，那会连三顿饭都吃不上。那么，要不要活在世上也值得考虑。可是，这样充满活力的健壮身躯上吊寻死，既对不起祖宗，也会声名狼藉。细想起来，与其进什么物理学校，去学那种毫无价值的数学之类的东西，不如用那六百元去开牛乳店要好得多。那样的话，阿清婆也就不必离开我身边，我也不必在这老远的地方惦念着阿清婆。在一起的时候，倒也感觉不出什么来，可来到这乡下一看，这才更加体会到阿清婆确实好。性格那么好的女人，找遍了整个日本恐怕也没有几个。老太太在我离开东京时，有些感冒，不知现在怎么样了？她看到了我前些日子写去的信，一定很高兴。可是，现在也该有回信来了呀！——这两三天来，我一直老想着这件事。

因为很担心，所以经常问房东老太太，东京有没有信来？可是，每次问她，她总是带着同情的神态说："什么也没有来。"这对老夫妻与骗子银不同，到底是旧官僚，都很文雅、高尚。老头子一到晚上，就怪声怪调地哼着歌谣，真叫人难受。但因为他不像骗子银那样老来说"沏茶吧"，所以倒要痛快得多了。老太太常到屋里来闲聊，还问我："为什么不带着夫人一起来?"我说："你看我像有夫人的样子吗？可怜的是，我还只有二十四岁哩!""话是这么说，可你知道，二十四岁有夫人才是应该的呢!"她打开了话匣子，接下去举出了：某地有人二十岁就娶媳妇啦；某处有个叫什么的先生，二十二岁就有了两个孩子啦，等等诸如此类的例子，足足举了五六个，想借此来驳倒我。实在佩服。于是，我学着乡下人的腔调说："这么说，我二十四岁也可以娶媳妇喽，你能给做个媒吗?"我这么一求她，老太太一本正经地说："是当真的?"

"千真万确。我呀，想娶媳妇想得不得了。"

"就是嘛。年轻的时候谁都是这样的。"她的话说得我怪难为情的，一下子说不上话来。她又说，"可是，老师肯定已娶了媳妇。我早就看出来了。"

"哦！好眼力。怎么看出来的呢?"

"你问这个呀！你不是总问东京有信来吗，有信来吗？每天都在焦急地等着来信吗?"

"这真叫我佩服，真是好眼力呀!"

"猜着了吧，是不?"

“是呀，也许猜着了。”

“可是，如今的女人跟过去不同，不能大意，你要留点神啊！”

“什么？你是说我夫人在东京另找汉子了吗？”

“不，不，你夫人是很可靠的……”

“这么说，我也放心了。那么，要留神什么呢？”

“你的夫人是可靠的……你的夫人是可靠的，不过……”

“那是在什么地方有不可靠的女人了？”

“在我们这一带就有不少那样的人。老师，你知道那个叫远山的小姐不？”

“不，不知道。”

“原来你还不知道呀。告诉你，那可是这一带最有名的美人哩。因为太漂亮了，学校的老师们都管她叫玛童娜，玛童娜，你还没听说过？”

“哦，原来是玛童娜，我还以为是艺妓的名字呢！”

“不是，老师。玛童娜，那是外国话，就是美人的意思。”

“兴许是那样。真怪！”

“那是图画老师给起的名字。”

“是帮腔佬起的吗？”

“不是，是那位吉川老师起的。”

“那个玛童娜不可靠吗？”

“那个玛童娜呀，可是个不可靠的玛童娜啊！”

“真有意思。凡是有外号的女人，从古以来就没有一个好东西，也许真是这样。”

“可不真是那样吗。什么鬼神松姐①啦，什么妲己百姑②啦，都是些靠不住的女人。”

“玛童娜也是属于那一类的人吗？”

“要说那个玛童娜小姐呀，老师，跟你说吧，就是把你介绍到这里来的古贺老师的……已经订了婚，要嫁给他的——”

“哟，真奇怪，没想到那位冬瓜脸君原来是个走桃花运的人。人真是不可貌相啊！以后可得留点神。”

“可是，去年他爹过世了——在那以前，他家既有钱，又有银行里的股

---

①② 均为日本古典剧歌舞伎中的人物。

票，真是万事如意呀——打那以后，不知怎么的，突然日子过得越来越不如意了——就是古贺老师为人过于老实，受了人家的欺骗。婚期就这样那样地一拖再拖下来。这时，那个教务主任来了，说一定要娶她做媳妇。”

“是那个红衬衫吗？狠毒的东西！我早就寻思那件衬衫实在不是一件普通的衬衫。后来呢？”

“他托人前去说媒，远山先生倒也说，已与古贺老师定了亲，所以不能很快答复——只回话说考虑考虑再说。可红衬衫却找到了门路，成了远山先生家里的座上客，你知道吗，后来终于把他家小姐勾引到手啦。红衬衫先生不愧是红衬衫先生，可那位小姐也真是个小姐，大家都说他们的坏话呢。已经答应嫁给古贺老师了，如今来了个学士先生，就要悔婚另嫁。这种做法，怎么对得起天老爷哟！你说是不？”

“的确对不起老天爷。岂止是天老爷，还有地老爷、人老爷、鬼老爷，对谁都是永远对不起的。”

“这样，古贺老师太可怜了，他的朋友堀田老师到教务主任那里去提出了指责。可红衬衫说，我并不打算强抢已有婚约的人。如果解除了原有的婚约也许会去求婚的，眼下我只是和远山家交朋友。与远山家交朋友，这该没有什么对不起古贺老师的吧！他这么说，堀田老师也没办法，就回来了。据说从那以后，红衬衫先生和堀田老师之间关系就不好啦。”

“你知道的事真不少。怎么知道得这么详细呢？真佩服！”

“地方小，就什么都知道呗。”

知道的事情太多了，也叫人受不了。照这样子，说不定我吃炸虾面和团子的事，她也都知道。又是个麻烦的地方！可是，托她的福，我知道了玛童娜的含义，也知道了野猪和红衬衫的关系。这都可以作为将来处世的参考。但为难的是还分不清谁是坏人，像我这样头脑简单的人，如不把黑的和白的给我划分清楚的话，就不知道向着哪一方为好。

“红衬衫和野猪，哪个是好人呢？”

“野猪是什么？”

“野猪就是说堀田。”

“这个么，要说强还是堀田老师强，可是红衬衫是学士先生，才干还是有的。而且论和气也是红衬衫先生和气些。可在学生中堀田老师的声望好。”

“我是说到底哪个好？”

“依我看，是月薪拿得多的人了不起吧？”

这样问下去，也问不出所以然来，只好作罢。过了两三天，我从学校回来，老太太笑着对我说："喏，盼了这么久，总算来啦！"她递给我一封信，"慢慢看吧。"说完就出去了。拿过来一瞧，是阿清婆来的信，上面贴着两三张条子。仔细查看一下，原来是从山城店转到骗子银那边，又从骗子银那里转到荻野家来的。而且在山城店还逗留了约有一个星期。真是个旅店，连信也得留宿几天。拆开一看，是一封很长的信：

接到哥儿的信后，本想马上回信的，不巧患了感冒，躺了一个星期，所以还是回信迟了，请原谅。我老了，不像如今的小姐那样读书写字都行，就是这样难看的字，写起来也费了很大的劲。本想让外甥代我写，可这是特意给你的，如果自己不写，觉得对不起哥儿，所以先打了个底稿，又誊清了一遍。誊写花了两天算是完了，可打底稿却花了四天时间。也许你看起来很费劲，可这是我费了最大气力才写出来的，请你把它看完了吧。

这是个开头。以下这个那个的足足写了四尺多长的信纸。读起来的确很费劲，不仅字写得不好，而且大都是用平假名[①]写的，哪儿是句尾，哪儿是句首，要断句是很困难的。我是个急性子，像这样冗长而又难认的信，如果是别人求我，说"给你五元钱，请你给念念！"我决不干。可此时此刻，我却认真地从头至尾把它看完了。看完是看完了，可劲都费在认字上，意思仍连贯不起来，只得又从头看一遍。屋子里暗下来了，比刚才看时更费劲了，只好走到廊檐前坐下，认真地读起来。初秋的风吹动着芭蕉叶，吹着我的肌肤，读着的信也随风向院中飘去。最后，四尺多长的一卷信纸被吹得"沙啦沙啦"直响，如果我一松手就会吹到篱笆树那边去。我没去管这些，只顾接着往下看：

哥儿的性子就跟一剖到底的竹子一样爽直，只是脾气太大，叫我担心——随便给别人起外号是要招人家怨恨的，所以不要随便用外号叫人。如果起了外号，在信里光跟我说说也就行了——听说乡下人为人不好，可得当心，免得上当——气候肯定也不如东京好，睡觉别贪凉，省

① 由汉字草体创造的日文字母。

得感冒。小少爷来的信太短了，没有把那边的情况说清楚。下次来信，至少要写得比这封信再长一半——给了旅店五元茶钱倒也可以，不过，往后会不会有困难呀？到了乡下，唯一可依靠的就是钱，要尽可能节省些，以便万一可以有备无患——没有零花钱会不方便的，现给你汇去十元——上次从哥儿那里拿到的五十元，心想等哥儿回东京成家时用来作些补贴，所以存好在邮局里。这次取出十元，也还有四十元，不要紧的。

到底还是女人想得仔细周到。

我坐在廊下，任风吹着阿清婆的信，陷入了沉思。这时，荻野老太太拉开了身后的纸拉门，端来了晚饭，说："还在看信哪？真是老长的信啊。"我说："是啊，是封紧要的信。风吹它的，我看我的；风吹它的，我看我的。"自己也不明白回答的是什么意思，就接过饭来吃。一看，今晚还是吃煮山芋。这家人家比骗子银家要客气、热情，也很高尚，可遗憾的是吃的东西差。昨天是山芋，前天是山芋，今晚又是山芋。我的确说过爱吃山芋，可照这样没完没了地吃下去，恐怕是活不长的。还去笑人家冬瓜脸君呢，不久自己也会变成山芋脸先生了！如果是阿清婆的话，这种时候，她会让我吃到爱吃的金枪鱼生鱼片或是烤鱼糕的。可到了这个贫穷旧官僚的小气人家里，你有什么办法！想来想去，觉得非和阿清婆在一起不可。如果在这个学校长期待下去，就得把阿清婆从东京叫来。炸虾面不准吃，团子不准吃，只好在房东家吃山芋，吃得面黄肌瘦，从事教育工作的人也太苦啦。就是禅宗①的和尚，也会比干这一行落个饱足口福吧！——我吃完了一碟山芋，从抽屉里拿出两个鸡蛋来，在碗边敲破了生吞下去，总算对付了一顿饭。如果不用生鸡蛋来补充一下营养，哪能应付得了这一周二十一堂课啊！

今天因为看阿清婆的信，把去温泉的时间给推迟了。可是每天去惯了的，哪怕只缺一天心里也不舒服。还是坐火车去吧，于是照例搭着那条红毛巾来到了车站。两分钟前刚刚开走一趟车，不得不稍许等一下。我坐在长椅子上点上一支大和牌香烟，偶然冬瓜脸君也来了。自从听了房东老太太的话之后，我更加同情冬瓜脸君了。平时他就像寄生在天地之间似的，事事谨小慎微，显得可怜巴巴的，眼下，已经远远不只是可怜了。我想：可能的话，

① 日本佛教的一个宗派。

真想多给一倍月薪，让他明天就和远山家小姐结婚，然后到东京去度蜜月。出于这种心情，我连忙站起来让座，说："啊，是去洗澡吗？请吧，这边坐。"冬瓜脸君显出惶恐的神情："不用啦，请不必客气。"不知是拘礼还是什么，他仍旧站着。"车还得等一会儿才来呢，站着怪累的，请坐吧！"我又劝他。我非常同情他，心想哪怕是让他在我身边坐坐也好。"那好吧，打搅你了。"他总算听了我的话坐了下来。在这个世界上有像帮腔佬那样自命不凡的家伙，不需要他露面的场合，自己却硬要钻出来；也有像野猪那样的家伙，摆出一副自傲的样子，好像日本没有了他就不好办了似的。有像红衬衫那样的、以美男子和头发油批发商自居的人；还有像狐狸那样的、装出一副"如果教育好了，穿上礼服，那就是我"的样子的人。所有这些人都各自显露出与自己相应的姿态。而像这位冬瓜脸先生显得可有可无，如同被充作人质的木偶一般老实、驯服的人，我却从来没有见过。虽说他脸有些浮肿，但抛弃这么善良的男子，而去爱红衬衫，这个玛童娜真是个不知好歹的蠢货。几打红衬衫也顶不上这么个好丈夫呀！

"你哪里不舒服？看起来很疲劳的样子……"

"没有，倒也没有什么毛病……"

"那就好。人要是有了病，那就完了！"

"看上去你倒是挺健康的。"

"是啊，虽然瘦，但没有病。我最讨厌生病了。"

冬瓜脸君听了我的话，微微地笑了笑。

这时，从入口处传来了年轻妇女的笑声，我无意中回头一看，见来了两个不一般的人物。一个皮肤白皙、发型时髦、身材高大的美人和一个四十五六的夫人并肩站在卖票的窗口跟前。我不会形容美人，所以不知怎么去说，但知道那的确是个美人。看着她，仿佛有一种手里捧着个用香水烘暖的小晶珠子似的感觉。年纪大的那个人身材较矮，但长相很相似，也许是母女俩吧。我正想"哟，真有这么漂亮的人！"把冬瓜脸君完全忘在脑后，只顾看那年轻的姑娘的时候，冬瓜脸君突然从我身旁站了起来，慢慢地向女人那边走去。我有些奇怪，心想莫非这就是玛童娜？三个人在卖票窗口前互相打了下招呼。因为离得远，不知他们说了些什么。

看看站上的时钟，还有五分钟才开车。因为没有说话的对象了，便等得不耐烦，只盼着火车快点来。这时，又有一个人匆匆忙忙地跑进站来。一看，是红衬衫。他穿着一件飘飘然的上衣，腰间松松垮垮地系着绉绸带子，脖子上还是挂着那条金项链。金项链是假的，红衬衫以为谁都不识货，故意到处炫耀，可我却十分清楚。红衬衫一边往里跑，一边到处张望着。他走到站在卖票窗口前说话的三个人跟前，十分殷勤地行了个礼，说了两三句话，便踮着脚步很快地向我走来，“啊，你也洗澡去吗？我担心赶不上车匆匆跑来的，还好，还有三四分钟。那时钟走得准吗？”说着，他掏出了自己的金表，“差两分钟呢。”就在我旁边坐了下来。他并没有回过头去看那女人，只是用手杖撑着下巴，朝前望着。上年纪的妇女不时地看看红衬衫，而年轻姑娘的脸一直扭向一边。这样看来，她肯定是玛童娜了。

不一会儿，火车“呜”的一声进了站。等车的人们一个个争先恐后地上了车。红衬衫第一个跳上了头等车厢。其实坐头等车厢也没有什么可神气的，坐到住田，头等车厢五分钱，二等的三分钱，仅仅是两分钱的差额，居然要分出个上下来。这样也就明白为什么连我这样的人也能攥着白票[①]上头等了。乡下人很小气，就那么二分钱，也看得很重，一般都坐二等车厢。跟在红衬衫之后，玛童娜和她的母亲也进了头等车厢。冬瓜脸君却是一向只坐二等车厢的。他站在二等车厢门口犹豫了一下，但一看到了我，立即就钻进车厢去了。此时，我对他非常同情，便跟在他后边，上了同一个车厢。拿头等车票坐二等车厢，总不会有什么不妥吧。

到了温泉，我从三楼穿着浴衣来到浴池，又碰上了冬瓜脸君。我在开会之类的场合，一旦决定要发言，咽喉就会堵住，说不上话来，可在平常还是挺能说的，所以在浴池里找出种种话题去和冬瓜脸君攀谈。我觉得他太可怜了，心想这种时候，哪怕是说上一句话去安慰他，也算是尽了江户儿的义务。可是没想到冬瓜脸君不太愿意跟我交谈。任我说什么，他总是“嗯、嗯”地敷衍着，而且说的时候也显得很勉强似的。到后来，我只好主动收场，不再说话了。

在浴池中没有碰上红衬衫。因为浴池那么多，即使同车到达的人，也并不一定会在同一个浴池里碰上。我也并没有觉得奇怪。洗完澡出来一看，月色极美。街道两旁栽着柳树，柳枝形成的圆影子洒落在街道中央。心想散散步吧！便向北走去，来到了街尽头，左边有个大门，门的正前方是座寺庙，两旁是妓楼。怎么在山门中竟有妓楼？真是前所未闻的现象。很想进去看看，但说不定在开会时又要遭狐狸说一顿，所以只好作罢，就那么走了过

---

① 当时的车票，头等为白色，二等为红色。

去。大门旁边有一家小店，挂着黑门帘，开着小格子窗，这就是我吃团子而受到批评的地方。门口吊着的圆灯笼上，写着小豆汤、煮年糕。灯笼的光照着靠近房檐的一棵柳树。真想吃啊！但我还是忍着走了过去。

想吃的团子不能到口，是很难受。可是自己的未婚妻爱上了别人，那就更加难受了。一想起冬瓜脸君的事，不吃团子算什么，就是三天不吃饭，也不该抱怨。的确，再没有比人更不可靠的了。看玛童娜的相貌，怎么也不会想到她会干出那种不近情理的事——相貌漂亮的，却不通情理；脸像冬瓜一样浮肿的古贺老师却是个善良的君子。世上的事的确不能只顾表面。认为为人坦率的野猪却据说唆使学生捣乱；以为是他唆使了学生吧，他却又逼着校长处分学生。一身酸臭气的红衬衫却显得特别的亲切；认为他在从旁提醒我别上当，却又去诱骗玛童娜；以为他是诱骗吧，他却又说如果古贺君不解除婚约，就不打算跟玛童娜结婚；以为是骗子银故意刁难，把我撵了出来，没想到帮腔佬却很快搬了进去——想来想去，总觉得世上的事不可捉摸。如果把这些事写信告诉阿清婆，她一定会吃惊的，兴许还会说：过了箱根山，那边尽是些妖魔鬼怪呢！

我生来就是个万事不在意的性子，无论什么事我都不犯愁，就这么着活到了今天。可是，来到这里还不到一个月，就突然感到世道太可怕了。虽说没有碰上什么特别了不得的大事，却觉得自己长了五六岁似的。也许还是赶快结束这种生活，尽早回东京去的好。如此想来想去，不知不觉过了石桥，来到野芹川的土堤上。说是什么川，好像有多么大似的，其实不过是五六尺宽的一条潺潺溪流罢了。沿着土堤往下走两里多路，就是相生村，村里有座观音庙。

回头向温泉街望去，红灯笼在月光下发着光辉。传出敲鼓声的地方肯定是妓楼。河水很浅，水流却很急，河水神经质地闪着亮光。我在土堤上慢悠悠地走着，约莫走了半里路，见对面有人影。透过月光望去，是两个人，也许是去温泉洗过澡回村来的年轻人吧。他们没有唱歌，显得十分宁静。

我不断朝前走去，看来我走得快，两个人影越来越大了，其中一个像是女人。当相距大约五六丈远的时候，男的听到我的脚步声，很快回过头来看了一下。月亮从身后照过来，我看到了男人的脸，心想："原来是他！"一男一女仍旧照原来那样向前走着。我心里有了打算，便加快步伐赶了上去。对方毫不在意，仍在慢慢地移动脚步。现在已经能清楚地听到说话的声音了。土堤约有六尺宽，三个人并排走勉强能过得去。我毫不费劲地从后边赶上去，擦着男人的袖子超过了他们，往前迈出两步之后，脚跟往后一转，眼睛直盯着男人的面孔。月亮从正面把我理着短发的头，从头顶一直到下巴照得清清楚楚。男人轻轻地“啊”了一声，急忙侧过脸去，催着女人说：“回去吧！”两人匆匆地转身回温泉街去了。

不知红衬衫是想理直气壮地蒙混过去呢，还是胆小而不敢打招呼呢，不管怎么说，感到地方小不方便的人，不止我一个！

八

从红衬衫邀我去钓鱼回来以后，我便对野猪怀有戒心。当他无缘无故要我搬出寓所时，就更觉得那家伙可恶。可是没想到他在开会时，却慷慨陈词，主张严惩学生，使我感到非常奇怪，获野老太太告诉我野猪曾为冬瓜脸君的事与红衬衫争辩过时，我曾拍手称快。如此看来，坏人不像是野猪，而是红衬衫不可信。我想莫非是他把任意的猜想当成事实，而且绕着弯子往我脑子里灌输，让我上他的当？正在我疑惑不解的时候，我看见红衬衫带着玛童娜在野芹川的土堤上散步。从这以后，我便断定红衬衫是恶棍。即使不肯定他是恶棍，反正也不会是好人，是表里不一的人。我认为为人若不像竹子一样正直，那就不可信赖。正直的人，即使与他争吵，心里也是痛快的。而像红衬衫那样故作温柔、亲切、高尚，那样洋洋得意地显示琥珀烟嘴儿的人，倒的确是不可掉以轻心，也不可轻易与他争吵。因为争吵起来，是不会像回向院①摔跤那样感到心情愉快的。如此看来，由于一分五厘钱而惊动了休息室里全体教员的那个争吵对手野猪，倒更加像个男子汉。开会的时候，他两只眼睛溜圆地瞪着我，我觉得真是个讨厌的家伙。可过后一想，这要比红衬衫那种令人肉麻的甜言蜜语好得多。实际上，打那次会议之后，我很想同野猪言归于好，也曾主动找他攀谈一两句话。但那家伙不搭理，还是对我瞪眼睛。我一生气，就不再理睬了。

从那以后野猪一直没有和我说过话。还给他的一分五厘钱至今仍放在桌子上，上面已落满了灰尘。我当然不会伸手，野猪也绝不会拿走。这一分五厘钱成了两人之间的一堵墙。我想说话，又不便开口；野猪更是顽固地沉默不语。那一分五厘钱在我俩之间作祟。后来，到了学校一见那一分五厘钱，

---

① 在东京墨田区两国境内，这里设有大相扑回向院本场所。

心里就感到难受。

野猪和我处于绝交状态，相反，和红衬衫却依然保持着原有的关系，继续交往。在野芹川碰上他的第二天，一到学校，他第一个来到我身边，跟我说这说那：什么你这回的房东怎么样？什么再一起去钓俄罗斯文学吧？等等。我有些烦他，就说："昨晚我们可是见过两回面喽！"他说："是呀，在车站——你总是那个时候去吗？不嫌晚吗？"我又捅了他一句："在野芹川的土堤上我也见到你了。"他抵赖说："不，我不到那边去，洗完澡马上就回来了。"既然已经碰上了，还有什么可隐瞒的。真是个骗子！像他这样的人能当中学教务主任的话，那我真可以当大学校长了。从此，我更加不信任红衬衫了。与不信任的红衬衫有话说，与自己心里佩服的野猪却不说话，世上也真有这种怪事！

一天，红衬衫说："跟你说点事，请到我家来一下。"我十分可惜失去了一次去温泉洗澡的机会。四点钟左右我出发往他家去。红衬衫是个单身汉，就因为当了教务主任，所以老早就搬出了公寓，住着一所独门独院，据说房租只有九元五角。大门十分堂皇，以致使我想到：在乡下只要付九元五角房租就能住上这么高级的房子的话，我也发个狠心，把阿清婆从东京叫来，让她高兴高兴。我招呼了一声"有人吗？"红衬衫的弟弟出来了。他这个弟弟，我在学校里教他代数和算术，成绩很差。而且他是外来人，比之于土生土长的乡下孩子还要坏。

和红衬衫见面之后，问他什么事，那家伙照例叼着那个琥珀烟嘴儿，抽着焦臭味的烟，说出了这么件事："你来了之后，与上任教员那个时候相比，学生成绩大有提高，校长也为聘到了好教员而非常高兴——学校方面很信任你，所以希望你继续努力往下干！"

"啊！是吗？说努力，我也没法比现在更努力了。"

"照现在这样就足够了。只是前几天跟你说的事，你别把它忘了就行。"

"是说帮我找房东的人是个危险人物那件事吗？"

"说得那么露骨，就没有意思了——好吧，算了——看来大概意思你也明白了。只要你能像以往那样努力干，学校方面是看得清楚的。我想在待遇方面，将来有机会，也会多少给你提高的。"

"什么，薪水吗？薪水什么的，怎么着都行。当然喽，能增加还是增加的好。"

"正好这回有一个人要调走——不过，这事还没有与校长商量过，所以不敢打包票——说不定能从那个人的薪水里想点办法。我想去找校长谈谈，请他考虑考虑。”

“谢谢。谁要调走呀？”

“快要公布了，说出来也不要紧吧。就是古贺君。”

“古贺老师？他不是本地人吗！”

“是本地人。不过因为有些情况——一半也是他本人的希望。”

“调到哪里去？”

“日向的延冈——地区是偏僻了点，因此决定给他提高一级薪水。”

“谁来接替他？”

“接替的人也大体上定了。正是由于这个变动，你的待遇也就有办法解决啦。”

“哦！那很好。不过别勉强，薪水即使不加也不要紧。”

“反正我打算跟校长说一说。而且校长似乎也有这个意思，往后说不定还得要你更辛苦些，请你从现在起，就做好精神准备吧。”

“教课时间要比现在增多吗？”

“不，教课时间也许会比现在少——”

“减少时间，那叫什么更辛苦，怪事！”

“猛一听是觉得奇怪——眼下不便说明白——这么着说吧，也就是可能要你承担更重大的责任。”

这一下把我弄糊涂了。所谓比现在更重大的责任，难道是当数学主任？可数学主任是野猪，那家伙根本没有辞职的意思，何况他在学生中又有威望，调任和免职都非学校的上策。红衬衫的话总是让人摸不着头脑。虽说还没有明白他的意思，他已经把事情交代完了。接着又闲扯了一会儿，谈到为冬瓜脸开欢送会的事啦，顺便问我喝不喝酒啦，还说什么冬瓜脸老师是个君子，为人可敬啦——红衬衫说了不少话。最后，他问我写不写俳句。我心想，这可要了命，连忙答道：“俳句我可不会，再见吧！”就匆匆地回来了。提起俳句，那是芭蕉和理发师傅[①]干的事，数学老师写什么“牵牛花藤缠吊桶”[②]，那还得了吗！

回到寓所，我陷入了沉思。世上也真有不可理解的人，住宅好姑且不

① 理发师傅作俳句，系一种风趣的俳句，也是一种俳偕语。

② 系一首有名的俳句，为女俳人加贺千代（1713—1775）的代表作。

说，就是任教的学校也没有什么不满足的，却讨厌起故乡而要到不熟悉的异地他乡去受苦。如果是去有电车的繁华都市倒也罢了，可去日向的延冈，却是为何？我来到这个水上交通还算便利的地方，不到一个月就已经想回东京了。要说延冈，那可是在深山里的深山的老山坳里。据红衬衫说要先坐船，上岸后再换坐一天马车到宫崎，从宫崎还得坐一天车才能到达。一听地名，就知道那不是一个开化的地方，令人感到好像那里人和猴子各占一半似的。任凭冬瓜脸是怎么个圣人君子，也不至于甘愿与猴子相处吧！真是奇人怪事！

这时，房东老太太又端来了晚饭。我问了问："今天还是吃山芋吗？"她答道："不，今天吃豆腐。"吃什么都差不多。

"阿婆，听说古贺老师要到日向去。"

"真是怪可怜的！"

"可怜什么呀，人家愿意去，你有什么法子。"

"愿意去？谁愿意去？"

"什么谁呀，是他本人呗。不是古贺老师好奇才去的吗？"

"这个呀，你可大错特错啦！"

"我错了？可是刚才红衬衫还那么说来着。如果我弄错了，那红衬衫就是说谎话的骗子大王了！"

"教务主任那么说是有道理的，古贺老师并不想去也是有道理的。"

"这么说，双方都是有道理喽。阿婆真公道。可这究竟是怎么回事呢？"

"今天早晨，古贺先生的老太太来了，讲了其中的缘由。"

"说了什么缘由？"

"他家打古贺先生的老太爷死后，生活就不像我们所想象的那样富裕了，日子过得很艰难。老太太去向校长求情，说已经教了四年书，能不能把每月的薪水多少增加一点。"

"原来是这样！"

"校长说，好吧，我考虑考虑。因此老太太就放了心，以为很快就会有加薪的通知，不是这个月就是下个月，正伸长了脖子盼着，校长对古贺说：你来一下。去了一谈，校长对他说：实在对不起，学校经费不足，不能给你增加月薪，不过延冈倒有了空缺，如果去那边，每月可以多拿五元钱，我觉得这很符合你的愿望，手续已经办妥了，你就去吧。"

"这么说，不是商量，而是命令喽！"

“可不是吗。古贺老师请求说：与其为多拿点薪水到别处去，不如照现在这样不加薪继续待在这里。这里有房子，还有老母亲。可校长说：事情已经决定了，而且接替古贺老师的人也定了。没法改变啦！”

“哼！这是欺侮人，真不讲理。这么说起来，古贺老师是不想去喽！怪不得我觉着奇怪，哪有为增加五元钱，跑到那种深山沟里去和猴子打交道的蠢货呢！”

“蠢货？老师是指什么说的？”

“指什么都行——这全是红衬衫的主意。真卑鄙，完全是阴谋。还说什么要给我加薪，有这样不讲道理的吗？给我加薪，谁稀罕你加呢！”

“老师要加薪水了吗？”

“说要给我加，我打算回绝。”

“为什么要回绝呢？”

“说什么也得回绝。阿婆，那红衬衫是混账东西！真卑鄙！”

“管他卑鄙不卑鄙，如果给你加薪水，你就老老实实收下的好。年轻的时候总爱生气，等上了年纪之后回想起来，就会懊悔当时不如稍许忍耐一些，太可惜了。因为生气而受到不必要的损失，肯定要后悔的。既然红衬衫给你加薪，你就谢谢他，收下来吧！”

“上年纪的人啦，就少管这些闲事吧。我的薪水加也好，减也罢，反正是我的薪水。”

老太婆没有再说什么退了下去。老头在用悠长的腔调哼着歌谣。歌谣这个玩意儿，也许是一种把一看就懂的东西，故意配上繁难的调子让人家听不懂的艺术。老头每天晚上没完没了地哼那玩意儿，真不理解他的心情。我的心并非被歌谣所搅，而是在想：说要给我加薪，虽然并不特别想要，但觉得把不用的钱白放着也可惜，这才答应加的。可谁知道他们是把不想调走的人挤走，用他的薪水来加给我呢？我哪能做这种不近情理的事呢？人家本人说了照现在这样不加薪也行，却硬要把他发落到延冈去，这究竟打的什么主意？连太宰府的权官①也只是被贬在博多附近，河合又五郎②避难也只是在相良吗。想来想去，如不赶紧到红衬衫那里去表示拒绝，就安不下心来。

我穿上粗布裙裤又出去了。来到他家大门口叫了声“有人吗”，出来的

---

① 当时的太宰府设在福冈县博多地方。

② 河合又五郎，系一藩士，因杀害同僚渡边数马之弟源太郎而外逃，居于相良（今熊本县人吉市）。

又是他弟弟。他见是我，眼睛里现出“你又来了”的神情。只要有事，哪怕两次三番我也要来，说不定深更半夜还要从床上把你叫起呢！你以为我是到教务主任家来讨好卖乖的吗？我可是来说明不要加薪水来回绝的。他弟弟说：“眼下正有客人。”我说：“请他到大门口来就行，想见他一下。”他弟弟随即退回屋去。我朝地下一看，见有一双前头斜、薄席面的男用木屐，从屋里传出了“这就大功告成喽”的声音，一听就知道来客是帮腔佬。若不是帮腔佬，别人不会发出这种尖的声音，也不会穿这种只有艺人才穿的木屐的。

过了一会儿，红衬衫手提洋灯来到大门口，说：“请进来吧，又不是外人，是吉川君。”我说：“不必了，在这里站着就行，说句话就走。”一看红衬衫红头涨脸的样子，想必是和帮腔佬喝了几盅。

“刚才你说要给我加薪水。现在我的想法有些改变，特来表示回绝的。”

红衬衫把洋灯向前伸过来，从灯背后望着我的脸，猛一下答不上话来，现出茫然的神情。他是对在这世界上竟有人主动跳出来拒绝给自己加薪，觉得不可思议呢，还是觉得即使拒绝也不至于刚回去马上又跑回来，而吃惊不已呢，再不就是两种心情混合存在。只见他张着难以言状的嘴，呆呆地站在那里。

“当时我之所以答应，是因为你说古贺老师自己希望调动……”

“古贺君的确是自己希望中途调动呀！”

“不对，他希望留在这里。即使是不加薪水也行，他愿意留在家乡。”

“你是听古贺君这么说的吗？”

“不是听他本人说的。”

“那么，是听谁说的呢？”

“是我住处的房东老太太，听古贺老师的母亲说了之后，今天告诉我的。”

“这么说，是房东老太太这么说的喽！”

“嗯，不错。”

“说句不客气的话，恐怕是你搞错了。照你的说法，好像房东老太太说的话可信，而我教务主任说的话倒不可信，我可不可以照这个意思来理解你的话呢？”

我一下子被难住了。文学士这种人到底厉害，钻到空子就会一点点向你逼来。过去爹经常说我冒冒失失、不中用、完了。看来是说对了，我的确是有些冒失。听了老太太的话，心里一气马上就跑来了，既没有去问问冬瓜脸君，也没有去问他母亲，把详细情况打听清楚。因此，当文学士用他那个势头杀将上来时，我就有些抵挡不住了。

虽然从正面抵挡不住他，但在我心里却早已宣布对红衬衫不信任了。房东老太太虽说是个贪婪的小气女人，但她不会说谎，不像红衬衫那样表里不一。我被逼得没法，只好这么回答他：

"你说得也许是事实——不过，反正我不要加薪。"

"这就更可笑了。听起来，你特意跑来是因为找到了不愿意接受加薪的理由。可是在我说明其理由并不存在之后，你还是要拒绝加薪，这就令人有些难以理解喽！"

"也许是难以理解吧。不过，反正我表示拒绝。"

"你如果这么不乐意，我也不好勉强。可是在这两三小时之间，又没有特别的理由，你就变了卦，这会关系到你将来的信用的。"

"关系到信用，也不要紧。"

"没有的事！为人没有比信用更重要的了。即使退一步说，房东老板……"

"不是老板，是老太太。"

"都一样。即使房东老太太对你说的是事实，给你加的薪水也并非从古贺君所得里挖出来给你的呀！古贺君要去延冈，接替他的人要来。来人的薪水比古贺君稍低些，是将其多余的部分拨给你的，因此你没有必要觉得对不起谁。古贺君到延冈去比目前是提升了。新任教员打开头就谈妥薪水比较低，所以你才得以加薪的。看来，再没有比这更好的机会了。如果你不要，不加也行。可我还是劝你回去后再好好考虑一下吧。"

我的头脑比较简单。若是平常，对方如此巧言令色，我也许会说：哎呀，是吗，这么说是我错了，而惶惶不安地退下去。可是今晚却不是这样。从最初来到这里起，我就很讨厌红衬衫。后来，也曾一度改变过看法，觉得他是一个像女人般亲切的男人。可实际上他并不是个亲切的人，所以反过来更讨厌他了。正因为如此，眼下任他讲得如何头头是道，怎样用堂堂的教务主任那一套来驳倒我，我都毫不在乎。能言善辩的人未必就是好人，被驳倒的人也未必就是坏人。表面上看，红衬衫很有道理，可是无论你表面上怎样冠冕堂皇，也不能使我从内心里佩服你。如果用金钱、权势、理论能收买人心的话，那么，高利贷、警察、大学教授都应该是最招人喜爱的了！单凭你这个中学教务主任的一点辩才，哪能动得了我的心呢？人是根据好恶来行动的，并不是可以靠嘴皮子驱使的。

“你说的很有道理，可我对加薪已经不感兴趣了。喏，我表示拒绝，即使让我再想想也是一个样。再见！”我留下这么句话就出了门。抬头一看，天空中横着一条银河。

九

为冬瓜脸君开欢送会的那天早晨，我刚到学校，野猪突然过来对我说：“上次骗子银来说你太胡来，要我叫你搬走。我信以为真，就劝你搬了出来。可是，后来一打听，才知道他是个坏家伙，经常在假字画上盖上伪造的落款印章，强卖给人家。因此，你的事情肯定也是他瞎编出来的。他想把挂轴啦，古董啦硬塞给你，做些买卖，可你不与他打交道，他赚不到钱，就捏造出这么一套来诬陷人。我不知道他是这么个人，所以对你多有得罪，请你原谅。”他说了一大套谢罪的话。

我什么话也没有说，拿起放在野猪桌子上的一分五厘钱，装进自己的口袋里。“老弟，你要把它收回去吗?”野猪疑惑不解地问。“嗯，当初我不高兴要你请我，所以非要把钱还你不可，可后来慢慢一想，觉得还是让你请我的好，所以又收回来了。”我这么一说，野猪一边哈哈大笑一边问：“既然如此，为什么不早点拿走呢?”我说：“实际上，早就想着拿走算了，拿走算了，但总觉不好意思，就那么让它撂在那里了。近些日子来到学校，一见那一分五厘钱，就感到怪难受的。”他说：“你真是个不服输的人啦！”我说：“你不也是个相当倔强的人嘛！”接着，我俩就聊开了：

“你究竟是什么地方生的。”

“我是江户儿呀。”

“哦，原来是江户儿，难怪死不肯服输。”

“你是哪里?”

“我是会津。”

“原来是会津汉子，怪不得这么倔强！今天的欢送会你去吗?”

“当然去，你呢?”

“肯定去。我还打算在古贺老师出发时，送他到海边呢！”

“欢送会挺有意思的，去瞧瞧吧！今天我要畅饮一顿。”

“你尽情地喝吧，我可是吃了菜就走。喝什么酒，那是糊涂人干的。”

“你这个人呀，一上来就要和人吵架。总是带有江户儿的轻浮习气。”

“随你怎么说吧！去欢送会之前，先到我家里来一下，有话跟你说。”

野猪如约来到了我的住处。近来，我每见到冬瓜脸的面，就觉得不胜可怜。到今天要送别了，怜恤之情更是油然而生，如果可能的话，真想代他前去。因此，我想在欢送会上来一通演说，以壮其行。可是，用我这个心直口快的调子来说话，那是根本说不出个道道来的，所以想借野猪的大嗓门，先挫一挫红衬衫的锐气，这才特意把野猪邀来的。

我先从玛童娜的事谈起。当然野猪对玛童娜的事比我了解得更清楚。我告诉了他在野芹川土堤上与红衬衫相遇的事，骂了声“那是个混蛋！”野猪说：“你不管对谁都要骂他混蛋。今天在学校里，你不是说我是混蛋吗？如果我是混蛋，那么，红衬衫就不是混蛋，因为我和红衬衫不是一类人。”我又说：“那么红衬衫是没胆量的孬种。”野猪极表赞同地说：“这算说对了。”野猪厉害是厉害，但说起这种骂人的话来，却不如我知道的字眼多。也许会津汉子全是这个样子吧。

接着又谈到了红衬衫说要给我加薪和将来要重用我的事。野猪一听，鼻子里哼了两声，说：“这么说来，是打算要免我的职喽！”我问：“他要免你的职，你自己甘心让他免职吗？”他神气十足地说：“谁个甘心让他免职呀。如果要免我的职，那么，也得叫红衬衫一起免职。”我又追问：“怎么着才能叫他一起免职呢？”他答道：“这个嘛，还没有想好。”野猪显得很厉害，但智谋并不怎么多。我谈到拒绝加薪时，那家伙高兴极了，赞扬我说：“真不愧是江户儿，好样的！”

我问他：“既然冬瓜脸君是那样的不愿走，为什么不为他来个留任运动呢？”野猪十分惋惜地说：“当从冬瓜脸那里听到此事时，已经早成定局了。我找校长谈过两次，找红衬衫谈过一次，但一点用处也没有。这也是因为古贺过于老实，不好办了。当初红衬衫谈到此事时，若不便断然拒绝，也可托辞回头考虑考虑，该有多好！可是，他却被那家伙的花言巧语给骗了，当场应了下来。这么一来，过后他母亲哭着去求情也好，自己去交涉也罢，都不起作用啦！”

我说：“看来这件事全是红衬衫的阴谋，他想借此把冬瓜脸君发配得远远的，好把玛童娜弄到手。”他一听，挽起袖子，亮出那全是肌肉疙瘩的胳膊，说：“这是可以肯定的。那家伙道貌岸然，可尽干坏事。若是有人说什么，他早就为自己留下退路等着呢，真是老奸巨猾。与那种家伙打交道，除非饱以老拳，不然是不足以教训他的。”我一看，便问道：“你的胳膊真壮实，是不是练过柔道呀?”他听了，胳膊一使劲，鼓起肌肉疙瘩来，说：“你来捏捏看!”我用手指去捏了捏，一动也不动，就像澡堂里用的浮石一样。

我十分羡慕，说：“有你这本领，像红衬衫那样的，一下子可以打翻五六个!”“那是当然。”他说着，把弯过来的手臂伸开，又缩回来，就这样一伸一缩，肌肉疙瘩在皮下运来运去，颇为得意。据野猪说，把两根纸捻拧在一起，扎在鼓出肌肉疙瘩的地方，他手臂使劲一弯，纸捻就会崩断。“要是纸捻，我也可以崩断。”我说。“你哪里崩得断啊，如果真行，崩一下试试!”我想：要是崩不断多丢人，就没敢试。

“老兄，怎么样?今晚欢送会上大喝一顿之后，把红衬衫和帮腔佬揍一顿吧?”我半开玩笑地怂恿他。野猪一听，说：“好啊。”但他想了一想又说：“今晚就算了吧!”我问为什么，他说：“今晚这么干，对不起古贺君——而且，要揍，就得看准那两个家伙干坏事的时候当场揍，要不就是我们的不是了。”他的话很有道理。看来野猪比我更有心计。

“那么你来一通演说，把古贺老师大大赞扬一番。要让我这个江户儿去说，就会显得油腔滑调，不庄重。而且，我一到紧要的时刻就反胃，喉咙里堵着一个大圆疙瘩，说不出话来。所以要请你来说。”他说：“真是个怪毛病。这么说，你在众人面前说不出话啦?难过吧?”我答道：“哪里，倒也不怎么难过。”

正在说这说那的时候，时间到了。于是，和野猪一起向会场走去。会场设在花晨亭，这是当地第一流的菜馆，我一次也没有去过。据说早先是旧藩时代官僚的住宅，买来后开了馆子。难怪外表显得那么气派、威严。把旧官僚的宅邸用来开菜馆，就好像把上阵穿的大披肩改为小棉袄一样。

我们到场时，人已经差不多到齐了。在五十铺席的大客厅里，人们分成两三堆围坐着。房间有五十铺席大，所以壁龛也非常大。我在山城店住过的十五铺席房间里的壁龛真没法与此相比。若用尺量，足有一丈余宽。右边摆着红色花纹的濑户陶瓷瓶，里面插着大松枝。我不知道插松枝是做什么，也许是不必担心过几个月凋落吧，倒是个省钱的好办法。我问博物教员：“那濑户陶瓷是哪里产的?”他说：“那不是濑户陶瓷，而是伊万里陶瓷。”① 我

① 产于佐贺县伊万里町，故得名。

说："伊万里陶瓷不就是濑户货吗？"这一说，博物教员啊哈哈地笑开了。后来一问，才知道濑户生产出来的陶瓷，才叫濑户陶瓷。因为我是江户儿，以为凡陶瓷品都是濑户货。壁龛的正中央，挂着一幅大中堂，上面写着二十八个跟我脸一般大的字，字体实在蹩脚。因为那字太难看，我就问汉学老师："为什么把这种难看的东西堂堂正正地挂出来呢？"汉学老师告诉我说："那是名叫海屋①的著名书法家写的。"海屋也好，什么也好，我至今仍然认为那字体很蹩脚。

不一会儿，川村秘书说："请大家入座。"我选了个有柱子作靠背的好地方坐下来。在海屋写的中堂前面，狐狸身着长袍大褂入了席。左边的红衬衫也是长袍大褂，正襟危坐；右边是今天的主人公冬瓜脸老师，他也身着和服。我穿的是西服，跪着坐很难受，就改成了盘腿而坐。旁边的体操老师穿的是黑西服裤，却规规矩矩地跪坐着，到底是体操教员，真有修炼。不久，开始上菜，摆酒。先是干事站起来，简单地致开会辞。接着是狐狸站起来，又是红衬衫站起来，一一致送别辞。三个人像事先商量好了似的，都吹捧冬瓜脸君是优秀的教师，出类拔萃的好人，这次却要离去，这不仅是对学校，就个人来说，也是非常可惜的。但由于他本人有自己的情由，希望调任，所以无法挽留。话的意思大致如此。像这样在欢送会上公开撒谎，居然一点也不感到害羞。尤其是红衬衫，在三个人当中把冬瓜脸君赞美得最厉害，甚至还感慨地说："失去这么一位良师益友，对我个人来说，真是最大的不幸。"他说得如此逼真动听，温柔的腔调显得更加温柔了，初次听他说话的人，肯定都会受他的蒙骗。兴许玛童娜也是用这一手勾引来的吧！正当红衬衫滔滔不绝地致欢送词的时候，坐在对面的野猪朝我使了个眼色，送过来一个电报。我也用食指拉了一下眼皮，做了个鬼脸，给了他一个回电。

野猪不等红衬衫坐下，蓦地站了起来，我高兴极了，不由得啪啪地直拍巴掌。这一来，从狐狸到所有的人全都朝我看来，弄得我有点难堪。正想看野猪说些什么，他就开了口："刚才以校长为首，特别是教务主任，对古贺君的调任，表示非常惋惜。我却有些不同意见，我希望古贺君早一天离开这里。延冈是个偏僻的地方，与这里相比，也许物质条件要差一些，可是听说那里风俗人情颇为纯朴，教职员和学生都具有古代质朴的风气。我相信那里根本不会有那种专讲口是心非的奉承话，装着笑脸来陷害好人的时髦家伙。

---

① 海屋（1788—1863）为江户幕府后期第一位书法家。

像古贺君这样善良憨厚的人，肯定会受到那个地方普遍一致欢迎的。因此，我们热烈祝贺古贺君此次调任。最后，我希望古贺君去延冈赴任之后，选择一个值得君子去求的当地淑女，早日建立一个美满的家庭，用事实来羞杀那个不知贞节的轻佻姑娘。”说完，“呃嘿呃嘿”地大声咳了两下，坐了下去。我又想拍巴掌，但想到会再惹来大家的目光，怪讨厌的，所以控制住了。野猪坐下之后，冬瓜脸老师站起来讲话了。他毕恭毕敬地从自己座位上站起来，从上首到末席，殷切地向大家鞠躬之后，说：“这次由于我自身的情由，决定前往九州。承蒙各位为小生举行如此盛大的欢送会，我表示由衷的谢意——特别是刚才听了校长、教务主任，还有其他几位的欢送词，至为感激，我当铭记在心。我就要远去了，希望诸位能一如既往，不要见弃，肯予赐教。”说完，弓着身子回到了座位上。冬瓜脸君简直不知道做好人也应该有个限度，对如此欺侮自己的校长和教务主任，还是那样毕恭毕敬地去表示感谢。如果只是出于一般常礼，倒也罢了，可是，从他那个样子，那种言词，那副面容来看，这种感谢似乎是发自内心的。谁受到这个圣人君子的诚心感谢都会感到惭愧而脸红的，可是狐狸和红衬衫却一本正经面无表情地听着。

讲话完了之后，只听这里“嘶”的一声，那边也是“嘶”的一声。我也学着那么喝酱汤，可是很不好吃。小菜是鱼糕，黑糊糊的，鱼肉烧坏了。也有生鱼片，但切得太厚，像生吃金枪鱼段一样。尽管如此，旁边的人却狼吞虎咽地吃得津津有味，也许他们没有尝过江户风味的菜肴吧。

这其间，酒壶来回传递开了之后，周围一下子热闹起来了。那位帮腔佬恭恭敬敬地来到校长面前敬酒，实在令人作呕！冬瓜脸君挨着个儿在把盏斟酒，看来是打算转上一圈，太辛苦啦！他来到我的面前，把裙裤的褶子理正，毕恭毕敬地说：“敬你一杯！”把我弄得很窘，穿着西装裤，也只好改成跪坐姿势，回敬了一杯，并说：“特意来到这里，相处不久，没想到马上就要分别了，实在遗憾！不知你几时启程，我一定送你到海边。”冬瓜脸君答道：“不必啦，你很忙，我可不敢当。”不管冬瓜脸君怎么说，我是决定停课去送他。

往后又过了约莫一个小时，席上已经是杯盘狼藉了。“喂，再来一杯。”“好，我喝。”有一两个人已经连话都说不清楚了。我有些疲倦了，于是去上厕所，借着微弱的星光看了一下古老的庭院。这时，野猪来了，问道：“怎么样？刚才的演说不错吧？”他很得意。“极表赞成，但有一处不太中意。”我提出了不同意见。他向：“什么地方不能同意？”

“你说：装作笑脸来陷害好人的时髦家伙，在延冈不会有……”

“嗯。”

“光说时髦家伙不够。”

“那么，应该怎么说呢？”

“应该说时髦家伙啦，骗子啦，欺诈鬼啦，假装和善的伪君子啦，跑江湖的流氓啦，玩弄权术的畜生啦，老牌的特务啦，跟狗一样汪汪叫的小丑啦，如此等等，这样骂上一顿就好啦！”

“这些话我说不上来。你真能说，首先这类字眼你就知道得多。可你不会演说，真奇怪。”

“哪里，这是准备着吵架时用的。一旦演说，那就说不出来啦！”

“是吗，这不是脱口而出嘛，再来一遍试试。”

“说多少遍都行——时髦的家伙，骗子手，欺诈鬼……”

正在说给他听时，传来了“吧嗒吧嗒”的声音，两个人从廊檐下摇摇晃晃地跑过来。

“你们两个真坏——怎么逃席啦——有我在，你们别想跑，来呀，喝吧——大骗子？——真有意思，大杯子才够意思呢——走，喝酒去！”

说着，拖着我和野猪就走。实际上，这两个人是来上厕所的，因为喝醉了，就忘了上厕所，却把我们两个给拖住了。喝醉了的人，总是眼前看到什么干什么，而把原来要做的事忘个一干二净。

“我说，诸位，我把大骗子抓来了。来，给我灌酒，把大骗子狠狠地给我灌醉了。你想逃席，那可不行。”

说着，把本不想逃跑的我按在墙壁边。我环视一下周围，桌上摆的菜没有一份像样的了。有的人把自己的一份吃个精光之后，还远征到离自己三四丈的地方去了。不知校长是什么时候走的，眼下已经不见他的踪影了。

这时，三四个艺妓进来问道：“是在这里陪客吗？”我有些吃惊，但因为被按在墙边，所以只能呆呆地看着。原来一直靠在壁龛柱上，洋洋得意地衔着那琥珀烟嘴儿的红衬衫，蓦地站起来朝客厅外走去。迎面进来的一个艺妓，满面含笑地向他打招呼，与他擦肩而过。这个艺妓最年轻，也最漂亮。她好像说了声“晚安”，因为隔得远，听不清。红衬衫满不在乎地只顾往外走，就这样没有见他再露面，也许是跟在校长身后回家去了。

艺妓来了之后，客厅里一下子又活跃了起来。好像是一起哄叫着表示欢迎，喧闹得很厉害。有的人在猜数[①]，其声音之大，真像操练剑道时发出的壮胆声一样。这边在猜拳行令，使劲地挥着双手，喊着：四季花开、八仙过海……真比达科剧团[②]演的提线木偶还要有趣。那边角落里在喊“拿酒来!”举起酒壶直摇晃，不断地嚷着“酒啊，拿酒!”满屋闹哄哄的，实在让人受不了。其中，只有冬瓜脸君一个人显得无聊，低着头在沉思。说是为他开欢送会，实际上并非为他的调动感到惋惜，而是为了大家饮酒作乐，是为让他一个人闲着受罪。像这样的欢送会，不如不举行要好得多。

又过了一阵之后，人人都用嘶哑的嗓子唱开了。一个艺妓抱着三弦琴来到我的面前说：“您唱个什么吧!”我说：“我不唱，你唱来听听!”她一听，就唱了起来：“敲起锣来打起鼓，寻找迷路不归的三太郎，咚咚咚，当当当，敲锣打鼓到处转，为了要寻三太郎。假若敲敲打打就能寻得到，我也要设法打得鼓声响咚咚，敲得锣声响当当，到处去寻我所思念的多情郎。”她一口气唱完，说：“太费劲啦!”既然这么费劲，唱支轻松些的也可以嘛。

不知什么时候坐到旁边来了的帮腔佬，照例用说单口相声的腔调说：“阿铃，你所思念的人，刚一见面，马上就走啦！多么可怜啊!”艺妓板起面孔说：“不知道。”帮腔佬毫不在意地学着义太夫[③]的样子，怪腔怪调地说：“难得与君来相逢，哪知……”[④]，艺妓用巴掌“啪”地朝帮腔佬膝盖上打了一记，说：“起来。”帮腔佬开心地笑了。这个艺妓就是同红衬衫打招呼的人。挨了艺妓的打还发笑，帮腔佬真是个活宝。他说：“阿铃！我要跳纪伊之国[⑤]，请你弹一曲吧!”居然还想跳舞。

在对面，汉学老先生歪着没有牙的嘴哼道：“此事未所闻，传兵卫老哥，你我之间……”哼到这里就停了下来。艺妓问：“往下呢?”老爷子年纪大了，记性差。另一个艺妓缠着博物教师说：“最近您总不来，我都学会了，弹给您听听吧！您好好听啊……头上梳的花月髻，扎着时髦的白蝴蝶，骑着

---

① 日本人在酒席宴上，常用豆粒、小石子或折断的筷子，握在手里，互相猜数作戏。

② 英国剧团的名称。日本于明治年间学来此种木偶戏后，至大正年间，一直在东京浅草区演出。

③ 系竹本义太夫（1651—1714）的简称。即演唱净琉璃（一种以三弦琴伴奏的说唱）的创始人。

④ 近松德叟（1751—1810）所作净琉玻“离所之段”中有此歌词：“泣坐明石待顺风，偶尔也得与君逢。风雨无情重，别时恨匆匆”。明石为当地附近岛名。

⑤ 纪伊之国，系日本早先留传下来的、酒宴中流行的舞曲。

自行车；拉的小提琴，半瓶醋的英语说不停，I am glad to see you[①]。”唱到这里，博物教师佩服地说：“太有意思啦，还夹着英语呢！”

野猪大声地叫着“艺妓，艺妓！”命令似的说：“我要舞剑，给我弹三弦！”艺妓被这过于粗暴的喊声弄得目瞪口呆，没有搭腔。野猪不管三七二十一，拿过手杖，唱着“踏破千山万岳烟”，走到客厅的正当中，表演他自己的绝招。这时，帮腔佬已经舞完了“纪伊之国”，接着舞了“卡波勒”[②]，又舞了“架上不倒翁”[③]。他脱得赤条条的，只剩下一块丁字形兜裆布，胁下夹着棕扫把，唱着：“日清谈判破裂了[④]……”在客厅当中迈着步子游行。真是个疯子！

我从刚才起，一直同情没有脱去大褂、端端正正坐在那里的冬瓜脸君。我心想，虽说是为他开欢送会的，但也没有必要穿着长袍大褂，耐着性子去看他们扎着兜裆布，光着身子跳舞。于是，我来到他身边说：“古贺老师，我们回去吧！”劝他退席。可冬瓜脸君却说，“今天是为我开欢送会，如果我先走了，那是很失礼的，请你不必客气，自便吧。”他动都不动。“有什么可拘礼的呢，如果是开欢送会，就得像个欢送会的样子。你瞧那个德性！简直像开疯子会。好啦，走吧！”我硬劝他走了。正要离开客厅的时候，帮腔佬挥舞着扫把，游到面前来了：“哟，主人先走，这可不好。这是日清谈判，不能走。”说着，横起扫把，挡住了去路。我从刚才起就一直压着火气，所以发火说：“如果是日清谈判，那你就是清、清！”[⑤] 随即朝帮腔佬的头猛地给了一拳。有两三秒钟，帮腔佬像丢了魂似的，一下子愣住了。接着，说：“哎呀，这可太狠啦！打人，这很不通情理！打我吉川太没道理了，更要举行日清谈判喽！”他莫名其妙地喊着。这时，野猪在人群后面看到这里发生了争吵，停止了舞剑，飞身过来，一见帮腔佬这副难看的样子，一把抓住他的脖子就往回拖。帮腔佬嚷着：“日清……痛啊，痛，怎么这么胡来！”他挣扎着要转过身来，野猪趁势往旁边一扭，他扑通一下子倒了下去。后来怎么样？就不知道了。我和冬瓜脸君在途中分了手，回到住处已经十一点多了。

---

① “见到你很高兴”。

② “卡波勒”为译音。是从住吉舞派生出来的一种舞蹈。跳舞时乐器会敲打出这种声音来。

③ “架上不倒翁”系一种播曲，歌词为：“因为心情太激动，取下架上不倒翁。边用毛巾头上扎，妈妈呀，我要试试推倒它！”

④ 指1894年中日甲午战争前的交涉。后日本军国主义者竟把它编成歌曲，来宣扬军国主义精神。

⑤ 甲午战争前后，日本人常用这种轻视的语调来称呼中国人。

十

因为开祝捷会①，学校停了课。说是在练兵场举行典礼，狐狸得带领学生前去参加。我作为教职员之一，也得跟着一起去。来到街上，到处都是太阳旗，令人眼花缭乱。学校的学生约有八百人，由体育老师整好队，队与队之间，保持一定的间隔，插进去一两个教职员作为监督。这个安排法颇为巧妙，但实际上又颇为拙劣。学生是些孩子，而且不懂道理，在这些家伙的心里，总觉得如不破坏纪律，就有失学生的体面似的。因此，不管跟上多少个教职员去，也起不了什么作用。命令没有下，他们就随意乱唱军歌，军歌一停，又无缘无故地哇哇起哄，简直跟流浪汉在街上成群结队游行一样。如果不唱军歌，不乱起哄，就叽叽喳喳地不知说些什么。照说，不说话也可以走路，可日本人的嘴总是喋喋不休的，任你怎么训斥，也没有人听。他们说的并不是一般的闲话，而是在说老师的坏话，这就更加可恶了。我在值班事件中让学生认了错，心想这该好了吧，可事实上确是大错特错，如果用房东老太太的话来说，这才真是错误专家哩！学生认错，并非心有悔悟才认错的，只是因为校长有命令，才在形式上低下头来的。这跟商人尽管低了头，却不会停止干狡猾的事一样。一般说，学生认错之后，是决不会就此不再干淘气事的。仔细想来，兴许这个世界就是由像这些学生一样的人组合而成的。如果你一片真心地去接受人家的赔礼道歉，并予以宽容的话，那你就是过于老实的傻瓜。既然认错是假认错，那宽容也来个假宽容，只有这么对待，才不会上当吃亏。如果你打算让他真正认错，除非揍得他真有悔悟为止。

我夹在学生队伍之间走着，不断听到有人在说什么炸虾面啦，团子啦。因为人多，分不清是谁说的。随它去吧！即使你找出人来，他也肯定会辩解说：那不是说老师吃炸虾面，也不是说老师吃团子。是我这个当老师的神经衰弱，生了疑心病，把话听错了。这个地方的这种劣根性，是从封建时代以来就养成的习惯，任你怎么开导，怎么教育，始终是改不了的。假如在这种地方待上一年，一身清白的我，兴许也会沾染上这种坏习惯的。即使侮辱了我，他们也准备好了替自己开脱的办法，我能听之任之吗？他们是人，我也是人，什么学生，什么小孩，若论个子，他们比我还大。因此，若不给他们

---

① 此处指庆祝1904—1905年日本在日俄战争中取得了胜利。

点惩罚，那就对不起这帮家伙。不过，采取一般手段去报复，势必遭到他们的回敬。如果说“那是因为你们太坏”，他们早就准备好了退路，会滔滔不绝地来与你争辩。通过争辩，他们先从表面上把自己打扮得很正确，然后再寻找你的错处进行攻击。本来是我打算进行报复，那就应举出对方的错误来为自己辩护。不然，本来是对方先惹起的，却有可能被人家看成是我在寻衅滋事，这就更不上算了。那么就随他们去，装成一个和事佬，这又只能更加助长他们的威风，再往大处说，对整个社会也是不利的。没有办法，只好按照他们的办法去对付他们，只要别让他们抓住错处就行。当然这么一来，江户儿的脸就要丢尽了。丢脸是丢脸，可我也是人呀，与其这样让他们捉弄一年，管它什么丢脸不丢脸，也只好这么办。看来，无论如何也要早点回东京去和阿清婆生活在一起。待在这乡下，像是特意为自甘堕落而来似的。与其堕落到那一步，不如去卖报要好得多！

我一边这样想着，一边闷闷不乐地跟着走。这时，前面突然吵吵嚷嚷地乱了起来，同时，队伍也停了下来。我觉得奇怪，从右边离开队伍朝前望去，在大手街往药师街的拐角处，队伍走不动了，人们挤过去，又被推回来，乱成了一团。体育老师在大声叫唤：静一静，静一静！从前面走了过来。我问出了什么事？说是在拐弯的地方，中学生和师范生发生了冲突。

据说中学生和师范生在哪个县里，都像狗和猴子一样，关系总是搞不好，搞不清是什么原因，双方风气就完全不同，有点什么事就得吵架。也许是在这狭小的乡下闷得慌，借吵架来消磨时光吧。因我喜欢吵架，一听说发生了冲突，怀着一半好奇的心理跑了过去。这时，听前面有几个家伙在不停地骂：“怎么啦，吃地方税[①]还不知羞，给我往后滚！”后面的人也在大声喊：“往前挤呀，挤呀！”我从挡路的学生中间钻了过去，正想往拐角的地方再走几步，就听到一声尖得刺耳的口令：“齐步走！”紧接着，师范学校的队伍开始整整齐齐地往前走。这一场抢先争路的冲突算是调解开了，也就是说中学生这方让了步。若论资格，似乎是师范学校占上风。

祝捷大会的仪式非常简单。旅长致祝词，县知事致祝词，参加者齐呼万岁！这就算完了。说余兴安排在下午，我便先回到住处，给一直惦念的阿清婆写回信。她嘱咐说这次回信要写得详细些，所以得尽可能认真地写。可是，拿出纸来，一动手写，光是觉得要写的事很多，却不知从何写起。写这

① 师范生的补助费，来自当地的税收。

个吧，太麻烦了；写那个吧，又没意思。心想：那种不停地往外冒、写起来不费劲、而且阿清婆又挺感兴趣的事，怎么就没有呢？看来，她所希望知道的那种事好像一件也没有。我磨好墨，蘸饱笔，瞪着纸——瞪着纸，又蘸笔，再磨墨——同样的动作，如此反复多次之后，我终于认定自己终归不是个会写信的材料，便盖上了砚台盒。心想写什么信，太费事啦，不如到了东京面谈更为简便。我不是不体谅阿清婆挂念自己的心情，而是觉得按阿清婆的要求写信，那比饿我三个星期的饭还要难受。

我把笔和纸往旁边一扔，身子往后一仰，躺了下来。头枕着手臂，眼睛望着院子，心里却还在想着阿清婆。当时，我这么想：来到这么老远的地方，只要一心牵挂着阿清婆，那么，我的一片真心肯定能传达到她那里去。只要心相通，那就用不着写什么信了。没有信，她会认为是平安无事的。信，只有在死了人、生了病的时候，或者出了什么事的时候，写上一封也就行了。

院子是三十多平方米的平地，没有栽什么像样的花树，只有一棵橘树。树比墙高，从外边就能看到这个目标，我每次回来，总要看看这棵橘树。对我这没有出过东京地界的人来说，对结着橘子的树颇感新奇。深绿色的果实渐渐成熟，变成黄色，那时肯定更加好看。眼下就已有一半变了颜色。房东老太太说橘子水分相当丰富，味道甘美。还说：“等将来长熟了，请你多吃。”所以我打算每天吃上几个。再有三个星期就完全可以吃了。三个星期的话，我还不会离开此地的。

我正想着橘子的事，突然野猪来找我。他说：“今天庆祝胜利，想和你吃一顿，买来了牛肉。”说着从袖筒里取出用竹叶裹着的一包，放在房间的中间。我在房东家不是塞山芋，就是填豆腐，而且又不让去荞面铺和团子店，在这遭罪的时候，拿来了牛肉，实在是太好了。立即从房东老太太那里借来锅和砂糖，动手烹调。

野猪一边贪婪地吃着牛肉，一边问我：“老弟，你知道红衬衫在艺妓中有相好的事吗？”我说：“当然知道，就是前不久为冬瓜脸君开欢送会时，前来陪客的艺妓当中的一个呗！”“对啦，我可是最近才看出来的，没想到你倒非常敏感。”他对我大加赞扬。

“那家伙说不上两句话，就提什么品格啦，精神娱乐啦，可暗地里却与艺妓勾勾搭搭，真是混账东西！如果他对别人的娱乐宽容一些倒也罢了，可是连你上荞面铺、进团子店，都说与管教学生有关，也要通过校长来警告你。”

“嗯，在那种混账家伙看来，嫖艺妓倒成了精神娱乐，而吃荞面和团子却是物质娱乐。如果是精神娱乐，那就公开大胆地干好了！何必要那个样子呢？相好的艺妓一进来，他马上起身离座往外跑，这算什么呀！这家伙无时不刻在骗人，真叫人看不惯。一旦受到责难，他就说什么不知道啦，俄罗斯文学啦，俳句和新体诗是兄弟啦，设法把你弄得糊里糊涂。这种胆小鬼，算不得男子汉，简直像宫女投胎之类的人，说不定，那家伙的爸爸还是汤岛的相公呢！”

“什么叫汤岛的相公？”

“总之是不像男人的东西——老兄，你那一块还没有煮熟哪，吃不熟的牛肉，会生条虫的呀！”

“是吗，大概不要紧吧！听说红衬衫还背着人到温泉街把角的店去与艺妓幽会呢。”

“你说把角的店，是那家旅馆吧？”

“就是那家旅馆兼菜馆。所以要想使那家伙屈服，最好是看准他带着艺妓往那里钻的时候，当场训斥他。”

“你说看准，是说采取守夜的办法？”

“嗯。在角店的对面，不是有家叫枡店的旅馆吗？租一间楼上临街的房间，在窗门上开个洞，监视他。”

“那他会来吗？”

“也许会来。反正一个晚上是不行的，得做着两个星期的打算。”

“那太累啦。我爹临死前，我通宵守护了一个星期。事过之后，头昏脑涨，身子虚弱极了。”

“身体累一点不要紧。让那种奸险的家伙痛快着，对日本是一大害，所以我要代天而诛之。”

“真痛快！如果事情这么定了，我也算一个。是不是从今晚起就开始守夜？”

“还没有与枡店交涉好，今晚不行。”

“那么，打算什么时候开始呢？”

“最近就得干。反正会通知你，到时候可要来帮忙。”

“好！什么时候我都能来。我呀，出计谋不行，要说打架，可是把好手。”

我和野猪一个劲地商量着除掉红衬衫的计划。这时房东老太太来说："学校里来了个学生，要见堀田老师。说刚才到您家里去了，您不在，估计会在这里，所以就找来了。"老太太跪在门槛边，等着野猪的答复。野猪说："是吗?"就往大门走去。不一会儿，转回来说："学生问去不去看祝捷会的余兴节目，是专门来邀请我们的。据说今天特意从高知县请来不少人，要跳什么舞，一定要我去看，说这是很不容易看到的舞蹈。你和我们一起去看看吧!"

野猪兴致勃勃地劝我同行。若说舞蹈，我在东京见得很多。每年举行八幡神①祭典的时候，舞蹈彩车都在市内转，不论是采盐舞还是其他的舞蹈，我都印象十分深刻。土佐②那种土里土气的舞蹈舞什么，真不想去看。可是，野猪特意邀请，便也想去看看，于是出了门。不想来请野猪的却是红衬衫的弟弟。他怎么会来的呢?

走进会场，里面的布置不知像回向院的摔跤场还是本门寺③的法会，无数面长长的旌旗，树立在会场的四周，而且像把世界各国的国旗全都借来了似的，横七竖八地挂在绳索上，把天空装点得热闹异常。在东边角上，临时架设了一个舞台，据说就在那上面表演什么高知舞。舞台右边五十米左右的地方，搭了一个席篷，摆着鲜花。大家都带着赞美的心情在赏花，其实都是些不屑一顾的东西。像那样把草呀竹子什么的弯一弯，就如此沾沾自喜的话，那么，也可以把驼背的情人和瘸腿的丈夫弄来炫耀一番了。

舞台的对面在不断地放烟火，火焰中出现了气球，上面写着"帝国万岁"，从靠近城楼的松树顶上缓缓地飘过，落到兵营里去了。接着，"砰"的一声响，一个黑球"嗖"地向秋天的晴空飞去，在我头顶上"砰砰啪啪"地炸裂开来，青烟像伞的骨架一样展开，拖着长尾巴向天空的深处飘去。气球又升了起来，这回的气球是红的，上面用白字写着"陆海军万岁"，在风中从温泉街向相生村那边飘去，说不定会落到观音庙所在的境内。

举行庆祝仪式的时候人并不算多，可眼下却是人山人海，在乡下竟也有如此多的人，那乱哄哄的样子真令人吃惊。长相俊秀的几乎着不到几个，可就数量而言的确不能小看。这时，颇有名气的什么高知舞开始了。说是舞

---

① 表现八幡神，日本司弓矢之神，各地均有供奉此神之庙。

② 土佐即高知县的旧称。

③ 本门寺在东京大田区，是日本佛教日莲宗四大寺之一，每年十月举行法会时，极为热闹。

蹈，我以为是藤间派[①]的什么人的表演，其实根本不是那回事。

舞台上有三十个人，头上扎着显得很威严的头巾，身上穿着下摆紧缩的裙裤，分作三排，每排十人，全都拎着明晃晃的刀，叫人看了害怕。前排和后排相隔只有一尺五寸左右，左右间隔只会比这更窄而不会宽。只有一个人离开了队列，站在舞台的一端。这个脱离了伙伴的人只穿裙裤，却免除了扎头巾；也没有拿刀，而是胸前挂着一面鼓。鼓利演奏神乐时用的鼓一样。这个人不久就发出咿呀——嗨哟——的悠长声音来，一边唱着奇怪的歌谣，一边“扑咚咚”、“扑咚咚”地敲着鼓。歌谣调子之怪，那是前所未闻的，把它当做三河万岁[②]和普陀洛[③]的混合产物，也许出不了大错。

耿谣的腔调拖得相当长，就像夏天流不断线的糖稀一样。为了断句，就夹进去“扑咚咚”的鼓声。虽说没完没了，倒也有些节拍。三十把亮晃晃的刀，和着节拍闪闪挥动，动作非常之迅速，使看的人也为之心惊胆战。前后左右一尺五寸以内就是活人，那些人全都一个样地在挥舞着锋利的钢刃，如果不是步调完全一致，彼此之间就会相撞而至伤。若是站着不动，只是把刀前后上下挥舞的话，倒可能不会有危险。可是，这三十个人时而一齐跺脚向旁边刺杀，时而又翻身转回来，还不时弯曲膝盖，旁边的人如果稍快一秒，或稍慢一秒，自己的鼻子就可能被砍掉，两旁的人的头也可能被削去。钢刀的挥动是自由自在的，但其活动只限于在一尺五寸见方的范围之内，而且必须与前后左右的人朝同一方向，用同一速度挥动不可。这可真是了不起！采盐舞和关户舞[④]根本不能与之相比。我问了问旁人，据说这种表演动作需要高度熟练，能达到这般整齐，绝非一日之功。还说尤其困难的，要算那位“扑咚咚”、“扑咚咚”极其准确地敲着鼓点的老师傅，三十个人脚步的移动，挥手的动作，腰身的屈伸，全都由这位“扑咚咚”老师傅敲的节拍来决定。从一旁看去，这位大王显得挺轻松，只是嘴里悠闲自得地唱着咿呀——嗨哟，其实他的责任最重，也是最费劲的。真是奇怪！

我和野猪带着钦佩的心情，聚精会神观赏着舞蹈。这时，离我们约五十米的地方，突然哇哇地哄叫起来。一直安静地观览的人们，一下子像波浪似的左推右撞起来。刚听到有人喊“打架啦，打架啦”的时候，红衬衫的弟弟

---

① 指著名的藤间勘十郎流派的舞蹈。

② “三河万岁”是爱知县一带的民谣。

③ “普陀洛”是咏赞观音菩萨所在的灵山的歌。

④ 日本古典剧净琉璃的一个剧目。

从人群的袖子底下钻过来告诉说："老师，又打架啦，中学这边为了报今早的仇，跟师范学校那帮家伙展开了决战，请快去吧！"说完，又钻进了人流里，不知上哪里去了。

野猪说："真是一帮多事的孩子，又闹事了。马虎一点不就过去啦，有什么好闹的呢?"说着，躲闪着逃跑过来的人，向前跑去。他大概是想不能置之不理，要去加以制止吧。我自然也不会逃走，立即紧跟在野猪身后向现场跑去。这时战斗正酣。师范学校那边有五六十人，中学这边的人足足要多出三成。师范生身穿制服，中学生在典礼之后大都改穿了日本便服，因此敌我双方，一目了然。可是，双方乱绞在一起，正打得起劲，不知从哪里着手把人拉开为好。野猪显得束手无策，暂时站在一旁看着这混乱的场面。"这样下去可不行，警察来了就麻烦啦！冲进去把他们拉开吧。"他看着我说。我来不及回答，立即冲进打得最激烈的地方，"住手，住手！这么胡来，会影响学校的体面的，还不住手！"我尽可能大声地喊着，想冲开敌我双方分界线，可是很不顺利，冲进去一丈多深，已是欲进不得，欲退不能了。眼前一个较大的师范生和一个十五六岁的中学生正扭在一起。"说了住手，怎么还不住手！"我抓住师范生的肩膀，想使劲把他们分开，这时，不知是谁在底下绊了一下我的脚。我没提防，手一松，身子倒了下去。这回又不知是谁的硬皮鞋踩到了我脊背上，我用两手和膝盖一撑，从地上跳了起来，踩在我身上的家伙往右边滚了下去。站起来一看，只见在两丈来远的那边，野猪高大的身躯被夹在学生当中，他嘴里喊着："住手，住手！不要打架！"被推来推去。我对他说："喂，到底还是不行呀！"也许听不见，他没有答话。

"嗖"的一声，一个石头带着风飞过来，冷不防打在我的脸颊骨上。我还没有意识过来，又有一个家伙从身后用棍子揍在我背上。有人在喊："当老师的也来打架，揍呀，揍呀！"还有人喊道："有两个老师，一个高个子和一个小个子，扔石头砸呀！"我说："胡说！这些乡下佬！"照着旁边一个师范生的头就是一巴掌。"嗖"的一声，又飞来一块石头，这回从我的小平头上掠过去，落到后方去了。野猪怎么样了，我看不见。到了这个地步，没有别的办法。我们原本是来劝架的，却挨了打，遭了石头砸，难道就这样惶恐地退缩下去，有这样的蠢货吗！你们当我是谁！个子虽小，却是从打架的发源地操练出来的老大哥。于是，我抡开双拳，胡乱地打起来。正在打过去，揍回来的混战之际，听见有人喊："警察来了，警察来了，快跑呀，快跑！"刚才还像在葛粉羹里游泳似的身子，突然间轻快了，对方和我方全都撤退了。虽说是乡下佬，跑起来倒很灵巧，比克鲁泡特金[①]跑得还要快。

看看野猪，他那件有家徽的褂子被扯破了，正在那边擦鼻子。看样子鼻梁挨了打，出了不少血。鼻子红肿起来，相当难看。我穿的是白色碎花夹衣，虽说上面全是污泥，但没有野猪的大褂损失那么大，只是脸颊上火辣辣的疼痛难忍。野猪告诉我说："你流了不少血啊！"

警察来了十五六个，由于学生朝另一个方向跑了，抓到的只有我和野猪两个人，我们报了姓名，把前后情况说了一遍。警察说："反正得到警察署去一趟。"于是，我们又到了警察署，在署长面前陈述了事情的经过，这才回到住处来。

十一

第二天，一睁开眼睛，感到浑身痛得难受。好久没有打架了，才落得这个下场。我躺在床上，心想弄成这个狼狈样子，还有什么可自豪的呢。这时，房东老太太拿来《四国新闻》放在我的枕边。说实话，连看报也有些吃力，可是假如男子汉因为这么点事就泄了气，那太没有出息了！于是，勉强翻身起来，趴在床铺上，翻开报纸的第二页，一看，不由得一惊。昨天打架的事给登出来了。登出打架的事来倒不足为奇，可上面是这样写的：中学教师堀田某和最近从东京来任教的、蛮不讲理的某某，唆使纯洁的学生，掀起了这场风波。不仅如此，他们两人还在现场指挥学生，肆意殴打师范生。下边还附有这样的评论：本县的中学自古以来就以穆良温顺之风为全国所仰慕，但不幸被这两个轻狂的蛮子毁坏了学校的声誉，使全市蒙受如此奇耻大辱，因此，吾人必须奋起追究其责任。吾人坚信：在我等下手惩处之前，当局定会对此无赖之徒作出相应处理，使彼等再无插足教育界之余地。如此等等。而且在每个字的旁边都加上了黑点，像标上针灸穴位一般。我在床上骂了一声"放屁！"随即翻身起来。说也奇怪，刚才身上关节还很痛，可现在这么一跳却像没有感觉似的好得多了。

我把报纸揉成一团扔到了院子里，还感到不足以消气，又特意去拾回来，扔到了茅坑里。什么报纸，全是妖言惑众，若说世上什么东西最会撒谎，要数报纸首居第一。居然把由我说出来才合适的话，全都变作对方的语

---

① 克鲁泡特金（1848—1925），俄国将军，日俄战争时驻在我国东北的俄军总司令。

言登了出来，而且还说“最近从东京来任教的、蛮不讲理的某某”。这是什么话！天下有叫某某这个姓名的人吗？好好想想吧！我也是有着显赫的名和姓的，要看家谱，我可以把自多田满仲以来的祖先，一个不落地请出来叫你顶礼膜拜——一洗脸，脸颊骨一下子又痛了起来。我去向老太太借镜子，她问我看过早晨的报纸没有？我说：“看了，扔进茅坑里去了。想要，自己去拾！”她吃惊地退了下去。用镜子一照，脸上的伤痕仍跟昨天一样。尽管如此，这张脸还是至关紧要呀。脸上受了伤，还被人称作“蛮不讲理的某某”。光这么没名没姓地叫我，就够受的了。

如果被人家说我是让今天的报纸吓住了，才没有到学校去，那有损我一生的名誉。所以吃过饭后，我第一个到了学校。陆续前来的人，一看到我脸就发笑。有什么可笑的！我这张脸又不是请你们化妆的。这时，帮腔佬来了，说：“啊，这是昨天的功劳——是光荣的负伤吧。”他也许想借此来作为在欢送会时挨了打的报复，故意这样冷言冷语地讽刺我。我说：“少说废话，舐你的画笔去吧！”他又说：“啊，真抱歉。可是，一定很痛吧！”我大声骂道：“痛也好，不痛也好，是我的脸，用不着你来多嘴！”他回到那边自己的座位上去了，可仍然不时看着我的脸，和旁边的历史教员悄悄地说着什么，还在不停地发笑。

一会儿，野猪来了，他的鼻子肿得很大，变成了紫色，好像一碰就会流出脓来。也许是出于聊以自慰吧，我觉得他的伤比我的脸伤还要厉害。我和野猪的桌子紧挨着，而且又正对着门口，很是倒霉。两张奇怪的脸凑到一起，别的人只要闲得难受，肯定就会朝我们这边看，嘴上虽说：“真是飞来的横祸！”可心里一定认为：“真是两个笨蛋！”否则，就不会那样窃窃私语，哧哧发笑了。我走进教室，学生们拍手欢迎，还有两三个人喊“老师万岁”。我分不清这是凑热闹，还是捉弄人。我和野猪就这样成了大家注意的焦点，唯独红衬衫跟平常一样，来到我们身边，说：“实在是飞来的横祸，我对你俩十分同情。至于报上的新闻，已与校长商量过，办好了要求更正的交涉，请不必担心，是我的弟弟去邀请的堀田君，发生了这件事，我实在抱歉。我对此事一定尽力帮忙，请多加原谅。”如此等等，说了些谢罪的话。在第三节课的时候，校长从校长室出来说：“报纸这么一登就麻烦啦，事情可别闹得太复杂了！”看起来，他有些担心。我想有什么可担心的，如果要免职，在免职之前我先提出辞职，不就完啦。可是，我没有做错事，自己主动辞职，这只会助长造谣的报馆的气势。我想为了让报馆更正错误，我得硬顶着干下去才是正理。本想回去时顺便找报社进行交涉，因为听说学校已出面要求更正，也就作罢了。

我和野猪瞧着校长和教务主任有空的时候，把真实情况从头到尾说了一遍。校长和教务主任肯定地说："报馆对学校抱有怨恨，所以才特意登出这种消息来的。"红衬衫为我们的行动辩解，到休息室的每个人面前走了一圈。他特别把自己的弟弟把野猪邀去一事，说成如同他自己的过失一般。大家都说："完全是报馆的不对，岂有此理！两位的确是无辜遭灾。"

回来的路上，野猪提醒说："老弟，红衬衫太可疑了，若不当心，就会上当。"我说："早就可疑，并不是从今天起才可疑的。"他告诉我说："老弟，你还没有察觉到吧，昨天是故意把我们邀去，把我们引进打架的旋涡里，这是阴谋！"的确，这一点我还没有察觉到。野猪这个人看起来粗鲁，但比我心灵眼活，我很佩服。

"他那样做好了圈套，让我们去打架，然后紧跟着到报馆去，让报馆写出这种新闻来。这家伙真阴险！"

"连登报也是红衬衫干的？这家伙太可怕了！可是，报馆怎么会如此轻信红衬衫的话呢？"

"怎么不信，只要报馆里有朋友，就能办得到。"

"他有朋友吗？"

"没有朋友也不要紧，只要捏造一番，说情况是如此这般，就立刻给写。"

"真狠毒！如果真是红衬衫的阴谋，说不定我们俩会因这事件而遭到免职！"

"弄得不好，是有可能遭到毒手。"

"要是那样，我明天就提出辞职，立刻回东京去。这种下流地方，就是求我留下，我也不干。"

"你就是提出辞职，也难不倒红衬衫。"

"倒也是。那么，怎么着才能使他为难呢？"

"那种阴险家伙，无论干什么事都是反复考虑好了，让你拿不着任何证据。所以要反驳他是很困难的。"

"真难啦！那么，只好背黑锅喽！真叫可恨。真是已身不幸恨苍天呀！"

"这样吧，等两三天看看情况再说。如果他越来越不像话，那只有在温泉街抓住把柄整他，别无他法。"

"打架事件就不管它了吗?"

"对。我们干我们的，抓住对方的要害治治他。"

"那也好。我不会出谋划策，所以全靠你了。到时候，我什么都干。"

我和野猪就这样分了手。如果红衬衫真像野猪推测的那样，的确是够狠毒的。靠斗心眼儿终归是胜不了他的，非得武力解决不可。难怪世界上战争不断，就个人而言，归根到底也得靠武力。

次日，好不容易把报纸盼来，翻开一看，岂止没有更正，连作废声明也没有。到了学校，就去催问狐狸，他说："大概明天会登出来吧!"又到了第二天，报上才用六号字登了个很小的作废声明，报馆方面根本没有表示纠正错误。我又去找校长谈判，答道："除此以外，无法进一步办理交涉了。"这叫什么校长，一张狐狸面孔，穿着大礼服，显得怪威严似的，其实一点势力也没有，连让错登假消息的乡下报纸赔罪道歉的这么点事都办不了。我实在生气，说："那么，我自己去找主编谈判。"他连忙说："那可不行，你去谈判，只会使他们报道出更坏的消息来。总之，报上登出来的事，是谎言也好，真事也罢，你是根本奈何不得的，除了任其自流，别无他法。"他像和尚讲经那样，来了一顿说教。如果报纸是这么种东西，那不如早一天把它砸烂算了，这样做也许对大家有利。被报纸一刊登，就跟被甲鱼咬住了一样，这事是今天经狐狸这么一说，我才知道的。

又过了三天。这天下午，野猪气冲冲跑来说："时机成熟了，我决定执行那个计划。"我当即表示："是吗？那么，我也干!"可是，野猪歪着脑袋说："老弟，你还是别干的好。"我问为什么，他说："校长有没有把你叫去，让你提出辞职呀?"我反问道："没有，他没有说。你呢?"他说："今天校长把我叫到校长室，对我说，实在对不起，事出无奈，请你自处吧!"

"哪有这么处理的？也许是狐狸敲打肚子①把胃的位置敲颠倒了吧！你和我一起去参加的祝捷会，一起看的高知大刀舞，一起冲进去制止打架的。要是让人辞职，应该公平地要两个人都提出来才对。乡下的学校竟是这样的不懂道理，真令人生气!"

"这是红衬衫指使的。我和红衬衫在以往共事中，一直势不两立。而你，他认为即使留下来，也不会对他有太大的妨碍。"

"难道我就能和红衬衫和平共处吗？怎么认为我不妨事呢，太狂妄了!"

---

① 日本有狐狸把肚子当鼓打的传说。

“因为你过于单纯，他们认为把你留下，怎么也能蒙混过去。”

“那就更糟！谁能和他们合得来呢？”

“何况前不久古贺走了，后任教员不是因故还没有来吗？如果再把你和我同时撵走，到时候学生没有人上课，会影响学业的呀！”

“这么说，是想用我来填空补缺喽。畜生！谁上那个当。”

第二天，我一到学校，就走进校长室，开始了谈判。

“为什么不要我提出辞职？”

“怎么啦？”狐狸愣住了。

“让堀田辞职，却不叫我辞职，有这个道理吗？”

“这是学校的安排……”

“这种安排是错误的。如果我可以不辞职，那么，堀田也没有必要辞职。”

“这里面有不便说明的情况——让堀田君走也是迫不得已。对你，我们认为没有必要让你辞职。”

真不愧是狐狸，尽说些不着边际的话，而且显得那么沉着。我无以辩答，只好说：

“那么，我也提出辞职好了。也许你认为辞掉堀田君一个人，我会心安理得地留下来。可我做不出那种不讲情义的事来。”

“那就不好办了。堀田走，你也要走，这一来，学校的数学课就根本没法上了……”

“即使没法上课，我也管不着。”

“你不要这么任性。如果不多少体谅一些学校的难处，那就不好了。而且你来这里还不到一个月，就提出辞职，那是会关系到你将来的资历的。这方面你要好好考虑考虑为好。”

“管它什么资历不资历。正义要比资历重要得多。”

“那也对——你说的全都在理。不过，我所说的也请你考虑考虑。如果你一定要辞职，那辞职也未尝不可。不过，在接替的教员未来之前，请你继续上课。总之，回去之后，请你再反复想一想。”

再想一想，理由明摆着，还有什么好想的。可是，我见狐狸的脸色白一阵、红一阵，显得怪可怜的，就答应再想想，退了出来。对红衬衫，我什么话也没有说。反正要揍他，那就一起算总账，到时候结结实实、狠狠地揍他一顿！

我把与狐狸谈判的情况告诉了野猪，他说："我料到情况大体会是如此。提交辞呈的事到时候再说，先那么撂着也不要紧。"既然他这么说，我就照他说的做。因为不管怎么说，野猪比我聪明些，所以我决定一切听从野猪的忠告。

野猪终于提出了辞呈，与全体教职员告别之后，搬到了海滨的港店去住。可是他又偷偷地返回来，潜入了温泉街枡店二楼临街的房间，在窗户纸上开了个洞，开始了监视。知道这件事的只有我一个人。红衬衫要到夜晚才会偷偷地前来，而且天刚黑时，学生和其他人等耳目众多，所以至少也得过了九点。最初的两个晚上，我也一直监视到十一点，可不见红衬衫的踪影。第三天晚上，又从九点守到十点半，还是白搭。一再扑空，深夜里还得回到住处去，再没有比这更无聊的了。如此四五天之后，房东老太太有些担心了，规劝说："你是有夫人的人，还是别这么夜游不归为好。"这种夜游与一般的夜游不同，这是替天除害的夜游。虽说如此，可过了一星期仍不见效，就不太耐烦了。我是个急性子，来劲的时候，通宵干也行，但无论干什么，我都不能持之以恒。不管怎么替天行道，我还是老习惯，久了就感到腻味。到了第六天已经有些厌烦了。第七天就想着不干了。可每次到枡店，都看到野猪坚持不懈，从天黑到十二点，眼睛一直贴在窗户纸上，死死盯着角店那盏圆罩子的煤气灯底下。我一去，他就把各种统计数拿出来：今天来了多少客人，留宿的几人，女人有多少。真是佩服！我说："看样子像是不来了。"他说："嗯，可是，该来了呀！"说完总是抱着两手长叹一口气，怪可怜的！如果红衬衫一次也不往这里来的话，那么，野猪这一辈子也就没法替天行道了。

到了第八天，我七点钟左右就从住处出来，先慢慢地洗了个澡，又在街上买了八个鸡蛋，这是对房东老太太总塞山芋采取的保养措施。我把鸡蛋往左右两只袖筒里各装了四个，那条红毛巾仍搭在肩上，手插在怀里登上了枡店的楼梯，刚打开野猪房间的拉门，就听他说："喂，有希望，有希望。"那韦陀天尊似的脸上充满了生气。到昨晚为止，我在一旁看着都感到憋气，心情特别沉闷。今天一看他这副表情，也马上高兴起来，先不及问，就说："痛快，痛快！"

"今晚七点半左右，那个叫阿铃的艺妓钻进角店去了。"

“是和红衬衫一起吗？”

“不是。”

“这么说，又是白费劲喽！”

“艺妓是两个一起来的——看来，很有希望。”

“为什么？”

“为什么？因为红衬衫是那么个狡猾的家伙，所以他可能会让艺妓先来，然后自己再偷偷地来。”

“有可能。已经九点了吧？”

“现在是九点十二分。”他从腰带间掏出镍壳表看了看，说，“喂，把灯熄掉，窗户纸上映出两个光头来太奇怪，那狡猾的家伙会起疑心的！”

我“呼”地吹灭了放在漆桌上的座灯。借着星光，只见纸窗上有点发亮。月亮还没有出来。我和野猪把脸使劲贴近纸窗，屏住呼吸。“当”的一声，挂钟敲响了九点半。

“喂，会来吧，今晚再不来，我可是不耐烦了！”

“只要还有钱，我还要坚持下去！”

“你是说钱，还有多少？”

“到今天为止，已经交了八天的房钱，共五元六角。为了随时都能离开这里，我每晚都结账。”

“这样做好准备，倒也不错，但店家会感到奇怪吧？”

“店家倒不要紧，只是放不下心，怪讨厌的。”

“不过，白天不是可以睡觉吗？”

“是可以睡觉。但不能出去，闷得难受。”

“替天行道，也是很费工夫的呀！若是天网恢恢疏而有漏的话，那就太扫兴啦！”

“什么呀，今晚肯定会来。喂，你瞧，你瞧！”他压低了声音说，我不由得心神为之一振。一个戴黑帽子的人，从下边抬头看了看角店的煤气灯，向暗处走了过去。不是红衬衫。咦，怎么回事？这时账房的挂钟毫不客气地敲响了十点，看来，今晚又要白费劲了。

周围渐渐静了下来，从妓楼传来的鼓声，听得十分清楚。月亮从温泉山的背后露出脸来，街上很亮堂。这时，从下边传来了人声，因为不能从窗口伸出头去，无法确定是什么人，不过像是渐渐地向近处走来，听见“咔嗒咔嗒”的矮齿木屐的响声。我歪着头，斜着眼睛向下看去，终于看见两个人影越来越近了。

“这下可以放心了！碍事的人已经撵走啦！”毫无疑问这是帮腔佬的声音。“只是蛮勇，不讲策略，所以不行。”这是红衬衫在说话。“那个家伙也像个傻蛋。说起那个傻蛋，倒是个讲义气的公子哥儿，有几分可爱之处。”“他说什么不高兴加薪啦，要提出辞职啦，肯定是神经有些不正常。”我真想打开窗子跳下去，尽情地揍他个痛快，好不容易才强忍住了。两个人“哈哈哈”地边笑边从煤气灯下走过，钻到角店里去了。

“喂！”

“喂！”

“来啦。”

“终于来啦。”

“这回总算放心了。”

“帮腔佬那畜生，胡说我是讲义气的公子哥儿。”

“所谓碍事的人，是在说我。太不礼貌啦！”

我和野猪要等到他们两个往回走时才能给予痛击，但弄不清他俩什么时候出来。野猪下楼去关照店家说：“今晚说不定夜里有事需要出去，门别上锁，我们好进出。”现在想起来，当时难得店家通融了我们，一般人会错把我们当小偷的。

把红衬衫等来，已经是够辛苦的了，现在还得傻等着他们出来，这就更加辛苦了。睡觉当然不行，不仅如此，还需从窗缝里一个劲地死盯着外边，这不能做，那也做不成，总安不下心来。像这样难受的事，从来没有经历过。我建议：“干脆闯进角店去，当场把他抓住整一顿算了。”野猪一句话就把我的建议否决了。他说：“这个时候闯进去，人家会把我们当做暴徒在中途把我们拦住。如果我们说有事求见，人家会托辞说不在，或者把我们领到别的房间去。即使我们趁人不防闯了进去，那里有几十间客房，还是弄不清他们在哪一间。眼下虽说烦闷一些，但除了耐心等他们出来，别无他法。”我只好耐着性子，好不容易忍到了凌晨五点。

一见两个人影从角店出来，我和野猪连忙跟了上去。第一班火车还没有发车，两人只能走回城里去。出了温泉街，有那么一百来米长的杉树路，左右是田园。过了这段路，到处是茅草屋，穿过田园便来到通向城里的土堤。只要出了温泉街，无论在哪里追上他俩都行，当然，最好是在没有人家的杉树道上抓住他们。我们打定了主意，就躲躲闪闪地跟在后边。一出了街，我们立即跑起来，飞快地从后边追上了他们。红衬衫不知什么来了，吃惊地回过头，野猪喊声“站住！”随即抓住了他的肩膀。帮腔佬显得很狼狈，正想跑，我绕到了他的前边，挡住了去路。

“身为教务主任，为什么还到角店去过夜？”野猪立即提出了质问。

“有教务主任不能在角店过夜的规定吗？”红衬衫说话的语气还是那么客气，但是脸变得苍白了。

“你不是说对管教学生有所不便，连荞面铺、团子店也不要去吗？这样的正人君子，为什么还和艺妓一起去开房间呢？”帮腔佬想趁机逃走，我赶紧堵住他的退路，“傻蛋公子哥儿是什么意思？”我大声责问。“不，那不是说你，完全是误会。”帮腔佬厚着脸皮想分辩。我这时才发觉两只手正抓着自己的袖子。原来刚才追人的时候，袖筒里的鸡蛋晃来晃去很不得劲，用两手捏着跑来的。我随即把手伸进袖筒里，拿出两个鸡蛋，喝声“去！”朝帮腔佬的脸上砸去。鸡蛋扑哧一下破了，蛋黄从鼻子尖上滴哩嗒啦地往下流。帮腔佬吓傻了，“哎哟”一声一屁股跌了下去，直喊救命。我是为了吃才买鸡蛋的，不是为了砸人才装在袖筒里的，只是因为实在气不过，才不顾一切地砸了过去。可是，当看到帮腔佬一屁股摔倒的时候，才发觉我这意外的成功。于是，我一边骂着：你这畜生，你这畜生！把剩下的六个鸡蛋也胡乱砸了上去。帮腔佬满脸变成了黄色。

我扔鸡蛋的时候，野猪和红衬衫正在谈判。

“说我带着艺妓开房间有证据吗？”

“天黑时，我看到与你相好的艺妓钻进了角店。你还想抵赖吗？”

“没有必要抵赖。我是和吉川君两个人去住的。天黑时，艺妓有没有进去，我可不知道。”

“住口！”野猪给了他一拳。红衬衫身子摇晃了一下，说：“这是胡来，是野蛮行为！没有弄清事实，就诉诸武力，这是蛮不讲理。”

“蛮不讲理的事已经够多的了。”说着又是啪啪几下，“对你小子这种奸诈的家伙，不揍是不起作用的。”说完又是几下。我在同时也狠狠地把帮腔佬揍了一顿。最后，两个人都蜷缩在杉树底下，动也不能动，眼皮子直眨巴，想跑也不可能了。

“领教够了吗？不够，再来几下！”说着，我们两人又啪啪地揍开了。“够了！”红衬衫说。我们又问帮腔佬：“你小子够了吗？”回答说：“当然够了。”

“你们两个奸贼听着，我们这样做，是替天除奸。今后老实点儿。任你怎么花言巧语，强词夺理，正义终归饶不了你们!”野猪说后，两人都没吭声。说不定连说话的力气都没有了。

“我既不逃，也不躲，今晚五点以前一直在港店，有什么事，报警来好了。”野猪说，我也随着说：“我也一样，既不逃，也不躲，和堀田在同一个地方等着你们，想要报警察，随便报去好了!”说完，我们两人扬长而去。

回到住处时还不到七点，走进房间我马上着手整理行装，房东老太太觉得奇怪，问道：“你这是要干什么?”我答道：“阿婆，我要去东京把夫人带来。”找房东算了账，立即乘火车来海滨，到了港店。这时野猪正躺在楼上。我想赶紧写张辞职书，可又不知怎么写好，就简单写了：“本人因事辞职，返回东京，请予照准，特此奉闻。”是邮寄给校长的。

轮船晚上六点钟开航。野猪和我都很疲劳，“呼呼”地睡熟了。等醒过来时，已经是下午两点了，问女茶房有没有警察来过，回答说没有。“红衬衫和帮腔佬都不敢去报告啊!”我们两人大笑起来。

当晚，我和野猪离开了这龌龊的地方，船离岸越远，心里就越加痛快。从神户坐火车直达东京，到达新桥车站时感到终于又重新回到了人世间。和野猪就那么分手了，至今没有再见面的机会。

我忘了提及阿清婆的事——到达东京后，我没有去找公寓，提着提包直接去见阿清婆。我冲进去就叫：“阿清婆，我回来啦!”“瞧，这不是哥儿么，太好啦，回来得真快啊!”她说着，眼泪簌簌地往下掉。我也很高兴，说：“不再到乡下去了，在东京和阿清婆一起过。”

后来，由人介绍，我当了城里的铁道技术员，月薪二十五元，房租六元。阿清婆虽说没有住上高墙大门的房子，倒也很满意。不幸的是，今年二月她患肺炎死了。死的前一天，她把我叫到身边说：“哥儿，求求你，我死后，请你把我埋在哥儿的寺庙①里，我在坟墓里高兴地等着哥儿的到来。”因此，阿清婆安葬在小日向的养源寺。

---

① 日本的寺庙，设有坟地。各家有一定的寺庙作墓地。

路边草

［日本］夏目漱石　著
柯毅文　译

一

健三曾离开过东京，几年后，又从遥远的地方[①]归来，在驹込后街[②]安了家。他踏上故土时，感动中带有一种亲切、孤寂味。他刚离开那个国家，身上还沾有那里的习气。他讨厌那种习气，想尽早把它拂去，但对隐藏在其中的自豪感和满足感却没有加以注意。

沾有那种习气的人，总是神气活现的。他每天都是这副神态，按常规在千驮木[③]到追分的大街上往返两次。

一天，下着蒙蒙细雨。他既没有穿外套，又没有穿雨衣，只是撑着一把伞，沿着常走的街道，准时向本乡走去。正走着，在车店稍前一点的地方，迎面碰上一个意想不到的人。那人沿着根津寺后门外的坡道往上走，正好同他相向而行，朝北走来。健三无意中朝前望去，那人约在前面二十米的地方，进入他的眼帘。他不由得把自己的目光移开。

他想若无其事地从那人身边走过去。可又觉得有必要再确认一下那人的相貌。因此，当走近相隔约五米时，他再次把目光向那人投去。这时，对方早已死死地盯住他了。

街上寥无声息，两人之间只有细细的雨丝在不断地飘忽，彼此要认清对方的面貌，没有任何困难。健三只瞟了一眼，随即向前方走去。对方却伫立

---

① 隐指夏目于 1900 年去英国留学，两年后又回到日本。

② 位于东京本乡，现属文京区。

③ 即驹込后街，夏目的住址。

在路旁，压根儿就不想离去，目不转睛地盯着健三擦身而过。健三感到那人的脸像是随着自己的脚步在慢慢地转动。

他已经多年不见那人了。他不到二十岁就与那人断绝了来往，至今，十五六年的岁月过去了，在此期间，他们从未见过面。

健三现在的地位和境况，用过去的眼光来看，的确起了根本的变化。他已经长了黑胡子，戴上了小礼帽，与早先剃光的模样相比，连他自己也不禁有隔世之感。对方却有点反常。不管怎么说，那人也该有六十五六岁了，为什么头发至今仍是那么乌黑呢？他心里好生奇怪。不戴帽子外出，是那人老早就有的习惯，至今未改，这一特点也给他带来了奇异的感觉。

健三本不乐意碰见那人。他曾这么想：万一碰上了，如果对方比自己衣冠整洁，当然再好不过。可是，眼前所见的这个人，谁都不会认为他的生活是很富裕的。即使不戴帽子是本人的自由，单从外褂或内衣来看，充其量也只能使人认为是从事中流以下营生的商家老人。健三甚至连那人撑的是一把显得很沉的粗布雨伞，也注意到了。

当天，他回到家里，一直没法把在路上碰见那人的情景抹去。那人伫立在路旁，直勾勾地望着他擦身而过的那副神态，不时地侵扰着他，弄得他心烦意乱。可是，他什么也没有告诉妻子。他有这种脾气：心情不好的时候，即使有不少想说的话，也不愿向妻子述说。妻子呢，面对沉默不语的丈夫，除了有要事以外，也决不轻易开口。

二

第二天，健三在同一时间，又经过同一地点。第三天也经过那里，却不见那个不戴帽子的人从什么地方钻出来。他在那条常走的路上来回，显得那样机械而勉强。

一连五天都这样相安无事地过去了。第六天的早晨，那个不戴帽子的人突然从根津寺坡道的暗处钻出来，把健三吓了一跳。这次与上次的地点大致相同，时间也几乎一样。

当时，健三尽管意识到对方会慢慢接近自己，但他仍一如既往，机械而勉强地继续向前走。可是，对方的态度截然相反，眼睛里凝聚着足以使任何人望而生畏的目光，死死地盯住健三。从那阴沉可怕的眼神里，可以清楚地看出那人在寻思，只要有空子，就要向他靠过来。健三毫不迟疑地从那人身旁冲了过去。

“老是这样下去终归是不行的。”健三心里有这种异常的预感。

当天回到家里，他仍然没有把不戴帽子的人的事告诉妻子。

他和妻子结婚已有七八年了。当时，他已跟那人断了关系，何况结婚的地点又不在故乡东京，妻子当然不会直接知道那人。如果有所传闻，那只能是出自健三本人的嘴，或是从他的亲戚那里听到，对健三来说，这不是什么了不得的事。只是结婚之后，有一件与此有关的事，至今还经常在他的脑海里浮现。五六年前，他还在外地的时候，有一天，在他工作单位的桌子上，意外地放着一封女人字体的厚信。他好奇地拆开了这封信，可是，费了很大的劲也没有把信看完，因为密密麻麻的小字，写了约有二十张。他只大致看了五分之一，就把信交给了妻子。

当时，他认为有必要向妻子说明写来长信的女人的情况，更有必要把与这女人有关的那个不戴帽子的人拉来作证。健三依然记得当时自己被迫这样做的情景。可是，健三喜怒无常，当时向妻子作的说明详尽到了什么程度，这一点已经没有印象了。因为这是有关女人的事，妻子也许还记得清清楚楚，可他却无心再去询问妻子。他不愿意把写长信的女人和不戴帽子的男人摆在一起，因为这样会勾起他去回忆自己不幸的往事。

好在他眼下的处境没有工夫去为那些事情操心。他回到家里，换好衣服，马上钻进自己的书斋。他待在这不到十二平方米的小房间里，感到要做的工作堆积如山。而实际上，比起工作来，还有一种非承受不可的刺激更强烈地支配着他，这自然使他焦急不安。

在这十二平方米的房间里，他打开从遥远的地方带回来的书箱，取出外文书，盘腿坐在如山一般的书堆里，过上一个星期，甚至两个星期。他随手抓到哪一本，就拿过来看上两三页。正因为如此，这间至关紧要的书斋总是凌乱不堪，顾不上收拾。末了，来访的朋友实在看不顺眼，就不分前后顺序，也不管册数多少，把所有的书都归置在书架上。许多了解他的人，都说他是神经质，他却认为这是自己的习性。

三

的确，工作一天天追逼着健三，即使回到家里，也不得片刻清闲。而且，他很想看看自己要看的书，写写要写的文章，考虑需要考虑的问题。因此，他几乎不知道世间有“清闲”二字，始终被拴在桌子跟前。

他忙得很少到娱乐场所去，有时朋友劝他去学学谣曲，他也婉言谢绝。别人那么空闲，他感到奇怪，但自己对待时间的态度，简直跟守财奴对待钱财一样，他却根本没有觉察到。

客观的形势迫使他不得不避开社交，也不得不避开旁人。像他这种人，思想上与铅字的交道越复杂，就越会陷入个人的苦海。有时他也模糊地意识到生活的孤寂，却又坚信自己心灵的深处埋藏着一团异乎寻常的烈火。因此，尽管他朝着寂静的旷野，迈步在生活的道路上，却仍然认为自己天性如此而聊以自慰。他决不认为热情的人的血会趋向枯竭。

亲友们都把他当做怪人。可是对他来说，这并不构成了不得的痛苦。

“受的教育不同，有什么办法呢！”他经常暗自替自己辩解。

“恐怕是自我欣赏吧！”妻子总是这么认为。

可怜健三竟无法摆脱妻子的批评。每逢妻子这么说的时候，他就显得不高兴，有时打心眼里埋怨妻子不理解自己，有时会骂上几句，有时还会强顶硬撞，跟虚张声势的人说话一样，把火发在妻子身上。到头来，妻子只是把“自我欣赏”四个字改成了“大吹大擂”四个字。

他有一个同父异母的姐姐和一个哥哥。说到亲属，除了这两家别无他处。遗憾的是，他与这两家的来往也不怎么密切。与自己的姐姐和哥哥关系疏远，他也觉得这种现象不正常，心里不是滋味。可是，他把自己的工作看得比与亲属来往更为重要，何况回到东京之后，已经与姐姐和哥哥见过三四次面，这一事实也使他多少有理可说。如果不是那个不戴帽子的人突然挡住了他的去路，他还会跟往常一样，每天只需按常规在千驮木的街道上往返两次，暂时无须往别处去。在这期间，如果有个星期天可以舒坦一下，也不过是在铺席上伸展开疲劳的四肢，美滋滋地睡半天罢了。

可是，下一个星期天来到时，他突然想起在路上两次碰见那人的事，立即想去姐姐家。姐姐家在四谷津守坡旁边，要从大街上走进去胡同里约莫一百米。姐夫要算是健三的表哥，当然也是姐姐的表哥，但不知他俩是同岁，还是相差一岁。在健三看来，他们两人都比自己大一轮。姐夫原来是在四谷区公所工作，既然现在已辞了该职，再住在津守坡就不太方便了。可姐姐不愿离开这个熟人多的地方，还是对现在的工作地点来说住在原来的老房子里。

四

姐姐有气喘病，一年到头叫唤难过。尽管如此，由于她生来是个急性子，除非实在忍受不了，是决不肯闲待着的；做点什么事，不在狭小的屋子里转个没完没了也是不肯罢休的。健三认为她那个沉不住气的庸俗样子，实在太可怜了！

姐姐还是个特别爱唠叨的人，而且唠叨起来毫不顾体面。健三与她相对而坐，只好沉默不语，显得有苦难言。

“就因为她是我的姐姐嘛!”与姐姐谈话之后，健三心里总是这么感慨无限。

这一天，健三看到姐姐跟往常一样，用袖带挽起袖子，在壁柜里翻来翻去。

“啊，好久不见，来得正好。来，用这个垫着坐吧！”

姐姐把坐垫拿给健三，自己到廊檐那边洗手去了。

健三趁姐姐不在，环视了客厅，横楣上还挂着他小时候见过的旧匾。他想起在十五六岁时，这家的主人曾告诉他：匾额落款筒井宪①，确实是旗本②出身的书法家之类的人，他的字是出类拔萃的。健三当时管这家主人叫阿哥，经常到那里去玩。其实就年龄来说，有着叔侄般的差别。可是，两人总爱在客厅里摔跤，每次都要挨姐姐的骂。有时，两人爬到房顶上去摘无花果吃，把果皮扔向邻家的院子里，人家找上门来。有时主人骗他，说给他买个带盒子的罗盘，可是过了好久，仍不见兑现，使他特别怀恨在心。更可笑的是，与姐姐吵架之后，自己下了狠心：这回即使姐姐来道歉，也不宽容她。可是，等来等去，姐姐就是不来道歉。莫奈何，自己只好厚着脸皮找到姐姐家去，又窘得不知如何是好，光是不声不响地站在门口，直等到姐姐松了口，才进到屋里去……

健三望着那古老的匾额，就像面对着促使他回忆起儿时情景的明亮的探照灯。他感到姐姐和姐夫以往那样照顾自己，如今自己却不能加倍还报，心里十分内疚。

---

① 德川幕府末期的官员，实为筒井政宪，落款时省去了“政”字。

② 旗本为德川幕府的官职，即将军的直属武士。

“近来身体怎么样？没有怎么大发作吧？”他望着坐在自己面前的姐姐的脸这么问。

“嗯，谢谢。托福，精神还算好。不管怎么着，家里这点事还能做得了……可是年龄不饶人，实在没法像过去那样拼命喽！早先，健弟来玩的时候，我会撩起衣襟，连你的小屁股都给洗干净了，可如今实在是没有那个精力了。好在托你的福，每天总算能喝上牛奶……”

虽说为数不多，健三总不忘每月给姐姐一些零用钱。

“好像瘦了一些呢！”

“哪里，我就是这个样子，有什么办法！我从来就没有胖过，也许是肝火太旺的缘故吧。一发火，就胖不起来喽！”

姐姐挽起袖子，把瘦骨嶙峋的胳膊伸到了健三面前。她眼睛深陷，眼圈稍黑，眼皮松弛，显得无精打采。健三默默地盯着姐姐那干瘪的手掌。

“说起来，健弟现在干得不错，真是再好不过。你出国的那个时候，我还心想自己怕是难以活着再见了。可是，你瞧，这不是好好地回来了吗！如果阿爹和阿妈还健在，该有多高兴啊！”

不知什么时候，姐姐的眼眶噙满了泪水。健三小时候，姐姐总是像口头禅似的说：“等姐姐将来有了钱，健弟喜欢什么就给买什么。”当时还信以为真。可她又说：“性情这么古怪的话，这孩子终归是不成器的。”健三想起姐姐往日说过的话和那种语气，心里暗自苦笑。

五

追忆起往事，健三觉得好久不见的姐姐更加苍老了。

“说起来，姐姐今年多大啦？”

“老太婆喽！又过去一年了嘛，你说呢？”

姐姐笑着，露出了稀疏的黄牙齿。的确，连健三也没有想到她已经五十一岁了。

“这么说，比我大一轮还多喽！我还以为顶多相差十岁、十一岁呢。”

“怎么大一轮呢？我与健弟相差十六岁。你姐夫属羊三碧①，我属四绿②，记得健弟你是属七赤③的。”

①②③ 都属于九星，分别位于东、东南、西方。

“属什么星我不懂，反正我三十六岁了。”

“你算算看，肯定是属七赤。”

健三根本不懂得算自己的星属。关于年龄的事，就谈到这里为止了。

“今天，姐夫不在家?”健三问起了比田的事。

“昨晚又是他值班。说起来，如果光是值自己分内的班，一个月轮上三四次也就行了。可是，还有别人求他顶班。可不，只要顶上一个晚上，就没完没了，他甚至想把别人的班全包下来。这些日子，住在公司和回家里来，大致各占一半。说不定住在公司里的日子反而更多些呢!”

比田的桌子摆在拉门旁边，健三默默地望去，上面整整齐齐地放着砚台盒、信封、信纸。桌子的一端还立着两三本记事用的笔记本，红色的书脊正对着健三。还有一把光亮好看的小算盘摆在本子的下方。

据传，比田近来与一个奇怪的女人勾搭上了。还有人说，他把那女人安置在离自己工作单位很近的地方。健三想：说是值夜班，值夜班，不能回家来，也许原因就在这里吧。

“比田姐夫近来好吗？也许与过去不同，年纪大了，变得老成了吧?”

“什么呀，还是那个样子。他呀，是特意为个人享福才生到这个世上来的，有什么法子！不是去听说书，就是去看戏，再不就是看摔跤。只要有钱，一年到头到处闲逛。可也奇怪，也许跟上了年纪有关吧，与过去相比，像是和气些。正如健弟知道的，早先他性子可暴躁啦！不是踢，就是打，抓住我的头发，在客厅里打转……”

“姐姐也不示弱呀!”

“什么呀，我可是始终没有动过一次手。”

健三想起过去姐姐那股倔强劲，禁不住发笑。夫妻俩扭打起来，根本不像姐姐自我表白的那样，光是挨打。特别是那张嘴，姐姐要比比田厉害十倍。尽管如此，从不饶人的姐姐又是多么令人可怜啊！她受了丈夫的骗，居然深信丈夫既然没有回家，就准是在公司里过夜。

“好久不来，请吃什么好东西呢?”健三边望着姐姐的脸边说。

“那好啊，虽然如今生鱼片并不稀罕了，但还可以弄来吃吃吧!”

只要来了客人，不管人家有没有时间，姐姐总要让人家吃点东西，否则是不会放行的。健三只好稳稳当当坐下来，准备把装在肚子里的话，慢慢地说给姐姐听。

六

健三最近也许用脑过度，胃总是不好，偶尔也想起要运动运动，可是，一运动反而更感到胸部发闷，腹部发胀。他很注意，除了三顿正餐之外，尽可能不吃别的东西。尽管如此，还是挡不住姐姐把东西硬塞过来。

"紫菜饭团对身体没有什么害处，是姐姐特意为健弟弄来的，所以一定得尝尝。喜欢吗？"

健三无可奈何，只好把乏味的紫菜饭团，放进牙齿被香烟熏坏了的嘴里，勉强地咀嚼着。

姐姐唠唠叨叨，健三一直没能把自己想说的话说出来。尽管自己有事要问姐姐，但在谈话中尽是姐姐在问。他憋得难受，姐姐却毫无觉察。

姐姐喜欢请人吃东西，也喜欢送人东西。她说要把健三赞赏的达摩大师旧挂轴送给他。

"这种东西，挂在这里也没有用，你就拿去吧！这么脏的挂轴，连比田都不想要了。"

健三没说要，也没说不要，只是苦笑。这时，姐姐像有什么悄悄话要说似的，突然放低了声音。

"是这样，健弟，你回来之后，我就想跟你说，可一直拖到今天还没有说出来。健弟刚回来，一定很忙。姐姐我要上你那里去吧，又有阿住在，有点不好开口。那就写信吧，可是，你知道，我不会写……"

姐姐的开场白既冗长又可笑。小时候，怎么让她学习，记忆力就是差，无论多么容易的字，总是装不进脑子里，就这样活到今天五十来岁。想到这点，健三认为她是自己的姐姐，应该同情，但也为她羞愧。

"那么，姐姐到底要说什么呢？说实在的，我今天来倒是有话要跟姐姐说啊。"

"是吗？那么，轮着来，你先说吧！为什么早不说呢？"

"可是，哪能插得上嘴呀！"

"就别那么客气啦，姐弟之间嘛，是不？"

姐姐自己不停地唠叨，堵住了别人的嘴。这是明摆着的事实，姐姐却丝毫没有察觉到。

"这样吧，还是姐姐先说。姐姐要说什么呢？"

"的确，说起来很对不起健弟，不好开口啊！可是，我年纪大了，身体越来越差。再说，你姐夫又是那个样子，只顾自己过得好，老婆过得怎么样，他根本不管……每个月的收入本来就少，何况还要交际应酬。因此，要说没法子，也的确是这个样了……"

因为是妇道人家，姐姐说起话来，总爱绕弯子。很简单的事，总是不能直截了当地说清楚。当然，健三对中心意思是明了的，也就是说，她要健三每月再多少增加一点零用钱。可是，健三听说现有的那么点钱，也常被姐夫骗去。姐姐提的这个要求，他觉得既可怜又可气。

"姐姐想求你帮一把。就姐姐来说，身体这样下去，恐怕也是不久人世了！"

这是从姐姐嘴里最后说出来的话。健三当然不能有半点厌烦。

七

健三还得赶紧回家去，晚上要安排好明天的工作。可是对面坐着的姐姐，一点不知道时间的宝贵，总是唠叨个没完没了。他像热锅上的蚂蚁，有苦难言，心想一走了之。就在刚站起身来的一刹那，他终于说出了不戴帽子的人的事。

"是这样，最近我碰上了岛田。"

"哦！在哪里？"姐姐好像感到吃惊。没有受过教育的东京妇女，总爱这样故作惊讶。

"在太田的空地[①]旁边。"

"那不是就在你家附近吗？怎么样，跟他说什么来着？"

"说什么呀，没有什么好说的。"

"是啊。可是健弟不开口，对方是没有脸面开口的呀！"

姐姐说话，总是尽可能迎合着健三的心意。她问健三："他是什么样的打扮呀？"又问："还是不那么富裕吧？"听起来，多少带点同情的语气。可是，一谈起那人的过去，姐姐的怨恨情绪就越来越大了。

"再怎么不通情理，也没有像他那样的。说什么今天可是到期了，无论如何得拿走。任你怎么跟他解释，他就是死赖着不走。最后，我生气地说：

① 指本乡区驹込千驮木街的空地。

‘对不起，要钱没有，如果能用东西顶，锅也好，炉灶也好，任你随便拿走吧！’他居然说：‘那好，把炉灶拿走。’太不像话啦！”

“什么把炉灶拿走，那么重，拿得了吗？”

“可是，他那么顽固不化，说不定会真干出什么事来。你瞧，他想让我当天做不成饭。他就是这么个用心不良的人。反正往后不会有好事。”

健三不单纯把这话当做一种笑语。在那人与姐姐之间的这段争执里，也涉及自己过去的形象。对他来说，与其说觉得可笑，不如说觉得可悲。

“我已经碰上岛田两回了。姐姐，往后说不定什么时候还会碰上的。”

“不要紧，佯装不知道好啦，碰上多少回都不用理他。”

“可是，他是特意打附近路过、在寻找我的住址呢？还是另外有事、路过时巧遇上的呢？我就弄不清楚了。”

姐姐先法解开这个疑团。她只能说些健三听了称心的话。健三感到这种奉承话显得很空洞。

“打那以后，他根本没有到这里来过吗？”

“可不，这两三年压根儿就没来过。”

“以前呢？”

“要说以前嘛，虽说不是常来，但也没有少来。更可笑的是：他每次来总是十一点钟左右，如果不让他吃点鳝鱼饭之类的东西，他是绝不会走的。一日三餐，哪怕在别人家里吃上一顿也好，这就是他的小算盘。至于衣着，反倒穿得相当讲究……”

姐姐说话常常容易离题。健三听了这话，只知道自己离开东京之后，姐姐和那人在经济上还有些来往，别的什么都不知道。至于岛田目前的情况，更是无从知晓。

八

“岛田现在还住在老地方吗？”

连这样一个简单的问题，姐姐也无法明确回答。健三有些失望。好在他并不打算主动去查访岛田现在的住址。他认为目前没有必要为此费尽心机，因此也不算大失所望。他考虑过：即使费心去找，也只是为了满足某种好奇心，何况眼下必须抛弃那种好奇心。他若把时间花费在这件事上，其代价未免太大了。

他只需闭上眼睛，小时候见过的那家和其周围的情景就浮现在眼前。

那里，路边有条百来米长的大水沟。沟里是死水混杂着烂泥，到处冒出苍黑色，甚至散发出一阵阵恶心呛鼻的臭气来。他记得这肮脏的地方过去是用某某先生的公馆来命名的。

水沟那边，并排盖着许多大杂院，每户开一个昏暗的四方窗。这些房子贴着石墙，彼此紧密相连，所以公馆里的样子是完全看不见的。

公馆的另一边，稀稀拉拉地盖着一些小平房，有旧房，也有新房，凌乱地混杂在一起；街道当然很不整齐，就像老人的牙齿，到处都是空缺。岛田就是买了一小块空缺地，修建了自己的住宅。

健三不知道那住宅是什么时候盖好的，第一次去那里时，新屋刚落成不久。房子不大，只有四间，但小孩都能看出，木料是经过细心挑选的，房间的布局也很讲究。十二平方米的客厅，朝向东方。在铺满了松树叶的小院子里，竖着花岗石灯柱，虽说大得过分，却很壮观。

岛田喜爱洁净，经常掖着衣服的下摆，自己动手用湿抹布揩擦廊檐和柱子。然后光着脚到朝南的起居室的前院去栽花种树，拔除杂草。有时还拿起锄头，去疏通门外的泥沟。泥沟上架有四尺来长的木桥。

除了这座住宅之外，岛田另外修建了一栋简陋的出租房，为了便于从两屋之间穿到房后去，还铺了一条三尺宽的路。房后的野地和田园，都是未经整修的湿地，脚踩在草地上，湿漉漉地渗出水来，凹陷最深的地方，几乎成了浅池塘。岛田本想向那边发展，逐步盖些小的出租房，但一直未能如愿实现。他还说，到了冬天，野鸭子会飞落下来，这回要抓一只……

健三把这些往事反复回味了一番。他想如今若是再去看看，那里肯定发生了惊人的变化。这么一来，他更觉得二十年前的情景犹如就在眼前。

“贺年片嘛，你姐夫说不定还会寄的吧！”健三往回走时，姐姐说起了这件事，劝他留下来，等比田天黑回家来聊聊再走。可是，他觉得没有那个必要。

当天，健三本想再到市谷药王寺前去看望好久不见的哥哥，顺便问问岛田的情况。可是时间已经晚了，而且他越来越强烈地感到：反正打听到了也没有什么好办法。因此直接回到了驹达。当晚，因忙于筹划第二天的工作，就把岛田的事忘得一干二净了。

九

健三又跟平素一样，可以拿出大部分精力来用于自己的事业。他的时间在静静地流逝。在这寂静的气氛中，烦恼始终在纠缠着他。妻子只是在远处观望，无法介入，也就没去管他。健三认为妻子这种冷漠是不应有的。妻子内心里也把同样的责怪反加在丈夫身上，因为她认为：既然丈夫要有更多的时间待在书斋里，那么，除了有要事以外，夫妻间的交道就理应减少。

她只好把健三一个人撇在书斋里，光是和孩子们在一起。孩子们也很少到书斋里去，偶尔进去淘气，肯定要挨骂。他总是骂孩子，可对孩子们不亲近自己，又感到缺少点什么。

周末的星期天，他整天没有外出。为了换换空气，四点钟左右他就上了澡堂，回到家里，顿时觉得心驰神往，于是他摊开手脚，在铺席上睡着了。直到晚饭时刻被妻子叫醒之前，他像丢了脑袋似的睡得不省人事。可是，一起来吃饭，就感到似乎有一股微微的寒气，沿着脊背往下窜，接连打了两个大喷嚏。妻子在旁边没有吭声。健三没有说什么，但心里厌恶妻子缺乏同情心，独自拿起了筷子。妻子也认为丈夫为什么有话不直截了当跟自己说，主动把她当妻子使唤？所以反而闷闷不乐。

当天晚上，他清楚地意识到自己有些感冒，本想早点睡觉，但终于在已经着手的工作逼迫下，一直坚持到十二点多钟。上床的时候，他很想喝杯热葛粉汤发发汗，但家里人都入睡了，不得已只好钻进冰凉的被子里。他感到异常寒冷，苦于难以成眠。可没过多久，终因头脑疲乏，使他进入了深沉的梦乡。

第二天醒来，周围特别宁静。他躺在床上，以为感冒已经好了。起来洗脸的时候，却感到身子瘫软无力，没法像平时那样用冷水擦洗。他鼓起勇气走到饭桌旁，但食欲不佳，平常早饭定量吃三碗，这天只吃了一碗，然后把梅干泡在热茶里，呼呼地吹着咽了下去，连他自己也不解其味。这时，妻子虽然在一旁伺候，却没有说什么。他认为妻子是故作冷漠，心里难免有些生气。他装作咳了两三声，妻子还是没有理睬。

健三匆匆地把白衬衫从头上套进去，换上西服，按往常的时间出了门。妻子照常拿着帽子，把丈夫送到大门口。可是，此时此刻，他认为妻子是个光讲形式的女人，也就更加厌恶她了。

出门之后，他仍然感到难受，舌头不灵，而且发干，全身怠倦得像发烧的人一样。他摸了摸自己的脉搏，跳动之快，使他大吃一惊。手指触及的脉搏跳动与耳朵听到的怀表秒针走动声相互交错，节奏完全不同。尽管如此，他还是咬着牙，在外边把要做的事全做完了。

一〇

他按往常的时间回到家里，在换下西服的时候，妻子照例拿着他的便服站在身旁。他却面无悦色，把脸朝向另一边。

“给铺床吧，我要休息。”

“嗯。”

妻子照他的吩咐铺好了被子，他随即钻进去睡了。他没有向妻子提起自己感冒的事，妻子也装作视而不见，可彼此心里都不平静。

健三闭上眼睛昏昏欲睡，妻子来到枕边叫唤他。

“你用饭不?”

“不想吃。”

妻子沉默了一会儿，但没有马上起身离去。

“你是怎么啦?”

健三没有搭腔，半个脸捂在被头里。妻子没有说什么，只是把手悄悄地放在他的额头上。

晚上，医生来了，说只是感冒，给了药水和分服的药剂。他从妻子手里接过药来喝了下去。

第二天他仍在发高烧。妻子根据医生的嘱咐，把胶皮冰囊放在他的额头上。本来应该用镍制控制器插在褥子底下把冰囊控制住，但在女仆未买回来之前，她一直用手按住，不让冰囊滑下来。

两三天来，周围的气氛一直像着了魔似的，可在健三的头脑里几乎对此没有留下任何印象。他恢复了元气，若无其事似地看了看天花板，又看了看坐在枕边的妻子，这才猛然想起自己得到了这位妻子的照料，但他什么也没有说，又把脸背了过去。丈夫的情意根本没有反映到妻子的心里去。

“你怎么啦?”

“医生不是说感冒了吗!”

“这，我知道。”

对话就此中断了。妻子带着厌倦的神态走出了房间。健三拍着巴掌又把她叫回来。

“你是问我怎么啦?”

“什么怎么啦？……你病了，我为你又换冰囊，又喂药，可你呢，不是说待到一边去，就是说别碍事，未免……”妻子话没说完就低下了头。

“不记得说过这种话呀!”

“那是发高烧时说的话，也许记不得了。可我认为：如果平时不是那么想，再怎么病，也不至于说那种话。”

妻子这话的真意究竟是什么？对此，健三往往不是扪心自问，而是总想发挥自己的才智，立即把妻子驳倒。如果撇开事实只谈理论，即使在眼下，妻子也是说不过他的。发高烧、麻醉昏迷、做梦，在这种时候说的话，不一定就是心里想的事。当然，这种说法是很难使妻子信服的。

“行啦，反正你打算把我当女仆使唤，你爱怎么样就怎么样……”

健三望着起身离去的妻子的背影，心里有些生气，可自己以理论权威自居，却毫无察觉。依他那满是学问的头脑来看，妻子在明摆着的道理面前，不能心悦诚服，只能说明她是个不明事理的人。

二二

当晚，妻子把装在砂锅里的粥端来，又坐在健三的枕边，她一边往碗里盛粥一边问：“要不要起来?”

他舌头上长满了苔，嘴里膜厚而发苦，根本不想吃东西。但不知因为什么，他却从床上翻身起来，接过妻子手里的碗。可是食不甘味，饭粒只是涩涩拉拉地滑进了喉头里。他只吃了一碗，就擦了擦嘴，随即照原样躺了下去。

“食而无味啊!”

“一点味也没有?”

妻子从腰带里抽出一张名片来。

“你睡着的时候，来了一个人。你有病，我挡驾了。”

健三依然躺着，伸手接过那张用上等日本纸印制的名片看了看，此人既不曾见过，也未曾听说过。

“什么时候来的?”

“好像是大前天。心想告诉你一声，可烧没有退，所以特意没有吭声。”

“我根本不认识此人嘛。”

“来人说：为岛田的事想来见见你家主人。”

妻子把岛田二字说得特别响，而且边说边注意健三的表情。这么一来，前不久在路上碰见那个不戴帽子的人的影子，立即闪现在他的脑海里。他高烧刚退，才清醒过来，还来不及考虑那人的事。

“你知道岛田的事吗?”

“那个叫阿常的女人寄来那封长信时，你不是对我说过嘛!”

健三没有搭腔，只是把放在褥子底下的名片又拿起来看了看。关于岛田的事，当时向妻子说的有多详细？他已经记不清了。

“那是什么时候的事？是老早以前了吧!”健三想起把那封信交给妻子看时的心情，不禁苦笑起来。

“是呀，大概有七年了。那时我们还住在千本街呢!”

所谓千本街，那是某都市的城边小镇，他们当时曾住在那里。

过了一会儿，妻子说：“岛田的事就是不问你，从你哥哥那里也能打听到。”

“哥哥说什么?”

“说什么……还不是说那人不怎么好呗!”

妻子还想了解健三对那人有什么想法。可是，他却有意回避，默默地闭上了眼睛。妻子端着摆有砂锅和碗的托盘，在站起身来之前，说：“给名片的那个人还要来的，他往回走时说，等你病好了再来。”

“是会来的，既然他充当了岛田的代理人，肯定会再来的。”

“可是，你见吗？如果再来的话。”

说实话，他不想见，妻子更不想让丈夫会见这个来历不明的人。

“还是不见为好。”

“见一下也行，没什么可怕的。”

妻子认为丈夫这句话，说明他还是固执己见。健三虽然讨厌这样做，但又认为这是个好办法，只能这么做。

一二

没过几天，健三的病全好了。他又跟往常一样，时而审阅样稿，时而挥动钢笔，或者交抱着手只是思考。这时，曾经白来过一趟的那个人，突然又出现在他的大门前。

健三拿起那张印有“吉田虎吉”名字的上等日本纸名片，又看了一会儿。妻子小声向道：“见吗？”

“见，把他带到客厅里去。”

妻子露出要挡驾的样子，有些踌躇。但见丈夫已经表了态，也就没有再说什么，又走出了书斋。

吉田这个人，身子肥胖，体格魁伟，年龄在四十岁上下。他身着条纹大褂，白绉绸宽腰带上悬挂着闪闪发亮的怀表链子，这副打扮在当时是很时髦的。单从他使用的语序，就能看出他是个标准的买卖人，只是决不能因此就认为他是个有气魄的商人，在该说“难怪”的地方，他却故意硬用上“说的是”；本应说“可不是”的时候，他却用一种极为信服的语气，回答说：“诚然诚然。”

健三认为按见面的习惯，有必要先问问来人的情况。可是，吉田比他能说会道，无须动问，就主动把自己的经历大致作了介绍。

他原住在高崎，常在那边的兵营里进进出出，做收缴粮秣的买卖。

“由于这个关系，我才逐渐得到军官们的照顾，其中有个叫柴野的长官，更是特别照顾我。”

健三听到柴野这名字，很快想起岛田后妻的女儿嫁给了一个军人，那人就姓柴野。

“因为这个缘故，您才认识岛田的吧？”

两人谈起了柴野长官的事：他如今不在高崎，调到更远的西边去已经有几年了，因为还是那么爱喝酒，家境不太富裕，如此等等，这些事对健三来说，尽管全是新闻，但并不特别感兴趣。健三对柴野夫妻没有任何恶感，只是随便听听，知道个大概就行了。谈话进入正题以后，他越来越多地提到岛田，健三不禁感到厌烦了。

吉田却没完没了地只顾倾诉老人的穷困境况。

“他为人过于老实，终于上当受骗，赔个精光。本来就没有赚钱的希望，却要一个劲地把钱往里塞，这是何苦呢！”

“哪里是为人过于老实，怕是过于贪得无厌吧！”

即使像吉田所说，老人家境穷困，健三也只能作这种解释。何况谈到穷困，他感到其中定有蹊跷。这一点，连充当重要代理人的吉田也不为其辩解，承认“也许是那样”，然后用笑脸掩饰过去。尽管如此，最后还是说出了“每个月总得多少给一点才行”的话，来与健三商量。

为人正直的健三，只好把自己的经济状况，向这个只有一面之交的人明摆出来。他详细地说明了每月自己的收入是一百二三十元，这笔钱是如何开销的，让对方明白每月开销之后，剩下的等于零。吉田不时使用他的老调子：“说的是”，“诚然诚然”，老老实实地听着健三的说明。可是，他对健三相信到什么程度？又在哪一点上对健三抱有怀疑？连健三也不知道。只是看上去，对方一直采取谦逊为主的姿态，不妥当的话，自不用说，就是稍带勉强的话也只字不提的。

一三

健三认为吉田要说的事，应该就此了结，心里巴望他早走。然而对方的态度显然与此相反，钱的事虽然就此不再提及了，但无关痛痒的闲话却说个没完没了，就是赖着不走。而且说着说着，话题又自然回到了岛田的身上。

“不知是怎么回事，也许老人年事已高吧，近来尽说些特别令人担心的话。因此，能不能求您跟过去一样，跟他保持来往呢?”

健三一时没法回答，只是默默地望着摆在两人之间的烟灰缸。老人撑着一把显得很重的粗布伞，那双异乎寻常的眼睛直盯着他的样子，又清晰地浮现在他的脑海里。他不能忘记老人往日给他的照顾，同时也难以抑制从自己品格折射出来的对老人的厌恶，他夹在这两种感情之间，一时说不出话来。

“我特意为此事前来，这一点务请屈驾应允。”

吉田越来越恭敬了。健三想来想去，还是讨厌这种来往。可如果予以拒绝，又未免不近情理。最后终于决定即使讨厌，也应正确对待。

“如此说来，只好从命。请转告他，我表示同意。但有一点，虽说保持来往，却不能恢复过去的关系，请转告他不要误解。还有，从我目前的情况来看，要经常去安慰老人，也是难以做到的……”

“这么说，也就是只同意让他来府上登门拜访喽！”

健三听到登让拜访这话感到好不难受，难置可否，又闭上了嘴。

“你瞧，我说些什么呀，这就够好的了……过去和现在，情况根本不一样嘛。”吉田露出了终于完成了自己的任务神态，话一说完，就把刚才用使过的烟盒塞进腰间，连忙起身告辞。

健三把他送出大门，又钻进了书斋，心想尽快把当共产党的事办完，立即伏在桌案上。可是心里另有牵挂，工作的进展自然很难如愿。

这时，妻子往书斋里看了看，叫了健三两声。健三仍伏在桌案上，没有回头。妻子只好悄悄地退了回来。妻子走后，健三虽不顺意，还是坚持工作到天黑，比平时迟了许久，才出来吃晚饭。这时，他才同妻子说话。

“白天来的那个吉田，究竟是干什么的?”妻子问。

“他说早先在高崎替陆军干过什么事。”健三答道。

显然，光是这么两句话是不能把事情说清楚的。妻子期望丈夫能就吉田和柴野的关系，以及他和岛田之间的来往等等，作出使自己满意的说明。

“免不了会提出要钱什么的吧?”

“可不是那样。”

“那么，你说什么……反正得说明情况吧!”

“嗯，是说明了情况。除了说明情况，没有别的办法呀!”

两人各自心中盘算着自家的经济状况。月月不断支出，而且非支出不可，可这些钱是他用辛勤的劳动换来的。何况对妻子来说，用这点钱维持全部家计，的确并不宽裕。

一四

健三没有再说什么，想从坐席上站起来，妻子却还有事情要问他。

“那个人就那样老实实实地走了吗?有点奇怪嘛!”

“可我只能说明情况呀，总不能吵架吧。”

“也许他还会来，不会那么老老实实走的。”

“就是再来也不要紧嘛。”

“可是，怪讨厌的，真烦人!”

健三知道，妻子在隔壁房间里一句不漏地偷听了他和那人刚才谈的话。

“你都听到啦?”

妻子对丈夫这句问话，既不肯定也不否定。

“好啦，就这样吧。”健三说完，站起来往书斋里去。他惯于独断专行，打开始就认为没有必要向妻子再多作说明。妻子虽然承认这是丈夫的权利，可只是表面上承认，心里总是愤愤不平。对丈夫那种仗势行事的态度，打心眼里感到不痛快。她寻思：“为什么就不能给我再说得明确些呢?”这种思想不断在她心灵深处翻腾。可是，她没有自知之明，不知道自己缺少让丈夫说明事态的天分和本事。

“你像是答应了可以与岛田保持来往，对吗?”

“哦!”

健三脸上露出了不知如何是好的神色。一见丈夫这副样子，妻子照例不再说话了。因为她的脾气就是这样，只要看到丈夫这副神态，马上就感到厌烦，不想再往前迈进一步。可是，她那副不高兴的样子，反过来又会影响丈夫的情绪，使他更加盛气凌人。

“此事与你和你家里人无关，有什么要紧，所以我一个人决定了。”

“对我来说，这事与我无关更好。即使有关，反正也不会问我……”

在有学问的健三听来，妻子的话完全离题了。这种离题，怎么说也只能证明她头脑太笨。他心里感到“这又要发作了”。可是，妻子马上又回到了本来的问题上，说出了他非重视不可的事。

“这么一来，怕对不起父亲吧。事到如今，还与那人来往。”

“你所说的父亲，是指我的亲生父亲?”

“当然是你的亲生父亲喽!”

“我父亲不是早死了吗。”

“可他临死以前，不是吩咐过：既然已经同岛田绝交，往后就不要同他有任何来往。”

健三清楚地记得当时自己父亲同岛田吵架后绝交的情景，可是，他对自己的父亲没有那种充满钟爱的美好的回忆，更不记得父亲把绝交的事说得如此严重。

“这件事你是听谁说的？我没有说过嘛。”

“不是你，是听你哥哥说的。”

健三认为妻子的回答不足为奇，父亲的遗愿和哥哥的话也无关大局。

“父亲是父亲，哥哥是哥哥，我是我，这是没法改变的。不过，依我看，拒绝来往的理由并不充分。”

健三的话说得很肯定，心里也知道这种来往的确十分令人讨厌。可是，他的想法根本没有反映到妻子的心里去。妻子只是认为丈夫在坚持自己顽固的主张，恣意跟大家的意见作对。

一五

健三小时候经常由那人牵着手走。那人给他缝制了小西服。那个时候，连大人都不怎么欢喜外国服装，至于小孩的服装式样，裁缝师当然不会认真考究。他的上衣腰身并排钉了两颗扣子，前胸敞开着。布料用的是白斑点的呢绒，硬邦邦的，手摸上去感到特别粗糙。尤其是那条淡茶色的条纹西裤，是当时只有驯马师才穿的，他却洋洋得意地穿在身上，让那人牵着手走。

当时，他特别珍惜那顶帽子。那是一顶浅锅底一般的黑呢毡帽，紧扣在他的光头上，就像蒙着头巾似的。他却非常满意，照往常一样，由那人牵着手到游艺场去看魔术。当时魔术师还借用他那顶帽子，用手指头从帽腔里捅出来给他看，他又吃惊又担心。当帽子还回到他手里时，他再三来回摸了又摸。

那人还给他买了好几条长尾巴的金鱼。就是武将画、彩色画、两张一套和三张一套的联画，只要他说要就给买。他甚至还有合身的铠甲和龙头盔，几乎每天把它穿在身上，挥舞着用金纸做的指挥刀。

他还有适合小孩佩戴的短刀。短刀的钉帽上刻着老鼠拖红辣椒，他把这用银做老鼠和用珊瑚做辣椒的短刀当成了自己的宝贝。他总想把刀拔出来看一看，而且拔了一次又一次，就是拔不出来。原来这是封建时代的装饰品，也是那人好心送给小健三的。

那人还经常领着他去乘船，船上总有身穿短蓑衣的船老大在撒网。当大小鲻鱼游到岸边往上跳时，那样子就像白金闪着亮光一样，映进他那小眼睛里。船老大有时把船划出海面两三海里，连海鲫鱼都能捕到。这时高浪打来，小船直摇晃，他马上就会头晕，所以大多是躺在船舱里睡大觉。他最感兴趣的是河豚落网，他用杉木筷子把河豚的肚子当小鼓，敲得咚咚响，见河豚又鼓肚子又生气的样子，他高兴极了……

打从见到吉田以后，这些儿时的回忆，突然从健三的脑海里不断涌现出来，虽说是支离破碎，但都显得那么清晰。而且哪一个片断都与那人紧密相连。越是顺着这些零零碎碎的情景往前追忆，头绪也就越来越多。既然自己被编织在这抽之不尽的经纬线里，那么，那个不戴帽子的人也必然会一起被编织进去。他领悟到这件事时，心里十分难过。

“这些情景倒是记得清清楚楚，可当时自己的心情为什么就记不起来呢?”

这是健三心里最大的疑问。可不是吗，小时候那人是那么关怀自己，当时自己的心情如何？竟忘得如此一干二净。

“可是，这些事是不应该忘记的呀。莫非打开始起，就对那人缺少恩酬相应的情分?”健三是这么考虑的，也大致是这么来剖析自己的。

他没有把因此而引起自己去回忆往昔的事告诉妻子，这并非考虑到女人感情脆弱，而是不说出来或许更有利于缓和她的反感。

一六

预期的日子终于来了。一天下午，吉田和岛田一起出现在健三家的大门口。

健三对这位老人不知该说些什么？又怎样接待为好？如今，他完全缺乏那种无须思考、就能对此作出决定的自发感情，他与这个二十多年不曾见面的人促膝而坐，不但没有什么久别重逢之感，反而只是近乎冷漠的应付。

过去岛田以骄横出名，健三的哥哥和姐姐因此对他敬而远之。的确，健三过去对他这一点，心里也很惧怕。今天，在健三看来，如果认为那人说话的语气伤了自己的自尊心，那是因为对自己估价过高了。

岛田比想象的要客气得多，像普通人初次见面一样，讲话总是客客气气，特别注意使用恭敬的话。健三想起幼时总被那人称作健儿、健儿。就是断绝关系之后，只要碰面，那人还是叫他健儿、健儿。这令人讨厌的昔日情景又自然地出现在他的眼前。

“可是，如果总是这个样子，怎么行呢?”

健三尽力不让他们两人看见自己不悦的神色。看来，对方也尽可能求得顺顺当当地离开，不说半句使健三不称心的话。因此，双方都不谈本应涉及的往事，对话就这么简单地中断了。

健三猛然想起下雨那天早晨的事。

“最近两次在路上遇见您，您经常从那里经过吗?”

“是这样，因为高桥的长女就嫁在这前面不远的地方。”

高桥是谁，健三根本不认识。

“哦。”

“说起来你也许知道，那地方叫芝。”

岛田后妻的亲戚居住在叫芝的地方。健三似乎还记得，小时候曾听说过那里的人家不是神官，就是和尚。至于那边的亲戚，健三只跟一个年龄相同、名叫阿要的男人见过两三次面，却不记得还见过别的什么人。

“您所说的芝，是阿藤的一个妹妹出嫁的地方吧？”

“不，是姐姐，不是妹妹。”

“哦。”

“只是要三死了，其他姐妹都嫁了好人家，可幸福哩！我说，那个长女总该记得吧，是嫁给某某的呀。”

说到某某这个名字，健三听了并不怎么耳生。此人已经去世多年了。

“只剩下女人和孩子。不好办啦。一有什么事，就来找我，阿叔、阿叔的，叫得可亲热哩！最近修房子，要有人监工，所以我几乎每天都从你家门前经过。”

健三很自然地想起岛田用着自己在池端书店买字帖的事。他一买东西，哪怕是一两分钱，也要讨价还价，当时为了五厘钱，居然坐在店门口死不肯走。他抱着董其昌的折帖站在一旁，瞧着他那副样子，心里实在难受，而且很不痛快。

“让这种人监工，木匠和泥瓦匠不生气才怪哩！”

健三一边这么想，一边望着岛田的脸，露出了一丝苦笑。岛田却毫不在意。

一七

“好在托福，还留有遗作，尽管人已经死了，往后家里的日子倒不太困难，好歹过得下去。”

岛田说话的口气，好像某某所著的书是世人周知的，可惜健三连书名都不知道，可能是字典或是教科书。他无心细问。

“书的确是好东西，写出一本来，就可以一直卖下去。”

健三没有说话。岛田只好跟吉田谈起要赚钱就得写书的事来。

“安葬完了……他死后就剩下女人了，我去跟书店办了个交涉。就这样，年年多少可以从书店拿到点钱。”

“哦！这真是大好事呀。难怪当初上学要大量投资，当时好像吃了亏，等到学成了，才知道这是好买卖，收利可大哩。这是没有学问的人无法比的啊！”

“结果还是赚了钱嘛！”

他们的谈话没有引起健三的任何兴趣，而且越说越离奇，叫人没法插话。无所事事的健三，只能瞧瞧这个又看看那个，抽空就把目光向院子里投去。

院子里还未修整，显得很不美观。那棵松树的嫩枝不知什么时候被人摘去了，至今好像还没有缓过气来。只是靠墙根的树枝上还有茂密而苍绿的叶子。除了这棵树，再没有像样的树了。地面上尽是小石子，坑坑洼洼，无法清扫。

“您也赚它一笔，怎么样？”吉田突然对健三说。

健三不由得苦笑起来，只好应付着说道：“嗯，是想赚点钱啦。”

“这不费事，出国留过学嘛！”

老人的话，听起来像是他出了钱，健三才得以出国留学似的。对此，健三很不高兴。老人却毫不在意，即使看见健三显得厌烦，他也不以为然。最后，还是吉田把那个烟盒揣进了怀里，催促地说：“好吧，今天我们就此告辞！”他才显出了要走的样子。

健三把他们送走之后，又回到了客厅里，坐下来，交抱双臂，陷入沉思。

“他究竟为什么来呢？不是特意来讨人嫌么？这样做他就高兴啦？”

岛田刚才带来的礼物，原样未动地摆在他面前。他呆呆地望着那个粗糙的点心盒。

妻子一声不响地在收拾茶杯和烟灰缸。事完之后，她走到默默地坐在那里的丈夫跟前。

“你还要在这里坐下去吗？”

“不，起来也行。”健三立即站了起来。

“他们还会来吗？”

“也许会来吧。”

他说了这么一句，又钻进了书斋。传来了一阵打扫客厅的声音，接着是孩子们争点心盒的声音，一切平静下来之后，没过多久，黄昏时节的天空又下起雨来了。健三这才想起一直想买而未买成的雨靴。

一八

接连下了好几天雨，乍才转晴，灿烂的阳光透过染上颜色的天空洒落在大地上。妻子每天都沉浸在郁闷的思绪之中，只顾缝缝补补，今天，也走到房檐前，抬头望了望蔚蓝的天空，随即打开了衣柜的抽屉。

她换好衣服，来看丈夫。健三两手托腮，正凝视着肮脏的庭院。

“你在想什么?”

健三微微转过头来，看了看妻子那身要外出的打扮。就在那一瞬间，他那双富有观察力的眼睛，发现自己妻子身上有一种意想不到的新鲜味。

“要上哪里去吗?”

“是的。”

对他来说，妻子的回答过于简单了。使他又跟原来一样，感到很孤寂。

“孩子呢?”

“孩子也带去。留下来，不是吵吵嚷嚷、怪讨厌的吗?”

她们走后，健三一个人安安静静地度过了星期天的下午。

妻子回来的时候，他已经吃罢晚饭，在书斋里点上灯，待了一两个小时了。

“我回来啦!”

她不说回来晚了，也不说别的，显得那么冷淡。他并不介意，只是回头看了看，一声不响。这么一来，在妻子的心上又投下了一层阴影。妻子就那么站了一会儿，随即向生活间走去。

两人就这么失去了说话的机会。他俩不是那种一见面就想说点什么的随和夫妻。而且彼此认为：如果显得特别亲热，关系反而庸俗了。

过了两三天，在吃饭的时候，妻子才把那天外出时的事说出来。

“最近回了一趟娘家，见到了门司的叔叔。我以为他还在台湾，很奇怪，不知什么时候居然回来了。”

提起门司的这位叔叔，亲友们都知道对他不能疏忽大意。健三还在外地的时候，他突然坐火车赶去，求健三一定想法借点钱，以救燃眉之急。于是，健三就把存在当地银行为数不多的钱都给他拿去应急。过后，寄来一张贴有印花的正式契约，其中连“利息的事”都提到了。健三还认为他过分认真，没想到借去的钱从此不见归还。

“如今他在干什么?”

“不知道。听说是兴办什么公司，请你一定要赞助，还打算最近前来拜访呢。”

健三认为没有必要再询问了。这位叔叔过去借钱的时候，也是说兴办什么公司，健三信以为真。当时岳父倒是对此表示过怀疑，这位叔父就花言巧语说服岳父，把他拉到门司参观根本与己无关的别人修盖的房子，说那就是建造中的公司，用这种手段从岳父那里骗取了几千元的资金。

健三并不想知道此人更多的情况。妻子也不高兴说这些事。然而，谈话却不像往常那样到此为止。

“好久没见哥哥，趁那天天气非常好，我绕到他家去了。”

“是吗。”

妻子的娘家在小石川台町，健三哥哥家在市谷药王寺前，妻子前去，并非绕什么大圈子。

一九

“我把岛田来过的事告诉了哥哥，他很吃惊，说那人哪有脸再来，健三还是不要同他交往为好。”

妻子表露了这种劝阻的意思。

“你是特意为了这件事才绕到药王寺前去的吧?”

“又讥笑人啦，你怎么尽把别人往坏处想呢?我好久没去看哥哥，心里不安，所以往回走时才去一趟的呀!”

他很少去哥哥家，妻子偶尔去一趟，等于替代丈夫去探望，不管健三怎么看，也是无可非议的。

“哥哥为你担心呢。他说，同那种人来往，很难说不会再引起什么麻烦。”

“麻烦?是什么样的麻烦?”

“这个，如果不发生，连哥哥也没法说。不过，他总认为不会有什么好事。”

健三也没有想过会有好事。

“可是，情面上过不去呀!”

“既然是给了钱才断绝关系，有什么过不去的。”

绝交时给的钱是以往日抚养费的名义，由健三的亲生父亲自交给岛田的。那时健三二十二岁，正是青春年华。

“再说，在交付那笔钱的十四五年以前，你就领回到自己家来了。”

从几岁到几岁由岛田一手抚养？健三根本弄不清楚。

“说是从三岁到七岁，你哥哥是那么说的。”

“也许是吧。”

健三回想起自己梦一般逝去的往昔，脑海里出现了只有戴上眼镜才能看清的细小的图画。那些图画上都没有注明日期。

“契约上白纸黑字写得清清楚楚，还会错吗？”

谈到自己与那人脱离父子关系的契约，他从未见过。

“不会没有见过吧，一定是忘记了。”

“可是，八岁才回到自己家里来，那就是说，在回归祖籍之前还有些来往。既然如此，就不能说完全断绝了关系呀。”

妻子无话可说。不知为什么，健三也感到一阵凄凉。

“其实，我也觉得没意思。”

“行啦，还是别来往的好。事到如今，你还与那种人交往，太没意思了。对方究竟有什么打算呢？”

“这，我可不知道。我想，对方也会觉得没意思的吧。”

“你哥哥说，肯定还是千方百计地想弄点钱，可要当心啊！”

“可是，钱的事我一开始就说清了，不妨事。”

“话是那么说，往后很难说他就不会提出什么要求。”

妻子从一开始就有这种预感。

健三满以为已经把这个漏洞堵住了，妻子这么一提醒，脑子里又产生了几许不安的思绪。

二〇

这种不安多少影响了他的工作。繁忙的工作反过来埋葬了这种不安。因此，岛田再次出现在他家大门口之前，一个月又到月底了。

妻子拿着用铅笔写得乱糟糟的账本，走到他面前。以往，健三只是把自己在外挣的钱照例全部交到妻子手里，妻子从未在月底把开支细账塞给他看过，这次使他感到意外。

“是呀，她是怎么开支的呢?”他经常这么想。

事实上，他需要花钱时，就不客气地向妻子要。而且每月光书费就相当可观。尽管如此，妻子并不在意，连对经济开支一团黑的他，都认为妻子太随便了。

“每个月的账目要记好，总得给我过目一下吧!”

妻子满脸不高兴，因为她认为到哪里也找不到自己这样忠诚的管家。

“嗯。”

妻子只应了一声。到了月底，还是没有把账本交到健三手里。健三高兴的时候，也就默认了。不高兴的时候，也会认真地硬逼着妻子把账本拿出来。可是他一看，又觉得乱糟糟的，根本看不明白。即使经妻子加以说明，从账面上有所了解，实际上每月副食多少，大米又是多少，是贵还是贱，脑子里还是一团糨糊。

这次，他也只是从妻子手里把账本接过来，大致看了看。

“有什么为难的地方吗?”

“如果不想点办法的话……”

妻子就眼下的生活情况，详细地给丈夫作了说明。

“真怪呀！居然日子能这么顺利地过到今天。”

“实际上，每月都没有结余。”

健三没想过会有结余。记得上月底，四五个老朋友提出到什么地方去远足，还给他发了邀请信，因为他交不出两元钱的会费，就那么谢绝了。

“可是，好歹还能过得去!”

“过得去也好，过不去也罢，反正只能用这点钱凑合着过，没有别的办法。”

妻子把收藏在柜子抽屉里的自己的和服和腰带作了抵押，今天终于腼腆地把这事一五一十地说了出来。

过去，他经常亲眼看到姐姐和哥哥用包袱皮包着各自的盛装，悄悄地拿出去，然后又拿回来。他们那副特别留神不让别人发觉的样子，看上去像犯了罪见不得人似的，在他那童心里留下了凄凉的印象。今天联想起来，他更加感到寒碜。

“作了抵押！是你自己去抵押的吗?”他从未钻过当铺的门帘，可他认为妻子比自己更缺乏贫苦的生活经历，是不会大大方方地在那种地方出入的。

“不，是托人去的。”

"托谁?"

"托山野家的老太太，她那里有当铺的流动点，很方便。"

健三没有继续问下去。作为丈夫，他没有给妻子做过一件好衣服。妻子为了维持家计，反而不得不把从娘家带来的东西拿出去典当，这无疑是丈夫的耻辱。

二一

健三决心干点额外的工作。没过多久，这种努力按月换回了若干纸币，交到了妻子手中。

他从西服的内兜里，掏出自己新挣来的钱，原封未动地扔在铺席上。妻子一声不响地拿过来，一看封皮的反面，立刻就明白了这纸币的来路。他就这样悄悄地填补了家计的不足。

每逢这种时候，妻子并不显得特别高兴。如果丈夫把钱交给她时，添上几句好听的话，她肯定会高兴得多。健三却认为：如果妻子高高兴兴地把钱接过去，他也许会说上几句好听的话。因此，设法弄来的这点钱，只能应付物质上的需要，想借此满足两人精神上的要求，毋宁说难以如愿以偿。

妻子为了补足这种精神上的要求，过了两三天，拿出一段布料给健三看。

"想给你做件衣服，这料子怎么样?"

妻子笑逐颜开。在健三看来，妻子的做法显得有些拙劣。他怀疑妻子动机不纯，是故意用魅力来诱惑他。妻子冷冰冰地走了。妻子走后，他又觉得自己不该受这种非冷遇妻子不可的心理状态的束缚。他越想越不是滋味。

当另有机会与妻子谈话时，他说："我绝不是你所认为的那种冷酷的人，只是控制着自己内心的热情，不让它外露罢了。我是不得已才这么做的。"

"当然，谁也不会干那种坏心眼的事。"

"你不是经常如此吗?"

妻子用憎恨的目光望着健三，她根本没有弄懂这句话的意思。

"近来你的神经有些反常，为什么不能更稳妥地观察我呢?"

健三无心去听妻子的话，他对妻子以那种不自然的冷漠态度对待自己，难过得几乎要发脾气了。

"你呀，别人并没说什么，自己却在自寻烦恼，真没办法。"

两人都感到夫妻俩像是一对根本说不到一起去的男女，所以也都认为没有必要改变各自的态度。

健三新找到的额外工作，凭他的学问和教养，做起来并不费劲，只是他不愿为此花费时间和精力。对他来说，眼下再没有比无意义地消磨时光更可怕的了。因为他有这种打算：在有生之年，要有所作为，而且非有作为不可。

他处理好额外的工作回到家里时，经常是天已擦黑了。

有一天，他匆匆地迈着困乏的脚步，粗暴地拉开自家大门口的格子门。妻子连忙从里屋出来，一见面就说："跟你说，那人又来啦！"妻子总把岛田称作那人、那人，所以健三从她那副样子和口气上，就大致知道他不在家时来了什么人。他什么也没有说，径直往生活间去，然后由妻子帮着把西服换成了和服。

二二

他坐在火盆边抽了一支烟。没过多久，妻子把晚饭端到了他面前。他马上问妻子：

"来了吗？"

妻子感到突然，不知健三问"来了吗"是指什么？她惊奇地看了看他的脸，见丈夫在等着答话，这才明白他所问的意思。

"是那人吗？……可是，你不在家呀！"

妻子当时没有让岛田进客厅。她觉得这样做像得罪了丈夫，所以答话时带有解释的口气。

"原来没有进屋啊？"

"嗯。只在大门口待了一会。"

"他说什么了吗？"

"说是早就该来拜访，因为外出旅行了一些日子，一直没有来，很抱歉。"

在健三听来，所谓很抱歉，等于是嘲弄人。

"外出旅行？不像乡下有事的样子嘛，他告诉你上哪儿去了吗？"

"没有。只是说女儿要他去，所以去了一趟。也许是到阿缝家里去了吧。"

健三记得跟阿缝的丈夫柴野见过面。前不久听吉田谈起，柴野如今在步兵师或步兵旅所在的中国地方①某城市任职。

“阿缝是嫁给军人吗？”

因为健三突然把话卡断了，所以妻子停了一会儿又接着这么问。

“你了解得真清楚呀！”

“是有一次听你哥哥说的。”

健三心中联想起过去见过面的柴野和阿缝的风采。柴野胸阔肩宽，皮肤黝黑，五官端正，算是个有气魄的男子汉。阿缝瓜子脸，长睫毛，眉清目秀，皮肤白皙，身材苗条，应该说是个美人。他俩结婚的时候，柴野还是少尉或是中尉。健三记得曾到过他们的新居。当时柴野从部队回来，身材显得特别魁梧，他一把拿过摆在火盆架板上的杯子，把里面的冷酒一饮而尽。阿缝露着白皙的肌肤，在梳妆台前抚摸自己的鬓发。健三不停地从盘子里抓起分给他的那份鱼片饭团子，一个劲地吃……

“阿缝长得很漂亮吧？”

“什么？”

“不是曾经提过要嫁给你的吗？”

确实有过这么回事。健三十五六岁的时候，有一次，他让同行的朋友在大路上等着，自己一个人到岛田家去转了一下。岛田家门前泥沟上架着小桥，健三无意中见阿缝站在桥上，正向大路眺望。她见健三迎面而来，立即微笑着点头致意。那朋友是刚学德语的青年，看到这副表情，就用德语跟他开玩笑说：“真是妻子倚门盼夫归啊！”其实，从年龄来说，阿缝比他大一岁，何况健三当时对女人既分不出美丑，也无所谓好恶，只是在一种近乎羞怯、奇妙的心情驱使下，想去接近女人罢了。可是，由于一种自然的力量，他像皮球一样被女人反弹回来。他和阿缝的婚事，且不说是否会有别的麻烦，而是根本就没当一回事，完全抛诸脑后了。

二三

“你为什么不娶阿缝呢？”妻子问。

健三猛地把视线从饭桌上移开，向上一翻，好像从追忆往昔的梦里惊醒

① 指日本本州西部地区。

过来似的。

“根本没有那回事，只是岛田有这个意思，而且当时我还是个孩子呢。”

“阿缝不是那人的亲生女儿吧?”

“可不是，阿缝是阿藤带来的孩子。”

阿藤是岛田后妻的名字。

“假如你和阿缝成了亲，如今又会怎么样呢?”

“谁知道会怎么样，又没有真的成亲。”

“说不定很幸福哩!”

“很难说。”

健三有点厌烦了。妻子也就闭上了嘴。

“为什么提这件事呢？真没意思。”

妻子像遭到责难似的，她没有勇气再往前迈出一步。

“反正我打一开始就不顺你的心……”

健三放下筷子，用手挠了挠头发，积在上面的头皮屑不断地掉落下来。

两人各自回到自己的房间里，做自己的事情去了。健三等孩子前来请安以后，照例看他的书。妻子让孩子睡着以后，又开始做白天留下的针线活。

两人之间又谈起阿缝的事来，那是过了一天之后一个偶然的机会引起的。当时，妻子手里拿着一封信，走进健三的房间里，把信交到了丈夫的手里。她没有像往常那样立即离去，而是在丈夫身边坐了下来。健三接过信，就那么拿在手里，总也不看它。妻子实在忍耐不住，终于催了催丈夫：“我说，这封信可是比田姐夫寄来的哟。”

这时健三的目光才从书本上移开。

“你是说因为那人有什么事。”

的确，信上写着请他去一趟，谈谈岛田的事；还注明了见面的日期和时间，而且十分客气，对冒昧请他专程前去表示了歉意。

“这是要干什么呢?”

“我完全不知道。不像商量什么事，我又没有什么事要去和他商量。”

“大家不是劝你不要和那人来往吗？信上还写着让你哥哥一起去吧。”

正如妻子所说的，信上的确那么写着。健三看到哥哥的名字时，脑海中不禁又闪过了阿缝的影子。岛田希望健三和阿缝结合，以便往后把两家的关系拉得更紧密些。可是，阿缝的生母好像希望他哥哥能和自己的女儿成亲。

“如果与小健家攀上这门亲事，我就可以经常到小健家里去了。”阿藤曾向健三说过这种话。回想起来，这已经是老早以前的事了。

“再说，阿缝如今嫁给的这一家，不是原先订好的亲事么？”

“虽说是订好的亲事，但根据情况也是可以退的嘛。”

“阿缝究竟想嫁给哪一家呢？”

“谁知道。”

“那么，你哥哥是怎么想的？”

“这，同样不知道。”

的确，在健三童年的记忆里，根本不存在这种既能回答妻子的提问，又带有人情味的材料。

二四

健三立即写了回信，表示知道了来信的意思。到了预定的日期，他如约前往津守坡。

他很遵守时间，这一方面是由于他性格十分耿直，另一方面这种性格又反过来使他成了神经质。他中途两次掏出表来看了看。情况确实如此，目前这个阶段，他从起床到睡觉，一直被时间追逼着。

他一边走，一边考虑自己的工作。那些工作根本没法按他所想象的去做。他刚向目标靠近一步，目标又往前移动一步，总把他甩在后边。

他又想起了自己的妻子。往日她的癔症是那么厉害，如今虽说自然而然地有所减轻，但在他的心中，仍投下了不安的阴影；他想到了妻子的娘家；他想到了经济上的压力会威胁到家庭生活，就像坐船时总会有烦人的摇晃一样，使他精神上不得安宁。

他不得不把自己的哥哥和姐姐以及岛田的事，作出通盘的考虑。由于血缘、肉体和历史的关系，必然要把他们连在一起。即使一切都带有颓废的阴影和凋零的色彩，他也得把自己摆进去。

他到达姐姐家时，心情十分沉重，表面上却又很兴奋。

“真是，让你特意来一趟。”比田向他致意，这已经不同于过去对健三的态度了。当然，世道在起变化，如果比田再以自己是健三唯一的姐姐的丈夫自居，那么，那种自豪感对健三来说，与其说是心服，不如说是心烦。

“本想到你那里去的，可是，事情忙个没完没了。就说昨天晚上吧，还在当班呢。今晚本来也有人求我，因为和你有约在先，所以拒绝了，总算脱了身，刚刚到家。”

如果尽相信比田的话，那么，传说他把一个奇怪的女人密藏在工作单位附近的事，等于是无中生有。

可是，若用老话来形容比田，他除了能写会算之外，既没有学问，也没有才干，按理说现今的公司是不会那么器重他的——健三甚至抱有这种怀疑。

“姐姐呢?”

“一到夏天，气喘的老毛病又犯啦!”

正如比田所说，姐姐身子靠着针线箱上的圆枕头，嘴里叫唤难过。健三向生活间窥望了一下，见姐姐蓬头散发，面容憔悴。

“怎么样?”

姐姐连头都没法抬起来，只是把消瘦的脸转过来，看了看健三。她像要使力气跟健三打招呼，但咽喉马上哽塞住了。刚停下来的咳嗽又发作了，一阵咳嗽尚未过去，紧接着又是一阵，连在一旁看着都替她难受。

“够受的喽!”健三双眉紧锁，独自小声地发出了哀叹。

一个不相识的四十岁左右的女人，正从身后给姐姐按摩后背。旁边有一个盘子，里面摆着装糖稀的瓶子，还插着一根杉木筷子。

“跟您说，是打前天开始的。”那女人向健三作了说明。

姐姐近年来总有这么个规律：在气喘病发作的三四天内，不吃不喝，不能睡眠，身体消瘦下去，然后靠着生命力的持续性，慢慢地又会回复到原来的样子。这一点，健三不是不知道。可是，眼下见姐姐咳得这么厉害，而且下气不接上气，这不能不使他比病人还要难受。

“一说话会引起咳嗽，还是静静地待着吧。我要到那边去。”健三趁姐姐咳嗽稍停下来，安慰了两句，又回原来的客厅去了。

二五

比田满不在乎，仍在看书。他认为“这算不了什么，还是那个老毛病”，根本不把健三的慰问当回事。看起来，由于老伴的老毛病每年总要反复来几次，所以她那个自然衰老下去的可怜样子，也就丝毫引不起他的同情了。的确，他对共同生活了近三十年的妻子，从来没有说过一句好听的话。

他见健三进来，便放下手里的书，摘下金属架的眼镜。

"趁你去生活间的空当，我看起闲书来了。"

比田和读书——这本是极不相干的两码事。

"那是什么书？"

"什么呀，是旧书，你根本看不上眼的。"

比田一边笑，一边拿过放在桌上的书，递给了健三。没想到那是《常山纪谈》[1]，倒使健三感到有些吃惊。可是，自己的妻子咳嗽得接不上气来，他却只当是别人的事，居然满不在乎地还在看这种书，这就充分暴露了他的品质。

"我是个旧脑筋，所以爱看这种故事书。"

他似乎把《常山纪谈》当成了普通的故事书，幸好他肯定会把写此书的汤浅常山看成是说书人。

"此人可能是个学者，他和曲亭马琴[2]相比怎么样？我还有马琴的《八犬传》呢！"

可不是吗，他的确购买了用日本纸铅印的《八犬传》，并妥善地收藏在那桐木书箱里。

"你有江户名胜图画册吗？"

"没有。"

"这本书可有趣哩。我特别爱看。怎么样，借给你？说起来，那还是把过去江户时代的日本桥和樱田等地分开来画的呢！"

他从壁龛的另一只书箱里，取出几本封面为浅黄色美浓纸的旧书，而且把健三当成了连江户名胜画册的名字都没有听过的人。其实，健三还能回忆起过去那令人怀念的情景：他小时候，从库房里把那种画册拿出来，专心地一页一页地翻，先找插图看，那真是比什么都有兴趣。直到现在，他还深刻地记得：画册上画有骏河街的越后店[3]的门帘，还有富士山。

"在目前的情况下，再像往日那样，带着悠然自得的心情，去看那些与自己的研究工作没有直接关系的书，即使想借以调节生活，也没有那个空闲了。"

健三心里这么想。今天的处境使他焦急万分，觉得自己既可恨又可怜。

预定的时间到了，却不见哥哥到来。比田也许为了填补这个空当吧，尽

---

① 这是日本江户中期的儒学家汤浅常山（1708—1781）所著随笔性的史谈集。

② 曲亭马琴即泷泽马琴（1767—1848），江户后期小说家，《八犬传》为其作品之一。

③ 即当时有名的"越后绸缎店"。

谈书本的事。他好像深信：只要是书本的事，不管谈到什么时候，健三都不会厌烦的。可惜比田的知识，只具有把《常山纪谈》当做普通故事书看待的水平。尽管如此，他又把全部装订成册的旧版风俗画报拿了出来。

书本的事说完了，他才不得已改了腔："长弟也该来了呀！说得好好的，该不至于忘记吧。再说，我明天还要当班，最晚十一点就得回公司去。怎么样？去接他一下吧。"

这时，好像又发生了新的情况，姐姐的咳嗽声像着了火似的，从生活间传了出来。

二六

过了一会儿，大门外的格子门开了，传来了把木屐脱在门口的声音。

"总算来啦！"比田说。

可是，那脚步声穿过门厅，直往生活间去了。

"又不行啦，真怪，根本不知道嘛，什么时候开始的。"

话语很短，像感叹词，又像问话，清楚地送进了坐在客厅里的两个人的耳朵里。正如比田推测的那样，说话的人确实是健三的哥哥。

"长弟，我们一直在等着你呢！"

性急的比田立即从客厅里这么招呼着。他那个不管老伴怎么缓不过气来的腔调，最能充分显示他的特性。就是在这种时候，他还是只顾考虑自己的得失，怪不得大家都说他"太只顾自己了"。

"这就去。"长太郎像有点生气了，总不见他从生活间出来，"喝点药汤也好嘛。不想喝？可是，总这样什么都不吃，身体会衰弱下去的呀！"

姐姐接不上气来，没法答话。由替她按摩后背的女人一一作了回答。平时哥哥来姐姐家要比健三多，与这位不相识的女人也显得亲近些。就因为这个缘故，也就很难一下把话说完。

比田气鼓鼓的，像早晨洗脸一样，两只手在黑脸上一个劲地直搓，到后来，朝着健三小声地说："健弟，你瞧那个样，怎么办？话真多！我是没有法子，只有请你出面了。"比田显然是在指责健三不认识的那个女人。

"她是什么人？"

"你瞧，不是帮着梳头的阿势吗？过去健弟来玩的时候，她就常在我家嘛。"

“是吗。”健三根本不记得在比田家见过这个人，“我可不知道。”

“什么，怎么会不知道呢？她是阿势嘛。正如你所知道的，她可是个既热情又诚实的好女人。正因为这样，也就不好办。她的毛病就是话多。”

在不太了解情况的健三听来，比田的话不过是对己有利的夸张，并不能感动旁人。

姐姐又咳嗽起来了。在咳嗽未停之前，毫不在意的比田倒是没有做声。长太郎还是没有从生活间出来。

“怎么搞的，好像比刚才更厉害了嘛。”

健三有些不放心，边说边站起身来。比田再三拦住他。

“什么呀，不要紧，不要紧，那是老毛病，不要紧。只有不了解情况的人见了才会吃惊咧！我呀，已经多年司空见惯了，根本不在乎。其实，如果每次见她咳嗽就心里难过，那是根本没法同她在一起待到今天的。”

健三不知该怎样回答，只是自然而然地把妻子癔症发作时自己的痛苦心情与这事联系起来想了想。

姐姐这阵咳嗽止住以后，长太郎才来到了客厅里。

“实在对不起，应该早点来的，不巧来了一位稀客。”

“来啦，长弟，等着呢，不是说笑话，正想着要不要派人去请哩！”

比田说话的口气相当随便。他认为在健三的哥哥面前，自己是有资格摆出这副架子来的。

二七

三人的话很快转入了正题。比田最先开口，他是对任何一件小事都要谈个仔细的人，他可能这样想：谈得越仔细，就越能使周围的人对他产生深刻的印象。

“只要你一个劲地叫唤着比田、比田，也就行了。”大家都在背地里这么笑话他。

“我说，长弟，应该怎么说好呢？”

“是啊。”

“说起来，完全是驴唇不对马嘴的事，我认为根本就没有必要告诉健弟。”

“可不是吗，临到今天，又把那件事翻出来。我们没有必要理睬他。”

"正因为如此，我才把他顶了回去。我跟他说：今天还来提这种事，等于到寺里去求和尚把亲手杀死的孩子再复活过来一样。死了这份心吧。可是，那老东西任你怎么说，就是赖着不走，真拿他没办法。他如今之所以厚着脸皮到我家来，说实话，还不是与过去那个[①]有关嘛。这是老早老早以前的事了呀，而且这又不是白借来的……"

"对呀。嘴上说得好，说是亲戚之间的来往，其实讨起账来，比别人要厉害得多。"

"他来的时候，这么跟他说就好啦！"

比田和哥哥的谈话，总回不到根本问题上来，特别是比田，好像全忘了健三也在旁边似的。健三不得不随便说上两句。

"究竟是怎么回事，是不是岛田突然到这里来过呀？"

"哟，你看，特意把你请来，净是我信口开河了。实在对不起——怎么样？长弟，由我把事情的全部过程说给健弟听吧！"

"好的，请吧！"

事情意外简单——有一天，岛田突然来到比田这里，说自己上了年纪，无依无靠，心里不踏实，因此请比田转告健三，要健三按过去一样，恢复原籍姓岛田。比田对这突如其来的要求大吃一惊，立即表示拒绝。可是任你怎么说，他就是不走，只好答应按他的要求把话传给健三。——这就是全部情况。

"有点怪呀！"健三怎么想，也认为这事有些蹊跷。

"可不是怪吗。"哥哥也表示了同样的看法。

"怪当然是怪。不管怎么说，六十多岁的人了，脑子难免有点糊涂。"

"贪得无厌，还有不糊涂的！"

比田和哥哥都觉得可笑，所以乐了。唯独健三没法跟着一起乐。因为他觉得奇怪，所以一直控制着自己。根据他的判断：肯定不会有这种事，因为他想起吉田最初来他家时说过的一番话，接着又联想到吉田和岛田一起前来时的情景，最后想到他不在家时，岛田从外地回来，一人来到他家时所说的话。无论从哪方面分析，都无法得出这样的结论。

"怎么想也觉得奇怪！"他还是这么认为。接着，他终于换了个口气说，"当然，这也没有什么，只需表示拒绝就行啦！"

---

① 这里指的是钱。

二八

依健三看，岛田的要求非常不合理。因此，这事处理起来也很容易，只需简单地表示拒绝就行。

“可是，如果根本不把这事告诉你，那就是我的不对了。”比田像替自己辩解似的。他觉得怎么的也要认真把大家凑在一起，否则于心有愧，可到时候，又看风使舵，“何况对手也真是个对手，稍有疏忽，他什么事都干得出来，非当心不可！”

“不是说他老糊涂了嘛，有什么要紧。”哥哥半开玩笑地指出他话里的矛盾。

“正因为老糊涂了，这才可怕呢。可不，如果对方是个普通的人，连我也敢当场拒绝他。”

在谈话中，像这种翻过来覆过去的话，实在太多了。如果回到最初的议题，中心是要谈谈比田作为代表，如何拒绝岛田的要求。三个人虽各有自己的看法，但从一开始都知道这是必然的结论。健三认为：得出这个结论以前的谈话过程，只不过是浪费时间罢了。尽管如此，他还是理当向比田道谢。

“不，不，说道谢，可不敢当。”比田说着反而得意起来。他那个轻松的样子，谁见了都不会认为他是忙得有家不能归的。

他拿起摆在那里的咸酥脆薄饼，咯吱咯吱地咬了起来，同时不停地往大杯子里续了好几回茶水，边吃边喝。

“还是很能吃呀。现在两份鳝鱼饭，能对付得了吧？”

“不，人到五十就不行喽！早先，健弟是亲眼看见过的，五碗炸虾面也能一下子干下去。”

比田当时的确很能吃，而且以吃东西过量自豪，很喜欢别人夸奖他肚子大，一有机会，就敲打着肚子给人看。

健三想起过去岛田领他去听说书，回家路上，两人经常钻进摊铺的门帘，站着吃生鱼片和炸虾面的情景。在说书场听鹿舞①之类的歌谣时，他能把三弦琴伴奏的手法教给健三，还让健三记住“打马虎眼”等等行话。

“我很喜欢站着吃东西，到今年为止，我到处都吃遍了。健弟，你到轻

① 鹿舞也叫狮子舞，是以筝和三弦琴伴奏的歌谣。

井泽去吃一次面条吧，说起来你可能不相信，火车靠站的时候，我下车去站在月台上吃过一回。真不愧是当地特产，味道好极了！”

他是以拜佛为名，到处去闲逛的人。

“长弟，知道不？在善光寺大院里挂着始祖‘藤八拳指南所’① 的牌子，真有点奇怪哩！”

“没有进去猜上一拳吗？”

“你可知道，那是要门票的呀！”

健三听着他俩的对话，不知不觉像回到了自己的童年。但他必须清醒地认识到：如今自己在哪方面上与他们之间存在距离？又处在什么样的地位？当然，比田是根本不顾及这些的。

“记得健弟是去过京都的呀，那里有一种鸟，就这么叫‘绒鼠真稀奇，拿着盘子喝浆汤’。你知道不？”他问起这些事来。

姐姐刚才安静了片刻，现在又咳得很厉害。这时，他才闭住了嘴。可又像憋得难受，先是平摊着两只手，然后用手心直搓那黝黑的脸。

哥哥和健三去生活间看了看，兄弟俩坐在姐姐的枕边，一直等她咳嗽停息下来才先后从比田家里出来。

二九

健三始终没法忘记在自己的背后还存在这样一个天地。平时，对他来说，这个天地已经是老早以前的事了，可是，在特定的情况下，它又会猛然出现在自己的眼前。

在他的脑海里，比田那个化缘僧似的光头时隐时现，姐姐那副猫一般缩着下颚、喘不上气来的样子若明若暗，哥哥那张特有的惨白而干瘦的长脸或出或进。

过去，他生长在这个天地里，后来由于自然的力量，使他独自脱离了这个天地，而且就那么走了，长期没有回东京来。如今，他又返回到这当中来，闻到了好久不曾闻到的往日的气味。对他来说，这气味是一种三分之一属于怀念、三分之二属于嫌弃的混合体。

他朝同这个天地毫无关系的另一个方向望去，那里常有一批青年人出现

---

① 藤八拳为两人出手势，猜拳以定胜负。因系滕八所创而得名。

在他的前面，他们的眼睛里充满了年轻人的活力。他侧耳倾听这些青年人的笑声，那声音洪亮得像敲响充满希望的警钟一样，使健三那颗消沉的心又活跃起来。

有一天，他应那批青年中一人的邀请，去池端散步，归途绕经广小路新开辟的路，来到新建的艺妓管理所前，健三突然想起什么似的，望着那青年的脸，他脑子里闪过一个与自己毫不沾亲带故的女人的影子。那女人过去当艺妓时，犯有杀人罪，在牢房里送走了二十多个不见天日的春秋，后来总算在社会上露了面。

“一定是受尽了熬煎啊!”

健三心想：对一个以姿色为生命的女人来说，肯定在牢房里经受了不堪忍受的孤独之苦。可是，这个相伴而行的青年人心里想的只是青春永远在自己前进的道路上延续不断，健三的话对他根本不起任何作用，因为他只有二十三四岁。健三这才发觉原来自己与青年之间存在距离，不由得吃了一惊，暗中自言自语地说：

“我自己还说这种话，其实，我与这个艺妓的命运完全相同。”

他从年轻的时候起，就希望长白头发，也许与这种个性有关吧，近来他头上的白发明显地增多了。就在自己认为还早还早的时候，不知不觉十年过去了。

“这可不是别人的事啊！说起来，我的青春时代，同样是在牢房里度过的。”

青年为之一怔。

“什么叫牢房?”

“学校呀，还有图书馆。想起来，这两处地方都跟牢房一样。”

青年无以作答。

“可是，我如果不长期坚持这种牢房生活的话，今天，就绝不可能存在于这个世界上。这是迫不得已的事。”

健三的话一半是辩解，一半是自嘲。他在往日牢房生活的基础上，建立起自己的今天，他还要在今天的基础上去建立自己的明天。这是他的方针。而且他认为这方针无疑是正确的。然而，此刻他已看出：如果照这个方针朝前走，除了马齿徒增，不会有别的什么结果。

“即使一生为做学问而死，人生也没有意义。”

“没有的事!”

他的意思终于没有得到青年的理解。他一边走，一边在想：在妻子的眼里，现今的他和结婚当时的他，起了什么变化？妻子随着每生一个孩子而日益衰老下去，头发脱得羞于见人。然而，眼下第三个孩子又装在肚子里。

三〇

回到家里，妻子在六铺席的里间枕着手入睡了。健三看到红碎布和尺子等东西散放在她的身旁，心想：妻子怎么又发作了。

妻子总爱睡觉，有时早晨比健三起得还要迟。不少日子，她送走健三之后，自己接着又躺了下去。她经常自我辩解：如果不这样睡足，就会发困，当日一整天，干什么都是糊里糊涂的。健三有时认为言之有理，有时又认为哪有此事。特别是当妻子发完牢骚还能睡觉时，他更会产生后一种看法。

“是怄气才躺下的。”他不是很好地观察有癔症的妻子对这种不满有何反映，反而认为妻子之所以向他显出这种不自然的态度，只不过是为了赌气。他心里不痛快，嘴里就常发牢骚。

“为什么晚上不早点睡。”

她爱熬夜。每当健三这么说她时，她肯定要辩解说：“一到晚上就兴奋得没法合眼，所以才没有睡的。”这一来，她想坐多久就坐多久，一直不会放下手里的针线活。

健三恨妻子这种态度，但又怕她癔症发作，所以尽力控制自己，因为他也担心自己的看法会不会有偏差。

他在那里站了一会儿，呆呆地凝视着妻子的睡相。妻子的头侧枕在手臂上，半个脸显得异常苍白。他那么默默地站着，连一声“阿住”都没有叫。

他移动目光，无意中发现在妻子露着的白手腕边扔着一束文书。看上去，那不是一叠普通的书信，也不是一捆新印刷品，整个东西呈茶色，显然经历了好些岁月，而且是用古色古香的纸捻仔细结扎好的。文书的一端全压在妻子的头下，她的黑发挡住了健三的视线。

他并不想特意去抽出文书来，而是把眼睛盯在妻子苍白的前额上，她的面庞显得是那样的憔悴。

“真是的，瘦成这个样子。”

一位女亲戚好久没有来看她，最近见到她这副面容，吃惊似的这么说。当时，健三感到妻子之所以被弄得如此消瘦，好像一切原因全出在他一个人身上。

他钻进了书斋。

约莫过了三十分钟，传来了开门的声音，两个孩子从外边回来了。健三坐在那里，清清楚楚地听到孩子和保姆在说话。不一会儿，孩子们向里屋跑去。这时，听到妻子在责骂孩子，说她们太讨厌。

又过了一会儿，妻子手拿刚才放在枕边的那束文书，出现在健三面前。

“刚才你不在家，你哥哥来过了。”

健三停住了执自来水笔的手，望着妻子的脸说：“已经走了吗?”

“嗯，他说是出来散散步，得赶紧回去。我留他，他说没有时间，所以没有进屋里来。”

“是吗。”

“他又说在谷中为一位什么朋友举行葬礼，不快些去，就会赶不上，所以没法进屋。他还说好，回来时如果有空，也许会再绕到这里来，你若是回来了，要你在家等着。”

“有什么事呢?”

“据说还是那人的事。”

哥哥原来是为岛田的事而来的。

三一

妻子把手里的文书递到健三跟前。

“说把这个交给你。”

健三带着惊讶的神态，把东西接过来。

“什么东西?”

“说全是与那人有关的文书，拿给健三看看，也许会有参考。一直收藏在小柜子的抽屉里，今天才取出拿来的。”

“还有这种文书?”

他从妻子手里接过那捆文书，托在手里，呆呆地看着那年深日久的纸的颜色，而且无意识地翻来覆去看了看。这捆文书厚约两寸，也许是长期扔放在不通风、有湿气的地方吧，健三突然发现早被虫蛀出一道痕迹来了。他只是用手指轻轻摸了摸那不规则的痕迹，却无心解开仔细捆好的纸捻结，把里面的东西看一看。

“打开看过啦，里面有什么东西吗?”这句话充分说明了他的想法。

“他说父亲为了子孙后代，特意归置好保存下来的。”

“是吗?”健三以往并不特别尊重自己父亲的判断力和分辨力，“因为是父亲办的事，他是会把所有东西归置好的。”

“可是，这全是出于对你的关心，据说，老人家考虑到那家伙是那样的人，自己死后，说不定他会说出什么话来，到那时，这文书就起作用了，所以才特意归置起来，交给你哥哥的。”

“是吗，我可不知道。”

健三的父亲是中风死的。父亲健在时，他就离开了东京，父亲死时也未能见上一面。这种文书未经他过目，长期保存在哥哥手上，那是不足为奇的。

他终于解开了捆文书的纸捻结，把叠在一起的东西，一一进行查看。有的上面写着“手续书”，有的写着“契约一束”，在对折的日本纸账本上，写着“明治二十年正月契约金收据”，这些东西先后展现出来。账本的最后一页上，有岛田签写的“以上于本日领取”、“以上已按应付款项付清”的字迹，还盖有黑色的印章。

“父亲每月被他拿走三到四元。”

“是被那人拿走吗?”妻子在对面倒看着账本。

“不知道总共拿去了多少。按理说，除此以外，应该还有临时给的钱。因为是父亲办的事，肯定会有收据的，只是不晓得放在哪里。”

文书一张一张不断展现出来，可在健三看来，全都乱七八糟，不易弄清。过了一会儿，他把叠成四折的一摞厚厚的东西拿起来，打开来看看里面是什么。

“连小学毕业证书都放在这里面。”

那所小学的名称，随着时间的推移而有所不同，最早盖的印章叫“第一大学区第五中学区第八小学”。

“那是什么?”

“是什么，我自己也记不得了。”

“相当旧的东西喽!”

在证书里还夹有两三张奖状，周围是上升的龙和下降的龙，正当中写着甲科或乙科，下方横着绘有笔墨纸的花纹。

“还得过书本奖哩!”

他想起小时候抱着《劝善训蒙》和《舆地志略》等书，高高兴兴跑回家来的情景；还想起在得奖的前一天晚上梦见青龙和白虎的事。今天在健三看来，这些往事非同一般，好像近在眼前。

三二

妻子很珍惜这些陈旧的证书，丈夫扔下之后，她又拿起来，一张一张仔细察看。

“奇怪！什么初等小学第五级、第六级，有这个年级吗？”

“有啊。”健三说完，又去翻看别的文书，父亲的字迹特别难认，所以把他弄得好苦，“瞧这个，真没法认啊，越是看不明白的地方，越是使劲打红圈画杠子。”

那是一份草稿，像是健三的父亲与岛田办交涉时作的记录，他递给了妻子。妻子是女人，所以看得仔细。

“你父亲还照顾过那个叫岛田的人哩！”

“这事我也听说过。”

“这里明写着嘛——此人年幼，难于谋事，由我收领，有教养五年之缘。”

妻子读文章，听起来简直跟旧幕府时代的商人向城镇衙门告状一样。健三在妻子的这种腔调促使下，仿佛看到自己那位古板的父亲就在眼前。他还想起父亲过去用合适的敬语，给他讲述将军放鹰捕鸟时的情景，等等。当然，妻子的真正兴趣主要放在家务事上，对文体之类的事，是根本不关心的。

“因为这个缘故，你才被送去给那人当养子的呀，这里也这么写着哩！”

健三可怜自己落得这个报应。妻子却不在意地接着往下念：

“健三三岁时，遣为养子，尚属清吉，后因与其妻阿常不睦，终成分离。其时，健三年仅八岁，我即将子领回，迄今已养育十四年——下面被红笔涂得乱七八糟，认不得了呀！”

妻子再三调整文书和自己的眼睛的位置，打算再往下念。健三交抱双手，一声不响地等着。不一会，妻子吃吃地窃笑起来。

“有什么好笑的？”

“可不吗……”

妻子没有说下去，把文书正对着丈夫，然后用食指指着用红笔在行间仔细作了批注的地方。

"你看看这里。"

健三皱着眉头艰难地把那一行字念下去："在管理所供职期间，因与寡妇远山藤私通——什么呀，真无聊！"

"可是，这总是事实吧。"

"事实倒是事实。"

"那就是你八岁的时候。也就是说，打那以后，你就回到自己家里来了。"

"可是，户籍没有复原。"

"是那人……"

一种兴趣激发了妻子的好奇心，她又拿起文书，把看不清的地方放过去，专拣认得清的部分看，想从中发现自己还不知道的事。

文书的末了，还例举说明岛田不仅仍扣着健三的户籍，不让他回自己家，而且经常滥用把健三改为户主的印鉴，到处去借钱。

其中还有在即将决裂时，向岛田支付了养育费的证明。上面写有一段长文："基于上述，健三断缘归宗，当即交付赎金××元，下欠××元，议定每月三十日分期支付"云云。

"尽是些稀奇古怪的句子。"

"其中提到经办人是比田寅八，并在下方盖有印章。这也许是比田姐夫写的吧。"

看到了证明的文句，健三才联想到最近会见比田时，他那副全局在胸的样子。

三三

哥哥说好葬礼完了要顺便来一下的，却不见照面。

"也许因为太晚，直接回家去了。"

健三认为这样更好。他的工作本来就应该利用前一天或前一个晚上进行调查研究，否则将完不成任务。因此，如果宝贵的时间被别的事占去了，对他来说，这是非常懊恼的事。

他把哥哥留下的文书归置起来，本想用原来的纸捻捆好，可手指一使劲，纸捻就绷断了。

"放得太久，不结实了！"

“是吗。”

“跟你说吧，字据被虫咬了。”

“可能吧，一直扔在抽屉里嘛。可是哥哥怎么会把东西保存得这么好呢，根据他的脾气，为吃喝发愁，就会把这些东西全拿出去卖掉的呀！”

妻子望着健三笑了起来。

“给虫子咬过的纸张，不会有人买吧。”

“怎么办呢？总不能就那么扔进废纸篓里吧。”

妻子从炕桌抽屉里拣出用红白线捻成的细绳，把扔在那里的文书重新捆起来，然后交给丈夫。

“我这里没有地方存放呀！”

他周围堆的全是书，连小书箱里也塞满了书信和笔记本。只是那个放铺盖的壁柜还有点空隙。妻子苦笑着站起身来。

“在两三天里，你哥哥一定还会来的。”

“是为了那件事？”

“那是一件事。还有，他今天去参加葬礼，说要借褂子，便从这里穿了一件去。肯定要来还的。”

不借弟弟的褂子就没法去参加葬礼，这使健三不得不想想哥哥的处境。他还记得自己刚从学校毕业、穿上哥哥送给的一件宽大的薄短褂和朋友们一起在池端照相的情景。其中一位朋友对健三说：“看我们谁最先坐上马车。”[①] 当时他没有搭腔，只是默默地看着自己的短褂。这件短褂是老早的罗纱料子，上面印有家徽，说得不好听，那是为了遮羞，才说那件短褂没有破绽，还看得上眼。还有这么一件事：他应邀参加好友的婚礼，前往星冈饭店[②]时，也因为没有像样的衣服，就把哥哥的长袍大褂一起借来，才把那场面应付过去。

他唤起的这些回忆，妻子是不知道的。可是，事到今天，与其说使他得意，不如说使他伤感。今昔有别——他不由得想起了这句最能表达他心情的俗语。

“一件褂子总该有呀！”

“大家都好久不穿这种褂子了，也许卖掉了吧！”

---

① 此处系指官员乘用的马车，即当官的意思。

② 该店在东京麹町公园内，为当时有名的举行宴会的地方。

“不好办啊!”

“反正家里有，需要的时候借去穿，这不就行了吗，又不是每天都穿的衣服。”

“好在家里有，还算不错。”

妻子想起最近瞒着丈夫典当了自己的衣服的事。健三有一种悲观哲学，认为总有一天自己也会陷入与哥哥同样的困境。

过去，他就是独自在贫困中站起来的，今天，他节衣缩食，生活仍不宽裕。可是，周围的人却把他当成了赖以生存的主心骨，他很难过。如果把他这样的人看成是亲戚们当中混得最好的，那就更难为情了。

三四

健三的哥哥是个小官吏，在东京市中心一个大局里工作。长期以来，他那可怜巴巴的样子在那座宏伟的建筑物里进进出出，自己也觉得很不相称。

“我这种人已经老朽不堪喽！不管怎么说，年轻人有为，正在一个接一个地崭露头角。”

在那衙门里，几百人不分昼夜，在紧张地工作。他已心力交瘁，存在与否，简直跟无形的影子一样。

“哎，够啦!”

不想干了！他脑子里经常闪过这样的念头。他有病在身，比实际年龄苍老得多，也干瘦得多，脸无光泽，像快死的人似的，在苟延残喘。

“因为打夜班没法睡觉，所以伤了身子。”

他经常因感冒引起咳嗽，有时还发高烧。发烧肯定是肺病的预兆，这就威胁着他的生命。

实际上，他的工作，即使是强壮的青年人，也肯定会感到辛苦的。每隔一晚他就得在局里加班，而且是通宵达旦地干，第二天早晨才迷迷糊糊地回到自己的家里。这一天，他像散了架似的，什么事也不能做，只好躺下来睡大觉。尽管如此，为了自己，为了养家，他又不得不这样拼命。

“这回好像有点不妙，能不能找个担保人?”

每次传说局里要改革或者整顿，健三就会从哥哥那里听到这种话。健三不在东京期间，哥哥三番两次地特意写信来托付这件事，而且每次都特意告诉权势者的名字，要健三设法求情。然而，健三对这些权势者，只知其名，没有一个是亲密得足以保住哥哥的位子的。健三只能双手托腮，陷入沉思。

难怪哥哥对工作老是不安心，因为他很早就担任了现今这个职务，既无变更，也未提升。他只比健三大七岁，就像不变化的机器一样操劳了半辈子，除了不断磨损之外，看不出有什么别的不同。

“那工作干了二十四五年，究竟干出什么名堂来了呢?”

健三有时很想用这话来开导自己的哥哥。这时，眼前又浮现出这位哥哥往日爱讲究、却不爱学习的模样：不是弹三弦，就是学单弦，要不就是揉好糯米团子往锅里扔，或是把煮好的洋粉晾在食盆里。当时他就这样把所有的时间，都花在吃喝玩乐上。

“要说这完全是自作自受嘛，那倒是一点不假!”

这就是今天哥哥经常向别人说的心里话。他就是这么个懒汉。

兄弟们都死了，他自然成了健三生次的继承人。等父亲一去世，他立即卖掉了祖先的住宅，用以还清先前欠下的债款，自己搬进一家小屋子里，接着，又把小屋里摆不下的家具变卖了。

不久，他成了三个孩子的父亲。孩子们当中，他最疼爱长女，可这孩子从即将成年起就得了严重的肺病，为了拯救这个女儿，他采取了一切措施。可是，他所能做到的一切，在残酷的命运面前，全都付诸东流。折腾了两年之后，女儿终于死了。这时，他家柜子里的东西已荡然无存。不用说出席仪式需要的褂子，甚至连一件像样的带家徽的外衣也没有，只好把健三在国外穿旧了的西服拿来，每天当宝贝穿着到局里去上班。

三五

过了两三天，果然不出妻子所料，哥哥还褂子来了。

“拖久了，实在对不起，谢谢。”

哥哥在窗下的护板上，打开包袱皮，把两头反折叠成小件的褂子拿出来，放在弟媳妇面前。他过去很爱虚荣、连个小包都不愿拿，与此相比，如今他不但完全失去了那副神气，而且显得不顾体面。他用那干瘪的手，抓住脏包袱皮的角，把它叠好。

“这件褂子真好，是最近做的吗?”

“不，如今根本不会去做这种褂子，是老早就有的。”

妻子想起结婚的时候，丈夫穿着这件褂子，正襟危坐的样子。那次婚礼是在外地举行的，一切从简，哥哥没有参加。

“啊，是吗。这么说，好像在哪里见过似的，虽说是早先的东西，却很结实，一点也没有损坏。”

“因为很少穿。再说，他一个人的时候，不知怎么想起买那么一件衣服的，我至今还感到奇怪哩！”

“兴许是打算在婚礼上穿，才特意去做的吧。”

两人有说有笑地谈起了那次非同寻常的婚礼。

弟媳妇的父亲特意带着女儿从东京来到健三所在的地方，女儿穿着长袖和服，他自己却连一套礼服也没有，就那么穿着普通的哔叽单衣，盘着腿坐了下来。至于健三，除了有个老太婆外，身边连个商量的人都没有，更是狼狈不堪，对如何办婚礼，他一点主意也没有。本来说好回东京后再成亲的，所以媒人也不在当地。为了作个参考，健三看了看媒人写来的注意事项，那是用楷书写在上等纸上，要求无疑是极其严格的。可是，其中虽引用了《东鉴》[①] 等书的事例，却没有起任何实际作用。

“跟你说吧，连酒壶上都贴上一对纸蝴蝶呢。喝交杯酒的杯子，边上都碰出缺口来啦！”

“那么，交杯换盏采用了三三见九式喽！”

“可不，正因为如此，夫妇关系才这么不称心嘛。”

哥哥苦笑起来。

“健三是个很难有笑脸的人，让阿住作难了吧。”

妻子只是笑了笑，像不想与哥哥再说下去似的。

“他该回来啦。”

“今天我非等他回来说说那件事……”

哥哥还想说下去，弟媳妇突然站起来，走进生活间去看钟。她出来时，手里拿着前不久送来的那些文书。

“这东西有用吗？”

“不，那只是拿来作参考的，也许用不着了。给健三看过了吗？”

“嗯，给他看过了。”

“他说什么？”

---

① 《东鉴》亦作《吾妻镜》，为镰仓幕府编的一部五十二卷的史书。

弟媳妇不想直接回答。

“这里边包着各式各样的文书，实在太多啦!”

“父亲说往后出什么事就不好办，所以才妥善保存下来的。”

弟媳妇没有说出丈夫要她把其中至关紧要的部分念给他听的事。哥哥也没有就文书再说什么。两人在健三回来之前，尽是闲谈。过了约莫三十分钟，健三回来了。

三六

他跟往常一样，更换了衣服，来到客厅里。这时用红白细绳捆好的那束文书已经放在哥哥的腿上。

“前两天来过啦!”

哥哥用干瘪的手指，把一度解开了的绳结，照原样扎好。

“刚才我把它翻了一下，发现你不要的东西，也乱捆在这里面。”

“是吗。”

健三这才知道长期以来哥哥并未看过这些妥善收藏的文书。哥哥也发觉自己的弟弟对查阅这些文书并不那么热心。

“阿由要求转户籍的申请书，也捆在里面。”

所说的阿由，那是嫂子的名字。哥哥和阿由结婚时，必须向区长递交的申请书也在里面发现了。这是兄弟俩都没有想到的。

哥哥跟第一个妻子离了婚，第二个妻子又死了。第二个妻子生病时，哥哥并不怎么担心，经常往外边跑。因为他认为妻子只是妊娠反应，不要紧的，所以显得很放心。就在病情恶化以后，他还是没有改变那种态度。旁人甚至认为这是他不关心妻子的一种表现。健三也认为很可能如此。

娶第三个妻子，是哥哥自己说出了喜爱的女人的名字，经父亲允许的，只是根本没有同弟弟商量。正因为这样，自尊心很强的健三，对哥哥产生了不满，甚至牵涉到没有罪过的嫂嫂。他提出不乐意把既无教育又无身份的人称作嫂嫂，这就苦了懦弱的哥哥。

“哪有这么不开通的人呢!”

这种背地里批评他的话，不仅没有促使他反省，反而使他更加固执。他只顾尊重陈规旧俗，却不知会陷入跟做学问一样的困境。他的毛病在于明知自己缺少见识，却还要夸口说见多识广。他带着羞愧的目光，在回顾自己的往事。

“既然连转户籍的申请书也乱放在一起，那就把它还给你。你带回去不就行啦。”

“不，这是抄件，我也用不着。”

哥哥没有去解开红白绳子。健三突然想知道交申请书的日期。

“把申请书交到区公所去，到底在什么时候?”

“老早啦!”

哥哥只说了这么一句，嘴边带着微笑。头婚和再娶都失策了，第三次总算跟自己中意的女人生活在一起。他还没有衰老到忘却这昔日的情景的程度，当然，也不能像年轻人一样，把这一切都说个清楚。

“有多大啦?”妻子问。

“是问阿由吗?阿由和阿住你只差一岁。”

“还年轻嘛。”

哥哥没有作答，只顾解开从刚才起一直放在腿上的文书的绳子。

“里面还有这么件东西哩。那也是跟你无关的。刚才看到了，连我都大吃一惊哩，你瞧!”

他从乱七八糟的旧纸堆里，很轻易地抽出一份通知书来，那是他长女喜代子的出生通知书的底稿，上面写着“此人生于本月二十三日上午十一时五十分”，在“本月二十三日”几个字上画有一道线，表示勾销，正好与虫咬出的一道不规则的线错开。

“这是父亲的手迹，知道不?”

他把那一张旧纸郑重地翻过来对着健三，让健三看。

“你看，遭虫子咬了。本该如此，这不仅是出生通知，也成了死亡通知啊!”

哥哥嘴里轻声地念着这个死于肺病的孩子的出生年月。

三七

哥哥等于是过去的人了。他的面前已不存在美好的前景。健三与这位无论谈什么都要回顾一阵子的哥哥，面对面坐着，感到自己也好像从应该走的生活道路上被拖了回来似的。

“真凄凉呀!”

健三如果与哥哥结伴同行，那么，他就不能对未来抱过多的希望。正因为如此，他眼下无疑会感到很凄凉。他很清楚：照现在这样发展下去，前途肯定是惨淡的。

前不久商量好要拒绝岛田的要求，哥哥照此办了，他把大致情况告诉了健三。至于用什么办法拒绝的？对方又有何答复？问起这些详细情况来，哥哥的回答总是不得要领。

“不管怎样，比田是这么说的，这该不会错吧。”

是比田直接找岛田当面作了交代呢？还是把商量好的情况写信告诉岛田的呢？健三却弄不清楚。

“我想比田可能亲自去了。要不，那种人的事，光写信能解决得了吗？这事听他讲过，可还是忘记了。本来，在那以后，我为了看望姐姐，又顺便去了一次，当时比田还是不在家，没有见到人。姐姐说：他的确很忙，这事也许还撂着没有去办。他是那么个不负责任的人，说不定他确实没有去呢！”

健三也知道，比田的确是个不负责任的人。可是，无论托他干什么，他总是答应下来。只要别人向他低头求情，他就高兴，而且爱打包票。如果求情者不顺他的心，那就不容易请动他。

“可是，这回的事，岛田也会主动去找比田的呀！”

哥哥暗中埋怨比田，觉得他如果没有向岛田作出交代，那就太说不过去了。尽管如此，在这种情况下，要哥哥自己去办什么交涉，那他是决不肯干的。需要稍费点神的麻烦事，哥哥肯定不会理睬。可是，只要情况允许，他又会强忍着在暗中自寻烦恼。对他这种矛盾心理，健三既不觉得可气，也不觉得可笑，而是表示同情。

“我们是兄弟，在旁人看来，兴许有相似之处。”他想到这里，觉得同情哥哥等于同情自己。

“姐姐好了吗？”他转换话题，问起姐姐的病情来。

“啊，要说气喘病也真奇怪，难受得成了那个样，却很快就好了。”

“能说话了吗？”

“岂止能说话，而是特别能唠叨，又是老样子。——姐姐还说，她认为岛田到阿缝那里去，兴许会给阿缝出什么点子。”

“可不是吗。因为也是那种人，有可能在那里说些不合常理的话。这样看也许是恰当的。”

“倒也是。”

哥哥在思考。健三显得捉摸不定。

“如果不是这样，那肯定会说，因为自己上了年纪，大家都嫌他碍事什么的。”

健三还是没有说话。

“不管怎么说，他肯定感到很无聊。就因为他是那种人，所以不是感情上的无聊，而是欲望上的无聊。”

哥哥总算知道了阿缝按月给她母亲寄生活费的事。

“阿藤好歹还能领到金鸦勋章[①]的养老金什么的，因此，岛田也想从什么地方得到一点，否则就会无聊得难受。说来说去，他总是那么贪得无厌。”

健三对因欲壑难填而感到无聊的人，是不怎么同情的。

三八

又过了几天平安的日子。对健三来说，这不过是日子过得更沉闷罢了。

在这种日子里，他常常被迫追忆自己的往事，在不断同情哥哥的同时，自己也无意中跟哥哥一样，好像成了过去的人。

他试图割断自己的一生。可本该彻底抛弃的往事，却又紧跟着自己。他的眼睛望着前方，脚却容易朝后迈。

他所朝方向的尽头，有一座四方的大住宅[②]，里面有楼房，架着宽梯子。在健三看来，楼房上下两层都是一个式样，当中院子也是正方形的，四周由游廊包围着。

奇怪的是：这么大的宅子却没有人居住。他童年的心，还不懂得这就是寂静，也缺乏对家的认识和理解。

他把那连接在一起的许多房间，还有笔直伸向远处的游廊，完全看成了装有天花板的街。他独自在那无人通行的路上走，甚至在里面到处乱跑。

他有时还爬到临街的楼上，透过房间的长格子窗往下窥看，接连有几匹挂着铃铛、系着肚兜的马，从他眼前走过。街道的对过，立有一尊青铜大佛，盘坐在莲台上，扛着一根很粗的禅杖，头上还戴着斗笠。

健三有时也到昏暗的堂屋里去，从那里再沿着对面的石阶往下走，横穿

① 授予卓有武功的军人的一种勋章，附有一定的终身养老金。创于明治二十三年，现已废除。

② 这里指的是漱石伯母在新宿中街经营的一座妓院，明治维新后被关闭。漱石小时曾由养父领着在这里住过。

马走过的街道。他经常爬到大佛的身上，脚踩着大佛的衣褶，用手去抓禅杖的柄，从背后去攀大佛的肩膀，用自己的头去顶那斗笠。直到再没有什么可玩了，才从大佛身上下来。

他还记得在这四方住宅和青铜大佛的附近有一座红门的住宅。从狭窄的街道拐进小胡同约莫四十米，正面就是那红门住宅，房后掩着一片竹林。

从这狭窄的街道一直走，往左拐，就是很长的一条下坡路。在健三的记忆里，这条坡路的台阶是用大小不匀的石头自下而上铺成的，也许因为年代太久，石头移动了吧，台阶是坑坑洼洼的，石头缝里长出的青草，在风中摇曳。尽管如此，人们还是经常从那里经过。他好几次穿着草鞋，沿着高台阶走上去又走下来。

下完这道坡，又是一道坡。在那不太高的山坡上，成排的杉树显得十分苍翠，正好在坡道与坡道之间，形成了谷间洼地，左边有一所茅草屋。屋子从外往里缩进去，而且有点向右倾斜，面向大路的部分，外表盖得跟茶棚一样简陋，经常安放着两三把折叠椅。

透过苇子缝隙望去，里面有一个用石头围起来的池子。池子上面搭着藤萝架，从水面上伸出两根柱子来，支撑着架子的两端。柱子下部埋在池子里。周围生长着许多杜鹃花。池子里红鲤鱼来回游动，它的影子如同幻影一般，使浑浊的池底现出红色来。健三真想去那里垂钓。

有一天，他趁那家没有人，弄来一根粗糙的大肚子竹竿，顶端系上一根绳子，钩上鱼食，扔进了池子里。这么一来，很快就有一种能拽动绳子的可怕的东西袭来，一股非把他拖进池底决不罢休的力量传到了他的两只手腕上。这时他害怕了，赶紧扔掉了竹竿。第二天，发现一条一尺多长的红鲤鱼，静静地漂在水面上。他对此感到害怕……

“当时自己和谁住在一起呢?”

他的脑子完全跟白纸一样，什么也记不起来了。可是，如果凭借分析力去追索的话，应该是和岛田夫妻生活在一起才对。

三九

随后，情景又起了变化。寂静的乡村突然从他的记忆里消失了，一座装有格子窗的小住宅，模模糊糊地出现在眼前。这没有院门的宅子，坐落在小巷般的街上，道路狭长，而且左曲右拐。他模模糊糊地记得自己住的房子整天都是昏暗的，阳光和他的房子根本无缘。

在那里，他长过疮疱。等他长大了问起此事，知情人说是因为种了牛痘才出的疮疱。装有格子窗的屋里，昏暗少光，他在铺席上滚来滚去，连哭带叫地在身上乱抓。

他突然又在一座宽敞的建筑物里，看到了自己的童年。那像分隔开来、可又连在一起的屋子里，只有孤零零的几个人。在空着的房间里，铺席也好，薄褥子也好，全发黄了，周围寂静得跟寺院一样。他曾爬到高处，在那里吃盒饭。他把用葫芦瓢盛着的像炸豆腐饭团似的东西从上边扔下去。他多次抓住栏杆朝下看，却不见有人去拾那东西。陪着他的大人，只顾看对面去了。对面正在演戏，舞台上有人在摇晃房柱，拆除大宅子，然后从拆毁的房顶上，钻出一个短胡子的军人来，显得威风凛凛——当时，健三脑子里还没有戏剧这个概念。

不知为什么，他在脑子里把这出戏和逃走的老鹰连在一起了。老鹰突然反方向朝对面青翠的竹丛飞去。他身边的一个人在叫喊："飞跑了，飞跑了！"这么一来，又有另一个人拍着手把那只老鹰招呼回来——健三的回忆到这里中断了。他是先看戏？还是先看老鹰？已经记不清了。再说，他是先住在尽是田园和草丛的乡下？还是先住在面向狭窄街道的昏暗屋子里？这些也都印象模糊了。也就是说，当时他的记忆里，几乎没有留下任何人的影子。

岛田夫妻作为他的父母，明确地反映在他的意识里，那是其后不久的事。

当时夫妻俩住在不同一般的房子里。从门口向右拐，沿着别人家的墙根走，再登三级台阶，就是一条只有三尺宽的小巷。经过小巷，才来到宽阔而热闹的大街上。从右边拐过走廊，反过来再下两三级台阶，便有一个长方形的大房间。与大房间相接的堂屋也是长方形的，从堂屋里出去，就是一条大河。河上有几艘挂白帆的船划来划去。河岸边设有栏杆，里面堆满了柴火。栏杆与栏杆之间的空当，有一条缓缓的小坡道，一直伸到水边。方背壳的螃蟹，经常从石墙缝里伸出它那双大螯子来。

那狭长的宅子分成三段，岛田的家在正当中。这原来是一家富商的房子，面向河岸的长方形大房间，可能做过店房。可是，房主是谁？为什么他要把这里让出来？这都属于健三了解范围以外的秘密。

有个西洋人曾经一度租用那个大房间教过英语。因为过去那个时代把西洋人当做怪人，所以岛田的妻子阿常总觉得好像同怪物住在一起似的，心里害怕。当然，说起这西洋人来，也确实有个毛病，他老是穿着拖鞋，慢慢吞吞地走到岛田租用的房间屋檐下来。阿常也许是心里有气吧，脸色发白，躺在那里。那人却站在屋檐下往里探望，还说是来致意问候的。他问候的话，是日语？是英语？还是光打手势？健三对此一无所知。

四〇

西洋人不知什么时候搬走了。等小健三突然想起来，再去一看，那间大房子已经变成管理所了。

所谓管理所，类似现在的区政府。大家把矮桌子摆成一排，在那里办事。那时候，还不像今天这样广泛使用书桌和椅子，而是长时间盘腿坐在铺席上。传呼来的人，或者是自己主动前来的人，都把自己的木屐脱在堂屋里，恭恭敬敬地候在各自的桌子跟前。

岛田是这管理所的头头。他的位子设在从入口处径直往里走的最尽头。从那里直角拐弯，到能看见河的格子窗边，还有多少人？有几张桌子？健三确实不曾听说过。

岛田的住处和管理所，本来就在一栋狭长的房子里，只是被分隔开来了，所以他无论上下班，都能图得不少的方便。他晴天不会挨尘土，雨天省得打伞。他沿着廊檐去上班，同样沿着廊檐回家来。

就因为这个关系，小健三胆子大多了。他经常到办公的房间去，大家逗他玩。他一来劲，就去摆弄秘书用的砚匣子里的朱墨，或者是挥舞小刀的刀鞘，不停地干那种人所讨厌的淘气事。岛田却尽可能利用他的权势，袒护这个小暴君的所作所为。

岛田很吝啬，妻子阿常比他更吝啬。

“所谓吝啬鬼，就是指那种人。”

他回到自己家里以后，经常听到这样的指责。可是他当时毫不在意地看着阿常坐在长火盆边给女仆盛酱汤。

“这么说来，女仆该有多么可怜啊！”健三自己家里的人发出了苦笑。

阿常总是把放饭菜的橱子锁起来，有时候，健三的生父来访，肯定是吃叫来的面条，她和健三也得跟着吃面条。即使是吃饭时间，也绝不会像平常那样端出饭菜来。当时，健三把这看成是理所当然的事，等回到自己家里以后，看到三顿正餐之外，还加三次点心，他感到很奇怪。

在花钱方面，夫妻俩对健三却显得很大方。外出的时候，让他穿着好料子的外褂；为了买绉绸衣服，还特意领着他到越后店去。到了越后店，坐下来挑选花色时，天快黑了，当店里的学徒们从两边把大门的挡雨板拉上时，小健三害怕得哇的一声哭了起来。

他要来的玩具，当然任他摆弄，其中还有幻灯机。他经常在用纸粘成的幕上放映古装影子戏，让戴古代礼帽的人时而摇铃，时而迈腿，心里十分高兴。他买来一个新陀螺，为了经久耐用，所以浸泡在河边的泥沟里。可是泥沟里的水会从柴火堆的栏杆缝里流到河里去，他担心陀螺会因此漂走，一天好几次从管理所钻进去，三番五次地拿起来看了又看。每次到河边去，他就用棍子去捅螃蟹爬进去的石墙缝的洞，螃蟹一爬出来，他就按住它的壳，抓上几只活的，装进袖兜里……

总之，岛田夫妻虽说吝啬，但健三是从别人那里要来的唯一的儿子，所以反而得到另眼相待。

四一

可是，在夫妻俩的心灵深处，却经常隐藏着对健三的不放心。

每当寒冷的夜晚，他们面对面坐在长火盆边时，夫妻俩会经常这么问健三：

“哪一个是你阿爸？”

健三就朝向岛田，指着他。

“那么，阿妈呢？”

健三又看着阿常的脸，指着她。他俩的要求得到初步满足之后，接着又会用另外的方式来问同样的问题。

“这么说，你真正的阿爸和阿妈呢？”

健三虽然厌烦，也只好反复作出同样的答复。不知为何，这答复居然使夫妻俩高兴起来，他俩会心地笑了。

有一段时期，三个人之间几乎每天都出现这种情景。有时光这样问答还不能算完，特别是阿常，总要刨根问底。

“你是在哪里生的？”

她这么一问，健三就说出他所记得的那个家，那里有一座红门——有竹从蔽着的小红门。阿常总是这么训练他，让他无论在什么时候，只要这么一问，他就能毫不犹豫地回答出来。他的回答无疑是机械的。可是，她对此毫不在意。

“健儿，你到底是谁的孩子呀？说出来，别瞒着。”

健三弄得十分尴尬。有时与其说是尴尬，不如说是生气。为了不给对方满意的回答，他故意默不作声。

“你最喜欢谁呀？是阿爸，还是阿妈？”

健三最讨厌为了得到她的欢心而按她想听的去回答。他一声不响，像木棍一样直立着。阿常把健三的这种表示，单纯看做年幼无知。她看得过于简单了，健三心里是很厌恶她这种态度的。

夫妻俩竭尽全力想把健三变成他们的专有物，实际上健三的确为他们所专有。此刻他们把健三当做宝贝，到头来，将使健三陷入困境，为他们而牺牲自己的自由。他的身体已经受到了束缚，然而比这更可怕的是心灵上的束缚。这种不足称道的做法，已经在他那不懂事的心里投下了阴影。

无论什么事，夫妻俩都想要健三意识到这是他们给予的恩惠。因此，有时会把“阿爸”二字说得很重，有时又会在“阿妈”二字上用力；不说阿爸和阿妈，白吃糖果，或白穿衣服，对健三来说，自然是得不到允许的。

他们想把自己的热情从外部使劲塞进孩子的心灵里去，可是，这种努力却在孩子身上产生了相反的结果。健三讨厌他们。

“为什么对我管得那么多呢！”

每当提到“阿爸”或是“阿妈”的时候，健三就想得到自己个人的自由。他会高兴地玩自己得来的玩具，或是没完没了地欣赏彩色画，可对给他买这些东西的人，显得并不喜爱。至少他想把这两件事截然分开，单独沉醉在纯粹的乐趣里。

夫妻俩疼爱健三，他们指望这种爱得到特殊的报答。可是这跟凭借金钱的力量偷娶美女、女人要什么就给买什么一样，他们这样做的目的并不在于使人了解自己的爱情，只是为了取得健三的欢心，才不得不显出热情来的。他们的不良用心会受到自然发展的惩罚，此时却还蒙在鼓里。

四二

与此同时，健三的性格也受到了损伤。他那温顺的天性渐渐地从外表上消失了。而弥补这一缺陷的，不外是“刚愎”二字。

他一天比一天任性，他要的东西如果弄不到手，不管在大街上，还是在马路边，当即一屁股坐下去，就是不起来。有时他会从小孩的背后扑去，使劲拔人家的头发；有时他蛮不讲理，硬要把神社里放养的鸽子拿回家去。他生活在把养父母的宠爱视为自己专有的狭小天地里，别的事，什么都不懂。在他看来，所有其他人都是为听从他的命令才活在这世界上的，他只需要考虑自己过得痛快就行了。

没过多久，他的蛮横又往前发展了一步。

一天早晨，他被家里人叫起来，一边揉着惺忪的眼睛，一边向房檐下走去。每天早晨起来在那里小便，这是他的老习惯。可是，这一天，他不如往日睡的那么足，所以小便没有完，就在半路上睡着了。后来怎么样？他可不知道。

睁开眼睛一看，他正好滚在小便上，不凑巧，他跌倒的地方，房檐边沿太高，要比一般的边沿高出一倍，又正好处在从大街滑向河岸的半截腰上。他终于在这次事故中摔伤了腰。

养父母慌了手脚，连忙把他带到千住的名仓骨科医院去，尽力进行治疗。可是，腰扭痛得厉害，轻易站不起来。每天在他扭伤的部位涂上带醋酸味的黄色糊状约物，就那么躺在客厅里。他不知道这样的口子继续了多久。

“还不能站吗？站起来试试。”

阿常几乎每天都这么催促他。可健三不能动，即使像是能动了，也故意不动。他躺在那里，看着阿常焦虑不安的表情，心中暗自好笑。

最后他还是站起来了，而且跟平时没有什么不同，在院子里到处转悠。这么一来，阿常又惊又喜，满脸一副作戏似的表情，反而希望他索性不要站起来，再多躺些日子更好。

他的缺点与阿常的缺点，在许多方面正好相反。

阿常是一个善于装模作样的宝贝女人，不管在什么场合，只要看到对自己有利，马上可以流下眼泪来。她把健三当成自己亲生的孩子，认为可以放心了。可是，她并没有察觉到自己这种内心的打算，已经彻底暴露在健三面前了。

一天，阿常与一位客人相对而坐，席间，谈话涉及叫甲的女人，尽管甲在旁边听着，也还是挨了一顿不堪入耳的臭骂。可是，当客人走了之后，甲突然又来找阿常。阿常却假惺惺地对甲说起好话来了。末了，甚至不必要地撒谎说："眼下某某先生很赞赏你哩！"

"有这么撒谎的吗?！"健三很生气。

他把小孩子那种天真无邪的正直感在甲的面前和盘托出。等甲走了之后，阿常大发脾气。

"和你在一起，总是非惹我生气不可。"

健三觉得越早惹阿常生气越好。

他不知不觉对阿常产生了一种厌恶心理。无论阿常怎么疼爱他，他都没法拿出相应的情分来报答阿常。阿常心灵里隐藏着丑恶，而最了解这种丑恶心理的，除了这个抱在她的怀里抚育长大的娇贵的孩子之外，就别无他人了。

四三

这时，岛田与阿常之间出现了一种异常的现象。

一天夜晚，健三猛地睁开眼睛，看见夫妻俩在他旁边互相骂得很凶。这事使他感到很突然，就哭了起来。

第二天晚上，他再次被同样的争吵声从熟睡中惊醒过来。他又哭了。

像这种不得安宁的夜晚，持续了好几夜。而且两人的骂声越来越高，到后来，双方终于动起手来。扭打声、跺脚声、叫喊声，使他小小的心灵感到害怕。起初，他只要一哭，两人就会停止吵架；后来，不管你睡觉也好，醒着也好，都会毫不留情地继续吵下去。

"为什么每天深更半夜总要发生这种看不顺眼的现象呢?"在年幼的健三的头脑里，根本没法解释。他光知道讨厌这种现象。他不懂道理，也不明是非，是客观事实教育了他，使他讨厌这种现象的。

过后不久，阿常把情况告诉了健三。根据她的说法：她是世界上最善良的人，与此相反，岛田却是个大坏蛋，而最坏的要数阿藤。阿常在话里提到"那家伙"，或是"那女人"时，显得非常气愤，眼泪都要夺眶而出了。然而，这种激动的表情，除了使健三感到难受之外，不能产生别的效果。

"那家伙是仇人，是阿妈的仇人，也是你的仇人，即使粉身碎骨也要报仇！"

阿常老是待在健三身边，从早到晚都想陪着他。可是，与其说他喜欢阿常，不如说他喜欢岛田。岛田跟以往不同，不在家的时候居多，经常夜深了才回家。白天里又很少有机会见面。

可是，健三每晚总在昏暗的灯影下看到他，看到他凶狠的目光和气得发抖的嘴唇，听到他喉头里发出的愤怒的声音，像旋雾一样往外喷。

尽管如此，他仍然跟过去一样，常常带健三到外边去。他滴酒不进，特别喜欢甜食。一天夜里，他带着健三和阿藤的女儿阿缝，在热闹的大街上散步，回来时走进了一家年糕小豆汤铺子。这是健三第一次见到阿缝。他们从未轻易见过面，也根本没有说过话。

回到家里，阿常开口就问健三："岛田带你到哪里去了？"而且反复问有没有到阿藤家里去？最后还追问和谁一起到年糕铺子去的？健三不顾岛田的提醒，把情况如实地说了出来。尽管如此，阿常的怀疑仍然很难消除。她想尽了办法，企图套出更多的情况来。

"那家伙也在一起吧，要说真话，说了真话，阿妈给你好东西。说吧，那女人也去了，是不是？"

她怎么的也想让健三说出阿藤一起去了，可健三硬是不说。她怀疑健三，健三鄙视她。

"那么，阿爸对那孩子说什么来着？对那孩子说了些用不着的话吧？对你说了什么？"

健三什么也不回答。这些问话只能使他打心眼里不愉快。可是，阿常不是那种就此罢休的女人。

"在年糕铺子里，让你坐在哪一边？是右边还是左边？"

这种出自嫉妒之心的提问总是没完没了。可是，这些问话正好暴露了她的为人，她却在所不顾；不到十岁的养子讨厌她，她也毫不在乎。

四四

不久，岛田突然从健三的眼睛里消失了。过去住的那所房子，是夹在面临河岸的后街和热闹的前街之间的，也突然无影无踪了。健三光是和阿常两人在一起，置身在另一所不熟悉的怪房子里。

这所房子的外边，有米店和豆酱店，门口都吊着绳条门帘。在他的记忆里，总是把这些大店铺和煮好的大豆联系在一起。他至今没有忘记每天吃煮豆子的事，而对自己新搬的房子，却没有留下任何印象。"时光"替他把这段孤寂的往事清扫得干干净净了。

阿常逢人就说岛田的事，嘴里还嘟哝着“可气可恨”，眼睛里淌出泪水来。

“我死也饶不了他。”

她的那股厉害劲，只能使健三的心离她越来越远。

她与丈夫分开以后，一心想把健三当做独自的专有物，而且也深信已为她所专有。

“往后就靠你喽！行吗？可要好好干啊！”

每次她这么央求时，健三不知说什么好。他无论怎么也没法像诚实的孩子那样，给她一个满意的回答。

在想把健三当玩物的阿常的心里，与其说为爱所驱使而冲动，不如说贪心在推动着一种邪念经常起作用。在不懂世事的健三的心里，这无疑会投下不愉快的阴影。当然，对其他的事，他是幼稚无知的。

两个人的生活没有持续多久，不知是因为缺少衣食？还是因为阿常再嫁而不得不改变现状？年幼的健三根本弄不清楚。反正她也从健三的眼睛里消失了。不知什么时候，健三被领回自己家里来了。

“想起来，完全跟别人的事一样，一点不觉得是自己的事。”

浮现在健三记忆里的这些往事，离今天的他，的确太遥远了。尽管如此，他还是应该想一想这些好似别人的生活一般的往事，即使有某种不愉快的滋味，也应该想一想。

“那个叫阿常的，当时改嫁到波多野那里去了吧？”

几年前，阿常给丈夫写来了一封长信，信封上的字迹，妻子还记得很清楚。

“也许是吧，我弄不清楚。”

“那个叫波多野的人，兴许还活着呢！”

健三根本没有见过波多野，脑子里当然不会去考虑他的生死之类的事。

“还说是个警官呢。”

“我不知道。”

“对啦，你也这么说过，忘啦。”

“什么时候？”

“你把那封信交给我看的时候呀！”

“是吗。”

健三稍许想起一些那封长信的内容来。其中说的尽是她当时辛辛苦苦照顾年幼的健三的事。因为没有奶，打开始就喂菜粥啦；因为有个坏毛病，爱尿床，拾掇起来很麻烦啦。对这些事的前因后果说得详详细细，使你看了感到腻味。其中还写到因为在甲府的什么地方，有个当审判官的亲戚，每月给她寄钱，所以如今生活得十分幸福。至于她那位宝贝丈夫，是警官还是什么，健三全忘了。

“说不定已经死了。”

“兴许还活着呢！”

两人既没有指波多野，也没有指阿常，光是这么你说一句，我答一声。

“跟那人突然而来一样，那女人说不定在什么时候也会突然而来哩！”

妻子望着健三的脸。健三只是交抱着双臂，没有吭声。

四五

健三和妻子都清楚地知道阿常写那封信的目的，因为字里行间都能看出这种意思：就是说，尽管与她已经没有太大的关系了，可她一度很热情，每月多少给点钱；她小时候那么照料过健三，如今哪有不加理睬的道理呢。

当时，健三把这封信寄给在东京的哥哥，要哥哥提醒对方：不停地把这种信塞到工作单位来，太烦人了，要她稍加注意。哥哥很快回了信，信中写道：既然她已与养父脱离关系，另行改嫁，这就成了外人，而且健三也已经从养父家出来，如今还直接与本人通信，实在令人为难。现已将此意转告对方，放心好啦。从此以后，阿常不再来信了。健三放了心，但心里总觉得有点难受。他不能忘记过去受到阿常的照料，尽管厌恶她的念头也跟过去一样没有改变。总之，他对阿常的态度跟对岛田的态度差不多，也可以说他厌恶阿常甚于厌恶岛田。

“一个岛田已经够受的了。这种时候，如果那种女人再加进来，就更难办啦！”健三心里这么想。

妻子对丈夫的往昔不那么清楚，所以考虑得更多。不过，如今她的同情心全都倾注到娘家去了。她父亲本来是颇有地位的人，由于长期过浪人生活，结果在经济上越来越陷入了困境。

家里常有青年人来叙谈，健三与他们相对而坐，总是把对方那种开朗的性格和自己的内心境界进行比较。这一比就很清楚：映在他眼里的青年，全都注视着前方，轻松愉快地一步一步朝前走。

有一天，他对其中的一个青年说："你们真幸福，一旦毕了业，就只需专心考虑要做什么样的人，要干什么样的事。"

青年苦笑着答道："那是你们那个时代吧，如今的青年并不是那么悠闲，做什么人？干什么事？这自然会考虑，然而，我们更清楚地知道，在世界上还有不能如愿以偿的事。"

的确，与自己毕业的时代相比，世上的日子要难过十倍，可是，这都不过是有关衣食住的物质上的问题。因此，青年的回答与他的看法多少存在某些分歧。

"不，你们不像我这样为往事而烦恼，应该说是幸福的。"

青年的脸上露出了不理解话里意思的神色。

"可是一点也看不出您为往事而烦恼的样子呀。说起来，还是我们的世界尚属前程难卜啊！"

这回该轮到健三作难了。他苦笑着向那青年讲述了法国一位学者倡导的有关记忆的新学说①。人在行将淹死或从悬崖上掉下去的时刻，总是会把自己过去的一切，作为一瞬间的回忆，在自己头脑里描绘出来。这一现象，这位学者是这么解释的：

"也就是说。人平素光为自己的前途而生存。可是，由于某一瞬间发生的危险，其前途突然被堵塞了，自己肯定就此休矣，这时，他就会立即转过来回顾自己的过去。这么一来，过去的一切经历都会一起回复到自己的意识里来。"

青年人饶有兴趣地倾听着健三的介绍。他根本不了解情况，没法把这种论述应用到健三的身上来。健三也不愿把自己置身于刹那间回忆起所有的往事的危险境地，来考虑自己的今天。

四六

最先使健三的心卷进不愉快的往事的岛田，过了五六天之后，终于又出现在健三的客厅里。

当时，映进健三眼帘的这个老人，简直像过世的幽灵，又像现在的活人，但可以肯定他是自己暗淡的前程中的影子。

---

① 指柏格森（1859—1941）在1896年所著的《物质和记忆》的论述。

“这个影子附在我的身上转来转去，何时方休啊!?”

与其说健三受好奇心的驱使，不如说在他的心里荡起一层不安的微波。

“最近去拜访了比田。”

岛田仍和上次一样说话非常谨慎。可是，他为什么要把脚伸到比田家里去呢？谈到这一点，他又装作无所用心的样子，敷衍了事。听他的口气，完全像是因为好久不见，正好那边有事，才顺便前去问候的。

“那边不同过去，变化可大哩!”

健三怀疑坐在自己面前的这个人究竟有多少诚意？他是否真的拜托过比田前来劝自己别脱离父子关系？而比田是不是照他们商量的，断然拒绝了他的要求？健三对这些明确的事，都不能不表示怀疑。

“跟你说，事情是这样，那边有个瀑布，一到夏天，大家就经常往那边去。”

岛田不管对方作何表示，只顾往下闲扯。健三当然认为没有必要主动去谈那种不称心的事，只是跟在老人后面，唯唯是听罢了。这么一来，岛田说话的口气不知不觉走了样，到后来，他居然不客气地直接叫起健三姐姐的名字来了。

“阿夏也上年纪喽。说起来，我们确实好久没有见面了。过去，她是个很倔强的女人，经常跟我吵吵闹闹的，何苦呢！反过来说，大家的关系原本跟兄弟姐妹一样嘛，不管怎么吵闹，关系还是恢复得很快呀！再说，一有困难，她总是哭哭啼啼来求我帮忙，我觉得怪可怜的，每次总是多少给她一点。”

岛田说话显得十分傲慢，姐姐如果在背后听到了，一定会生气的。而且他话里充满了恶意，总是从自己个人的立场出发，把事实歪曲之后再强加于人。

健三的话越来越少了，末了，他一言不发，就那么直勾勾地盯着岛田的脸。

岛田特别喜爱女人。他在大街上看东西时，总是张着嘴，所以有点像傻子。可是，谁见了都决不会认为他是个善良的傻子。他那双凹陷的眼睛深处，反映出的事物总是非同寻常；眉毛也显得很阴险；长在那狭窄而突出的前额上的头发，从年轻的时候起，就没有向两边分开过，像法师似的总是朝后抹。

他无意中看到了健三的目光，随即猜度对方的心事。刚才说话还像往日那么傲慢，现在一下子变得谨慎了。他本打算要健三恢复过去的关系，终于死心不提了。

他用眼睛在屋子里来回搜索。可惜室内很煞风景，既无匾额，也无挂轴。

“你喜欢李鸿章的书法吗？”

他突然这么发问，健三既不说喜欢，也不说不喜欢。

“如果喜欢就送给你。那种东西如果作价的话，如今可是相当值钱啦！”

过去，岛田把人家冒充藤田东湖①的笔迹，在半张宣纸上写的“白发苍颜万死余”② 的诗，当做老古董挂在厨房的灶台上方。他说要把李鸿章的书法送给健三，不知又是在什么地方找谁写的？令人颇为怀疑。健三根本不想得到岛田的东西，所以未加理睬。岛田只好回家去了。

四七

“那人究竟来干什么呢？”

妻子强烈地感到那人决不会无目的地白跑一趟。正好健三也多少受到同一感觉的支配。

“实在弄不明白。鱼和兽到底不一样啊！”

“你说什么？”

“说那种人和我们之间不一样。”

妻子突然联想起自己娘家人和丈夫之间的关系。两者之间存在一道自然形成的鸿沟，把彼此隔离开来。固执已见的丈夫是决不会越过这道鸿沟的。他心里始终带着这股情绪：认为制造鸿沟的一方，理应把它填平。可她娘家正好相反，认为是健三自己任性，才挖出这道鸿沟来的，所以要由他来填平，才是正理。妻子无疑是站在自己娘家一方。她认为自己的丈夫是一个与世事不调和的乖僻的学者，同时她也承认丈夫与娘家之所以弄得不调和，自己在其中负有主要责任。

妻子闭上嘴，不想再说了。健三全神贯注在岛田的事上，没有考虑妻子在想什么。

---

① 藤田东湖（1806—1855），江户幕府末期的学者，勤皇派。

② 为藤田东湖《述怀》诗的第一句。全诗为：“白发苍颜万死余，平生豪气未全除，宝刀难染洋夷血，却忆常阳旧草庐。”

“你不那么认为吗?”健三问。

“如果说的是那人和你之间，那是有着鱼和兽一般的区别。”

“当然不是拿别的人来跟我相比。”

话题又回到了岛田身上。

“他是怎么谈起李鸿章的挂轴的?”妻子笑着问道。

“他问我要不要?”

“算了吧！要了，往后说不定他又会提出什么要求来呢。说是送给你，也许只是说说罢了。其实，他肯定是想要你买。”

对夫妻俩来说，比起李鸿章的挂轴来，还有许多别的东西更需要买。女孩子一天一天长大了，不给买件像样的衣服就没法出门，在妻子看来，这种事肯定没有引起丈夫的重视。最近向洋服店定做雨斗篷，每月要从工资中拿出二元五角支付给店里，连这种事健三也不管。

“关于保持原有关系的事，好像根本没有提到嘛。”

“嗯，什么也没有说。简直像钻进了迷魂阵似的。”

是打开始就为了试探健三，才提出这个离奇的要求来的呢？还是真心实意地委托比田要求商谈之后，遭到比田断然拒绝，知道不行，才没有提出来的呢？健三根本摸不着头脑。

“是哪种打算呢?”

“那是没法弄清楚的。因为是那种人的想法。”

实际上，岛田本是两方面都能干得出来的人。

过了三天，岛田又来叩健三的大门。当时，健三在书斋里点上灯，坐在桌前思考问题，刚刚有了一点头绪，正费尽心机顺着这个头绪把问题理出来，他的思路突然被打断了，脸上露出不高兴的神色。他回过头来，见女仆垂着双手，在房门口等着他回话。

“为什么老来打扰人家，别这样不好吗?”

他这么暗自叨咕，却没有勇气断然拒绝与那人见面。他直愣愣地望着女仆，一时没有说话。

“可以让他进来吗?”女仆问。

“嗯。”他不得已应了一声，接着问道，“夫人呢?”

“夫人说有点不舒服，从刚才起就躺下了。”

健三自然联想到妻子一躺下，癔症肯定就会发作。于是他站了起来。

四八

那时候，还不是每户人家都能点上电灯。客厅里还是点着老式的油灯。

那油灯是把油壶嵌在细长的竹台上做成的，像鼓膛一样的平底座落在铺席上。

健三来到客厅，岛田正把灯拉到自己身边，把灯芯拧上来又拧进去，仔细打量着那盏灯。他没有特意向健三表示问候，而是说："油烟积得太多了吧！"

的确，灯罩都被熏黑了。这盏油灯有个特点：如果圆灯芯剪得不齐，而使劲拧得过高，就会出现这种反常现象。

"换一下吧！"

同样的灯，家里有三盏。健三想叫女仆把生活间的灯拿来对换。可是，岛田不明确表态，眼睛老是盯着很快被油烟熏模糊了的灯罩。

"怎么个调法呢?"他自言自语地说。眼睛从圆灯盖的纹缝里往里瞧。灯盖上的花草花纹没有擦亮。

在健三的记忆里，岛田对这种事特别留神，在这方面的确显得颇为认真。因为他是个爱洁净的人。也许为了弥补伦理上和金钱上生成的不洁净吧，他对客厅里和房檐下的灰尘却很注意，经常撩起衣襟，又擦又扫，光着脚走到院子里去，连不必要的地方都要扫一扫，洒上水。

东西坏了，他一定自己动手修好，或是准备修理。在这些事情上，不管花多少时间，需要付出多大劳力，他都在所不惜。这不仅是因为他性格如此，还因为他把攒在手里的一分钱硬币，看得比时间和劳力更宝贵得多。

"这种事自己干得了，用不着花钱请人。那就吃亏啦!"

吃亏的事对他来说，真比什么都可怕。可是，眼睛看不见的亏，吃了多少，他却不知道。

"当家的为人过于老实。"

阿藤过去曾在健三面前这么评价过自己的丈夫。就连还不懂世事的健三，也清楚地知道这不是真话，只是因为当着她的面，尽管明知是说谎，也只好善意地解释为可能是替丈夫的品质打掩护。可在当时，他对阿藤什么也没有说。现在看来，在她的评价里似乎有些实在的依据。

"说起来，吃了大亏却不在意，这不就是太老实嘛。"

健三认为老人光考虑满足金钱上的欲望，尽管自己头脑简单，不能如愿以偿，却还在拼命地动脑筋，显得那么可怜。他用那双深陷的眼睛，靠近毛玻璃灯罩边，好像在仔细琢磨似的，使劲盯着那盏昏暗的灯，那样子使健三深表同情。

“他就这么老了!”

这时，健三在领会这句说明岛田一生受尽熬煎的话，联想到自己又将怎样衰老下去。他本不相信神，然而此刻他的心里确实出现了神，而且强烈地感到：如果这个神用神的眼睛来观察他的一生的话，说不定会认为自己与这位欲望很强的老人的一生没有什么不同。

当时，岛田也许把油灯的芯拧得太高了，细长的灯罩里，全是红色的亮光。他吃了一惊，赶紧把灯芯往回拧，可能又拧过头了，屋里本来只有一点灯光，这一来更加昏暗了。

“什么地方乱了套吧!”

健三拍着巴掌，让女仆拿另一盏油灯来。

四九

这天晚上，岛田的态度与上次来时没有任何不同。在谈话中，无论说到哪里，用的全是把健三当做独立的人的口气。

可是，上次所说的挂轴的事，看起来像是全忘了，连李鸿章的李字都未提及。至于恢复关系的事，就更不用说了，连吭一声的意思都不见露出来。

他尽可能说些一般的话。当然要从什么地方找到两人共同感兴趣的事，那是根本办不到的。他说的大部分事情，对健三来说，都是毫无意义的，当然也并不是相隔太远。

健三怠倦了。然而在怠倦中，还贯注着一种警惕性，他预感到这位老人肯定会在某一天拿着某件东西，以比今天更明确的姿态出现在他面前；而且还可以猜想到，那件东西肯定是自己不感兴趣或是没有什么好处的。

他在怠倦中感到担心，也十分紧张。也许因为这个缘故吧，他觉得岛田注视着自己的那双眼睛起了变化，跟刚才透过毛玻璃灯罩，凝视被油烟熏黑了的油灯里的亮光时根本不同。

“一有空子，他就会钻进来。”

他那双深陷的眼睛，虽说迟钝，但清楚地蕴含着这个意思。对此，健三显然要摆好进行抵抗的架势。但是有时也会出现这种情况：当需要明确地亮出这种架势时，他又想让对方那双带着渴望的眼睛看到自己镇静的姿态。

这时，突然从里间传出妻子呻吟似的声音，健三的神经对这种声音要比一般人更敏感。他立即竖起了耳朵。

“谁病了？”岛田问。

“嗯，家里人有些不舒服。”

“是吗，那可不行哟，什么地方不好？”

岛田还没有与妻子见过面，好像连她是什么时候从什么地方嫁过来的，都不知道。因此，他的话只是一般的问候。健三并不想得到那人对妻子的同情。

“近来，气候不好，可得当心啊！”

这时，孩子们已经入睡了，后屋里显得很安静。女仆好像在远处厨房旁边的三铺席小屋里。这种时候，把妻子一个人撇在后屋里，健三心里感到很不放心，他击掌招呼女仆。

“你到后面去，在夫人身边侍候着吧。”

“是。”

女仆显得不知如何是好，拉上了房间的隔扇门。健三又转过身子来，面对着岛田，不过，他的注意力显然已经离开了老人。他指望老人早点回去，心想这该有多好啊！这种愿望，在言谈和举止上都有所表露。

尽管如此，岛田仍不轻易起身。直等到话接不上茬，闲得实在无事可干了，他的屁股才从座垫上滑下来。

“你们这么忙，实在打搅得太久了。下次再来。”

关于妻子的病，他什么也没有说，在门口换鞋时，他又回过头来对健三说：“晚上你一般都有空吗？”

健三含含糊糊地应了一声，站着未动。

“是这样，我还有点事要跟你谈谈。”

健三也没有反问是什么事。他手里拿着灯，老人从昏暗的灯影下抬起头来，用迟钝的眼神望着健三。他那双眼睛发出了令人厌恶的光，说明只要一有空子，老人还要向自己怀里钻过来的。

“好，再见。”

岛田打开了格子门，最后说了这么一句，终于消失在夜霭里。健三的大门口没有点檐灯。

五〇

健三随即来到里间，站在妻子的枕边说：

“怎么啦?”

妻子睁开眼睛望着天花板。健三的目光从被子旁边扫过去，俯视着妻子的眼睛。

油灯放在隔扇的暗处，显得比客厅还要昏暗，几乎看不清妻子的眼睛在望哪里。

“怎么啦?”

健三不得不再问了一声，妻子还是没有答话。

自结婚以来，他已经多次碰到这种现象了。他的神经在适应这种现象的过程中，显得过于敏锐，一碰上这种情况，总是感到不安。他立即在枕边坐了下来。

“你出去也行，这里有我呢!”

闷声不响地坐在被子边的女仆，两眼惺忪地望着健三的表情，听他发了话，才默默地站起来，然后在门槛边双手着席向主人说了声：“请您休息!”便随手把隔扇门关上，留下一根穿着红线的针落在铺席上。他皱起眉毛把女仆抖落的针捡起来。若是平常，他会把女仆叫回来，批评几句，再把针还给她。可这时他却默默地拿在手里，想了一阵。最后，他把那根针扎在隔扇上，又转身望着妻子。

妻子的视线已经离开了天花板，但不能明确地分辨出她在看什么。她那乌黑的大眼睛里闪着光，却显得缺乏活力。她把眼睛睁得溜圆，无所用心地转动着。眼神好像不是表达她的思维。

“喂!”

健三摇了摇妻子的肩膀。妻子没有搭腔，只是把头慢慢地转过来，把脸稍微朝向健三，眼神却没有做出知道丈夫就在身边的表示。

“喂，是我，看不出来吗?”

这种时候，他平时惯用的陈旧、简单而又粗暴的语言，总是带有人所不知、只是自己明白的怜悯、痛苦和悲戚。接着他跪下去，显出一副虔诚的样子，好像在祈祷上苍似的。

"求你开开尊口吧，在下就是我，看看我的脸呀！"

他内心里这么央求妻子，但又不肯把这种请求痛快地说出来。他这个人易受伤感情绪的支配，但不溢于言表。

妻子的目光突然恢复了正常，她像从梦中醒过来的人似的，望着健三。

"是你？"

她的声音轻细而悠长。她面带微笑，当看到健三脸色还是那么紧张时，就不再笑了。

"那人走了吗？"

"嗯。"

两人沉默了片刻。妻子弯了弯脖子，看了看睡在身边的孩子。

"睡得真香啊！"

孩子睡的枕头就摆在妈妈的被子里，睡得很香甜。

健三把自己的右手放在妻子的额头上。

"要不要用冷水放在额头上凉一凉？"

"不用，已经好了。"

"不要紧吗？"

"嗯。"

"真的不要紧？"

"真的。你也该休息了。"

"我还不能睡啊！"

健三又钻进了书斋。在这寂静的夜晚，他不得不独自一人再熬下去。

五一

他眼睛睁着，脑子里乱成了一团。他像是一个思路被打断了的人，在障眼的迷雾中苦苦寻找着自己思索的方向。

他想到明天早晨，自己带着一副可怜的样子，站在比许多人高一节的地方。面前的青年人，有的抱着满腔热情，望着他那张可怜的脸；有的在认真地记录他那并无专长的讲演，使他感到内疚。尽管这有伤自己的虚荣心和自尊心，却无法摆脱出来，致使内心更加痛苦。

"明天的讲稿文写不出来了！"

想到这里，他突然自暴自弃起来。思路顺畅的时候，他经常会受到某种鼓舞，确信“自己的头脑并不坏”，可这种自信和自负很快就消失了。与此同时，一种纠缠自己、搅得自己没法开动脑筋的愤懑，却比平时显得更加激烈。末了，他把手里的钢笔往桌上一扔。

“我不干了，任它去吧！”

已经是深夜一点多钟了。他熄了灯，沿着房檐摸黑走到走廊上，灯光清楚地照着最里间的两扇拉门，健三拉开一扇走了进去。

孩子们像小狗似的滚成了一团，妻子静静地闭上眼睛仰面躺在那里。

他留神着不要发出声响，坐到妻子的旁边，稍稍地伸长了脖子，朝下仔细地打量妻子的脸，随后又悄悄地把手蔽着她的睡脸。她闭着嘴。他的手心能感觉到从妻子鼻孔里呼出的轻微的热气，呼吸是那么均匀而平稳。

他终于把伸出的手缩回来。这时，他心里动了动，认为若不叫一声妻子的名字就没法放心。可是，他很快战胜了这个念头。接着，他又想把手搭在妻子的肩上，把她摇醒。但还是忍住了。

“该不要紧吧！”

他终于作出了像对待一般人那样的判断。可是，他对妻子的病变得特别神经过敏，他把这看成通常手续，是任何人在这种情况下都必须履行的。

睡眠是治妻子的病的良药。健三经常长时间守候在她的身边，担心地直盯着她的脸。他每次看到比什么都难得的睡眠静静地降临在她的眼神里时，就感到眼前宛如甘露自天而降一般。可是，如果她睡得太久，总也看不到她的眼珠时，他又会因此而不安起来。到后来，为了看看妻子那双在紧锁的睫毛下的瞳孔，他经常故意把睡得不省人事的妻子摇醒过来。妻子睁开沉重的眼皮，露出一副困相，像在说“让我再睡一会不好吗！”这时，他又后悔了。但是，他如果不做出这种表示关切的动作，弄清妻子还活着的话，他的神经是不会答应的。

过了一会儿，他换上了睡衣，钻进了自己的被子里。这时，他任由寂静的夜晚来操纵自己那混乱而骚动的头脑。要利用黑夜澄清头脑里的混乱，未免过于昏暗了，可要借肃静止住头脑里的骚动，这又是再好不过的时候了。

第二天早晨，妻子呼叫他的名字，他才睁开眼睛。

“你呀，到时间啦！”

妻子并没有起床，只是伸手从他的枕头底下拿出怀表来看了看。厨房里传来了女仆在切菜板上剁什么东西的声音。

“保姆起来了吗？”

“起来了，是我刚才去把她叫醒的。”

妻子把女仆叫醒之后，又钻进了被窝里。健三连忙爬起来，妻子也一同起了床。

两人对昨晚的事，都像忘光了似的，什么也没有说。

五二

两人都没有注意自己的态度，也没有作什么反省，但彼此心里都很清楚两人之间的特殊因果关系，而且充分认识到这种因果关系是其他人无法理解的。不明事态的第三者，是决不会怀疑他俩有什么巧妙的谋合的。

健三没有吭声就往外走，去干他的日常工作。在讲课的时候，他突然想起了妻子的病。妻子那双乌黑的眼睛，不知不觉像梦幻似的浮现在他的眼前。这么一来，他觉得必须从自己站立的讲坛上走下来，赶紧回家去，甚至仿佛眼下就有人从家里来接他似的。他时而站在大房间的角落里，望着正前方最远处的大门口；时而抬起头来，看着像头盔扣在顶上似的圆形高天花板。天花板很讲究，是用涂有清漆的方木分层架设的，使高处看起来显得更高，可是却不足以锁住他那颗小小的心。最后，他的目光落到了坐在自己下方的众多的青年人身上，他们露着一排排黑脑袋，正聚精会神地听他讲课。这些青年人促使他幡然醒悟，知道应该赶紧回到现实中来。

健三被妻子的病弄得如此烦恼，相比之下，他并不担心岛田从中作祟。他认为这个老人是不讲情面而又贪得无厌的。另一方面，他又看不起这种人，知道他无力使其怪癖得到充分发挥。可是，同这种人作不必要的商谈，浪费了宝贵的时间，这对健三来说，所经受的烦恼要比某种人多得多。

“他下次来，又该说些什么呢?”

健三料定那人还会给他带来烦恼，心中暗自叫苦，他说这话的目的在于催促妻子作出回答。

“反正你已经弄清楚了。与其老担心这件事，不如早点断了来往更好。”

健三很想接受妻子的意见。可口头上却作了相反的表示。

“对那种人不用那么担心嘛，没有什么了不起的。”

“谁也没说有什么了不起。可是，这不是够烦人的吗？连你也拿他没办法呀!”

“世上许多事情，不是光用烦人这个简单的理由，就能了却的。”

健三与妻子的对话，多少含有各执己见的成分。当岛田再次来到的时候，尽管他比平时更忙，还是没法拒绝同岛田见面。

正如妻子所料，岛田要谈的事，还是钱的问题。最近，他已经瞄准好，一有空子就要扑将过来，也许是迫不及待，所以顾不上考虑时机，终于向健三摊了牌。

“实在有些困难，又没有别的地方可求，你一定要帮我一把。”

老人说话有点蛮横，包含着如不把他的要求当做义务来承担就决不答应的味道。当然，他还是从维护健三自尊心的角度出发，言词没有激烈到伤害健三的神经的程度。

健三从书斋桌上把钱包拿出来。显然，他不掌管一家的财政，钱包自然是很轻的。不足以维持一家的开支，甚至好几天就那么空空的扔在砚盒旁边，也不足为奇。他从里面把摸到的仅有的纸币掏出来，放在岛田的面前。岛田露出了奇怪的神色。

“反正没法满足您的要求。尽管如此，还是尽我所有，全部奉上。”

健三把钱包翻开给岛田看。岛田走后，空钱包就那么扔在客厅里，自己又钻进了书斋。给人钱的事，他在妻子面前只字未提。

五三

第二天，健三按平常的时间回到家里，坐在桌前，郑重其事地看着昨天放在老地方的钱包。这个用皮革做的两层大钱包，在他的用品里，可以说属于好得过分的上等品，是从伦敦的繁华街买来的。

如今，他对从外国带来的纪念品越来越不感兴趣了。这个钱包同样被视为无用的废物。他甚至怀疑妻子为什么要留意替他把钱包放回老地方。对那个空空的钱包，他只是投以讥笑的一瞥，连摸也不摸一下，就那么撂在那里好几天。

有一天，不知因为什么，需要用钱，健三拿起桌上的钱包，向妻子的鼻子跟前伸去。

“喂，给我装点钱吧！”

妻子右手拿着尺子，从铺席上抬起头来望着丈夫的脸。

“里面应该还有呀！”

最近，岛田回去之后，她一直没有问过丈夫什么事。因此，夫妻间也就根本没有谈起过老人拿走了钱的事。健三以为妻子不了解情况才这么说的。

“那点钱已经全给人了，钱包里早就空空如也喽！”

妻子不知道健三没有打开过钱包，她把尺子扔在铺席上，把手伸向丈夫说：“给我看看。”

健三糊里糊涂地把钱包递给了妻子。妻子打开钱包，里面露出了四五张纸币。

“你瞧！这不是装的有钱吗？”她用手指夹着沾有污垢的皱巴巴的纸币，伸到健三的胸前。她的动作像是夸耀自己的胜利，脸上还带着微笑。

“什么时候装进去的？”

“那人走了之后。”

健三与其说对妻子的好心感到高兴，不如说望着妻子感到稀奇。据他所知，妻子很少办这种称心如意的事。

“莫非她对岛田拿走了我的钱，私下里表示同情？”

他心里这样想。可没有开口向妻子询问一下其中的情由。妻子也始终抱着与丈夫同样的态度，无意主动说明情况，免得招惹麻烦。她填补在钱包里的钱，就那么不声不响地被健三接过去，又不声不响地被健三花掉了。

这期间，妻子的肚子一天天地大起来，行动越来越不方便，情绪也变得容易波动。

“这一回，我说不定难以得救喽！”

她经常这样若有所感地说，还流下了眼泪。一般来说，健三是不大搭理的，可是，在这种时候再不强迫自己和妻子搭话，那就太不通情理了。

“为什么？”

“不知为什么，非这么想不可！”

提问和答话到此为止。在这话语里，经常隐藏着一种若明若暗的意思，这种意思只需简单一提，随即就会消失在语言达不到的远方，就像铃声潜入了鼓膜听不见的幽静的世界一样。

她想起了健三那位孕吐致死的嫂子，并以此同自己生长女时因同样的病而痛苦不堪的往昔作了对比。当时自己两三天不能进食，只好采取灌肠滋补法。这紧要关头还是顺利地熬过来了。每当想到这种种情景，就感到自己能活到今天，似乎纯属偶然。

“女人真是太没意思啦！”

“这是女人的义务，有什么办法。”

健三的回答太一般化了。他扪心自问，又觉得不过是随便说说而已，不禁暗自苦笑起来。

五四

健三的情绪也是时好时坏。就算信口开河吧，也该说几句让妻子得到宽慰的话呀。可是，他什么也没说。有时，他对妻子难受似的躺着的怪样子，心里十分生气，一直站在枕边，故意让妻子做不必那么冷酷无情的事。

妻子却赖着不动，大肚子紧贴在铺席上，任你打也好踢也好，就是不理睬。她平素就不大说话，现在更加不言语了，她明知这样会惹丈夫生气，但也置之不顾。

“就是说要固执到底喽！”

这句包含妻子所有特点的话，深深地铭刻在健三的心头。他必须把其他的事全部抛开，把整个注意力集中在“固执到底”这一观念上来。他宁可把别处弄得一团漆黑，也要尽可能把带有强烈憎恨的亮光投在这四个字上。妻子像鱼或蛇似的，一声不响地经受着这种憎恨。因此，在旁人看来，总认为妻子是个品性温顺的女人；相反，丈夫却是个疯子似的暴躁汉子。

“你要是这么冷酷无情，我的癔症又会发作的哟！”

妻子的眼神不时地表达了这个意思。不知为什么，健三见到这种目光就十分害怕，同时也觉得十分可恨。他竭力克制自己，内心里祈求平安无事，表面上却反而装出一副管不着的样子。妻子清楚地知道丈夫那强硬的态度里，始终存在着近乎假装的弱点。

“反正生孩子的时候会死的，不用管我。”

她叨叨咕咕，好让健三听到。健三真想说：那你就死去吧。

一天夜里，他突然睁开眼睛，看见妻子睁开大眼睛直盯着天花板，手里拿着他从西方带回来的剃头刀。她没有把折在黑檀木刀鞘里的刀刃拉出来，只是握着那黑把，所以那可怕的刀刃的寒光并没有在他眼前闪亮。尽管如此，他还是为之一惊，连忙从床上撑起上半身，把妻子手里的剃头刀夺过来。

“别干这种蠢事！”

他说着把剃头刀向远处扔去。剃头刀砸在拉门的玻璃上，砸开一个小洞，落在那边墙根下。妻子茫然无知，像正在做梦的人似的，什么也没有说。

她真的激动得要动刀？还是自己的意志受癔症发作支配、实在控制不了才使劲动刀呢？莫非这是女人为了战胜丈夫而采取这种策略来吓唬人？如果是吓唬人，那么她的真正用意究竟在哪里呢？是要丈夫温顺而亲切地对待自己，还是单纯在稍带某种征服欲的驱使下才这样干的呢？健三躺在床上对这件事打了五六个问号，而且不时用他那没法合上的眼睛望着妻子，观察着妻子的动静，他分不清她是睡还是醒，反正身子纹丝不动，如同死人一般。健三头放在枕上，思考着解决问题的对策。

解决这些问题，在他的现实生活中所占的地位，要比在学校上课重要得多。他对待妻子的基本态度，就是需要解决的问题之一。必须有一个明确的办法。他过去比今天想得简单得多，只是深信妻子那种不可思议的举动是疾病造成的。那时候，妻子的病一发作，他就像在神前忏悔似的，以虔诚的态度跪倒在妻子膝下。他确信这就是做丈夫的最亲切、最高尚的举动。

“今天能把原因弄清楚就行。”

他充满了这种慈爱的心理。为难的是，这个原因并不像过去想的那么简单。他不得不冥思苦想，终因问题不得解决而头昏脑涨，以致昏昏欲睡。他随即又爬了起来，因为必须赶去上课。昨晚的事，他终于没有机会向妻子说一声。从妻子脸上的表情来看，随着太阳的升起，她也像把这件事忘得一干二净了。

五五

碰上这种不愉快的事情，一般总有一种自然的力量，作为仲裁者出现在两人之间，然后两人又会像一般夫妻那样，不知不觉地说起话来。

可是，这种自然力量有时只处在旁观者的地位，夫妻俩总是过得不太随和，甚至关系非常紧张。健三经常对妻子说：“回你的娘家去吧！”妻子却显出回不回那是自己的自由的样子。她的态度是那么可恨，致使健三把同样的话，毫不客气地反复说了好几遍。

“那么，我暂时带着孩子回娘家去。”

妻子说了这话之后，曾一度回了娘家。健三以每月给她们送去食品为条件，换来了过去那种愉快的独身书生生活。他和女仆两人住在这比较宽敞的宅子里，眼看着这突然的变化，一点也不感到寂寞。

“啊，多么清爽，太舒服啦!”

他在八铺席的客厅正中央，摆上一张小炕桌，从早到晚在上面做笔记。正好是酷暑季节，身体虚弱的他，经常身子向后一仰，就躺倒在铺席上。不知这陈旧的铺席是什么时候更换的，颜色已经发黄，陈腐的气味散发在他的背上，透入他的心间。

他是忍着暑天的煎熬，用细小的字体做笔记的。原稿字体之小，只能用苍蝇头来形容，他想尽可能多写一些。当时，在他来说，这样做比什么都要愉快，也比什么都要痛苦。当然，这也是不容推辞的事。

女仆是巢鸭的一个花匠的女儿，她从家里给他拿来了两三钵盆景，放在生活间的旁边。每当他吃饭的时候，女仆一边侍候他，一边给他讲另外一些事，显得非常亲切，使他感到高兴。但他看不起女仆家的盆景。这种便宜货，无论在哪个庙会上，花两三角钱，就能连钵一起买来。

他把妻子的事任意撂在一边，只顾做笔记，从不想起到妻子娘家去一趟，对妻子的病也全不放在心上。

“虽说有病，反正有父母在身边嘛。如果不行，总会来说一声的。”

他心里比夫妻俩在一起要踏实得多。

他不仅不去会妻子的亲友，而且也不去见自己的哥哥和姐姐。正好，他们也不来。他独自一人，白天一个劲地学习，夜里凉快，就去散散步。然后钻进带补丁的蓝色蚊帐里，进入梦乡。

过了一个多月，妻子突然来了。当时，夕阳西下，夜幕降临，他正在那不太大的院子里踱步。他一走到书斋的房檐前，妻子突然从半腐朽的柴扉后边探出身子来。

“告诉你，还得让我回来。”

健三发觉妻子穿的木屐，外面破得变了形，后跟也磨损得很不像样，甚为可怜，随即从钱包里拿出三张一元的纸币，交到了妻子的手里。

“实在难看，用这点钱买双新的好不好?”

妻子回去之后，又过了几天，岳母才来看望健三。她要说的事和妻子向健三提出过的大同小异，只是两人坐在铺席上，又把要求领娘女回来的意见细说了一遍。既然妻子想回来，如果予以拒绝，那就太无情了。他二话没说就答应了，妻子带着孩子又回到了驹込。可是，她的态度跟回娘家之前没有丝毫改变。健三心里觉得像被岳母骗了似的。

他把夏天里发生的这件事，独自反复地回忆过。每次想起来，心里就不痛快。他甚至在想：这种日子要持续到哪一天啊！

五六

与此同时，岛田却从不忘记经常到健三家里来露露面。既然一度抓到了经济利益的线索，如果就此罢手，岂不可惜。岛田的这种念头弄得健三不胜其烦。健三经常不得不到书斋去把那个钱包拿到老人的面前来。

“真是个好钱包！可不是吗，外国的东西就是有些不一样。”

岛田手里拿着两层的大钱包，像很羡慕似的，把里里外外翻过来掉过去，看了又看。

“恕我冒昧，这东西在那边买要多少钱？”

“记得是十先令，如果是日本钱，大概是五元左右吧。”

“五元？五元可是好价钱。据我所知，在浅草的黑船街，有一家制作皮包的老店，如果在那里做，就要便宜得多。往后如有需要，我可以让那家给你做。”

健三的钱包经常不得充实，还有全空的时候。可在这种时候，他只能无可奈何地陪着说话，一直没法站起身来。岛田总要找点什么事说说，好赖着不走。

“不给点零用钱是不会走的，这讨厌的家伙！”

健三心里很生气，可是，无论怎么难办，他也从不为给老人钱而特意向妻子要。妻子却把这当做小事一桩，并不显得厌烦。

如此几经往返之后，岛田的态度渐渐地变得明朗了，居然毫不在乎地提出要给他凑那么二三十元钱。

“请帮个忙。我已这般年纪，没有养老的儿子，往后全靠你了。”

他甚至不顾及自己话语里带有蛮横口气。尽管如此，健三也只是暗地里生气，表面上没有吭声。岛田那双深陷的迟钝的眼睛狡黠地转动着，看健三作何表示。

“你的日子过得这么好，怎么会拿不出一二十元钱来呢。”

他连这种话都能说得出口。他走了之后，健三带着厌烦的表情对妻子说："他是想把我一点一点地吃掉啊！起初还打个招呼，说这就要开始进攻了，这回可好，老远地包围着，慢慢地向我逼将过来。这家伙实在太讨厌！"

健三只要一生气，就爱用"实在"啦，"最"啦，"特别"啦这类最高级别的字眼来发泄心中的愤恨。在这点上，妻子的态度与其说顽固自恃，不如说沉着得多。

"你上了当，才落得这般烦恼的。如果当初就留神别让他靠近，不就好了吗！"

健三几乎想说："这种情况一开始，我就心里有数"，可是他没有说出来，只把气愤表露在脸颊和嘴唇上。

"如果想断绝来往，什么时候都能办到。"

"可是，以往的交情不是全毁了吗？"

"这事同你毫无关系，对你来说，确实如此，可我和你不一样啊。"

妻子不太理解健三这句话的意思。

"反正在你眼里，我这种人只是个大笨蛋。"

健三甚至懒得去纠正妻子的误解。

两人之间的感情产生龃龉时，连最简单的几句话都不想交谈。他望着岛田的背影消失之后，随即又默默地钻进了书斋。他在书斋里既不看书，也不动笔，就那么呆呆地坐着。对这个好像与家庭脱离了关系的孤独人，妻子并不关心。她认为丈夫既然自愿钻在禁闭室里，那有什么办法。所以根本没有去理睬他。

五七

健三的心就像揉在一起的纸屑，乱成了一团。有时，他那股火气如不借机发泄，就会憋得难受。孩子央求母亲给买的盆花，摆在房檐边上，他有时无意地把它踢掉，直到那发红的瓦盆顺着他的心意咣啷咣啷地摔碎了，这才聊以自慰。可是，当看到那遭到无情摧残的花和茎，露出了可怜的样子，一种虚无的感情马上又会战胜他。年幼无知的孩子，心里喜爱的美丽的欣赏品，遭到了无情的破坏，作为父亲，是不该这样的。他醒悟时，心里更加难过了。他后悔，却又没有勇气在孩子面前袒露自己的错误。

"责任不在我。让我干这种疯事的究竟是谁呢？是那个可恶的家伙。"他心灵深处经常暗暗地这么替自己辩解。

他的情绪经常像波浪一样时起时伏，平心静气地说说话，对稳定他这种情绪是有必要的。可他回避旁人，话语很难送到他的耳朵里。他觉得自己像是孤独一人，是用自己的热在温暖自己的心。有时，保险公司的宣传员之类的人会来登门拜访，他看到那没有必要的名片时，就会把只是传递名片、并无罪过的女仆大声斥责一顿。那声音当然会清楚地传到站在大门口的宣传员的耳朵里。事过之后，他又对自己的态度感到羞愧，至少恨自己对一般人未能做到好意相待。与此同时，他又会用踢掉孩子的盆花时一样的理由，暗中在心里名正言顺似的替自己辩解。

“不是我不好。我并不坏。这点，即使来人不理解，我自己也很清楚。”

他没有信仰，怎么的也不会说出“老天爷很清楚”的话来，即使真是那么说过，他也不会感到怎么幸运的。他的道德观念总是从自己开始，又在自己身上结束。

他经常考虑钱财的事。有时甚至怀疑自己以往为什么不以物质财富为目标而去奔波？

“就说自己吧，如果专门朝那方面使劲的话……”他心里也曾有过这种自负。

他对自己生活的不富裕，感到束手无策。自己的亲人比自己更拮据，受的苦更多，他深表同情。甚至看到岛田为了满足最低的欲望、从早到晚忙个不停的样子，也觉得可怜。

“大家都需要钱。除了钱以外，别的什么都不要。”他想到这里，真不知自己以往都干了些什么。

他原本就是个不会赚钱的人，即使能赚钱，也对为此花费时间感到可惜。他刚一毕业，就拒绝了所有其他工作，唯一满足于从一所学校得到四十元。这四十元被父亲拿去一半，余下的二十元，他用来租用了古庙的一间客厅，净吃山芋和炸豆腐。在这期间，他并没有做出什么成绩来。

当时的他和如今的他，在许多方面已大不相同。可是，经济上的不宽裕和始终一事无成，似乎无论何时都难以改变。

是当富翁？还是做伟人？他想两者择一作为自己下半辈子的归宿。可是，从今天起再想发财，对于不通此道的他来说，已经晚了。想做伟人吧，也有许多麻烦事妨碍着他。当然，如果认真分析一下这些麻烦事的原因，主要还在于没有钱。他不知如何是好，经常焦急不安。在他看来，要做一个不受金钱力量支配的真正的伟人，还有相当大的差距。

五八

健三从外国回来，就感到需要钱。虽说已在久别的出生地东京重新安家落户，可当时他身无分文。

他当初离开日本时，将妻子托付给了岳父。岳父把自己宅子里的一栋小屋腾出来作娘女的住处。这栋小屋是妻子的祖父母生前居住的，虽说小一些，但并不那么简陋，隔扇上贴着各种字画，像南湖[①]的画，鹏斋[②]的字，一看这些纪念品，就令人想起故人的兴趣来。这些东西全都原样未动地贴在那里。

岳父是个官吏。虽说不是过特别阔气日子的官职，但健三不在期间，托付在自己身边的女儿和外孙，倒不至于让他们穷得受苦，而且政府还按月发给健三妻子若干生活费。健三留下自己的家属，没有什么不放心的。

他在外国期间，内阁有了变化。这时，岳父从较为安逸的闲职中被拉出来，就任某一忙碌的职务。不幸的是，这届新内阁不久就倒台了。岳父也被卷进这个旋涡，一起垮台了。

健三在遥远的地方听到了这一变化，以充满同情的目光，遥望着故乡的天空。可是，对于岳父的经济状况，他认为无须担心。所以他心中几乎没有烦恼。他处事随便的，就在回国之后，也对此未加注意，并未分心。他觉得妻子每月单用所得的二十元，为两个孩子雇用保姆，日子会过得很好。

“不管怎么说，总不用付房租吧。”

他毫不在意地这么想，一看实际情况，不由得目瞪口呆了。丈夫不在期间，妻子日常穿的换洗的衣服都破了，事出无奈，最后只好把健三留下的普通衣料的男装改成女服。被子露出了棉絮，其他卧具也破绽了。尽管如此，父亲只能袖手旁观，没法相助。他自己失去地位后，做的是投机买卖，把为数不多的存款全都赔光了。

健三身穿没法转动脖子的高领服从外国归来，面对处在悲惨境况中的妻子，也只能沉默不语。他洋气十足，眼前的境况对他是一种讽刺，也是沉重的打击，使他连苦笑都不敢露到嘴边来。

---

① 春木南湖（1759—1838），又号吞墨翁，名画家。

② 龟田鹏斋（1752—1826），善书法。

不久，他的行李到了，装的全是书籍，连一枚戒指也没有给妻子买。这老人住过的屋子十分狭窄，他连箱子盖也没法打开。他开始寻找新的住宅，同时必须设法筹款。

他唯一的办法就是辞去曾经担任过的职务，这样他可以领到一笔退职金，借以应急。因为根据规定：只要工作一年，退职时就可以领到月薪的一半。尽管所得的钱并不多，可是，他总算可以用这点钱，把日常生活必需的家具添置齐了。

他怀里揣着那点钱，和一位老朋友一起到各处的旧家具店去转了一圈。那位朋友有个毛病，不分东西好坏，总是一个劲地讨价还价，因此光走路就花了他不少时间。茶盘、烟盘、火盆、大碗，看得上眼的东西很多，可是能买得起的东西却很少。那位朋友下命令似的对店主说："你要让让价呀！"如果店主不答应他出的价，他会把健三留在店门前，自己拔腿就往前走。健三又只好追了上去。有时走得慢了些，他就会从远处大声招呼健三。他是个很热情的人，又是个暴性子，不管是给自己买东西，还是给别人买东西，都是那个样。

五九

除了日用家具之外，健三还得新做书柜和书桌。他站在承做西式家具的店铺前，同不停地拨动着算盘的店主在商谈。

他做的书柜既没有安玻璃，也没有装后板，虽说会积灰尘，但囊中无几，只好不去管它。因为木料没有干透，沉重的原版书往上一压，横板就会缩得翘起来。

即使做的尽是这种粗糙的家具，他还是花费了不少时间。特意辞职得来的钱不知不觉就花掉了。他处世随便，因不明其故而睁大了眼睛。他望着毫无特色的新居，连想起自己在外国时，因为需要衣服，被迫去向住在一起的某人借钱的事。他不知这钱如今该怎样偿还。

正好这时，那人来信讨债，说如果情况允许，希望能把钱还给他。健三坐在新做的高桌子跟前，面对着那封信沉默了一会儿。虽说分别不久，但他对那个曾在遥远的国家里共同生活过的人的印象，却是那样的淡薄而又清新。那人和他是同一所学校，毕业的年限也大致相同，可是，当时那人是作为堂堂的一名官员，奉命前去调查某一重要事项的，他的财力与健三的助学金相比，显然有着极大的差别。

那人除卧室外，还租用了会客室。到了晚上，他身穿漂亮的绣缎睡衣，暖暖和和地在炉前阅读书报。被硬塞在狭小的北屋里的健三，对那人的境况，暗中羡慕不已。

当时，健三还有一段节省午餐的可怜经历。他有时外出，回家途中顺便买上一个夹肉面包，一边吃一边在宽阔的公园里漫无目的地踱步。他用一只手撑着雨伞，遮挡斜飘过来的雨丝；另一只手拿着夹肉面包，啃了一口又一口，显得苦不堪言。他几次想在那里的长凳上坐下来，可又有些犹豫。因为长凳全被雨淋湿了。

有时到了中午，他打开从街上买来的饼干盒，既不喝开水，也不喝凉水，就那么咯吱咯吱地把又硬又脆的饼干咬碎，就着口水硬往下咽。

有时他还会在简陋的小饭铺里，同车夫和工人一起，随便吃上一顿。那里的椅子，靠背像屏风似的直立着，不像通常的食堂那样，一眼能看到整个的大房间。唯独与自己坐成一排的人的脸，随意都能看得见。那全是一张张不知什么时候上过澡堂的脸。

在同住一起的那人的眼里，健三过的生活显得是那样的可怜，所以那人经常邀健三去吃午餐，领健三上澡堂，请他一起喝茶。健三向那人借钱，就在那人如此真诚相待的时候。当时，那人像扔废纸似的，随手把两张五英镑的银行券丢在健三手里，根本没有说什么时候还。健三倒是想过回日本之后再说。

健三回国后，一直惦记着这银行券的事。可是，在收到讨债信之前，他却没有想到那人会如此着急催还这笔钱。健三别无他法，只好去找一位老朋友。他知道这位朋友并非大财主，但心里也清楚朋友比自己多少能想点办法。朋友果然答应他的要求，把所需的钱如数送到了他的面前。他随即把钱还给了在外国周济过他的人，并与新借钱给他的朋友约好，按每月十元分期偿还。

六〇

健三在这种境况下，总算在东京安下了身。他发觉自己在物质生活方面显得多么贫困。尽管如此，当他不断感到在离开金钱的其他方面，自己又是一个优胜者的时候，又是多么幸福。这种自我感觉最后还是在金钱问题上受到了种种干扰，这时他才开始反省，想起了平素毫不在意地穿着印有家徽的黑棉布衣服外出，就说明自己无能。

“我已这般光景，还有人来死缠着我，太无情啦！”他认为岛田就是品质最恶劣的代表。

无论从哪个角度来看，如今自己所占的社会地位要比岛田优越，这是明摆着的事实；岛田丝毫不影响他的虚荣心，也是明摆着的事实。岛田过去光叫他的名字，不带尊称，如今对他都很恭敬，当然这没有什么可引以为豪的。只是岛田把他当做零花钱的财源，健三却认为自己还是个穷人，在这点上，倒是最令人生气的。

为了慎重起见，他去听取了姐姐的看法。

“那人究竟困难到了什么程度呢？”

“是啊。从他经常来要钱的情况来看，兴许是很困难。可是，就说健弟吧，如果净往外给的话，那可是个无底洞，你再能挣钱也填不满。”

“您认为我那么能挣钱吗？”

“比起我那口子来，你不是要多少就能挣多少吗？”

姐姐把自家的生活当成了标准。她还是那么健谈，于是又谈起比田的事来了，说他从来没有把每月领到的钱，实打实地拿回来过；薪俸少，交际费反而花得多；因为夜间值班多，光盒饭花的钱就为数不少；每月的亏空，好歹还可以用年中和年底的奖金补上。她把如此这般的事都详详细细地告诉了健三。

“就说奖金吧，也不是全都交到了我的手里。再说，这些日子，我们两个都像退休老人似的，按月把饭费交给彦儿，让他供我们的饭，按理说日子应该过得轻松些吧。”

姐姐老两口，和养子同住在一所房子里，经济上却是分开的，各做各的饼，各买各的糖。如果要请客，肯定也是各掏各的腰包。健三以不可设想的目光，看待这近乎极端个人主义的一家的经济状况。当然，就连既不懂主义，又不明事理的姐姐，也认为这种现象不太自然。

“至于健弟嘛，因为不需这么做，当然再好不过了。而且你有本事，只要去干事，要多少钱就能挣多少钱。”

如果你一声不响地听她说下去，她会把岛田的事抛诸脑后的。好在她终于提到了岛田：“这样吧，如果嫌麻烦，你就说等什么时候时来运转了再给吧，把他打发走算啦！如果再讨厌，那就躲开他，有什么要紧呢。”

在健三听来，这种提醒，才像姐姐说的话。

姐姐的话不得要领，健三又抓住比田，提出了同样的问题，比田光说“不要紧”。

“不管怎么说，他跟过去一样，还有地皮和房租，按理说是不至于那么困难的。何况阿藤的生活还有阿缝按月寄钱去。他来，肯定会见机而行的，别管他。”

比田还是唱那一套轻巧的老调子，而且同样要健三也见机行事。

六一

最后，健三只好问妻子：“岛田今天的实际境况，究竟怎样呢？我问过姐姐，也问过姐夫，都弄不清他的真实情况。”

妻子有气无力地仰望着丈夫的脸，她难受似的双手抱着即将临产的大肚子，披头散发，枕着一只船底形红漆枕箱。

“如果那么惦着这件事，那就自己直接调查一下，岂不更好。这样就会很快弄清楚。就说你姐姐吧，她如今不与那人打交道了，不了解真实情况是完全可能的。”

“我没有那种闲工夫。”

“先不管它。以往不就是这么过来的吗？”

妻子的答话带有责怪健三没有男子汉气概的语气。她生性不愿把心事和盘托出，即使是对自己娘家和丈夫之间那种不愉快的事，也很少争辩，至于与己无关的岛田的事，她平日都佯装不知，听之任之。丈夫神经质的影子，映在她的心镜里，总是显得缺乏胆量而又性格乖僻。

“不管它？”

健三反问了一句。妻子没有马上搭腔。

“过去不就是没有管吗！”

妻子没有往下说。健三不高兴地站起来，钻进了书斋。

不光是岛田的事，在其他方面，两人之间也经常是这样说不上几句话。当然，由于前因后果不同，有时也会出现相反的情况。

“听说阿缝得了脊髓病。”健三说。

“若是脊髓病，也许就难办喽！”

“听说根本没有挽救的希望了，岛田为此很担心。阿缝一死，柴野和阿藤的关系也就断了，以往按月寄钱，兴许以后不会再寄了。”

“真可怜呀，现在就得什么脊髓病，还年轻吧？”

“不是告诉过你，她比我大一岁吗。”

“有孩子吗？”

“好像孩子不少，究竟多少？没有详细问过。”

年龄不到四十岁的女人，留下一大帮未成年的孩子就要离开人间，那是怎么样的心情，妻子在脑子里作一番设想。她对自己即将分娩的后果，也重新作了考虑。她对男人们那副眼看着妻子的沉甸甸的肚子却显得不那么担心的神气，觉得太无情了，可心里却又很羡慕。对此，健三全然没有注意。

“岛田那么担心，毕竟是平时做得不对。看来人家好像在讨厌他。可岛田反而说：‘柴野那个人爱喝酒，动不动就跟人吵架，往后不会有出息的。’你有什么办法，何况问题不在这里，主要在于岛田太令人讨厌。”

“即使不讨厌岛田，那么多孩子，也没法办呀。”

“可不是，因为是军人，也许跟我一样穷。”

“那么，岛田怎么会跟阿藤……”妻子犹豫了一下。健三不解其意。妻子又接着说：“怎么会跟阿藤好起来的呢？”

阿藤还是年轻寡妇的时候，不知因为什么事，硬要到管理所去。当时岛田心想，一个女人家到那种场所去多么不便，对他表示同情，于是在多方面亲切地照顾她。两人之间的关系，就这样开始建立起来了。这是健三小时候不知听谁说的。如果把这事叫做恋爱，对岛田是否合适？他至今仍弄不清楚。

“肯定还是贪得无厌帮了忙。”

妻子没有说什么。

六二

阿缝遭受不治之症折磨的消息，使健三的心肠软了下来。他和阿缝多年不见，其实，即使过去常见面，他们也几乎没有亲切地交谈过。就座也好，离席也罢，一般也只是相互点点头而已。如果能把“交际”二字用来说明这种关系的话，那么，两人的交际是极为淡薄而肤浅的。健三对她既没有留下强烈的好印象，也没有掺杂任何不愉快的回忆。可是，如今在健三看来，她比岛田和阿常，显然得要珍贵得多。于是，他把那颗开始僵化的心转变为对人类抱有慈爱的心，还把漠然无关的阿缝缩影成人类突出的代表，——他那充满同情的目光，遥望着远方，默默地想念着即将死去的阿缝。

与此同时，他心里在考虑一种利害关系。阿缝说不定什么时候会死，狡猾的岛田肯定会以此为借口再来央求他。他清楚地预感到了这一点，打算尽可能躲开，只是不知到时采取什么策略才能躲得开。

“除非与他争吵一场，直到关系破裂，再没有别的办法。”

他这么下了决心，袖手以待岛田的到来。可没有想到岛田到来之前，他的敌人阿常却突如其来。

他照例待在书斋里，妻子来到他面前说：“那个叫波多野的老太婆终于来了。”他听了此话，与其说吃惊，不如说显得为难。在妻子看来，他那副样子就像磨磨蹭蹭的胆小鬼似的。

“见不见？见就见，不见就不见。”妻子这话在于敦促他赶紧决定下来。

“见，让她进来！”

岛田来时，他也是这么答复的。妻子艰难地站起来，走到后边去了。

健三来到客厅里，见一个衣着粗俗的矮胖老太婆坐在那里，那质朴的风采，同他心里想象的阿常完全不一样，比见着岛田时，更使他吃惊。

她的态度，与岛田相比，也正好相反。那样子简直像来到了与自己身份有着明显差别的人面前似的，致意问好时，恭恭敬敬地低下了头，说起话来也显得很殷勤。

健三想起了小时候经常听她说起娘家的事。据她所说：娘家盖在乡下的那所住宅和庭院，是尽善尽美的豪华建筑，最大特色是地板下流水纵横，这是她经常要反复强调的重点。健三的耳朵至今还留着她说的“天南之柱”①这个词。可是，年幼的健三根本不知道那宏伟的住宅在哪个乡下，也不记得带他到那里去过。就健三所知，连她自己也没有回过她出生的那个宽阔的家。等健三那双持批判态度的眼睛渐渐长大了，能模模糊糊地看穿她的性格时，就想到这无非是出于她的空想而照例在吹牛。

健三把以往一心只想让人看着自己富有、高尚而又善良的她，与眼前恭恭敬敬坐在跟前的这位老太婆作了比较，看起来，时光流逝带来的变化多么不可思议！

---

① 天南是一种树木，也是较名贵的建筑材料，常用来形容豪华的建筑物。

老早以来，阿常就是个肥胖的女人，如今，看上去她还是那么肥胖，甚至令人怀疑她的某些部位现在反而显得更胖了。不仅如此，她全变了。无论从哪个角度看去，都会认为她是个乡下老太婆。说得夸张一点，她像一个背着装有炒面粉的背篓，从附近的乡下进城来的老太婆。

六三

“啊！变了。”

两人照面的那一瞬间，双方都有此同感。然而，特意前来的阿常，事先对这种变化有充分的估计和准备；相反，健三却几乎没有料到。因此，主人要比客人感到意外。但健三并没有露出吃惊的样子，这是他的性格造成的。只是对阿常利用自己的技巧，扮演戏剧性的动作，心里有些害怕。事到如今，还要逼着他重新观赏她做戏，对他来说，真是不堪忍受的痛苦。他将尽可能防范着她露出这一手。这是为了她，也是为了自己。

他听她把以往的经历大致说了一遍。听起来，在以往的日子里，似乎同样经历了人所难免的不幸。与岛田离婚之后，嫁给了波多野，两人之间也没有生孩子，于是决定从某地领个女孩来抚养。养女招女婿时，波多野已经死了多年？还是活着？阿常没有说。

女婿的买卖是开酒店，店铺设在东京最繁华的地方，虽不知买卖有多大，但阿常嘴里好歹没有流露出难啦、穷啦之类的叫苦话来。

后来女婿出征阵亡，光女人没法维持那摊买卖，母女俩只好把店铺关闭，全仗住在近郊的一个亲戚，把家搬到了非常偏僻的地方。在养女没有改嫁之前，在那里的生活，全靠政府每年发给阵亡女婿的遗属抚恤金来维持……

阿常讲的故事与健三估计的相反，显得很平静。虚张声势的身段，蛊惑人心的用语，引人入听的唱腔，都不是那么多。不仅如此，他还发觉自己与这位老太婆之间，根本没有共同的思想感情。

“哦，是吗，太那个啦！”

健三的答话很简单，即使作为一般的答话也嫌太短。可他光这么说了说，并不感到有什么不近情理。

“昔日的成见，如今还在作祟。”他这么想，可心里并非真正好受。他的性格就是如此：认为有的人虽说生性不爱哭，但有时也会真的哭起来。既然如此，为什么就不在自己面前哭哭看呢？“我的眼睛也是可以经常流出眼泪来的啊！”

他一直看着那个坐在座垫上的矮胖老太婆的神态，认为她那眼睛里藏不住眼泪的性格实在可悲。

他从钱包里拿出五元纸币来，放在她面前。

“真对不起，请您雇辆车回家吧。”

她说并非为此而来，推辞了一番，随后收了下来。遗憾的是，在健三的赠礼里，只有淡薄的同情，却不怀明显的诚意。从她的表情来看，她似乎清楚地知道这一点。因为人和人的心，既然已在不知不觉中离散，也就无法挽回了，所以只好死了这条心。他站在大门口，目送着阿常往回走的背影。

“如果那可怜的老太婆是个好人，我也会哭的啊！即使哭不出来，我也会尽可能使她心满意足的呀！再说，就是把往日抚养过自己、如今冷落飘零的亲人接回家来养老送终，也是办得到的嘛！”

健三默默地在想。可是这种心事，谁都不知道。

六四

“老太婆终于也来了，过去光是老头，现在倒好，成了老头和老太婆两个人啦。我说，往后你就等着他们俩来折腾你吧！”

妻子说话很少这么起哄。这种既非说笑，也非讥讽的态度，刺激着浮想联翩的健三的心。健三满不高兴，一声不吭。

“又说到那件事了吧？”妻子用同样的口吻问健三。

“哪件事？”

“你小时候尿了床，使那老太婆作难的事呀！”

健三哭笑不得。

其实，他心里起了疑团：阿常为什么没有谈起这件事？健三一听说是她来了，马上就想到她那张能说会道的嘴。因为阿常的确是个喋喋不休的女人，特别在维护自己方面有高妙的一手。健三的生父容易受她花言巧语的骗，对明摆着的奉承话也欣喜若狂，经常念念不忘夸奖她。

“真是难得的女人呀。首先，她善于持家。”

每当岛田家里掀起风波时，她就把所有的话全掏给生父听，而且还流下悲伤和悔恨的眼泪。生父深深地被感动了，马上就站在她的一边。

姐姐也会说奉承话，健三的生父也很喜欢姐姐这一点。每次姐姐来要钱，父亲总是一边说“我也有难处呀”之类的话，一边无意中把姐姐所需要的钱从文契箱里取出来给了她。

“比田是那么个家伙，可阿夏却招人喜爱。”姐姐回去之后，父亲总像辩解似的对旁边人这么说。

姐姐的嘴尽管能如此自如地笼络父亲，但与阿常相比，又要逊色得多；在装模作样这一点上，也是望尘莫及。的确，阿常那张嘴就是那么厉害，以致使健三在十六七岁的时候就怀疑过：在与她接触过的人当中，除了自己以外，能识破她这种性格的人，究竟有几个？

健三同她见面时，感到最难对付的，就是她那张嘴。

“是我把你带大的呀！”

这句话可以来回说两三个小时，无非是要他重新记起儿时的恩情，可健三一想起这话就感到害怕。

“岛田才是你的敌人呢！”

她总是把自己头脑里的这个旧看法，像放电影似的加以夸大之后，再显现在健三面前。这一点，健三也感到胆怯。

她无论说什么，都要掉几滴眼泪。健三看到那种装模作样的眼泪，心里就感到别扭。她说话不像姐姐那样放开大嗓门，但必要的时候，也会大得使人听了刺耳。在圆朝[①]讲的人情故事里就有这种女人：她一边把长火筷子使劲往灰里插，一边倾诉自己上当受骗后的怨恨，使听者感到很为难。阿常的态度跟那种女人大致相同，口气也是一个样。

尽管阿常目前的情况出乎他的预料，但他并不认为这是值得庆幸的事，反而感到不可思议。因为阿常过去的性格，像牢不可破的监狱一样，在他头脑的某个部位上深刻着明显的印迹。

“不是快三十年的老事了嘛，就对方来说，事到如今，也会有所顾虑的，何况一般人早就把往事忘啦！再说人的性格吧，在这么长的时间里，也会慢慢起变化的。”妻子这么向他作了解释。

即使把顾虑、忘却、性格的变化，等等，摆在面前进行分析，健三还是摸不着边际。

---

① 指三游亭圆朝（1838—1900），著名的滑稽故事家。

"她不是那么爽快的女人。"他认为如果不这么解释，就实在没法接受。

六五

妻子不了解阿常，所以反而笑丈夫太固执。

"你是这种脾气，有什么办法。"

平素在妻子眼里，健三在某些方面的确如此。特别在与她娘家的关系上，她认为丈夫的这个坏脾气表露得特别明显。

"不是我固执，而是那女人太固执。你和她没有打过交道，不知道我说的是否正确，所以才说这种反话的。"

"可是，你想象中的女人，现在以完全不同的姿态出现在你的面前，那么，你也应该改变过去的看法呀。"

"如果真是变成了另一个人，我随时都可以改变看法。可是事实并非如此，所不同的只是外表，肚子里还是老样子。"

"你怎么知道？又没有什么新的证明材料。"

"你不知道，我可知道得清清楚楚。"

"你呀，也太武断啦。"

"只要说得对，即使武断，也不碍事。"

"可是，如果说得不对，就会招一些人来找麻烦。那老太婆与我无关，我倒是可以不管。"

健三没有弄清妻子这句话的意思。妻子也没有再往下说，因为她心里在替自己的父母兄弟辩护，不想与丈夫公开争论下去。她不是那种富有理智的人。

"真麻烦!"

只要探讨稍许复杂一点的道理，她肯定会用这句话来对待面临的问题。但在问题没有得到解决以前，出现了麻烦事，她又会一直强忍着。当然，强忍对她并不是好受的，健三认为那只能使她心情更不痛快。

"真固执。"

"真固执。"

两人之间彼此用同样的语言，相互进行指责，各自心里存在的疙瘩，从彼此的态度上也看得清清楚楚。而且彼此也不得不承认这种指责是有道理的。

执拗的健三一直不到岳父家去。妻子呢，既不问为什么，也不催他偶尔去一趟，光是默不作声，心里重复那句老话：“真麻烦!”态度一点也不改变。

“这就够了。”

“我也够了。”

这同样的话又在双方的心里经常重复出现。

尽管如此，两人之间那种橡皮筋似的弹性关系，有的时候，有的日子，又会显出一些伸缩性来。当关系紧张到说不定什么时候就会绷断时，又会慢慢地自然复原。等到良好的精神状态延续几天之后，妻子的嘴里又会吐出热乎乎的话来。

“这是谁的孩子?”

妻子握着健三的手，放在她的肚子上，这么问他。那时，妻子的肚子还没有现在这么大。可她已经感觉到自己的肚子里有生命的脉搏在跳动。所以她想让有同情心的丈夫的手指，感触到这种轻微的蠕动。

“吵架总归是双方都不对。”

她还会说这种话。顽固的健三并不认为自己有什么不对，只是微微一笑了之。

“分开两地，再亲也是淡如水；相反，同住一处，仇敌也能亲如一家人。这就是世道。”

健三像悟出了高深的哲理，还在继续琢磨。

六六

除了阿常和岛田的事以外，健三还不时听到哥哥和姐姐的消息。

哥哥每年一到气候变冷，身体肯定要出毛病。入秋以来，他又感冒了，约有一个星期没有到局里去，后来拖着有病的身子去上班，结果连续几天高烧不退，弄得痛苦不堪。

“还是因为太勉强啦!”健三对妻子说。

是勉强坚持着保住饭碗？还是为养病而提前免职？哥哥只能两者择一。

“据说很像肋膜炎。”健三又说。

哥哥显得很担心。他怕死，对于消灭肉体，他思想上比任何人都更加害怕。可是，这样反而会使他的肉体比任何人消瘦得更快。

“难道就不能安安静静地再休息休息，至少等退了烧也好呀。”

“想是那么想，就是办不到。最后还是没有办到嘛！”

健三有时也考虑到哥哥死后，自己只能在生活方面照看他的遗属的事。他知道这太无情，但客观上只容许他这么做。与此同时，他无法从这种想法中摆脱出来，自己也感到很痛苦。他尝到了苦涩的滋味。

“不能死啊！”

“可不是吗。”

妻子没有多说。她穷于对付自己的大肚子。与娘家沾亲的接生婆，经常打老远坐车前来。健三却根本不知道接生婆为什么而来，又是干了什么才走的？

“揉了揉肚子？”

“嗯，是的。”妻子没有给他满意的答复。

其间，哥哥的烧突然退了。

“说是求菩萨保佑的。”妻子特别迷信，像念咒、祈祷、算卦、拜佛等等，她都很爱好。

“是你出的主意吧？”

“不是，我才不懂哩！那是一种高妙的祈祷方法，说是用一把剃头刀给他放在头上。”

健三根本不认为靠剃头刀就能治好经久不愈的高烧。

“因为心情不好才发烧的，心里痛快了，很快就会退烧的。即使不用剃头刀，用勺子、锅盖全都一个样。”

“可是，吃了多少医生开的药都不见好呀。所以，我劝他不妨试试看。他终于试了，反正花不了太多的香纸钱。”

健三暗自认为哥哥是个糊涂虫，但对他烧未退却服不起药的难言之隐深表同情。因此，靠剃头刀也好，什么也好，只要退了烧，就算走运。

哥哥刚好，姐姐又开始受气喘病的折磨了。

“又来啦？”健三下意识地说，随即想起了比田不因老伴有病而发愁的那副样子。

“可是，说这回病得比以往厉害，兴许会有危险呢。所以你哥哥要我告诉你，让你去看看姐姐。”妻子把哥哥的话转告了丈夫，然后艰难地把屁股挪到铺席上，“稍许站一站，就觉得肚内不正常，真没办法。想伸手去拿放在柜子上的东西吧，根本拿不到。”

健三原以为孕妇越是临产，就越需要活动，根本没有想到妻子的下腹部和腰部会有吃力的感觉。他感到意外，从而失去了强迫妻子活动的勇气和信心。

“我实在没法去看姐姐。”妻子说。

“你当然不能去，我去好咧！”

六七

那一阵子，健三一到家就感到很疲倦。这种疲劳感不光是工作造成的，所以更加懒得出门了。他经常午睡，就连倚着桌子，把书本摊放在眼前，睡魔也会经常向他袭来。每当从假寐的梦中迷迷糊糊地醒过来时，他会更加感到非把失去的时间夺回来不可。他再也离不开桌子，被牢固地拴在书斋里。他的良心在命令他：无论怎么学不下去，无论怎么磨蹭，都得这样老老实实地待着。

四五天的时间就这样马马虎虎地过去了。等健三好不容易来到津守坡时，一度说会有危险的姐姐，已经开始好转了。

“啊，这就好啦！”他表示了一般的问候，可心里却在琢磨不定。

“哎，总算是托福啊——姐姐活着反正也尽给人添麻烦。不中用啦！适当的时候，死了反倒更好。可是，寿命终归是天赐的，这是没有办法的事呀！”

姐姐想要健三听懂这话里的意思。健三却一声不响，只顾抽烟。姐弟不同的性格，也表现在这些细微的地方。

“可是，只要比田在世，不管怎么病，怎么不中用，我也得陪着活下去，要不，他就不好办。”

亲戚们都说姐姐孝顺丈夫，可是比田对老伴的苦心却全不在意。如果不顾比田的表现，单看姐姐的态度，那个关心丈夫的劲头，确实达到了令人怜恤的程度。

“我是天生的吃苦的命，与我那口子正好相反。”

疼爱丈夫，的确是姐姐的天性。比田却不通情理，有时只顾强调自己，对姐姐那种莫名其妙的好心，反而感到厌烦。姐姐不会做针线活。过去，即使让她学习，教她技艺，她什么也学不会。自出嫁到今天，从未给丈夫缝过一件衣服。尽管如此，她却比别人厉害得多。小时候，为了惩罚她那股犟劲，把她关在仓库里，她就喊叫着："我要小便，快放我出去！不放我，我就尿在这仓库里，行不行?"就这样隔着栏杆门与外边的母亲顶嘴。那声音至今还在健三的耳边回响。

他与这位不是一个娘肚子生的姐姐，虽有着很大的差别，却又有着某些共同点。

"姐姐不过是完全暴露出来了，如果剥去我身上受过教育的皮，就没有什么太大的不同。"他被迫在姐姐面前暗自反省。

平时，他过分相信教育的力量；眼下，他明确地认识到教育的力量没有什么作用，跟粗野人一样。基于这种认识，他变得平等待人了。因此，在平时瞧不起的姐姐面前，他确实感到有些内疚。姐姐却根本没有注意这一点。

"阿住怎么样？快生了吧。"

"嗯，挺着个大肚子，怪难受的。"

"生孩子可痛苦哩，我有这个体会。"

姐姐一直被认为是不会有生育的，结婚后不知过了多少年，才生下一个男孩。因为上了年纪才生头胎，她自己和旁人都很担心。相反，她没有担什么风险，就把孩子生下来了。可是，那孩子生下不久就夭折了。

"要当心！千万别轻率啊！——我家那孩子活着的话，也就有个依靠啊！"

六八

姐姐的话里，含有对死去的亲生儿子的怀念，也包含有对现在这个养子的不满。

"彦儿再能干些就好喽！"

她经常对旁人流露这种想法。彦儿虽不是她期待的那么特别能干，却是个稳妥可靠的好人。健三曾听人说他一大早就得喝酒，两人交往不深，不知道其他方面还有什么缺点。

"再多给家里挣点钱就好啦！"

诚然，彦儿的收入还不能使养父母的生活过得很宽裕。可是，比田也好，姐姐也好，只要想一想当初对他的抚育，如今也就没有道理来说这种贪图阔气的话了。他们没有送彦儿上什么学校。虽说挣钱有限，但能够拿到这点月薪，对养父母来说，就算是幸运了，对姐姐的牢骚，健三没有明显地予以重视；对死去的孩子，更没有寄予同情。他没有见过那孩子生前的模样，也不知死时的情景，连名字都忘了。

“那孩子叫什么来着？”

“作太郎嘛，那里有灵牌。”

姐姐给健三指着安装在生活间墙上的小神龛。在那昏暗而又有些脏的神龛里，摆着祖先的五六个灵牌。

“是那块小的吧？”

“可不，因为还是个婴儿，特意做了块小的。”

健三不想站起来去看看灵牌上的名字，仍然坐在老地方，从远处望着在黑漆板上写着金字的小牌子。他脸上没有任何表情。自己第二个女儿正患痢疾，再严重一点就将夺去她的生命。尽管他十分担心，也很痛苦，却没有因此而产生联想。

“姐姐如果老是这样的话，说不定什么时候就会跟孩子去的啊，健弟！”

她的目光离开了神龛，投向了健三。健三却故意避开她的目光。

她嘴里说很担心，心里根本不想死。这种牢骚话与一般老人说的话含义多少有些不同。从她身上可以看出：慢性病一直这么拖着，寿命照样能慢慢地延续下去。在这方面，她的脾气反而帮了忙。她无论怎么难受，也不管别人怎么规劝，从不说要在屋里便溺，即使爬也得爬到厕所里去。她还有一个从小养成的习惯，就是早晨一定光着膀子洗漱，任凭刮寒风，下冷雨，都绝不间断。

“别那么担心，尽可能保养好就行啦！”

“是在保养。有健弟给的零用钱，牛奶肯定是要喝的。”据她说，如同乡下人要吃米饭一样，喝牛奶就是一切养生之道。健三也意识到自己的身体一天比一天差，可还在劝这位姐姐保养身体。其实他心里也隐隐约约地知道“这不光是别人的事”。

“我最近身体也不好，说不定比您要早立灵牌呢！”

在姐姐听来，他的话显然是无稽的笑话。他自己心里有数，所以故意发笑。虽说他明知自己的健康在不断受到损害，眼下却无计可施。他比姐姐显得更为可怜。

“我这是暗中慢性自杀，只是没有人对我表示同情。”他心里这么想，两只眼睛盯着姐姐深陷的眼睛、消瘦的脸颊和干瘪的手，脸上露出了微笑。

六九

姐姐是注意细枝末节的女人，对细微的事情总抱有好奇心。她特别正直，可又有一个怪毛病，就是爱绕弯子。

健三刚从国外归来，她就在他面前把自家可怜巴巴的生活情况倾诉了一番，意在取得他的同情。后来她还借健三哥哥的嘴，要求每月多少得给她一些零用钱。健三决定拿出与自己身份相称的钱，通过哥哥的手交给她，还把给钱的意思转告了她。接着，姐姐来信，其中写道："据长弟说，你每月多少会给我一点，实际上你究竟给多少？能不能通过长弟私下里告诉我一声。"很明显，姐姐对哥哥有心充当每月送钱的中间人，觉得靠不住。

健三弄糊涂了，感到很生气，但首先还是觉得姐姐可怜。他想把姐姐痛骂一顿，要她"少说废话"。他给姐姐的回信虽只写了一张信纸，却把他的心情充分表达出来了。姐姐也就那样没有再来信。她不识字，连上次的信都是请别人代笔的。

由于这件事，姐姐对健三更加顾虑重重了。她本来是什么都想打听的，现在对健三的家庭，除了不得罪人的事以外，不再多嘴了。健三也从来不想把自己夫妻间的问题摆在她面前。

"近来阿住怎么样？"

"怎么说呢，还是老样子呗！"

两人的对话，多数情况都是这样收场。

姐姐间接知道了阿住的病。在她的问话里，除了好奇心之外，还夹杂着热情的关怀。当然，这种关怀对健三是不起什么作用的。在姐姐眼里，健三不过是一个难以亲近、面无表情的怪人。

健三带着忧郁的心情，从姐姐家里出来，一直朝北信步走去，终于走进了从未到过的一条肮脏的街，像是新开的路。他出生在东京，眼下自己来到了什么个地方，方位还是能够分辨清楚的。可是，那里却没有给他留下任何可以勾起记忆的东西，往昔的印象全被拂除了。他带着不可思议的神态走在这块土地上。

他想起了过去的青苗地，还有穿过青苗地的一条笔直的小路，田地的尽头有三四家草顶的房子，眼前出现了一个汉子的身影，那人脱去蓑衣，坐在帆布折叠椅上，吃着凉粉。再往前走就是一家宽阔得像原野的造纸厂。从那里拐过去，来到了街尽头，有一条小河，河上架着桥，河两岸筑起高高的石墙，从上面朝下看，离河水还相当远。桥边那家古雅的澡堂挂着门帘，旁邻的菜店门前摆着茄子，这些景物都曾使小时候的健三联想到广重[①]的风景画。

然而，过去的一切都像梦一般从眼前消失了，剩下的只是一片大地。

“什么时候变成这个样的呢?”健三原来光注意人们的变化，现在面对着这自然的急剧变迁，他吃惊了。

他突然想起幼年时候同比田下象棋的事。比田有个毛病，面对棋盘，就要说“这么一来，我就是所泽的藤吉[②]的弟子喽!”直到今天，只要把棋盘在他面前一摆，他还会说这句老话。

“我自己究竟会怎么样呢?”健三认为人生只有衰落，并无其他变化，即使有变化，也与日益繁荣的郊外情景无法相比。这意想不到的对照，不禁使他陷入了沉思。

七〇

健三无精打采地回到了家里。他那样子很快就引起了妻子的注意。

“病人怎么样?”

人总在某个时候要生病，这是难以逃脱的命运。看起来，妻子很想从健三的嘴里得到明确的答复。健三在未予答复之前，先感到有些蹊跷。

“一切都好。虽然还卧床，但没有任何危险。看来，我是被哥哥骗了。”这种口气说明他脑子里很糊涂。

“你呀，受骗也许更好些。如果真是那样，那就……”

“不是哥哥不好，而是哥哥被姐姐骗了，姐姐又被她的病骗了。也就是说，在这个世界上大家都在上当受骗。最聪明的也许要数比田，不管老伴怎么病，他都决不会受骗。”

“姐夫还是不在家?”

“能在家吗?就是病得厉害的时候，恐怕他也没有管过。”

健三想起挂在比田身上的金怀表和金链子。哥哥私下里说那是镀金的，可比田自己却一直把它当做真货。镀金也好，真货也好，反正谁也不知道他

---

① 安藤广重（1797—1858），江户末期有名的浮世绘画家，长于风景画。

② 指琦玉县所泽市的著名棋士大矢东吉，因音近而误为藤吉。

花多少钱从哪里买来的。这表的由来，连谨小慎微的姐姐，也只是大致猜测罢了。

“肯定是分期付款买的呗！”

“说不定是典当死了的货。”

姐姐听凭着自己的想法向哥哥作了种种解释。这件健三认为不成问题的事，却引起了他们的种种猜想。越是这样，比田越显得神气。实际上，连健三每月给姐姐的零用钱都经常被比田借去。有多少钱落到了丈夫手里？现在他手里还有多少？姐姐始终没法弄清楚。

“近来，他手里好歹有两三张债券。”

姐姐的话简直跟猜邻居家的财产一样，离丈夫的实际情况相差甚远。

比田把姐姐摆在这种地位上，她自己毫不在意。在健三看来，比田真是个不可理解的人；而姐姐对这种勉强的夫妻关系居然能忍受得了，他同样感到无法理解；至于比田在金钱上一直对姐姐保密，又经常买进姐姐预想不到的东西，身上穿着料想不到的衣服，使姐姐无意中大为吃惊，这些事更是不可想象。丈夫发现妻子有虚荣心；妻子虽然心里焦急，但认为丈夫有能耐，反而心里高兴——当然，光凭这两点，也难以充分说明问题。

“要钱用的时候找别人，生病的时候也找别人。这样，所谓夫妻，只不过是住在一起罢了。”

健三心中的谜不易解开。不愿思考问题的妻子，也未加任何评论。

“再说，从旁人看来，我们夫妻同样也有很奇怪的地方，所以用不着对人家的事说三道四。”

“全都一个样，谁都认为自己好。”

健三一听，马上生气了。

“你也认为自己好吗？”

“当然喽，跟你认为自己好一个样。”

他俩的争执，往往是从这种地方开始。这么一来，双方特意沉静下来的心又被搅乱了。健三把责任归在处事不慎的妻子身上；妻子则认为这是蛮不讲理的丈夫造成的。

“哪怕不会写字，不会缝衣服，我也喜欢像姐姐那样孝顺丈夫的女人。”

“如今哪里还有那样的女人啊！”妻子话里深藏着极大的反感，认为再没有比男人更自私的了。

七一

妻子虽没有达事明理的头脑，但分外开明。她不是从被旧式的伦理观念束缚得那么厉害的家庭里成长起来的；她父亲虽担任过政治家的工作，但对家庭教育并不死板；母亲的性格也不像一般妇女，对子女管教得不是那么严；她在家里呼吸着较为自由的空气，而且只念到小学毕业；她不善于思考，但对考虑过的事却能得出粗浅的体会。

“光是因为名义上是丈夫，就得强迫人家去尊敬，我可做不到。如果想受到尊敬，最好在我面前能表现出受人尊重的品格来，丈夫之类的头衔，即使没有也不要紧。”

说来奇怪，做学问的健三，在这一点上，思想反而显得陈腐。他很想实现为了自己而必须推行的主张，从开始起，就毫不顾忌地把妻子摆在为丈夫而存在的位子上，认为“从哪个意义上讲，妻子都应该从属于丈夫”。

两人闹矛盾的最大根源就在这里。

妻子主张与丈夫分开，独立存在。健三一见她那样就感到不痛快，真想说：“一个女人家，太不自量啦！”再激烈一点，还想立即改口说：“别那么神气！”妻子心里也经常想用“女人又怎么着”的话来回敬他。

“再怎么说，女人也不是任人随意践踏的呀！”

健三有时从妻子脸上露出的表情，就能清楚地看出这一点。

“并非因为是女人，别人瞧不起，而是因为自己太笨，才被人瞧不起的。要想得到人家的尊敬，就得有受人尊敬的那种人品。”

健三的这一套理论，不知不觉与妻子用来对付他的那一套理论混在一起了。

他俩就这样在没完没了地兜圈子，而且再怎么累也在所不顾。

健三在圈子里猛地站住了，这不外是他那激昂的情绪安静下来的时候；妻子也会在圈子里突然停下来，这只限于她脑子里的障碍开始疏通的时候。这时，健三才收敛住怒号，妻子才又开了口。两人又携起手来，有说有笑了。可是，仍然没法跳出那个圈子。

妻子临产前约十天，她父亲突然来看望健三。正好他不在家，傍晚归来时，听妻子说起此事，他歪着头问：“有什么事呢？”

“哦，说是有点事要跟你说。”

"什么事?"

妻子没有回答。

"你不知道吗?"

"对啦，他走时说，在这两三天内还会再来，到时再跟你细说。等他来了，你直接问吧。"

健三不好再说什么。

岳父多时不来了。无论有事没事，他做梦也没有想到对方会特意前来。由于这种疑惑，他说的话比平时要多。与此相反，妻子说的话却比平时少。妻子常因不满和心烦而沉默寡言，但这次有所不同。

夜晚不知不觉变得十分寒冷了。妻子目不转睛地凝视着微弱的灯影，灯光纹丝不动，唯有风猛烈地吹打着挡雨套窗。就在这树木呼呼作响的夜里，房间里寂静无声，夫妻俩隔着灯默默地坐了一阵。

七二

"今天父亲来时，没有穿外套，显得冷，我把你的旧外套拿给了他。"

那件和服外套是在乡下的西服店做的，已经多年了，在健三的记忆里几乎没有印象了，妻子为什么给了自己的父亲，健三没法理解。

"那么脏的东西!"与其说他不可理解，不如说感到怪难为情。

"不，是高高兴兴穿着走的。"

"你父亲没有外套吗?"

"岂止没有外套，什么东西都没有啦!"

健三很吃惊。妻子的脸在微弱的灯光照射下，突然显得十分可怜。

"穷成这个样了么!"

"是啊，说是已经没法可想了。"

不爱说话的妻子，一直没有向丈夫谈起自己娘家的详细情况。健三对岳父离职以后过得很不称心的情况，虽略有所闻，但根本没想到竟落到了这般地步。他不由得随即回顾起岳父的往昔来。

他眼前清楚地浮现出岳父头戴礼帽，身着大礼服，神气十足地走出官邸的石门的那副派头。大门上铺的是硬木拼成的"久"字形地板，锃亮锃亮的，健三走不惯，有时会脚打滑。会客室前有一块宽阔的草地，往左一拐，紧连着一个长方形的餐厅。健三还记得结婚之前，在那里与妻子的家里人一起吃过晚饭。楼上也铺着地席。他没有忘记在正月里一个寒冷的晚上，他被邀去玩纸牌，就在楼上一间暖和的屋子里欢声笑语、深夜不断。

这座宅子还有一栋日本式房子与洋楼相连，住在这里的，除了家里人外，还有五个女仆和两个书童。由于工作关系，这里进进出出的客人甚多，也许需要这么些佣人来听候使唤。当然，如果经济上不允许的话，这种需要是不可能满足的。

就是健三刚从外国回来时，也不见岳父困难到这个程度。岳父到新安家落户的驹込的后街来看望时，就曾对他这么说：

“说起来，一个人怎么的也要有自己的房子，当然，这不是一下子就能办到的。即使往后推，心里也要想着积蓄点钱。如果手边没有两三千元钱，一旦办事，那就麻烦了。哪怕有那么一千元也好，如果把它存在我那里，过一年，马上就会增加一倍。”

健三不通理财之道，当时被弄得莫名其妙。

“一年里，一千元怎么能变成两千元呢？”

他脑子里根本找不到解决这个问题的答案。他不善图利，只能带着惊讶的神态，去琢磨这只有岳父才有、自己却完全缺乏的那种神奇的力量。可是，他并没有指望储存一千元，也不想向岳父打听那种生财之道，就这样过到了今天。

“不管怎么说，按理不至于那么穷。”

“这有什么办法呢，命该如此嘛。”

妻子面临分娩，肉体上的痛苦，使她稍许费点劲都感到很吃力。健三默默地望着她那值得同情的肚子和气色不好的面容。

过去在乡下结婚时，岳父不知从哪里买来四五把下等团扇，上面画有类似浮世绘①的美人。健三拿过一把，一边摇动一边说太俗气。岳父当时回答说：“在这地方还是合适的。”如今健三把在那里做的外套给了岳父，却很难把“对老爷子还是合适的”之类的话说出口来。他认为再穷，穿那种东西，未免太难为情。

“没想到他还愿意穿。”

“尽管难看，总比挨冻强吧。”妻子惨然一笑。

---

① 日本的一种风俗画，以画人物为主，类似我国的年画。

七三

隔了一天，岳父来了。健三见着了好久不见的岳父。

无论从年龄，还是从阅历来说，岳父都要比健三更谙于世故。可是，他对自己的女婿总是那么客气，有时客气到极不自然的程度。这并不能说明他把一切全袒露出来了，而且暗地里还隐藏着许多别的打算。

在他那双出自官僚的眼睛里，从开始起就把健三的态度视为不恭，认为健三很不礼貌地超越了不应超越的界限；对健三那种只相信自己的傲慢表现，心里满不高兴；而且对健三那种毫不顾忌、想说什么就说什么的粗鲁习气，也很不称心；健三除了胡来，别无可取的顽固思想，也正是他要指责的。

他瞧不起带有稚气的健三。他认为健三连形式上的经验都没有，却拼命想接近他，所以表面上采取这种客套态度来进行阻挡。这么一来，两人就地而止，不再前进一步，两人之间必须保留一定的距离，以便搜索彼此的短处，而对彼此的长处，就连明显的不想去弄清了。这么一来，彼此对自己身上的大部分缺点也就更加不注意了。

诚然，在健三面前，眼下他无疑是属于暂时的弱者。不肯向他人低头的健三，看到岳父由于穷困，不得已来到了自己面前时，就马上联想到处于相同境遇中的自己。

“确实太苦啦!”健三的思想被这个念头束缚住了。他倾听了岳父前来谈起的筹款办法，脸上显得毫无悦色。他心里也抱怨自己不该这样。“我不是因为金钱的事，才面无悦色的，而是因为与金钱无关的另一件不愉快的事才这么不高兴，请不要误解。在这种情况下，我与那种伺机进行报复的卑劣的人有所不同。”健三很想在岳父面前作出这种解释，但还是不想冒着被误解的危险，没有把话说出来。

与莽撞的健三相比，岳父却显得相当彬彬有礼，也很沉着。从旁看去，他比健三更具绅士风度。

岳父提起了某人的名字，说：“那人说他认识你，你也该认识他吧。”

“认识。”

健三过去在校时，就认识那人，只是没有深交。听人说，他毕业后去了德国，回国后很快改换了职业，转到某家大银行去了。除此以外，健三没有听到有关他的消息。

“还在银行里吗？”

岳父点点头。可是，健三根本不知道他们是在哪里认识的，又没法详细打听，主要是谈那人愿不愿借钱的事。

“据他本人说，要借也行。行是行，但要有可靠的证人。”

“那是自然。”

“我问谁来作证才行呢？对方说，你来作证，就可以借。对方特意点了你的名。”

健三毫不犹豫地承认自己是可靠的人，可是考虑到职业的性质，自己是缺乏财力的，这一点应该让人家知道才行。况且岳父是交际极广的人，他平时提到的熟人当中，社会信用比健三高出多少倍的著名人物，要多少有多少。

“为什么要我来签字画押呢？”

“人家说，是你就可以借。”

健三陷入了沉思。

七四

他从未当过向别人借钱的证人。不管他怎么处事随便，这种事还是经常听说过的：有人就因为出于情理，替人画押，到头来，虽有一身本事，却落得沉沦在现实社会的底层，挣扎了再挣扎。他想尽可能避开那种关系到自己前途的行径。他思想顽固，可又经常迟疑不定。在他看来，这种情况下，如果断然拒绝作保，那是多么无情、冷酷和于心不忍啊！

“非我不行吗？”

“说只有你才行。”

他同样问了两遍，得到了两遍同样的回答。

“真奇怪呀！”

他与世事疏远。岳父到处求情，就因没人作保，最后才不得已到他这里来的，连这种明摆着的事，他都察觉不出来。那位并无深交的银行家如此信任他，他反而提心吊胆。

“真不知会落个什么样的下场。”

他十分担心自己未来的安全。与此同时，他的性格也使他没法单凭这点利害关系，就能把此事承担下来。在得到一个适当的解决办法之前，他不得不在头脑里反复思索。就算最后找到了解决的办法，在拿到岳父面前去时，又得付出很大的努力。

“因为作保的事太危险，我不想那么做。至于您所需的钱，由我来尽力筹措。当然，我没有存款，要筹款就得向人借。只要可能，就不要去借那种在形式上需要履行立约画押之类手续的钱。尽管我的交际范围不广，但去张罗不冒风险的钱，我还是心甘情愿的。从这方面想想办法看。当然，要凑足所需的款项，那是不可能的。既然由我去筹措，必须要由我来归还，这是理所当然的，所以我不可能去借与自己身份不相称的钱。”

岳父处境困难，能借多少就算帮了多少忙。所以他没有更多强求健三。

“那么，就请你费心吧。”

他用健三那件旧外套紧裹着身子，走在寒冷的阳光下，回家去了。健三在书斋里与岳父说完了话，把他送出大门之后，又径直回了书斋，没有去观察妻子的表情。妻子在送父亲出大门时，只是和丈夫并肩站在脱鞋的地方，也没有再进书斋来。筹款的事，两人各自都心里有数，却没有提出来谈一谈。

可是，健三心里从此有了负担，他不得不为完成这一使命而奔波，再次来到了安家时为买火盆和烟具而一起奔跑过的那位朋友家里。

“能不能借点钱呢?”

他突然提出了这个问题。那位朋友没有钱，带着惊奇的神态望着他。他把手伸向火盆，向朋友逐一说明了情况。

“怎么样?”

这位朋友曾在中国内地的一所学校里教过三年书，当时积蓄了一笔钱，但都买了电铁公司等的股票。

“那么，能不能去找一找清水呀?”

清水是那位朋友的妹夫，在下町繁华的地方开了一家医院。

“是啊，很难说。那家伙兴许有那么些钱，但不知肯不肯借。好吧，去问问看。”

朋友的一片好心终于没有白费。过了四五天，健三把借到的四百元钱交到了岳父的手里。

七五

“我算是尽了最大的努力。”

健三聊以自慰，而对自己设法弄来的钱的价值，却没有更多的考虑。他既没有想岳父兴许会因此而感到高兴，也没有考虑这些钱到底能起多大补助作用。至于这笔钱将花在哪方面？又怎么花？他根本不懂。岳父来时也没有把内情向他说清楚。

想借此机会消除两人以往的隔阂，未免过于简单，何况两人的性格又过于固执。

岳父在待人处世上，虚荣心要比健三强，与其说他会尽力争取别人很好地了解自己，不如说他想力求把自己的价值摆在光天化日之下，这就是他的性格。因此他在周围的至亲面前，表露出的姿态，总是带着几分夸张。

他的处境一下子变得失意了，才不得不想到自己的平日。为了掩饰这一点，他在健三面前又竭力装出另一副姿态，直到实在装不下去了，才来求健三作保的。尽管如此，他欠了多少债？受了多少苦？这些详细情况，他始终没有告诉健三，健三也未过问。

两个人就那么保持着以往的距离，彼此伸出自己的手，一个人交出钱来，另一个人接了过去，然后，两人再把伸出的手缩回来。妻子站在一旁，默默地看着这一情景，一言不发。

健三刚从外国归来时，两人之间的距离还没有这么大。他新安家不久，听说岳父要着手某一矿山事业，当时感到奇怪。

“就是说要挖山？”

“嗯，据说是兴办什么新公司。”

他皱起了眉头，但同时又对岳父那股神奇的力量抱有几分信心。

“能办得好吗？”

“你看呢？”

健三与妻子就这么简单地相互问了一句。随后，妻子告诉健三，父亲因事到北方某个城市去了。约莫过了一个星期，岳母突然来到健三家里，对他说：岳父在旅途中得了急病，她非去一趟不可，为此，能不能设法凑点旅费。

“好的，好的，旅费嘛，怎么的也得凑给您，您就立即动身吧！”

健三打心里同情那个坐火车挨冻、而今住在客店里经受着痛苦的老人。虽说自己不曾去过，但处身在遥远的天空下的孤单情景是可想而知的。

“只是来了个电报，详细情况根本不知道。”

“那就更不放心啦，还是尽早去一趟的好。”

幸好岳父的病不重。可是，他要着手的矿山事业，就那么烟消云散了。

“没有谈到有什么把握吗？”

“有是有，但又说意见不大一致。”

妻子把父亲竞选某大城市市长的事告诉了健三。这笔活动经费好像由他的一位有钱的老朋友来承担。可是，该市的几位有志之士一齐来到东京，拜会了一位有名的伯爵政治家，询问岳父是不是合适的人选？那位伯爵回答说：“不太合适吧！”据说就凭这么一句话，事情就被勾销了。

“真难办啊！”

“往后总会有办法的。”

妻子比健三更多地相信自己的父亲。健三当然知道岳父有一股神奇的力量。

“出于同情，我才那么说的。”他的话并非谎言。

七六

可是，岳父再次来探望健三的时候，两人的关系已经发生了变化。曾主动为岳母提供旅费的女婿又得后退一步，只是站在相当远的距离上望着岳父。当然，他眼睛里呈现出的神态既非冷淡，也非漫不经心，而是要从乌黑的瞳孔里闪出带反感的电光来。他为了竭力掩盖这种电光，才不得已在这种锐利的光芒上覆盖着冷淡和漫不经心的伪装。

岳父处在悲惨的境况中，眼下又是那么殷勤。这两种情况当然会给健三带来压力。他既然不可能积极地顶撞，就只好控制自己。他必须忍耐，充其量只能表示不高兴。他被弄得无可奈何，认为对方困苦的现状和殷勤的态度，反而妨碍他作出自然的表露。在他看来，岳父这样做等于是在折磨他。可在岳父看来，对自己采取连普通人都不如的拙劣对策，等于是自己办了，不堪忍受的糊涂事。当然，从不了解前后关系、光看到这种情景的旁观者来说，真正糊涂的还是健三。就是让知道情况的妻子来说，也绝不会认为丈夫是个聪明人。

"这回可真把我给难住了。"

岳父最初说这种话时，健三没有给他一个称心的答复。

不久，岳父提到了某知名财界人士的名字。这人既是银行家，也是实业家。

"是这样，最近由于某人的周旋，我会见了他，谈得十分投机。说起来，在日本，除了三井和三菱，就要数他了。所以不会因为当雇员而有伤我的体面，而且工作的区域又很宽，可能干得很愉快。"

这位有钱人许给岳父的职位，是关西某私营铁路公司的经理，这家公司的大部分股票被他一人把持，所以他有权根据自己的意志来选择公司经理。可是，岳父必须先拥有几十股或几百股股票的资格。如何筹措这笔钱呢？健三不通此道，无能为力。

"我求他把暂时需要的股票数转在我的名下。"

健三对岳父的话抱有怀疑，但并不因此而轻视他的才能。在促使他和他的家属摆脱目前的困境这一点上，健三无疑是希望他获得成功的，只是依然不能改变原来的立场。他的祝贺只是形式，而且他的软心肠又故意变得硬起来。看来，这方面完全没有引起老朽的岳父的注意。

"让人作难的是，不能走一步看一步，因为还有时机问题。"

他从怀里拿出一张聘书似的纸来给健三看，上面写着某保险公司聘请他当顾问的词句和每月支付一百元报酬的条件。

"如果刚才跟你谈到的这门差事能成，是拒绝还是接受，我还没有拿定主意。不过，即使只有一百元，也可以渡过当前的难关。"

过去，在他辞去某一官职时，当局曾根据政府内定，附加了一个条件，如果他愿意到山阴道去担任知事，可以进行调动。可是他断然拒绝了，如今为了从这家不太兴隆的保险公司得到一百元月薪，却并不嫌弃，这只能说明境况的变化对他的性格产生了影响。

岳父这种与健三差别不大的态度，有时会把健三从原有的立场上往前推，可当他意识到有这种倾向时，又必须往后退。他这种自然的态度，从伦理上讲，也可以认为是不自然的。

七七

岳父是个事务工作者，他总是净从工作的本身出发来评价一个人。乃木将军[①]出任台湾总督不久就辞了职，当时，他对健三说：

“作为个人的乃木将军，重义笃情，实在伟大；可作为总督的乃木将军，是否真正胜任，我认为这方面似乎还有许多问题需要探讨。也许个人的恩德会很好地传布给亲近自己身边的人，可是，给远离自己的黎民百姓的利益就不那么充分了。要做到这一点，还是离不开本事，没有本事，不管多么好的人也只能待在一旁，无计可施。”

在职期间，他曾主管过下属某会的一切事务。以某侯爵为会长的这个会，由于他的努力，使创立该会的意图在工作中得到了很好的贯彻，后来，约有两万元的余款存在他那里。与仕途绝缘后，他接二连三地不走运，终于动用了这笔存款，而且不知不觉被耗费殆尽。为了维持自己的信用，他没有把此事告诉任何人，但又不得不每月设法筹款，以偿还这笔存款自然生出的近百元的利息，来保住自己的体面。这事比维持家计还要使他作难。可这一百元对维持他的官场生涯是绝对必要的，能每月从保险公司得到这笔钱，当时在他的心里无疑是越想越高兴的事。

很久以后，健三才听妻子说起此事，从而使他对岳父产生了新的同情，不再把岳父当做不道德的人来憎恨，更不把与这种人的女儿结为夫妻视为耻辱了。然而，健三在妻子面前几乎从不谈起这些事。妻子倒是常常跟他说说话——

“我呀，不管丈夫是什么人，只要对我好就行。”

“小偷也行吗?”

“对啦、对啦，小偷也罢，骗子也罢，什么都行。只要把老婆当人看待，这就够了。再怎么了不起的人，或是有卓识的人，在家里待人不亲切，对我是毫无好处的。”

的确，妻子就是所说的这种女人。健三也同意她的说法。只是他的观察，像月晕一样渗出了妻子所说的意思之外，妻子在旁边用这种话指责自己一心扑在学问上，这种气味已从某些方面闻出来了。可是，还有一种感觉比这种气味更强烈地在冲击健三的心，那就是不了解丈夫心思的妻子，正在用这种态度在暗中维护着自己的父亲。

“我不是那种人，不会因为这些事而丢开别人不管。”他并不想在妻子面前开脱自己，只是暗自念念不忘以此来替自己辩解。

---

① 乃木希典（1849—1912），陆军大将，明治天皇驾崩时切腹殉死。

当然，他也认为：自己与岳父之间所以自然产生出鸿沟来，主要还是由于岳父过于施展手腕所造成的。

健三正月里没有去岳父家拜年。只寄了一张恭贺新禧的明信片。岳父不能原谅，表面上没有责怪此事，而是让十二三岁的小儿子同样写了恭贺新禧几个歪歪扭扭的字，并用那个儿子的名义给健三回了一张贺年片。健三很清楚，这是岳父运用他的手腕在进行报复，而对自己为什么没有亲自去给岳父拜年，却完全没有做出反省。

一事连万事，利息滚利息，儿子还会生儿子，两个人的关系越来越疏远了。健三认为：不得已犯罪和本来无需犯罪、却明知故犯，两者之间是有很大区别的，所以对岳父那种性质恶劣的故作镇静态度，也就更加气愤了。

七八

"他好对付。"

健三尽管知道自己确实存在不少好对付的地方，可是，如果别人这么看，他就十分生气。

他的神经使他对那些不计较自己生气的人，会很快就产生出一种亲切感。群众中若有这种人，他的眼力是可以很快分辨出来的。只是他自己无论如何没有这种胸怀。倘使这种人出现在眼前，他是会更加尊敬的。

与此同时，他痛骂自己。可是对方要促使他咒骂自己，他就会更加激烈地咒骂对方。

就这样，他和岳父之间自然形成的鸿沟越来越深了。妻子对他的态度，无疑对造成这条鸿沟暗中起了作用。

两人的关系越来越紧张的时候，妻子的心渐渐地倾向娘家。娘家出于同情，必然反过来暗地里为妻子撑腰。显然，为妻子撑腰，在某种场合下，无疑是与健三为敌。这么一来，两人只能越来越疏远。

幸而老天把癔症作为缓冲剂赋予了妻子。两人的紧张关系到了顶点时，癔症正好又发作了。妻子经常倒在通向厕所的走廊里，健三把她抱起来直接放到床上。还有这种情况：深更半夜她一个人蹲在开着一扇挡雨窗的廊檐边上，这时，健三走过去从身后用两手把她架住，带回卧室里来。

这种时候，她的意识总是朦朦胧胧的，跟做梦没有区别，瞳孔放开很大，外界映在她的眼里，就像幻影一样。

健三坐在枕边直盯着她的脸，眼里总带着不安的神情，有时怜恤妻子的念头会战胜一切。他经常把可怜的妻子的乱发梳理好，用湿手巾给她擦去额上的汗珠。有时为了使她头脑清醒，还会朝她脸上吹气，或嘴对嘴给她灌水。

健三清楚地记得过去的情景：妻子癔症发作时，比现在还厉害。有时，他夜里睡觉，常用细绳子把自己的腰带和妻子的腰带连在一起。绳子长约四尺，这个长度是特意考虑好能充分翻身的。多少个夜晚都是如此，妻子并不反对，就那么睡了。有时，他用碗的底部压在妻子的心窝上使劲按，就靠这种办法来止住妻子身子朝后仰的怪劲，可是，他自己也弄得冷汗直流；有时，他还会听到妻子在胡言乱语。

“天老爷来了，驾着五彩祥云来了，不得了啦！他爹。”

“我的小宝宝死了，我死去的小宝宝来了，我不得不去呀，你瞧，不是在那儿吗？在水井里，我要去看看，放开我呀！”

流产后不久，她扒开紧抱着她不放的健三的手，一边这么胡说，一边要翻身起来……

妻子的发作给健三带来了极大的不安。在一般的情况下，紧接在不安之后，他脸上会现出更大一团慈爱的云彩来，与其说他担心，不如说他更加怜悯妻子。他在体弱可怜的妻子面前低下头来，尽可能讨得她的欢心。妻子也显得很开心。

因此，他既不怀疑妻子是故意发作，也不因过于生气而不去管她。而且妻子发作的次数，并不妨碍他自然的同情；妻子如此折磨自己，也没有增加不满。正因为如此，妻子的病作为缓和两人关系的措施，对健三来说，还是很有必要的。

遗憾的是，他和岳父之间却不具备这种缓冲剂。因此，妻子对他们两人本来存在的鸿沟，即使在夫妇关系恢复正常之后，也没法去稍作填补。这是一种怪现象，但的确又是事实。

七九

健三讨厌这种不合理的事，他为此而苦恼，可又没有别的办法。他的性格是既认真又专心，同时也带有相当消极的倾向。

“我没有那种义务。”

他自己问自己，自己得出答案，而且相信这个答案是带根本性的。他决心永远在不愉快中生活，甚至对往后能否自然得到解决，都不作指望。

遗憾的是，妻子在这方面，也一直持消极态度。她是个一有什么事就愿意奔走的女人，有时别人托她干什么，她比男人还要肯干。可是，这只限于眼前手能摸得着的具体事，她认为在夫妻关系上根本不存在这种事，也不认为自己的父亲与健三之间存在那么大的裂痕。除非有具体的重大变化，否则，不会有什么事，对一切等闲视之。她认为自己、自己的父亲和丈夫三者之间所产生的精神状态的波动，是无从着手解决的。

“说起来，这没有什么嘛。”

她暗中也不断意识到这种波动，却硬要这么回答。她认为这样回答是最为正确的，即使有时健三听来有虚伪的感觉，她也决不改变。到后来，她那股怎么着都不在乎的劲头，使她的消极态度锻炼得更加消极了。

夫妻的态度就这样在消极的方面取得了一致，即使别人认为这只能使相互间的不协调永远继续下去也在所不顾，这种一致性就是从他俩根深蒂固的性格里也能推断出来，与其说是偶然，不如说是必然的结果。他俩面对面，根据彼此的长相，就能断定各自的命运。

岳父接过健三筹集的钱走了之后，夫妻并没有把此事看得特别重要，反而谈起别的事来。

“接生婆说什么时候生呀?”

“没有明确地说什么时候，可是快了。”

“做好准备了吗?”

“嗯，全放在里面的柜子里。”

健三不知道放了些什么。妻子在艰难地大口喘气。

“不管怎么着，老这么受罪可是受不了，要是还不早点生的话。”

“你不是说过这回也许会死吗。”

“是啊，死也好，怎么着都行，只希望早点生。”

“真可怜!”

“行啦，死了也是你造成的。”

健三想起妻子在遥远的乡下生长女时的情景。他心神不安，脸上显得很窘，听到接生婆叫他去帮一下忙，他随即走进产房去。这时，妻子用一般透骨的狠劲，猛地咬住了他的手腕，接着像受刑的人一样呻吟起来。他精神上能感觉到自己妻子身体上经受的痛苦，甚至感到自己就是罪人。

“生孩子很痛苦，可看生孩子也够难受的！”

“那就找个地方玩玩去吧。”

“一个人能生吗？”

妻子什么都没有说，根本不提丈夫出国期间生第二个女儿时的事，健三也不想打听。但他又是天生的放不下心的性格，他不是那种放着妻子的痛苦不管、只顾自己外出冶游的人。

接生婆再来时，他叮问道：“是一周之内的事吗？”

“不，也许会再往后些。”

健三和妻子都这么准备着。

八〇

妻子的预产期不准，有提前的感觉。她痛苦的呻吟声，惊醒了躺在旁边的丈夫。

“刚才肚子一下子痛起来……”

“是不是要生啦？”健三不知妻子的肚子痛到什么程度，在寒夜里，他从被子里露出头来暗盯着妻子的神态。

“给你稍许揉揉吧？”他懒得起来，只是应付了一句。他对妻子生孩子只有一次经验，而那点经验也忘得差不多了，只记得妻子生长女的时候，这种痛感像潮水涨落一样，反复了好几次，“不会这么快吧，生孩子嘛，总会痛一阵好一阵的。”

“可不知为什么，痛得越来越厉害了呀！”

妻子的神态也明显地证明了她说的话，见她痛得在床上没法安静下来，而且脑袋离开了枕头，时而向右，时而向左。健三是个男子汉，对此毫无办法。

“去叫接生婆吧？”

“是，快去！”

给职业接生婆家打电话吧，但那里又不会有那么齐全的设备。在紧急的情况下，他总是往有关系的医生那里跑。

初冬的夜晚，外边黑漆漆的，离天亮还有一段时间。他也考虑到让女仆去敲人家的门会引起麻烦，可又不敢就这么等到天亮。他终于拉开卧室的隔扇，从旁边屋通过生活间，来到了女仆的房门口，立即把女仆叫起来，让她连夜去找人。

他回到妻子的枕边，妻子更加感到剧痛了。他的神经十分紧张，一分钟一分钟地在等待车子在门口停下来的声音。

接生婆就是等不来。妻子的呻吟声把夜深人静的房间搅得不得安宁。约莫过了五分钟，妻子向丈夫宣布："这就要生了！"这时，听到妻子发出一声没法再忍的喊叫，胎儿降生了。

"坚强些！"

健三连忙站起来，转身到了床边，可他不知如何是好。那盏油灯在长灯罩里发出死寂的亮光，照着昏暗的室内。健三眼睛看到的周围，只是一片昏暗，模糊得连被子的条纹都看不清楚。

他狼狈不堪，要是移灯去照，强迫自己去看那男人不应看的地方，又感到羞怯，不得已只好在黑暗中摸索。他右手带着不同寻常的触觉，突然摸到了一种从未接触过的物体，像洋粉一样柔软。从轮廓来说，只不过是不成型的一团肉块。这肉块带来的恐怖感传遍了他的全身，他用手指轻轻地摸了摸，肉块既不动，也不哭，只是感到在触摸的时候，那块柔软的洋粉似的东西仿佛脱落下来。他想：如果硬是去压或是去抓的话，整个物体肯定就会崩裂。他心里害怕，连忙把手缩回来。

"可是，就这么放着的话，是要感冒的，也会冻坏的呀！"

是死了还是活的，他分辨不清，但这种担心却涌上了心头。他猛地想起妻子说过生产所需的东西放在柜子里，随即打开自己身后的柜门，从那里拽出来大量的棉花。他不知道那就是脱脂棉，只知道一个劲地扯碎了，盖在那柔软的肉块上。

八一

这时候，盼着的接生婆终于来了，健三这才放了心，回自己房间去了。

天很快亮了。婴儿的哭声使家里寒冷的空气都为之微微颤抖。

"母子平安，可喜可贺。"

"是男孩，还是女孩？"

"是个女孩……"接生婆有点遗憾似的，只说了半句话。

"还是女孩呀！"

健三显得有些失望。第一个是女孩，第二个是女孩，这回生的还是女孩，他成了三个女孩的爸爸，心里暗中责怪妻子：像这样净生同样的品种，安的什么心？可是，却没有想想自己让妻子这么生，应该负有什么责任。

在乡下生的长女，本是个皮肤细嫩的漂亮小姑娘。健三经常让孩子坐在婴儿车里，从后面推着在街上走。有时见孩子像小天使似的睡得很香，这才推回家来。可是，后来却起了预想不到的变化，他从外国归来时，这小姑娘由人领着到新桥车站来接他，小姑娘看见好久不见的父亲，竟对旁边人说："我还以为爸爸有多好看呢！"他的长相的确使孩子失望。可是久别之后，孩子的容貌也变得难看了，脸部越来越缩，轮廓也不丰满。孩子的长相像一面镜子，使健三清楚地照见了自己不意而成的难看的面容。

第二个女儿头上一年到头总是长疱。据说可能是不通风的缘故，于是把头发嚓嚓地剪个精光。这姑娘下巴短，眼睛大，就像海里的妖怪一般，羞得她不敢到别处去。因此父母一心指望第三个孩子长得漂亮些，也并非出于偏心。

"一个接一个尽生这样的孩子，究竟作何打算呀！"

他产生了这种缺乏感情的想法，这话不光是指孩子，还多多少少包含着问自己和妻子究竟作何打算的意思。

外出之前，他朝卧室里张望了一下。妻子安静地躺在换洗过的床单上，孩子像附属品似的，包在新的厚棉被里，摆放在旁边。孩子露着红红的脸蛋，给人的感觉与昨晚在黑暗中手所触及的洋粉似的肉块，完全不一样。

一切都收拾停当，那里连脏物的影子都看不见了。夜来的印象就像做梦一样，没有留下任何痕迹。他对接生婆说："被子换过了吧？"

"呃，被子、床单都换过了。"

"收拾得真快呀！"

接生婆光是笑。这女人从年轻时候起就一直打单身，声音和态度有些像男性。

"你一个劲地净用脱脂棉，后来不够用了，可作难啦！"

"也许是那样，因为我慌了手脚呀！"

健三虽这么说，却并不认为有什么了不起。相比之下，对因出血过多而脸色苍白的妻子，倒是使他很不放心。

"怎么样？"

妻子微微睁开眼睛，在枕上轻轻地点了点头。健三就那么出了门。

按时回来之后，他没有脱去西服就坐到了妻子的枕边。

“怎么样？”

这回妻子没有点头。

“好像有些不太妙。”

她的脸色跟早晨看到的不同，显得发红。

“心里难受吗？”

“嗯。”

“让女仆去叫接生婆吧？”

“可能快到了。”

接生婆是该来了。

八二

不久，妻子的腋下塞进了体温表。

“有点烧。”接生婆说着把刻度柱中上升的水银甩了下去。这女人不大说话，为慎重起见，要不要请产科医生来看看，她连这种话都没有跟健三说，就独自走了。

“该不要紧吧。”

“怎么样？”

健三对此一无所知，但产生了一种可怕的念头：只要发烧，就可能很快变成产褥热。妻子相信母亲花钱请来的接生婆，所以反倒处之泰然。

“你还问怎么样，不是你自己的身体吗？”

妻子没有答话。健三看来，妻子的脸上好像露着死了也不要紧的表情。

“人家这么为她担心，可是……”

直到第二天，他还有这种感觉，但仍按往常的时间，一大早就出了门。下午回来时，才知道妻子的烧已经退了。

“原来没有什么事啊！”

“是呀，可说不定什么时候还会发烧哩！”

“生孩子，是会时而发烧，时而退烧的吗？”

健三说话很认真。妻子脸上露出一丝冷淡的微笑。

幸好就那样没有再发烧。产后算是顺利地过来了。妻子按常规在三周内注定该在床上度过。在这时间，健三常来到她枕边说说话。

“你不是说这回会死、这回会死吗？这不是活得好好的么。”

“如果死了好，我什么时候都可以死。”

“那就随你的便喽！”

妻子听了丈夫半开玩笑的话，尽管对自己的生命感觉迟钝，但也会回想起当时确实有一种危险的感觉。

“的确我是想过这回会死的。”

“为什么？”

“不为什么，只是想想而已。”

不怕死，分娩时反而比一般人要轻松。预想和事实正好表里不一，对此，妻子却没有加以考虑。

“你太大意啦！”

“你才大意呢！”妻子高兴地看着躺在身旁的小宝宝的脸，又用手指去捅那小脸蛋，开始逗她玩。这小婴儿长着一张怪脸，可以说还不具备人体应有的眼睛和鼻子的模样。

“正因为孩子小，所以生起来才显得轻松。”

“往后会长大的！”

健三想到了这小肉块将来会长成妻子现在这个样，这当然是遥远的未来的事。可是，只要中途命不该绝，这一天肯定就会到来。

“一个人的命运真难安排呀！”

妻子认为丈夫的话太突然，不解其意。

“你说什么？”

健三不得不在她面前把同样的话再说一遍。

“你这是怎么啦？”

“有什么怎么不怎么，事实如此，就这么说说呗！”

“真没意思。你以为尽说些人家不懂的话，心里就得意啦？”

妻子撇开了丈夫，把自己身边的小宝宝抱过来。健三并没有显出厌烦的样子，又钻进书斋去了。

在健三心里，除了没有死成的妻子和健康的小宝宝之外，还想到了免职未成的哥哥，因气喘病行将丧命、却还活着的姐姐，在谋求新的职务、但尚未到手的岳父，还有岛田和阿常，另外还有自己与这些人之间那未竟的种种事情。

八三

孩子们是最快活不过的了。两个姐姐高兴得像给买来了活娃娃似的，一有空就要凑到新生的妹妹旁边来，哪怕妹妹眨一眨眼睛，她们都会感到稀奇。打喷嚏也好，打哈欠也好，随便什么都被看做是奇怪的现象。

“往后会怎么样呢？”

一家人只顾忙于眼前事务，心里从未考虑过这个问题。孩子们连自己往后会怎样都不懂，当然更谈不上考虑往后怎么办了。从这点来看，孩子们离爸爸要比妈妈远。他从外边回来，经常不及脱去西装，就站在门槛上默默地看着那聚在一起的孩子。

“又挤在一起啦！”有时，他脚跟一转就往门外跑；有时，他又会连衣服都不换就盘腿坐下来。

“老这样用烫壶焐着是会有碍孩子的健康的。拿出来！先要弄清几岁才用烫壶。”

他什么也不懂，又要随便发牢骚，因而有时反而遭到妻子的嘲笑。

孩子一天天长大了，可他从不想着抱一抱。当见到孩子们和妻子挤在一间屋里时，他经常会产生另外一种心情。

“孩子总是为女人所专有的。”

妻子带着惊奇的神色回过头来望着丈夫，她好像从丈夫的话里，突然领悟到自己以往无意中做的事。

“怎么突然说这种没头没脑的话？”

“可不就是如此吗！也许女人是想借此对不称心的丈夫进行报复吧。”

“净说糊涂话。孩子都亲近我，那是因为你不关心她们。”

“不让我关心的，还是你嘛！”

“随你怎么说吧，说什么都是你有理，反正你能说会道，谁也争不过你。”

健三的确是一本正经的，自己有理也好，能说会道也好，他都没有想过。

“女人心眼多，这可不好啊。”

妻子在床上把身子翻过去朝着另一面，眼泪扑簌簌地落在枕头上。

“别那么欺侮人……”

孩子们看着妈妈的样子，马上也要哭了。健三心里十分难过，他知道自己被征服了，只好对不能离开产褥的妻子说些安慰的话。然而他对此事的看法和表示同情却是两码事。他替妻子擦去眼泪。但这种眼泪不能改变他的看法。

夫妻再见面时，妻子突然指出了丈夫的弱点。

“你为什么不抱抱孩子?”

“因为总觉得抱孩子有危险，如果把脖子什么的给扭了，那可不得了。”

“瞎说！那是你对老婆和孩子缺乏感情。”

“可是你瞧，那么软瘫瘫的，是没有抱惯孩子的男人能插手的吗!”

的确，小婴孩是软瘫瘫的，根本弄不清骨头在什么地方。尽管如此，妻子还是不能同意，她举出了过去长女生水痘时，健三的态度一下子就变了的实例作为证据。

“在那以前，你每天都抱孩子，打生了水疱以后，突然就不抱了，不是吗?”

健三不想否认这一事实，同时也不想改变自己的看法。

“不管怎么说，女人有一套照顾孩子的本事，这是没法代替的。”他深信这一点，感到自己真像是从照看孩子的事务中摆脱出来的自由人。

八四

妻子经常从租书店借来小说，躺在床上阅读，借以解闷。那马粪纸封面被弄脏了的书放在枕边，有时会引起健三的注意。

“这种书有意思吗?”他问妻子。

妻子感到丈夫像在嘲笑她文学水平低。

“你认为没有意思，只要我认为有意思，不就行啦。”

她意识到自己和丈夫在各方面都存在隔阂，所以不想再说下去。

她嫁到健三家来之前，只接触过自己的父亲和自己的弟弟，还有两三个出入官邸的男人。这些人的生活兴趣全与健三不同。她带着从这几个人身上得出来的对男性的抽象认识来到健三这里，发现自己的丈夫是另一种男人，与预料的完全相反。她认为应该确定哪一方是正确的，当然，她会把自己的父亲看做正确的男性代表。她想得很简单，确信自己的丈夫经过社会教育，往后一定会逐步变成自己父亲那种类型的人。

然而，与想象相反，健三十分顽固。妻子也尽认死理，两人相互看不起。妻子干什么都想以自己的父亲为标准，动不动就对丈夫有反感。丈夫也因妻子不赏识自己而怀恨在心。顽固不化的健三竟毫不顾忌地把自己看不起妻子的态度公开显露出来。

“那么，你教教我也好嘛，别那么瞧不起人!”

“因为你不想要人教嘛，你认为够有本事的了，既然如此，我就无能为力喽!”

妻子认为谁也不会盲目听从。丈夫也暗中认为妻子终归是不堪诱导的。夫妻之间打老早起就反复这么斗嘴。正因为是老问题，所以总得不到解决。健三厌烦似的，把磨损了的租书往下一扔。

“我并不是不让你看，随你的便吧！不过，还是不要用眼过度为好。”

妻子最喜爱缝纫，如果晚上睡不着，不管一个钟头还是两个钟头，总在油灯下细心地穿针走线。生头一个和第二个女儿时，凭着年轻姑娘那股劲，不需多长时间，就能缝好一件衣服，因此视力损害甚大。

“是啊，拿针有伤身体，看看书该不要紧吧，而且也不是连续不断地看。”

“可是，最好别等到眼睛看累了，否则，往后会作难的。”

“什么呀，不要紧。”妻子还不到三十岁，不太懂得过分劳累的意思。她笑了笑，不再搭腔了。

“即使你不作难，我也会作难的。”

健三故意说了这么一句自私的话。每当看到妻子不顾他的提醒时，他就总想说这种话。妻子把这看成是丈夫的又一种怪癖。

相反，他做笔记的字体却越来越小了。最初像苍蝇头那么大的字，慢慢地缩得只有蚂蚁那么大了。为什么非写那么小不可呢？他根本不考虑这些，只顾不停地走动那支钢笔。黄昏时节的窗下，阳光微弱，昏暗的油灯放出暗淡的光，可他只要有空，就不惜自己的视力。他只是提醒妻子，却不知告诫自己，而且不认为有什么矛盾。看起来，妻子好像也不在意。

八五

妻子能起床时，冬季已经在他家荒凉的庭院里开始锥立霜柱了。

“太荒凉啦，今年比往常要冷哩!”

“因为你亏血，才有这种感觉吧。”

“也许是这样吧！”妻子这才注意到了似的，两手伸向火盆，看着自己手指的颜色。

“用镜子照照，连自己的脸色也都能看得一清二楚。”

“嗯，这，我知道。”她缩回伸在火盆上的手，把自己苍白的脸摸了两三次，“可是，今年冷总归还是冷吧！”

健三认为妻子没有听懂自己的话，实在可笑。“这还用说，冬天嘛，哪有不冷的。”他这么笑话妻子。其实，他自己比别人更加怕冷。特别是最近天气冷，身体受到了严重的威胁。他只好在书斋里摆上一个被炉，防止寒气从膝下渗到腰身上来。这也许是神经衰弱才有这种感觉的，可他根本没有考虑这些。在不注意自己身体这一点上，他和妻子没有区别。

妻子每天早晨送走丈夫之后，才进行梳理，手里总留有几根长头发。她每次梳头都带着惋惜的心情，凝视着绕在梳齿上的脱发。这对她来说，似乎看得比亏血更为重要。

“我虽然孕育出了新的生命，但换来的却只能是日益衰老。”她心里微微地涌出了这种感想，然而她不具备把这种感想归纳成言论的头脑，而且在这种感想里掺杂着建立了功绩的自豪和受到了惩罚的怨恨。但不管怎么说，她把爱完全寄托在新生的孩子身上了。

她能把软瘫瘫、不好对付的小婴儿巧妙地抱起来，用自己的嘴唇去吻那圆胖的脸蛋。这时，无须分说，她会感到从自己身上分离出来的孩子，怎么说也是自己身上的肉。她把孩子放在自己身旁，坐到了裁衣案板跟前，但又不时停下手里的活，担心似的朝下望着睡得很暖和的孩子的脸。

“这是谁的衣服？”

“还是这孩子的。”

“用得着这么些吗？”

“嗯。”妻子只顾默默地飞针走线。

健三终于发现了似的，望着摆在妻子腿上的一大块花衣料。

“这是姐姐送的礼物吧？”

“是的。”

“真是多余。既然没有钱，就别兴这一套嘛。”

姐姐心想：如果不从健三给的零用钱里，分出一些来买这么件礼物，总觉得过意不去。健三却不理解姐姐的心情。

"这跟我自己花钱买，有什么不同。"

"可姐姐认为这是对你应尽的情理，又有什么办法!"

姐姐是个过分恪守人间情理的女人，收了人家的东西，总是煞费苦心地要送更多的回礼。

"真不好办啦，老是念念不忘情理、情理。可究竟什么是情理？她根本不懂。与其讲究这种形式，不如留心别让比田借走自己的零用钱，岂不更好。"

每当谈起这种事，妻子就显得特别不在意，也不勉强为姐姐辩护。

"反正往后还得有所表示，就让它去吧!"

健三去拜访别人时，几乎从来不带礼物。尽管如此，他还是带着不可理解的神态，目不转睛地望着妻子腿上那块薄毛织品衣料。

八六

"难怪有人说，大家都愿意往你姐姐家送东西呢。"妻子望着健三的脸，突然说出了这么一句话。

"那是因为都摸清了她的习惯，人家给她十，她会还十五。听说大家送东西都是抱着这个目的去的。"

"即使用十五还十，至多不过是五角变成七角五嘛。"

"对他们那种人来说，这就够多的喽!"

从旁人看来，健三只会沉醉在做小字笔记，至于人世间还存在那样的人，他是根本不会考虑的。

"搞交际太麻烦啦！从开始起就感到无聊。"

"从旁边看是无聊，但一旦遇上那种场合，那也没有办法!"

健三在想：最近自己是怎么把从别处得到的三十元钱花光的。约在一个多月之前，他受一位朋友之托，为他办的杂志写了一部长篇①。在此以前，他除了做小字笔记之外，没有再干别的事。这部长篇对他来说，只不过是从不同的角度动脑筋的最初尝试。他只是把兴趣凝集在笔尖上进行写作，却根本没有想过报酬。当约稿的人把稿酬放到他面前时，他对这意外的收获感到高兴。

---

① 指为高浜虚子（1874—1959）的杂志《子规》写的长篇小说《我是猫》。

一直为自己的客厅显得很杀风景而苦恼的他，连忙跑到团子坡专做硬木家具的木匠那里，定做了一块紫檀挂匾，把朋友从中国大陆带回来送给他的北魏二十品的拓本，选了一幅嵌在里面，然后挂在壁龛里，还用细长的斑竹做了一个环围着这匾额。也许因为竹子是圆的，贴不紧墙壁吧，即使没有震动，看上去匾额也是歪的。

他又从团子坡下去，来到了谷中，从那里的陶器店买来一个花瓶。这是一个红色的花瓶，里面为淡黄色，绘有粗大的花草，高一尺有余。他立即把花瓶摆在壁龛里，大花瓶与摇晃着的小匾额摆在一起，显得很不相称。他带着有些失望的目光，望着这不协调的搭配，心里却认为总比什么都没有要强。对没有时间去讲究兴趣的他来说，只能在不满足中求满足。

他又到本乡街的一家绸庄去买衣料。他对纺织品可是一窍不通，只从掌柜拿给他的料子中胡乱挑选了一种。这是闪闪发亮的碎花白绸子，在一无所知的他看来，认为发亮的要比不发亮的好。掌柜说他可以做一套礼服和一件和服，于是，他抱了一匹伊势崎绸①出了布庄。其实他连伊势崎绸的名称都从未听说过。

他买了这么些东西，却根本没有想到旁人，连新生的孩子都没有放在心上。他把比自己生活还要艰难的人忘个精光，与特别重人情的姐姐相比，他丧失了对可怜人应有的善意。

“那种即使吃亏，也要竭尽情理的人，当然是伟大的。可姐姐是天生的追求虚荣的人，有什么办法，别那么伟大，反倒更好。”

“难道没有一点亲切感吗？”妻子问。

“这该怎么说呢！”健三不得不想一想，姐姐无疑是有亲切感的女人，“也许是我自己不近情理吧！”

八七

这次的对话又给健三的记忆增添了新的色彩。就在这时候，阿常第二次来看望他了。

她粗俗的穿着，与上次见面时大致相同，也许随着天气转冷，又添了棉背心什么的吧，身子比上次显得更加肥胖了。健三连忙把待客用的火盆向她

---

① 群马县伊势崎出产的一种丝绸料子。

推了过去。

“别客气，不要紧，今天暖和多啦。”

透过嵌在拉门上的玻璃，可以看到外面暖融融的微弱的阳光。

“您上了年纪，反倒越来越胖了。”

“嗯，托福。身体还挺好的。”

“那就好。”

“只是家境一天不如一天。”

健三对晚年发胖的人的健康表示怀疑，至少感到不自然，令人有些担心。

“她是不是还在喝酒?”他心里这么推测。

阿常身上的衣服全都旧了，那和服和短褂不知泡过多少次水，但总算还有些丝绢的亮光，只是显得很硬邦。无论穿得多么旧，都要拆洗干净，单从这一点就可以看出她的性格来。健三望着她那又肥胖又寒碜的背影，就明白她的生活状况跟她说的差不多。

“无论往哪里瞧，尽是为难的人，真不好办呀!”

“像你们这种人家都为难的话，世上的人就没有不为难的了。”

健三无心辩解，他随即想到：“此人也许认为我身体比她好，就好像认为我比她有钱一样。”

其实，最近健三的健康情况并不好。他自己逐步意识到了这一点，只是没有找医生看，也没有向朋友讲，光是自己忍着痛苦。但一想到身体的前景，就会心烦意乱。有时他认为是别人把自己弄得这般虚弱的，却没有人来同情，心里很生气。

“也许人家认为我年轻，只要起居没有什么不便，就算是健康的。正像认为我住着单门独院，甚至还使用女仆，一定很有钱一样。”

健三默默地望着阿常的脸，有时也欣赏一下刚装饰在壁龛里的花瓶和上面的挂匾，心里还想到最近就可以穿上发亮的衣料。奇怪的是：为什么对这位老太婆就不能产生同情心呢?

“说不定是我自己不近情理。”他曾在对姐姐的看法上作过这种反省，现在又在心里重复了一遍。可是，却得出了“不近情理又怎么样”的结论。

阿常谈了许多关于同她一起生活的女婿的事，跟世之常情一样，女婿的本事是她最为关注的。她所谓的本事，就是指每月的收入。在她看来，决定一个人的价值，主要是钱，除此以外，在宽阔的世界上，再也找不到别的什么了。

“说来说去，还是因为收入太少，有什么办法。再多挣一点就好啦!”

她在健三面前，不说自己女婿太笨，也不说他无能，只说每月付出的劳力和收入的多少。正如只顾用尺子量衣料的尺寸，却根本不管花色和质地一样。可是不凑巧，健三做的是另一种买卖，他不愿用这个尺度来衡量自己，对她的满腹牢骚，不得不冷漠相待，置若罔闻。

八八

到了适可而止的时候，他起身走进书斋，拿起放在桌子上的钱包，悄悄地把里面又清查了一下，发现一张五元的钞票。他拿着钱又回到了客厅里，放在阿常面前。

“很对不起，请用这点钱雇辆车回去吧!”

“让你这么费心，实在抱歉，我可不是为了这个才来的。”她一边推辞，一边把钱揣进了怀里。

健三给零用钱时所表示的意思跟上次一样。阿常接钱时所说的话与上次也完全相同。而且说来也巧，连五元的金额也都一致。

“下次再来时，如果没有五元钞票，又该怎么办?”

健三的钱包里就这么点钱，经常不得充实，这一点只有钱包的主人最清楚，阿常是不会知道的。当他预想到阿常第三次来，还得第三次给她五元钱时，一下子弄得不知如何是好了。

“我总觉得往后她每来一次，就得给五元钱似的，这不是跟姐姐讲究不必要的情理一样吗!”

正在使熨斗的妻子，觉得此事与己无关似的。她停住了手中的活，说：“没有钱的时候，不给不就行啦，没有必要图那个虚荣嘛。”

“没有钱还给什么，我当然知道没法给喽!”

两人的对话马上中断了。这时，只听到把熄炭从熨斗里倒进火盆去的声音。

“怎么今天你的钱包又装有五元钱呢?”

健三购买与壁龛不相称的红色大花瓶，花了四元多；定做挂匾，又花了约五元。当时，他还盯着那漂亮的紫檀书柜，木匠说把价让到一百元，问他买不买？他像宝贝似的从怀里掏出了不到二十分之一的订金，交到了木匠的手里。他还买了一匹发亮的伊势崎绸，花了十元多。从朋友那里得来的稿费就这么花掉，到后来仅剩下这一张沾有手垢的五元钞票了。

“其实，还有东西想买哩!”

“你打算买什么呀?”

健三在妻子面前没法举出那特殊的东西的名称来，只是说：“多着哩!”

他的话很简单，却包含着无限的欲望。与丈夫爱好不同的妻子，也懒得刨根究底，便向他提出了另一个问题。

“那老太婆比起你姐姐来，要沉着得多，如果她与那个叫岛田的在这里碰上了，该不至于像过去那样吵架吧。”

“没有碰上算是走运。两个人同时在客厅里见面试试看，那才叫人受不了呢。即使分开来单独见面，也是够受的。”

“如今还会吵架吗?”

“吵架也许不至于吧，可我很讨厌。”

“他们两人彼此都不知道对方单独来过这里的吧。”

“怎么啦?”

岛田从来不提阿常的事。阿常也出乎健三的预料，对岛田的事一点不谈。

“那老太婆也许比那老头要好。”

“怎见得?”

“因为得了五元钱就悄悄地走了呀!”

岛田每来一次要求就高一次，与此相反，阿常的态度倒是不同于往日。

八九

没过几天，溺爱女人的岛田又出现在健三的客厅里，健三很快联想到阿常，他们夫妻既然不是天生的仇敌，就肯定有相处很好的往日。当时不管人家怎么叫他吝啬鬼，终归还是攒了钱，那是何等的快活，又是多么充满了对未来的希望啊！可是，作为他们和睦相处的唯一纪念物——那笔钱不翼而飞之后，他们对自已梦一般的过去，究竟又怎么看呢?

健三差一点要向岛田谈起阿常的事。可是，岛田的脸上露着对往日毫无感觉的神态，迟钝得好像把什么事都忘了似的。往日的憎恨，旧时的热爱，看起来，这一切都和当时的金钱一起，从他的心灵中消失了。

他从腰里摸出烟盒来，把烟丝装进烟袋锅里。在敲烟灰的时候，用左手心接着烟管，没有直接敲在火盆边上。烟管里像积满了烟油，吸起来发出嗞嗞的声音，他在自己怀里乱摸了一通，然后才对健三说："能给一点纸吗？烟管不巧堵住了。"

他把健三给的日本纸撕开，做成小纸捻，用它把烟管捅了两三遍。他干这种事是最拿手不过的。健三默默地望着他的手法。

"快到年底了，你一定很忙吧。"他一边高兴地把疏通了的烟管嘶嘶地吹了吹，一边这么说："我们的行业没有年底和年初之分，一年到头都是一个样。"

"那可是好。一般人还做不到这个样哩！"

岛田正要往下说，孩子在后屋里哭开了。

"哦，像是小宝宝嘛。"

"是的，最近刚出生。"

"那可是大喜呀！我一点都不知道。是男孩，还是女孩？"

"女孩。"

"哦哦，恕我冒昧，这是第几个呀？"

岛田只顾问这问那，根本没有注意回答这些问题的健三心里在想什么。

出生率一增加，死亡率也会增加。四五天前，健三看到外国杂志刊载着对这种统计的评论。当时，他在琢磨一件怪事："在什么地方生了一个孩子，就会在别处死去一个老人。"这并非理论，也不是空想。

"也就是说，为了有个替身，有人非死不可。"他的这一观念像梦一样模糊，又像朦胧的诗句浸进了他的头脑。如果要用理解力深追下去，不弄明白不罢休的话，那么，可以说这个替身无疑就是孩子的母亲，其次是孩子的父亲。可是，眼下健三还不想走这一步，只是两眼有意地注视着自己面前的老人。这老头几乎不懂得人活着的意义，作为替身，无疑是最合适的。

"此人怎么会这般健康呢？"健三根本不顾这种想法多么冷酷无情，因为他自己的健康状况不如一般人，而老人只当与己无关，所以感到心里有气。

这时，岛田突然对他说："阿缝终于还是死了，丧事已经办完了。"

从脊髓炎病来推测，虽然早知道她性命难保，可是，当再提起此事时，健三又突然觉得她太可怜。

"是吗，怪可怜的啊！"

"这算什么，那种病是难以治好的。"岛田处之泰然，像把死看做当然的事似的，嘴里还吐着烟圈。

九〇

然而，对岛田来说，这个不幸的女人的死，带来的经济上的影响，要比人死的本身重要得多。健三估计这必将成为事实，很快会出现在他面前。

“你一定得听我说说这件事，要不，我就无法可想了。”

岛田一直望着健三的脸，显得很紧张。健三无须听下去，也就料到他要说什么。

“又是钱吧。”

“嗯，是这样。阿缝一死，柴野和阿藤的关系也就断了，这就没法像过去那样，每月让人家给钱了呀！”岛田的话虽说粗俗，却很诚恳，“过去，光说金鵄勋章的养老金吧，总是不断地寄给我们的呀，这笔钱一下子没有了，那就完全失去了指望，弄得我毫无办法。”接着，他又换了个口气，“反正到了这个地步，除了你，没有别的人来管我。因此，你如果不设法帮我的话，就不好办了。”

“老是这么来缠着人家，我也不好办。再说，如今已没有任何理由，非要我这么做不可呀！”

岛田死盯着健三的脸。他的眼睛里带着一半试探对方，一半威胁弱者的那种神态，可这只能使健三更加激动。岛田根据健三的态度，知道有僵下去的危险，连忙把问题分开来，先从小处说起：“那么长时间的事，往后再慢慢说，先想法应急吧。”

健三不知道有什么急要由他俩来解决。

“这个年总得过吧？哪家到了年底，不凑出一二百元钱来呀，这是当然的事嘛。”

健三听了，心想爱怎么过就怎么过吧。

“我可没有那么些钱。”

“别开玩笑，住着这么大的院子，还凑不出这点钱来，能说得过去吗？”

“你认为有也好，没有也好，我没有就只能说没有。”

“那就由我来说吧，听说你每月有八百元的收入。”

健三对这种无理的讹诈，与其说是愤怒，不如说是吃惊。

“八百元也好，一千元也好，我的收入是我的收入，与你无关。”

到了这个地步，岛田也就不做声了。看来，他没有料到健三会这么回答。他头脑简单，除了死乞白赖，对健三却是无可奈何。

“这就是说，不管怎么困难，也不肯帮我的忙喽。”

“是的，分文不给！”

岛田站起来，走到脱鞋地方。他打开拉门，又把它关上，然后再次回过头来，说：“我再也不来了。”

他留下的这句话，带有这是最后一次的口气。健三站在门槛上朝下看去，在昏暗中，能清楚地看出老人眼睛里放出的光，只是看不出有任何凄凉、恐惧和可怕的神色。健三自己眼睛里放出了气愤的光，用这种光把老人的挑衅顶回去，那是绰绰有余的。

妻子在远处偷看着健三的神色。

“究竟怎么啦？”

“随他去吧！”

“还会来要钱吗？”

“谁给他！”

妻子一边微微笑着，一边偷偷地看着丈夫。

“那老太婆要得少，隔得久，不断线，倒也放心。”

“就说岛田吧，也不会就此了结的呀！”

健三冒出了这么一句，脑子里在猜测下一幕还会演什么戏。

九一

此时，他不得不把沉睡中的记忆唤醒过来。他首次用处在新环境中的人的那种锐利目光，去仔细分辨自己被领回家后的往事。

对生父来说，健三只是一个小小的障碍物。父亲几乎不把他当儿子看待，总是板起面孔，认为不该领这么一个废物回来。这种态度和以往截然不同，使健三对生父的感情连根枯竭了。过去生父当着养父的面对自己始终面带笑容；现在生父却把他当做包袱，待他十分刻薄。这一对比，他先是感到奇怪，接着就是讨厌。可是他还不懂得悲观。他那股随着发育而产生出来的朝气，任你怎么压制，还是会从下面硬顶着抬起头来。他终于没有产生忧郁，就那么过来了。

父亲有好几个孩子，毫不关心健三。父亲认为：既然往后不想得到孩子的好处，即使花一分钱也很可惜，因为是自己的亲生子，才不得已领了回来，可除了给饭吃之外，还要给予照顾，那就太吃亏了。

更主要的是：人虽说回来了，户籍并未复原。不管在自己家里如何精心抚养，必要时，人家又会把他带走，到时只能落个一场空。

“要给饭吃，那是没有办法的事，不得不给。除此以外，我就管不着了，理该由对方负责。”这就是父亲的理由。

岛田也不愧为岛田，他只顾从自己方便出发，坐观事态的发展。

“什么呀，只要先把人放在他自己家里，终归是好事嘛，等将来健三长大成人可以干点事了，那时候即使打官司，也要把他夺回来。这不就行啦!”

健三既不能待在海里，也不能住在山上。两边把他推来推去，他在当中打转。与此同时，他既吃海味，也拿山货。

无论从生父来看，还是从养父来看，都不把健三当人，只不过当做一件东西。只是生父把他看做破烂货，而养父却盘算着往后还会有点什么用处罢了。

“既然要把你领回来，杂工之类的事还是要让你干的，就做好这种思想准备吧。”

有一天，健三去养父家，岛田不知为什么顺便这么谈起。健三吓得连忙往回跑。一种残酷的感觉，使孩子的心灵产生了轻微的恐怖感。他记不清当时他是几岁，但决心通过长期的学习，一定要使自己成为社会上顶天立地的人。正好是这种欲望暴芽露头的时候。

“要我当什么杂工，那可受不了。”

他心里反复念叨这句话。幸而这话没有白念叨，他总算没有当杂工。

“可是，今天我又是怎么成功的呢?”

他想到这里，感到怪不可思议。这种想法也掺杂着同自己周围的人巧妙地斗争过来的那种自豪感。当然，其中也包含着自鸣得意，因为他把未竟的事业看做大功告成了。

他把过去和现在作了比较，只是怀疑过去怎么发展到了现在，却没有考虑自己正为现在作难。

他与岛田的关系破裂了，这是托现在的福；他厌弃阿常，没有与姐姐和哥哥同化，都是托现在的福；与岳父越隔越远，无疑还是托现在的福。可是从另一方面来看，自己处在现在这个和谁都合不来的境地，又显得多么可怜!

九二

“反正哪里也没有你中意的人，世上的人全都是笨蛋。”妻子对健三这么说。

健三心里很不平静，对这种讽刺没法一笑了之。周围的事物使他这个缺乏气量的人，生活圈子日益狭小了。

“你认为人只要顶用就行，是不是?”

“可是，不顶用，也没有什么关系嘛。”

岳父倒是个顶用的人，内弟的性格也唯独在这方面显得很灵活。相反，健三生来就与实际生活相隔甚远。他连搬家都帮不了忙；大扫除的时候，只能袖手旁观；就是捆一件行李，也不知麻绳该怎么扎法。

“尽管是个男子汉。”

他不会办事，旁人看上去，他迟钝得像个笨蛋。他越来越不会办事了，自己的才能日益转向了另一个方面。

他曾经有一个想法，打算把内弟带到自己住过的遥远的乡下去进行教育。健三看来，这个内弟是多么傲慢，他在家里横行霸道，对谁也不客气。请来一位理学士，每天在家里给他复习功课，他在人家面前大模大样地盘腿而坐，直接称呼那位理学士为某某君某某君。

“那样不行，交给我吧，我把他带到乡下去进行教育。”

健三的要求得到了岳父的默许，岳父也就此扔下不管了。看上去，岳父尽管瞧着自己的儿子在眼前放肆胡作非为，却并不为其未来担心。不光是岳父，岳母也处之泰然，妻子更是根本不放在心上。

“如果到了乡下，与你发生什么冲突，关系就会弄僵，往后更不好办。我看不如就这样算啦!”

健三认为妻子的意见并非全是谎言，但感到其中好像还有别的意思。

“他不是笨蛋，不用那么帮助，也不要紧。”

健三根据周围的情况，察觉到不同意他这么做的真正用意，原来就在这里。

的确，内弟不是笨蛋，甚至可以说他聪明过度。这一点健三也很清楚，如果把他对内弟的教育，看成是为了自己和妻子的未来，那就大错特错了。遗憾的是，这一点至今还不能得到岳父岳母以至妻子的理解。

"光是顶用并非才能。连这一点都不懂，你怎么活啊？"

健三说话总是倚仗着丈夫那点权势。受到了伤害的妻子，脸上明显地显露了不满的神色。

等心情平静下来，妻子又对健三说："别那么一说话就盛气凌人，讲得更明白一点，让人家一听就懂不好吗？"

"讲得明白些吧，又会说我光讲大道理。"

"所以要讲得更好懂一些呀，别讲那种我不懂的深奥的道理嘛。"

"那是怎么也讲不明白的，等于限定人家不要用数字做算术一样。"

"可你那些道理，是用来压倒人家的，除此以外，让人没法理解。"

"你的脑筋不好，所以才那么认为的。"

"也许是我脑筋不好，可用没有内容的空洞的道理来压人，我也很讨厌。"

两个人又在同样的圈子里开始转开了。

九三

妻子面对着丈夫，感情却不融洽，这时她不得已转过身去，看着睡在那边的孩子。她若有所思地随即把孩子抱起来。

她和那章鱼一般软瘫的肉块之间，既不存在理论的障碍，也没有隔着墙壁，她所接触到的完全是自己肉体的一部分。她为了把温暖的心倾注在新生儿的身上，毫不顾忌地嘴对嘴地亲吻那小生命。

"即使你不属于我，这孩子可是我的。"从她的态度就能清楚地看出这种想法来。

新生儿的相貌还看不明显，头上一直没有长出像样的头发来。说句公道话，怎么看也像个怪物。

"真是生了个怪孩子呀！"健三说出了心里话。

"哪家的孩子刚出生都是这个样的嘛。"

"也许不至于尽是这样吧，应该生得更像样一些嘛。"

"往后你瞧着吧！"

妻子说出了这种满有信心的话。健三可是没有什么把握，他只知道妻子为了这孩子，晚上不知要醒来多少次；也很清楚妻子牺牲了紧要的睡眠，却从来没有不高兴过；他甚至弄不懂为什么母亲比父亲更加疼爱孩子。

四五天前，来了一次稍强的地震，胆小的他连忙从檐下跑到了院子里。当他再回到客厅的时候，没想到妻子当面指责他说："你太不通情理了，只顾保住自己，就不管别人啦！"

妻子不满他为什么不先想到孩子的安危。健三是一时的慌乱而产生的行动，做梦也没有想到会遭到这样的批评，所以大为吃惊。

"即使在那种时候，女人也会想到孩子吗？"

"当然喽！"

健三感到自己多么不通情理。然而，眼下妻子抱着孩子，像把孩子据为己有，他反而对妻子冷眼相看，心想，"不懂道理的人，任你怎么开导，也是无济于事的。"

过了一会儿，他的思维又展开得更大了，从现在延伸到了遥远的未来。"将来这孩子长大了，肯定要从你身边离去的。你也许认为即使离开了我，只要能与孩子融合在一起就够了，可这是错误的。走着瞧吧！"

在书斋里冷静下来之后，他很快又产生了这种带科学色彩的感想。

"芭蕉结了果实，其主干第二年就会枯萎，竹子也同样如此。在动物当中，为产子而生，或是为死而产子的，真不知有多少！人，虽说进展缓慢一些，但仍然要受与此相符的规律的限制。母亲既然一旦牺牲了自己的一切赋予孩子以生命，就必须牺牲其余的一切来保护孩子的生命。如果她是受天命而来到这人世间的，那么，作为报酬，独占孩子也是理所当然的。与其说这是故意而为，不如说是自然现象。"

他考虑了母亲的立场，也考虑了自己做父亲的立场。当他想到这与母亲的立场有什么不同时，又在心里对妻子说："你有了孩子，真是幸福，而在享受这种幸福之前，你已经做出了很大的牺牲，往后不知还要付出多少牺牲，你现在还察觉不到。也许你是幸福的，但实际上你是很可怜的！"

九四

日子越来越接近年终了。呼啸的寒风中，细小的雪片在纷纷地飘。孩子们一天要唱好几回"再过几夜正月到"① 的儿歌，她们的心跟嘴里唱的歌一

① 此儿歌的歌词是："再过几夜正月到，正月里呀好热闹，陀螺转，风筝飘，盼着正月快快到。再过几夜正月到，正月里呀好热闹，毽子飞，手球抛，盼着正月快快到。"

样，充满了对即将来临的新年的期待。

健三待在书斋里，不时地停住手中的钢笔，侧耳倾听她们的歌声。他想到了自己同样有过这种年代。

孩子又唱起了“年三十老爷就发愁”① 的手球歌。健三苦笑了。可是，这与自己目前的情况并不完全吻合。他所苦恼的只是堆在桌子上的那一二十捆四开日本纸的答案，需要一张一张地加紧往下看。他一边看，一边用红墨水在纸上画杠打圈，加三角符号，再把一个个的数字摆好，费尽工夫做出统计来。

写在日本纸上的铅笔字都很潦草，在光线暗的地方判卷，许多地方连笔画都分不清楚，有时还会出现因乱改乱涂而无法辨认的地方。健三抬起疲劳的眼睛，望着那厚厚的一堆，难免灰心丧气。“佩内洛普的活”② 这句英文谚语，他不知念叨了多少遍。

“到什么时候也处理不完啊！”他经常停下笔来长吁短叹。

可是，他身边还有不少处理不完的事。这时妻子又拿来一张名片，他不得不带着疑惑的神态看着那张名片。

“那是什么？”

“说是想就岛田的事见见你。”

“就说我眼下没有空，请他回去吧。”

妻子去后不久，又转身回来说：

“人家说，什么时候可以再来，要你定一下。”

健三难以说定，直望着高高地堆在自己身旁的答卷。

“怎么说好？”妻子只好催促他。

“就说请他后天下午来吧。”健三只好定个时间。

他停下工作，呆呆地抽起烟来。片刻，妻子又走了进来。

“走了吗？”

“嗯。”

妻子望着摊放在丈夫而前、标有红色记号的脏卷子。丈夫要仔细地批阅这堆答案，这种难处妻子是无法想象到的，正像健三不了解她夜里的辛苦，

---

① 关东地方孩子们玩球时唱的歌，歌词是：“正月里来好自由，竖松门，挂青竹。孩子们很高兴，老人们最担忧。一到年三十，老爷就发愁……”

② 佩内洛普是英雄奥德修斯的妻子，守节二十年，等丈夫出征回来，在家缝织征衣，白天织，晚上拆。事见古希腊史诗《奥德赛》。这里用来比喻无止境的无效劳动。

不知要为孩子起来多少回一样。

她把其他的事先置之度外，坐下来就问丈夫：

“不知他又打算来说点什么？真讨厌。”

“还不是要说年底该怎么办吗。你真糊涂。”

妻子认为已经没有必要再与岛田打交道。健三心里却反而倾向鉴于过去的关系，至少要给他一点钱。可是，没有机会谈及这件事，话题就转到别的方面去了。

“你娘家怎么样?”

“可能还是很困难吧。”

“铁路公司经理那个差事还没有办好吗?”

“虽说可以办妥，但根本不像这边预计的情况那么好。”

“这个年底也很难过吧?”

“很难过。”

“不好办吧!”

“不好办也没有法子呀，这完全是命中注定的!”

妻子比较沉得住气，看起来，她好像对什么事都能想得开。

九五

那个递来名片、却并不熟悉的人，按照健三指定的日期，隔了一天之后，又出现在健三的大门口。这时他正用劈裂了的钢笔尖，在粗糙的日本纸上不是打圈，就是画三角，忙着加注各种符号。他的手指多处沾上了红墨水，没有洗手，就来到了客厅里。

为岛田而来的这个人，与上次来的吉田相比，稍许有些不同。但在健三看来，两者几乎没有区别，都是属于另一种类型的人。

来人身穿短大褂，系着丝织的腰带，脚穿白袜子。他那副既不像商人，又不像绅士的打扮和使用的语言，使健三联想到当管家的人的人品。来人在未说明自己的身份和职业之前，突然问健三：“你还认识我吗?”

健三吃惊地望着来人，他脸上没有任何特征，最多不过是带有一直忙于家务的那种神态。

“不太认识!”健三答道。

来人以胜利者自居似的笑了起来。

"是呀，也该到忘记的时候了。"来人停了一会儿又补充说，"尽管如此，可我还记得那时叫你小少爷、小少爷的事哩！"

"是吗？"健三冷漠地回答了一句，直盯着来人的脸。

"怎么也想不起来了吗？好吧，我来告诉你。过去岛田先生经办管理所的时候，我是在那里工作过的。还记得吧，你调皮，用小刀割了手指，不是痛得大喊大叫吗？那小刀是放在我的砚盒里的呀，当时打来一盆冷水冰你手指的，就是我呀！"

这件事健三至今仍记忆犹新。可是，坐在自己眼前的这个人当时的模样，他怎么也想不起来了。

"就是因为那时的关系，这回岛田先生又要我替他走一趟。"他马上转入了正题，而且正如健三所料，提出了钱的要求，"因为他说过不再到府上来了的话。"

"前不久，他回去的时候是这样说过的。"

"那么，你看怎么样，这回来一个彻底解决好不好？否则，免不了什么时候还会来找你麻烦的。"

对来人认为出了钱就能省去麻烦的说法，健三并不感到高兴。

"任他怎么牵连着，也算不上麻烦，反正世上的事尽是彼此牵连着的。算了吧，虽说是麻烦事，但比起出不应该出的钱来，不如不出钱忍着麻烦，我反而更加心甘情愿。"

来人沉思了片刻，露出了为难的神色。然而，他再开口说话时，却道出了意想不到的事。

"这件事你也知道吧，脱离关系的时候，你给岛田写的字据，现在还在他手里呢。趁此机会，给他凑几个钱，把那张字据换回来不好吗？"

健三记得确有这么一张字据，他被领回到自己家里来的时候，岛田要求健三本人留一张字据。生父出于无奈，就对健三说："怎么写都行，给他写一张吧！"健三不知写什么好，不得已拿起笔来，写了那么两行多字，意思是：这回脱离关系，往后互相不要做无情无义的事。就那么给了对方。

"那东西跟废纸一样，他拿在手里也不起作用，我要回来也没有用。如果他认为可以利用的话，任他怎么利用好了。"

这个人为兜售那张字据而来，这更加激起了健三的反感。

九六

话不投机，来人也就不再说了。过了一阵，他又伺机把同样的问题提了出来。他说话杂乱无章，也不是“理不通诉诸情”的样子，只是充分暴露了只要给东西就行的企图。健三没完没了地陪着他，后来实在厌烦了。

“如果说要我买字据，或者说如果怕麻烦那就出钱，那我只能表示拒绝，若是生活有困难，需要想点办法，而且保证今后不再来提要钱的事，那么，看在过去的情分上，多少凑几个钱，还是可以的。”

“是，是，这就是我来这里的本意。可能的话，就请这么办吧。”

健三心想：“既然如此，为什么不早说呢。”与此同时，来人也露出了“为什么不早跟我这么说”的神情。

“那么，能给多少呢?”

健三暗想：给多少为好，自己难以拿出一个明确的数目。当然，对他来说，越少越好。

“好吧，一百元左右。”

“一百元?”来人重复了一遍，“怎么样，不给三百元，怕是不行吧。”

“只要这笔钱出得有道理，就是几百元我也给。”

“那是当然。不过，岛田先生也有他的难处。”

“别说什么难处啦。就说我吧，也有难处呀!”

“是吗?”毋宁说他的语气带有讥笑的味道。

“我曾说过分文不给，即使这样，你也无奈我何。如果一百元不行，那就算啦!”

对方不得已只好收场。

“好吧，反正我把这个意思原原本本告诉他本人。以后再来，请多关照。”

来人走后，健三对妻子说：“终于来啦!”

“他怎么说的?”

“又来要钱。只要来人，肯定是要钱，真讨厌!”

“捉弄人!”妻子并不特别表示同情。

“也是没法子呀!”健三的答话也很简单，他连事情谈到了什么程度都懒得向妻子细说。

“这种事，花的是你的钱，我有什么可说的呢!”

“哪来的钱啊!”健三冒了这么一句，又钻到书斋里去了。那里摆的全是用铅笔涂写的答卷。这些答卷经红笔多处修改之后，仍摊在书桌上等着他。他立即拿起钢笔，把已经涂改过的卷子，再用红墨水涂改一次。因为他担心会客之前和会客之后的心情不同，可能使他判得不公正，为慎重起见，他只好把已经批改过的卷子又重看一遍。尽管如此，三小时前的判分标准和现在的标准是否一致，他心里还是没有把握。

“既然不是神灵，就难免不公正。”

他一边替自己没有把握作辩护，一边迅速地往下批阅。可是，卷子堆得很多，怎么加快速度，一时还是看不完。好不容易把一组看完整理好，又得再打开另一组。

“既然不是神灵，耐心总是有限的。”

他又把钢笔一扔，红墨水像血一样洒在答卷上。他戴上帽子，向寒冷的大街走去。

九七

他走在行人稀少的街上，脑子里净想自己的事。

“你究竟为什么要降生在这个人世间呢?”

他脑子里的某个部位向他提出了这个问题。他不想就此作出回答，而且尽可能回避回答。可是，这声音在追逼着他，反复提出同样的问题。他最后大叫一声：“不知道!”

“不是不知道吧，是知道了办不到，在中途进退两难啊!”那声音在这么嘲笑他。

“责任不在我，责任不在我啊!”健三像逃跑似的加快往前走。

来到繁华街，外界那种忙于准备过年的新气氛，突然刺激着他的眼睛，使他为之惊讶，自己的心情这才起了变化。

商店为了招徕顾客，想尽办法装饰门面。他一边走一边接着往下观看。有时对那些根本与己无关的女人头上的珊瑚装饰和泥金梳篦等，也要隔着玻璃无所用心地看上一阵。

“一到年底，难道世上的人一定得买点什么不成?”

至少他自己什么都不买，幸好妻子也说不要买什么。哥哥、姐姐、岳父，哪一个也不像有余力买得起东西，他们都为过年而作难，其中以岳父最难。

“只要当了贵族院议员，走到哪里别人都会另眼相待。”

妻子向丈夫说明父亲遭人逼债时，曾顺便提起过这件往事。那是内阁倒台的时候，有几个人曾迫使岳父辞职，等他们自己引退时，又把岳父从闲职中拉出来，推荐为贵族院议员，借以向岳父尽一点情意。可是，总理大臣只能从众多的候选人当中选出有限的几个人来，所以毫不客气地勾去了岳父的名字。岳父就这样落选了。那些债主不知根据什么，光是苛刻对待未具保险的人。他们马上逼上门来。岳父离开官居邸的时候，曾裁减了佣人，而且暂时取消了专用车，后来连自己的住宅都交给了别人。这时他已经束手无策了。如此日积月累，越来越陷入了穷困的深渊。

“搞投机买卖是要坏事的。”妻子这么说，“在当官的时候，做投机买卖的人说可以帮着赚钱，还算过得去。可是一旦罢了官，那些人就不来帮忙了，据说就这样完了。”

“说起来，还是因为不懂行呗，首先连买卖的意思都不懂。”

“你不懂，那是没有办法的事。”

“你说什么呀，我是说如果懂行，做投机买卖的人肯定不敢让你吃亏。真是个糊涂女人！”

健三想起当时就是这么与妻子交谈的。

他突然察觉到与自己擦肩而过的人都是来去匆匆，显得那么忙。他们好像都抱有一定的目的，令人感到好像是在为尽早把事办完而奔波。

有的人根本无视他的存在。有的人从身边走过，稍许看了他一眼。“你太笨了！”偶尔也有人朝他露出这样一副神态。

他回到家里，又重新开始用红墨水笔批改答卷。

九八

过了两三天，岛田委托的那个人又递来名片要求会见。健三认为事到如今，不好拒绝，于是，无可奈何地到了客厅，再次坐在那个受人差遣的人面前。

“您很忙，三番五次前来打搅。”那人谙于世故，嘴上说得好听、态度上并不显得那么特别诚恳。“是这样，我把前不久同您的谈话详细地告诉了岛田先生。他说，既然那样子，也没有办法，钱数就那样也行，只是希望年内能拿到手。”

健三没有这种准备。

“年内？不是只有几天了吗。”

“所以岛田先生才着急的呀！”

“如果有钱，眼下就可以给。可是，没有钱呀，有什么办法呢。”

“是吗。”

两人沉默了片刻。

“怎么样？能不能请您多想想办法。我也很忙，是为了岛田先生才特意来的。”

这是来人自己的事，很忙也好，特意也好，都不足以打动健三的心。

“实在对不起，没法办！”

两人面面相觑，又沉默了一会儿。

“那么，什么时候能拿到钱呢？”

健三也说不上什么时候为期。

“我再想办法，反正得到来年。”

“我这次来，也是受人之托，总得给一个回话吧。请你至少给个期限。”

“倒也是。那么，就在正月吧！”

健三不想再说什么。来人只得告辞了。

当晚，为了顶住寒冷和困倦，健三让妻子做了汤面。他一边喝着那黏糊的灰色食物，一边跟把盘子放在腿上、坐在一旁的妻子说话。

“又得想办法弄一百元啦！”

“本来不给也行嘛，你却答应给。这么一来，下一步就难办喽！”

“的确不给也行，可我还是要给。”

这话前后矛盾，妻子听了，马上显出不高兴的神色。

“总不能老是那么固执下去吧。”

“你呀，总是怪别人净讲大道理，其实，你自己才是个最讲究形式的呢！”

“你才爱讲形式呢，无论什么事，都先来一通大道理。”

“道理和形式是不同的呀！”

“对你来说，是一样的。”

“那么，我来告诉你吧。我不是光把理论挂在嘴上的人。我嘴上说的理论是贯穿在我的手上，脚上，以至全身的。”

“这么说，你的大道理不应该显得那么空洞呀!”

“并不空洞嘛。柿饼表面的白霜，只能从里面冒出来，跟在外面沾上一层白糖不同。大道理正好跟柿饼一样。”

对妻子来说，这种比喻仍然是空洞的理论。凡是眼睛见到的东西，如果不紧紧地抓在手里，她是不会承认的。因此她不想与丈夫争论，而且即使想争，也没有这个本事。

“说你讲形式，那是因为你认为不管人内心如何，只要暴露出来的东西被抓住了，就能根据这点来处置人，正像你父亲认为法律家只要有了证据，就可以给人定罪一样……”

“父亲没有说过这种事，我也不是那种只顾装饰外表过日子的人，而是因为你平时把人看扁了。”

妻子的眼泪扑簌簌地从眼眶里滚落下来。谈话就此中断。这本与给岛田一百元的事毫不相干。可这么一来，事情反而复杂化了。

九九

又过了两三天，妻子才出了一次门。

“年底了，我出去走了走亲戚。”

她抱着吃奶的孩子，来到了健三面前，脸冻红了，在暖和的房间里坐下来。

“你娘家怎么样?”

“没有什么变化。我们不去关心他们，他们反倒不在乎。”

健三不便搭话。

“问我们买不买那张紫檀木桌子，可我心想那东西不吉利，所以没有答应下来。”

那是一张古色古香的大书桌，桌面用“舞葡萄”树作装饰板，是价值百元以上的好东西，过去岳父从破产的亲戚手里，把它当债款的抵押品弄到了手。现在又将在同样的命运下，早晚还得让人抬走不可。

“吉利不吉利倒不要紧，只是我们眼下好像还谈不上买那种高档品。”健三边苦笑边抽烟。

“这么说，你不向比田姐夫借钱给那人啦?”妻子说出了这么一句没头没脑的话。

“比田有这种余力吗?”

“有啊，据说比田姐夫今年辞去了公司的工作。”

健三认为这个新消息很自然，但又觉得奇怪。

“因为年纪大啦。可是，不工作不是更加困难了吗。”

“往后怎么样，很难说。但是，据说眼下还不困难。”

比田的辞职，好像是由于过去提拔他的那个董事，与公司断绝关系而引起的。可是，他工作多年，有权拿到一笔钱，所以他的经济状况暂时还算宽裕。

“他今天来对我说，光靠吃老本是不行的。如果有可靠的人，想把钱借出去，他要我帮忙找人呢。”

“哦，他要放高利贷!”

健三想起了比田和姐姐平时一直讥笑岛田为人刻薄的情景，一旦自己的境况起了变化，即使以往瞧不起别人干那种事，现在也全然不顾了。在缺乏反省这点上，可以说姐姐和姐夫跟小孩子一个样。

“不外是高利贷喽!”

高利也好，低利也好，妻子根本弄不明白。

“姐姐说，如果周转得好，一个月总得有三四十元利息，两人就用这些钱作零星开支，而且往后准备就这么细水长流地搞下去呢!”

健三根据姐姐说的利息多少，在心里盘算他们的本钱。

“弄得不好，连本带利都会赔光的啊，不如别那么贪利，把钱存在银行里，拿相当的利息，这样更牢靠些。”

“正因为如此，才说要借给可靠的人嘛。”

“可靠的人才不借钱呢，因为利息太可怕啦。”

“可是，如果按一般的利息，怕是不行吧?”

“如果是那样，连我都不想借啊。”

“听说你哥哥有点作难哩!”

比田向哥哥说明了今后的打算，同时作为开张，要求哥哥借他的钱。

“真糊涂!既然亲自去找哥哥借他的钱，干吗还要我们去找人呢?再说哥哥吧，虽说要钱用，也许不会冒险去借他的钱。”

健三很难过，又感到很可笑。比田那种自己怎么想就怎么干的习气，从这件事就能看得清清楚楚。姐姐在一旁熟视无睹，她的打算也使健三感到奇怪。尽管姐弟血缘相连，但思想根本不同。

“你有没有说我要借钱呢?”

“那种多余的话，我可不说。”

一〇〇

利息是高还是低，姑且不说，健三确实没有考虑向比田借钱。他每月多少要给姐姐一些零用钱，可现在自己又反过来要向姐夫借钱，谁看了都很清楚，这是相互矛盾的。

“不合情理的事，在这世上要多少有多少啊。”他说过以后，突然想发笑，“说来也怪，我越想越觉得好笑。好吧，即使我不借，他也会有办法处理的。”

“嗯，要借钱的人多着呢。不过，他说眼下只要说一句话就可以借。正在等着回话呢!”

“正等着回话。”这话使健三更感到可笑。他像忘却了自己似的笑了起来。妻子也认为姐夫等着借钱给丈夫不太合适，可她没有想到这会关系到丈夫的名声，只是认为这事有趣才和丈夫笑了起来。

等可笑的感觉消失之后，又产生了一种相反的感觉。健三不由得想起了与比田有关的不愉快的往事。

那是健三的二哥病死前后的事。病人把自己平时用的一块双面盖的银壳怀表给弟弟看，而且口头禅似的说：“往后把这表给你。”年轻的健三没有用过表，当然很想要，正盘算着什么时候才能把这装饰品挂在自己的腰带上，他一想到有那一天，心里就暗自高兴，就那样过了一两个月。

病人死后，他的遗孀当着大家的面，说好要尊重丈夫的遗言，把那只怀表留给健三。这表是故人的遗物，本应作为纪念品留存下来，却不幸押在当铺里。健三显然无力把表赎回来，不过从嫂嫂那里图得个空的所有权，紧要的表并没有到手，就那样过了好几天。

一天，大家碰在一起。席间，比田从怀里掏出那只怀表来。怀表像变了样，磨得铿铿发亮，新表链上又装饰了珊瑚珠子。他装模作样地把表摆在哥哥跟前，说：“好吧，我决定把表给你。”

旁边的姐姐也表示了自己的意见，意思几乎和比田所说的一样。

“让你费了心，实在感谢，那么，我收下了。”哥哥表示谢意，接过了表。

健三光是看着他们三个人的表情，没有说话。尽管他就在一旁，三个人却根本没有把他放在眼里。他始终一言未发，感到受了极大的侮辱。他们却处之泰然。健三把他们的举动，视同仇敌一样可恨，弄不懂他们为什么要干那种伤人面子的事。

健三并没有坚持自己的所有权，也没有要求说明情由，只是心里感到讨厌。可以肯定，他对自己的亲哥哥和亲姐姐的厌恶，就是对他们最严厉的惩罚。

“这种事还记得这么清楚吗？你的成见也太深啦！你哥哥听了，一定会吃惊的。”

妻子望着健三的脸，在暗中观察他的表情。健三一动不动。

“成见深也好，不像男子汉也罢，事实终归是事实。如果说要把事实一笔勾销，那就不该那么伤感情。当时的心情如今依然活着。既然活着就会在什么地方起作用，即使把我杀了，老天爷也会让它复活。这是没办法的事。”

“不借他的钱不就行了吗！”妻子说这话时，心里不光是考虑比田等人，还在盘算自己的事和娘家的事。

一〇一

除旧迎新的时候，健三以冷漠的神态，注视着人世间在一夜之间所起的变化。

“这都是多余的事。是人导演出来的把戏。”

的确，在他的周围，不存在除夕，也看不见元旦的气氛，一切都是上一年的继续。他见了旁人，连恭贺新禧的话也不愿说。他觉得与其说那种多余的话，不如待在家里，谁也不见，心里好受得多。

他穿着平常的衣服信步出了门，尽可能朝没有新年气氛的地方走去。冬天叶落枝空，田园荒芜，草葺屋顶和涓涓细流，这些景物模模糊糊地映入了他的眼帘，使他对这可怜的大自然失去了兴致。

幸而天气晴和，野地里虽然刮着干风，但没有扬起尘土。远处像春天一样，雾霭弥漫，淡淡的日影静静地洒落在他的四周。他故意向没有人、也没有路的荒野走去。霜正在融化，靴子沾满了泥土，他发觉越走越重，才暂时站立不动。他趁这个机会，借作画以排遣苦闷。当然，这张画画得很不像样。这时候写生，反而只能使他生气。他拖着沉重的脚步转回家来。途中，他想起了要给岛田钱的事，突然产生了写点什么文章的念头。

这时，用红墨水笔反复批改脏乱的答卷的工作总算已经完成了。在新工作开始之前，还有十天的时间。他打算利用这十天，于是拿起钢笔，在稿子上写了起来。

身体越来越差，这令人不快的事他心里有数。但对此没有给予重视，而是拼命地写，好像在跟自己的身体过不去，又像虐待自己的健康，更像惩罚自己的疾病。他亏血，既然不能杀人取血，就只好用自己的血来弥补。

写完了预定的稿子，他把笔一扔就躺在铺席上。“啊、啊——”的像野兽吼叫一般。

他把写好的东西换成钱时，没有碰上什么困难就办成了。只是对用什么办法把钱交给岛田好，感到有点难办。他不想直接与岛田见面，也知道对方既然最后留下了不再来的话，就不会到他这里来。看来，怎么也需要一个人从中说和。

“恐怕还得请你哥哥或比田姐夫吧，过去他们就插过手的嘛。”

“是啊，这样做也许最合适，又不是特别难办的事，用不着公开另外找人。”

健三随即向津守坡走去。

“给一百元？”姐姐很吃惊，似乎觉得可惜，眼睛滚圆，望着健三说，“说起来，还是健弟的面子大，不干那种小气事。相反，那位岛田老爷子，也不是一般的老爷子，他是那样一种恶棍，不给一百元，怕是没法了却吧。”

姐姐独自嘀嘀咕咕地说出了健三没有想到的话。

“可是，刚过新春，你也真够为难的。”

“真够为难，无非是像鲤鱼顶着急流上呗！”

这时，一直坐在一旁看报的比田才开了腔。然而，他的话姐姐并不理解，健三也没有弄懂。可姐姐却会心地哈哈大笑，使健三反而觉得奇怪。

“说来说去还是健弟有本事，只要想拿钱，要多少就能拿多少。”

“他的头脑，与我们这种人的头脑有些不同，是右将军赖朝公[①]转世的啊。”

比田净说怪话。可是，对委托的事，他二话没说就答应了。

---

① 指镰仓幕府的第一代将军源赖朝（1147—1199），据说他的头要比一般人长得大。

一〇二

比田和哥哥一起来到健三的家，大致是正月中旬。大街上，用松枝扎的门楼已经拆除，但到处还残留着新年的气氛。两人坐在既无旧岁、也无新春感觉的健三的客厅里，沉静不下来似的，不断朝周围来回张望。

比田从怀里拿出两张字据，放在健三跟前。

“好哇，这一下总算解决了。”

其中一张写明收领了一百元钱和往后断绝一切来往，文句陈腐，虽看不出是谁的笔迹，但确实盖有岛田的印章。

健三一边默读着字据，一边嘲笑“从此往后”和“恐后无凭，立此为据”之类的话。

“让你们费心，十分感谢。”

“只要让他立下这么一张字据，就不再有事了。若不如此，真不知他要纠缠到什么时候呢？长弟，你说是不？”

“可不，这么一来，总算可以安心了。”

比田和哥哥的对话，健三并不感激，他只是强烈地感到自己好意地给了岛田一百元钱，尽管这钱不给他也是可以的。他根本没有考虑借助金钱的力量来避免麻烦。

他默默地打开了另一张字据，那是自己领回家来时写给岛田的。

“我这次与你脱离关系，由生父付给抚养费，但无情无义的事，往后应尽力避免。”

健三并不完全懂得其中的意思和道理。

“对方是打算硬要把字据卖给你。”

“也就是说用一百元钱把它买下来。”

比田和哥哥一唱一和。健三懒得插嘴。

两人走了以后，妻子打开摆在丈夫面前的两张字据看了看。

“这一张被虫蛀了。”

“反正是废纸，没有什么用，撕掉它，扔进纸篓里好啦！”

“不要特意撕掉它也可以嘛。”

健三就那么离了座位，等到再见到妻子的时候，他问道：“刚才的字据呢？”

“放在柜子的抽屉里了。”妻子这么回答，那种口气像是保存着贵重的东西似的。

健三对她这种处置法，未加责怪，也不想赞扬。

“也算不错啦。那人的事嘛，就这样解决了。”妻子露出放了心似的神色。

“你说什么事解决啦？”

“难道不是吗？既然这么着把字据拿回来，就不要紧啦。往后他想干什么也干不成了，即使来了也可以不理睬他。”

“这一点，过去也是一样。如果你要那么做，什么时候都可以。”

“可是，把过去写下的字据，拿在我们的手里，是很不同的呀！”

“放心了吗？”

“嗯，放心了。因为彻底解决了嘛。”

“还不是根本解决啊！”

“为什么？”

“解决的仅仅是表面，所以我说你是个光顾形式的女人嘛。”

妻子脸上露着不解和反对的神色。

“那么，怎么才算真正解决呢？”

“世上几乎不存在真正解决了的事，事情一旦发生了，就会一直延续下去，只是形式会变为各种各样，使别人和自己都弄不清楚罢了。”

健三说话的语气像往外倾吐一样，显得很难过。妻子一声不响地把小宝宝抱起来。

“哦哦，好孩子，好孩子，你爸爸说了些什么，咱们可是根本不懂啊！”妻子一边说，一边反复亲吻孩子的红脸蛋。

棉 被

[日本] 田山花袋 著
黄凤英 胡毓文 译

田山花袋（たやま かたい，1871—1930） 日本私小说代表作家之一。生于群马县，幼年丧父，中学辍学后曾做店员。1886 年迁居东京，开始涉猎西方文学。后入桂林派一歌人门下学习和歌，接受写实主义。1891 年发表处女作《瓜田》。早期创作《小诗人》、《故乡》、《野花》等几乎都是浪漫爱情小说，清新的意境中流露着感伤的情调。随着 20 世纪初冲击封建专制的自然主义文学的兴起，花袋转向自然主义，主张摒弃理想和艺术技巧，只作客观、露骨的描写。1907 年中篇小说《棉被》以赤裸裸的情欲描写引起广泛注意。一个中年作家竹中时雄认了一个年轻貌美的女弟子横山芳子，并渐渐被横山芳子婀娜的姿色所迷恋，终日辗转难眠。田山花袋赤裸裸地展示主人公的情欲以及因情欲而产生的种种隐秘心理。长篇小说《乡村教师》（1909）是作家的另一重要作品，在私小说手法描绘下显露了积极的社会意义和批判精神。

一

从小石川的切支丹坡走上去极乐水的路，在沿着缓缓的坡道往下走时，他在寻思："和她的关系就此告一段落。自己已经三十六岁，又有三个孩子，还在考虑那种事，实在无聊。可是……可是……难道这真是事实？她向我倾注了那种程度的感情，难道那不是恋情，而只是一般的感情？"

那充满感情的无数封书信，说明两人的关系绝非寻常。正因为有妻室儿女，有社会舆论，又是师生关系，才没有陷入热恋的深渊。可是，在一起说话，心里扑通扑通直跳；目光碰到一起，就会迸发出火光，其深处确实隐藏着强烈的风暴。只要一有机会，那隐藏在深处的风暴马上就会得势，而妻室、社会舆论、道德、师生关系等都会被一概置于脑后。至少他相信会这样。然而，从这两三天发生的事情看，他又多次认为她确实是用一种虚情假意欺骗了自己。他是个文学家，按理应该有能力客观地分析出自己的心理状态来，只是年轻女子的心理不容易判断。她那温情脉脉和欢快的感情，也许是女性特有的自然流露，而美丽的眼神、亲切的态度，这一切都是无意无为的，就像大自然中的花，给赏花人一种安慰一样。退一步说，即使她喜欢并爱上了自己，可自己是老师，她是门生；自己是有妻室的人，她是妙龄少女，彼此之间怎么也不能有意识那么去做。可是，在那封热情洋溢的信里，她若隐若现地倾诉了内心的苦闷，正像有一股自然的力量向自己压过来似的，当她最后流露出那种感情时，他自己却又没有去解开那个谜。从女性那种天生的矜持来说，她又怎能再进一步做出迫不及待的表露呢？也许出于那种心理，她失望了，才会发生这样的事吧！

"总之，现在时机已过，她已为他人所有了！"他一边走，一边揪住自己的头发喊叫起来。

他身着条纹西服，头戴麦秸草帽，手拿藤蔓手杖，身子稍向前倾，正慢慢地走下坡去。那是九月中旬，残暑仍叫人难受。但空中已是一片清凉的秋色，那湛蓝的色调是那样醒目，特别容易使人触景生情。鱼店、酒家、杂货店、对面的寺院、后边陋巷里的大杂院，全都连成一片；久坚町的低洼地带，无数工厂的烟囱冒着滚滚黑烟。

在这无数的工厂里，有一幢西洋式的二层楼房，其中一间，就是他每天午后要去的地方。房间有十铺席大，当中放着一张大桌子，桌旁放着一只高高的西洋式书箱，里面装满各种地理书。他受某出版社的委托，帮着编辑地理书籍。文学家当地理编辑，真怪！他声称自己对地理感兴趣，是自愿的，实际上内心并不愿意干这种事。文学上的阅历不如人家，只写过短篇文章；一直为没有机会全力去尝试写作而感到烦恼；每月还要受到青年杂志的批评，也增加了他的痛苦。尽管认为自己往后会有所作为，但心中不能不为这些事而苦闷。社会一天天在进步，电车使东京的交通为之一变。女学生已顺应时代潮流，自己谈恋爱时那种古板的姑娘，如今想看也看不到了。青年终归是青年，不管是谈情说爱，还是谈论文学，或者是讨论政治，他们的态度都变了，变得跟自己永远合不到一块了。

他每天机械地来往在同一条路上，钻进同一扇大门，从机器转动声震得房子发抖和散发着工人汗臭味的夹道走过，向办公室的同事微微点头致意，再咯吱咯吱地登上狭长的楼梯，走进自己那间屋子。房间面向东南，十分明亮，但在下午那灼热的阳光的照射下，实在难熬，勤杂工又懒得打扫，桌子上落了一层白灰，看上去很不舒服。他坐在椅子上，抽了一支烟，又站起来，从书箱里拿出厚厚的统计书、地图、示意图和地理书，再拿起笔来默默地继续昨天的工作。然而，这两三天来，他脑子里乱糟糟的，工作难以进展，刚写一行字，就停住笔，又想起那件事来了。再写一行，又撂下了笔。就这样写了停、停了写。其间，浮现在脑子里的念头，大都带有片断的、激烈的、急剧的和绝望的成分。突然，不知出于什么联想，他想起了霍普特曼的《孤寂的人们》①，在没有出此事之前，他曾想是否把这个剧本作为她的必修课来教，让她了解约翰奈斯·佛凯拉特的心事和悲哀。这是他三年前谈过的剧本，当时，他做梦也没想到在这世界上有她的存在。从那以来，自己也成了孤寂的人。他不敢贸然把自己比作约翰奈斯，但如果有像安娜那样的人，他肯定会陷入那种悲剧。他对此深有感受。眼下，他哀叹自己连约翰奈斯都当不成了。

最后，他终于没有向她讲授《孤寂的人们》，只教了屠格涅夫的短篇作品《浮士德》②。坐在那灯光明亮的四张半铺席的书斋里，她那颗年轻的心中，怀着对色彩斑斓的恋爱故事的无限向往；富有表情的眼睛，闪现着更加意味深长的炯炯光彩。她那时髦的刘海式发型、梳子、飘带以至整个上半身都呈现在灯光中。脸靠近书卷时，就能闻到一股难以言状的香水味、肉体味和女人味。当讲到书中主人公把《浮士德》读给昔日的恋人听那一段时，他的声音激烈地颤抖起来。

“可是，已经完了！”他再次揪住自己的头发。

二

他的名字叫竹中时雄。

---

① 霍普特曼（Gerhart Hauptmann，1862—1946），德国剧作家，1912 年获诺贝尔文学奖。《孤寂的人们》写于 1891 年，是一部描写资产阶级家庭悲剧的剧本。

② 《浮士德》：俄国著名作家屠格涅夫的短篇小说，写的是一个美丽而忧郁的爱情故事。

三年前，也就是妻子怀着第三个孩子，新婚的欢乐终于就此结束的时候，他觉得世上忙忙碌碌的工作太没有意思，却又没有为毕生事业献身的勇气。日常的生活——早晨起床、上班；下午四点钟回家，依旧望着妻子的面孔，吃饭、睡觉。这种单调的生活，实在叫人厌倦透了。搬搬家换换新鲜空气吧，没有意思；和朋友们说说话吧，同样没有意思；看看外国小说，也得不到满足。甚至连庭院里茂盛的树木以及雨点、花开、花落等自然现象，都使他本来平凡的生活显得更加平凡，以致孤寂得没有安身之地，走在路上，经常见到年轻貌美的女子，如有可能，他真想再次谈情说爱。

的确，人一到三十四五岁这种时候，谁都会有自己的烦恼。不少人在这个年龄去玩弄卑贱的女人，为的就是填补精神上的空虚。社会上与妻子离婚的，也以这个年龄的人最多。

每天早晨在上班的路上，常与一位漂亮的女教师相遇。当时，他把碰上那女子作为当天唯一的乐趣，并对那女子产生了种种幻想：如能和她相恋，避开众人的耳目，把她带到神乐坡一带的酒店去，私下欢乐一番，那将会……瞒着妻子，两人一起到近郊去散散步，那又会……更有甚者，他甚至想，当时有孕在身的妻子，如果意外地难产死去，自己以此女子续弦，又会如何……她是否甘愿做自己的后妻呢？他一边走一边这样想。

就在这时，他收到了一位名叫横山芳子的女子的一封来信，信中充满了崇敬之情。这女子是神户女学院的学生，出生于备中新见町，是他的作品的崇拜者。他竹中古城①因写的小说文字优美而在社会上颇有名气。各地的崇拜者和渴慕者的来信，以往就相当多，有的要求修改文章，有的要求收作学生，他都未加理睬。所以，这个女子的来信也没有特别引起他的好奇心，以至想到要写回信。可是，一连收到三封出自同一个人的热情洋溢的来信，就连不想理人的时雄也不能不加注意了。来信人年龄大概十九岁左右，信中表达了她无论如何都要做老师的门生，一辈子从事文学事业的迫切愿望。从词句来观察，其表达之巧妙，确实令人吃惊。字体流畅秀丽，运笔自如，看来像是一个非常时髦的女子。他写回信是在工厂楼上那间屋子里，当天，编写了两页每天必写的地理书之后，腾出手来，给芳子写了长达几尺的一卷信，长篇累牍地摆出许多理由，说明女子投身文学事业很不适宜；并说女子应从生理上尽到做母亲的义务；还说处女当文学家很危险；等等。信中还使用了

① 即竹中时雄的别名。

一些带指责性的词句。他暗自得意地想：这样一来，她也许会满肚子不高兴，从而打消这个念头。接着，他从书柜里找出了冈山县的地图，查找阿哲郡新见町的所在。从山阳线逆高梁川溪谷而上，深入十几里。在那山林深处，居然有这样一位时髦的女子。想到这一点，他不禁产生出一种眷恋之情，以致仔细地察看了那附近的地形、山脉和河川。

原以为她不会再来信的，谁知到了第四天，她反而寄来更厚的一封信。蓝格子的西洋纸，她用紫色墨水和细小的字体，横着写了三张，反复表达了希望老师不要见弃，一定要收她做弟子的意思。父母如能同意她的要求，她将去东京上合适的学校，尽心尽力攻读文学。对这个女子的意志，时雄不得不表示钦佩。即使是东京女校毕业出来的人，也有根本不懂文学价值的，可她信中的措辞，却像什么都懂似的。时雄很快写了回信，就这样结下了师生关系。

从此以后，经常有书信和文章来往。时雄认为，虽说她的文章尚有幼稚之处，但文句流畅，没有语病，很有发展前途。随着彼此一次比一次地对各自的习性有所了解，时雄居然等起她的信来了，甚至有时很想让她寄张照片来，并用很小的字体把此意写在信纸角上，可紧接着，他又把它涂得一团黑。对一个女子来说，姿色是非常必要的。姿色不好的女人，即使有多大才能，男的也不会理睬。时雄心中暗暗地想：反正想搞文学的人，肯定不会怎么漂亮的，可又希望这女子要尽可能使人看得过去。

第二年二月，芳子得到父母的同意，由父亲陪伴，来到时雄的家。那天正是时雄第三个儿子出生“满七”的日子，正在客厅隔壁房间坐月子的妻子听前来帮忙的姐姐说，来了一位年轻貌美的女弟子，心里便老大的懊恼。姐姐也对招收这样年轻美貌的女子做弟子，不知安的什么心而惴惴不安。时雄和芳子父女坐在一起，详细地谈到了文学家的处境和目的，并就芳子的婚姻问题，事先听取她父亲的想法。芳子的家在新见町是不下于第三位的豪门望族，父亲和母亲都是虔诚的基督教徒，母亲在信仰方面尤为出色，曾就读于同志社女校；大哥曾留学英国，回国后，在某公立学校任教。芳子在当地小学毕业后，就去神户上神户女学院，在那里过的是新式学校生活。教会女校比起其他女校来，在文学方面完全是自由开放的，虽然当时规定不准阅读《妖风热恋》[①]、《金色夜叉》[②] 等书籍，但在文部省未加干涉之前，只要不在

① 《妖风热恋》，为小杉天外（1865—1952）所著，发表于1903年。

② 《金色夜叉》，为明治时代著名作家尾崎红叶（1861—1903）之名篇，发表于1898年。

教室里，阅读什么都不受限制。在学校附属的教堂里，她体会了做祷告的庄严，圣诞节之夜的乐趣和培养理想的意味，自己成了将人性中卑劣的一面掩抑下去，美好的一面标榜出来的社会成员之一。刚到学校的那阵子，确实曾为依恋母亲、怀念家乡而感到很难受，但不久就忘得一干二净，渐渐地感到没有比女学生的寄宿生活更有意思的了。若是不给吃好吃的南瓜，学生就往饭钵里倒酱油，捉弄厨师；有时还看着那性情乖僻的舍监老太太的脸色，明里暗里说东道西。像她这样一个在家庭里长大的少女，混在这些女学生当中，怎么能单纯地观察事物呢？爱美、培养理想、虚荣心强——芳子在潜移默化中接受了这样一些思想，明治年代女学生的长处和短处，在她身上都体现出来了。

时雄的孤寂生活至少因此起了变化。现在的妻子过去无疑是他的情人，但现在时代变了。这四五年来的变化是：女子教育的兴起、女子大学的设立、刘海式的发型、绛紫色的裙裤；女子和男子肩并肩走，谁也不感到害羞了。时雄认为：在这世界上，如果只满足于梳老式巴巴髻，用鸭步走路，性格温顺，恪守贞操，而别的什么都没有的话，那就太可悲了！他外出时常看到有人带上合乎潮流的漂亮妻子，亲亲热热地一块儿散步；访友时，又看到年轻的妻子出来和丈夫同席，与对方侃侃而谈。可是，自己的妻子不仅不能阅读自己费尽心思创作的小说，而且对丈夫的苦恼烦闷全不放在心上，只求把孩子很好地抚养成人就行。这不能不使他感到孤独，跟《孤寂的人们》中的约翰奈斯一样，他感到妻子没有意思。这种孤独感却由于芳子的到来而不复存在了。时髦的漂亮女弟子，嘴里不停地喊着“老师！老师！”把他尊为世上的伟人一般。对此，谁能无动于衷呢！

头一个月，她临时住在时雄的家里。女弟子美妙的声音，优美的身姿，跟他以往孤寂的生活，形成了何等鲜明的对照！她给刚坐完月子的妻子编织袜子和围巾，缝制衣服，逗孩子玩，那种活泼的姿态，使时雄感到好像又回到了新婚的当初。一走近家门，心里就很激动。门一开，女弟子娇艳的笑脸，多彩的姿容就出现在门口。往日里，到了晚上，妻子总是贪睡，早早地和孩子一起上了床，六铺席的房间里，空点着明灯，反而增加了他的孤独感。可现在，不管回来多晚，总看到白皙的手，在灯光下轻巧地操作着编织针，膝盖上放着带色的毛线团，牛込[①]深处的小篱笆院内充满了爽朗的笑声。

---

① 牛込：东京都的旧区名。

可是，不到一个月，时雄就觉得不能再把这可爱的女弟子安置在自己家里了。温顺的妻子尽管对此事不敢有所微词，也没有显出不满的样子来，但她的气色却越来越差。无限的笑声中，充斥着无限的不安情绪。他知道妻子娘家的亲戚，眼下已把这件事作为一个问题在进行议论。

时雄在经历了各种烦恼之后，最后决定让女弟子寄住在妻子的姐姐——军人的未亡人，靠抚恤金和裁缝活过日子的姐姐家里，从那里到麴町某女塾去上学。

三

从那以后，到发生这件事，其间经历了一年半的时间。

在此期间，芳子曾两次回家探亲，写了五个短篇小说，一个长篇小说，还有其他文章和新体诗几十篇。在某女塾，她的英语成绩优秀。时雄在丸善书店给她选购了《屠格涅夫全集》。她第一次回家是在暑假，第二次是因为神经衰弱，经常引起胃痉挛似的绞痛，这才听从医生的建议，暂时回故乡静僻的地方休养去的。

她寄住的房子在麴町堤岸三号街，是有甲武线电车通过的堤岸边。这家八铺席的客厅权作芳子的书斋，前面是人来人往的马路，行人、小孩吵吵嚷嚷的，令人心烦。她的书箱比时雄书斋里的西式书箱小，就放在纸胎漆桌旁，上面放着镜子、胭脂盒、白粉瓶，另外还有一只装有镇静剂溴化钾的大瓶子，据说这是在神经过敏而头痛难忍时服用的。书箱里放着《红叶全集》①、《近松世话净琉璃》②、英语教科书，特别是新买的《屠格涅夫全集》，最引人注目。未来的闺秀作家，从学校回来，就伏案作文。不过，与其说是作文，不如说写信的时候居多，她的男朋友相当多，男人字体的来信为数不少。据说，其中有一位是高等师范的学生，还有一位是早稻田大学的学生。他们经常来玩。

像她这样时髦的女学生，在麴町堤岸三号街这种地方，并不多见。而且时雄妻子的娘家在市谷见那边，附近旧风气的商家姑娘特别多，像芳子这样从神户来的时髦女子，自然会引起这一带人们的注意。妻子常对时雄说起从

---

① “红叶”即作家尾崎红叶（1867—1903）。

② 《近松世话净琉璃》：江户中期的近杉半二（1725—1783）所著的一种唱本。

姐姐那儿听到的有关芳子的事：

“今天姐姐又来说啦，芳子真不好办！男朋友到家里来玩也没什么，可晚上还要一起去拜不动明王①，而且很晚也不回来。虽说芳子肯定不会干出那种事来，但人家要乱加议论，那就没法办了。”

每听到这种话，时雄总要为芳子辩解：“像你们这些旧脑筋的人，是不会理解芳子的所作所为的。只要男女两人在一起走路，在一起说话，马上就大惊小怪，认为可疑。总之，这样怀疑人家、说长道短的人，都是旧思想。现在，女子已经觉悟起来了，想干什么就随她去吧！”

时雄还得意地利用这些议论向芳子进行说教：“妇女自己也应该有所觉悟，不能像旧式妇女那样，存有依赖心理。如果像苏德曼的马库达②所说的那样没有出息，自己只是从父亲手里很快转到丈夫手里，那就不好了。作为日本的新女性，应该能独立思考，独立行动。”接着又讲了易卜生的娜拉③的故事，屠格涅夫的叶琳娜④的故事，以及俄国和德国等国的妇女富有意志和感情的事，“不过，所谓觉悟，应包括自我检点，如果胡乱地发挥意志或刚愎自恃，那就不好了。自己应对自己所做的事负完全责任。”

芳子听了时雄的这一教训，感到含义很深，似乎比基督教的教谕更自由，更具有权威性，因而更加崇拜时雄。

芳子作为女学生，打扮得过于时髦。她手戴金戒指，系着时兴的美丽腰带，亭亭玉立的身姿，特别引起行人的注目。她的脸与其说是漂亮，倒不如说是富有表情，所以有时叫人觉得非常美，有时又叫人觉得很丑。她眼睛发亮，秋波传情。四五年前的女子，表情非常单调，生气啦，嬉笑啦，脸上的表情就那么三四种；可如今，能巧妙地把感情表露在脸上的女子越来越多。时雄经常在想：芳子就是其中的一个。

芳子和时雄作为单纯的师生关系，交往也未免过于亲密了。有个旁观的女人，察看了两人的情景后，曾对时雄的妻子说：“芳子来了之后，时雄先生的神态全变了。瞧他俩说话时的样子，彼此都像丢了魂似的，这可真不能大意啊！”从一旁观察，当然会产生这种看法。可是，两人果真是这么亲

---

① 不动明王：佛说中的五大明王之一。

② 苏德曼（H. Sudermann，1857—1928）德国剧作家，小说家。马库达是苏德曼所著《故乡》一剧中的女主人公的名字。

③ 娜拉为挪威剧作家易卜生（1828—1906）所著《玩偶之家》中的女主人公。

④ 叶琳娜为俄国作家屠格涅夫（1818—1883）所著《前夜》中的女主人公。

密吗？

年轻女子有一颗容易冲动的心，往往刚一冲动，马上又会平静下来。一点点小事会使她激动，无聊的事也会使她伤心。那种既像恋情又非恋情似的温柔态度，常使时雄感到迷惑不解。其实，只要有一次机会，冲破道义的约束和习惯势力会比裂帛还要容易，只是难得有这种冲破阻力的机会。

时雄自己认为：在这一年里，至少有两次接近这种机会。一次是芳子含着眼泪写来一封厚厚的信，说由于自己不才，不能报答老师的大恩，只好返回老家，去做农夫的妻子，在乡下了此一生；另一次是一天晚上，芳子一人留下看家，这时时雄偶然来访。就这么两次。第一次，时雄完全理解那封信的意思，但恼于不知如何回信，以致一夜不曾合眼。他几次窥看妻子安睡的脸庞，责怪自己良心多么麻木不仁。第二天，他以严师的姿态写了回信。第二次是第一次之后，又过了约两个月的一个春夜，时雄突然来访，芳子脸上抹了白粉，漂亮的容颜孤寂地朝着火盆。

“你在干什么？”时雄问。

“看家。”

“姐姐上哪里去了？”

“到四谷买东西去了。”芳子说完，目不转睛地看着时雄的脸，那神态显得多么艳丽。她这富有魅力的一瞥，使时雄的心脏马上不由自主地加快了跳动。虽然又是三言两语地谈了几句平常的话，但彼此心里似乎都明白，这平常的谈话反而更不一般。如果这时两人在一起再谈上十五分钟，将会怎么样呢？女子那双含情脉脉的眼睛在闪亮，话语很娇柔，态度也与平常不一般。

“今晚打扮得真漂亮啊！”时雄故意轻声地说。

“嗯，刚刚洗完澡呢！”

“这白粉可是真白。”

“哎哟，老师！”她说着笑了起来，歪着身子，显出了娇柔的姿态。

时雄很快要走。芳子起身留他再待一会儿，他说必须回去。于是芳子恋恋不舍地在月明之夜送了时雄一程。她白皙的脸上，确实笼罩着一层极为神秘的色彩。

进入四月以后，芳子经常闹病，脸色苍白，陷入了神经过敏的状态。尽管服用了大剂量的溴化钾，还是不能成眠，真不知如何是好。显然，无穷的欲望和生殖的能力，正在诱惑着一个正当年的女子。芳子更加离不开药物了。

四月底，她回老家去了。九月来东京时，就发生了这件事。

这件事不是别的什么事。芳子有了情人，在来东京途中，她和情人一起去京都嵯峨旅游，中间玩了两天，所以离家和到达东京的日期不符，这是通过东京和备中之间的信件查证的。在追问芳子时，芳子说这是恋爱——神圣的恋爱，两人绝对没有越轨行为，恳切希望将来无论如何要成全他俩的爱情。时雄作为芳子的老师，不得不做这种恋爱的见证而充当月下老人。

芳子的情人叫田中秀夫，二十一岁，是同志社大学的学生，神户教会的秀才。

芳子当着老师的面向神发誓，表明他们的恋爱是神圣的。尽管老家的亲人说，作为一个学生偷偷地和男人到嵯峨去游山玩水，说明思想已经堕落，但她自己认为绝对没有那种肮脏的行为。他俩彼此意识到是在恋爱，毋宁说是在分手之后，加以芳子回到东京，又看到了男的充满热情的来信，这才定了终身的，绝对没有什么越轨之类的事。芳子是流着眼泪说这番话的。时雄虽然感到这是最大的牺牲，但又不得不为他俩所谓神圣的爱情尽力。

时雄非常烦闷。自己心爱的人被人夺走，心里的确很不痛快，尽管从开始起他就没有打算把自己的女弟子作为情人。如果有那种明确而肯定的想法，他当然会毫不犹豫地抓住曾经有过的两次向他扑来的机会。可是，心爱的女弟子曾给自己孤寂的生活增添了美丽的色彩，增添了无穷的力量。这样一个芳子，怎能任从他人突然夺走呢！尽管自己没有勇气抓住过去的两次机会，但在心灵深处却仍隐隐约约地抱着一线希望，在等着第三次、第四次机会到来，以便开创新的人生，组织新的生活。时雄苦恼不堪，思绪紊乱。嫉妒、惋惜、悔恨，百感交集，像旋风似的一起在脑子里打转，其中掺杂着作为师长的道义之情，而且这种感情越来越炽烈。当然，也有为自己心爱的女子的幸福做出牺牲的念头。吃晚饭时，他喝了大量的酒，一醉如泥，躺下睡了。

第二天是星期天，房后林子里，雨点哗哗作响，更增添了时雄的孤寂感。打在老榉树上的雨点，雨脚很长，令人感到像从漫无边际的天空中飘落下来没有止境似的。时雄既没有心思读书，也没有心思写作。已经是深秋季节，有些凉意，他躺在令人感到背部有些发凉的椅子上，一边看着雨脚很长的雨点，一边通过这次的事，回顾自己度过的前半生。在他的一生中，曾有过几次这种经历，由于一步之差，使他不能进入命运之中，总是站在圈外，经常尝到那种孤寂的凄楚和痛苦的滋味。在文学方面如此，在社会生活方面也是如此。恋爱、恋爱、恋爱，事到如今，仍是这样消极地在命运中飘荡。想到这里，他为自身不争气和命运不佳而深感痛苦；想到自己属于屠格涅夫所说的Super fluous man①，书中主人公短暂的一生，就在他心中反复出现。

他不堪寂寥，从中午起就要酒喝。妻子准备酒菜晚了，他就发牢骚；端出的菜不合口味，马上就动肝火，自暴自弃地喝闷酒，一瓶、两瓶，随着酒瓶数量的增加，他酩酊大醉了，对妻子不再发牢骚了。可酒瓶里的酒一喝完，他又一个劲地喊着“拿酒来，拿酒来”，然后把拿来的酒，再次咕嘟咕嘟地喝下去。胆小的女仆不知发生了什么事，光是呆呆地看着。他喜爱那个五岁的小男孩，刚开始还不停地抱呀、摸呀、亲吻呀，可不知为什么，孩子突然哭了起来，他生气了，在孩子屁股上啪啪地乱打，三个孩子吓得老远地站着，惊奇地看着跟平时不一般、而又醉红了脸的父亲。他喝了近一升酒，就那么一动不动地醉倒在原地。饭桌被打翻了，他也不在乎。过了一会儿，他用怪里怪气的缓慢节奏，吟诵起十年前流行的那首幼稚的新体诗来：

你独自在门边徘徊，
望着小巷里被风刮起的尘埃，
以为暴风雨即将到来。
比暴风雨更加烦人啊，
比尘埃更乱得厉害。
把思恋的僵尸当做早晨的……

诗只吟了一半，就披着妻子盖的棉被，猛地站了起来，像小山一样，向客厅那边移动。“要上哪儿？你上哪儿?”妻子急得跟在他后面直喊。他未加理睬，仍然披着棉被，正要钻到厕所里边去时，妻子慌忙说：

“你，你，真不该喝醉了！那是厕所。”

妻子猛地从后面拽住了棉被，就在厕所门口，棉被落到了妻子手里。时雄摇摇晃晃地站在那里小便。小便完了，便就地躺倒在厕所里。妻子嫌脏，拼命摇晃他的身子，拖他起来。可他既不动，也不起。其实，他没有睡着，红土似的脸上，睁着两只锐利的眼睛，目不转睛地盯着户外下个不停的雨。

---

① 意为“多余的人”。屠格涅夫的作品中常便用“多余的人”这一形象。

四

时雄按照往常的时间，一步一步走回牛込矢来町家里。

三天来，他和那种苦恼不断进行斗争。从他的性格来说，他具有某种不会消沉下去的力量。他对受这种力量的支配而经常感到遗憾，然而，他迟早要被打败、被征服。为此，他总是站在命运的圈外，被迫尝够了苦涩的滋味，但人们却因此而认为他是正直的人，是足可信赖的人。经过三天的痛苦斗争，他终于看到了事情的前景——两人的关系已经告一段落，往后只是尽到师长的责任，为自己心爱的女子谋幸福罢了。这是很痛苦的，但痛苦就是人生！他一路上就是这么寻思着走回来的。

他正要开门进去，妻子迎了出来。夏末的日子，天气还很热，西服里面的衬衫被汗水湿透了。他换穿了上过浆的白色单衣，坐到饭厅的火盆前。妻子忽然想起来似的，拿过柜子上的一封信，交给他说：

"芳子来的信。"

时雄急忙启封。单从那长长的一卷信纸，就可认定来信与那件事有关。时雄赶紧看了起来。

这是一封用口语写的信，文笔极其流畅。

老师：

说实话，本来是打算去跟您商量的，但事情很急，我就自行处理了。

昨天四点钟收到了田中打来的电报，说是六点钟到达新桥车站。对此，我是多么吃惊啊！

我相信他不是那种没有事也要往外跑的轻率的人，这就使我更为担心。老师，请原谅！我按时到车站去接他。见面一问，他说，收到我写的关于那件事原委的信，非常担心，如果为了此事，万一我被带回老家，他会内疚的，所以放弃了学业，跑到东京来，想向老师彻底讲明情况，表示歉意，希望能给予谅解，使事情得以圆满解决。为了这一目的，他才匆匆前来的。接着，我对他说，我已向老师讲明了事情的原委，并转达了老师情深义重的谈话，说老师将来要做我俩神圣而纯洁的爱情的证人和保护人。对老师的情意，他十分感激，以致流出了泪水。

看起来，田中看了我过于惊慌的信，非常紧张。他做好了充分的准备，是抱定了万一爱情遭到破坏应有所对策的决心前来的。必要的时候，他将请当时一起去嵯峨旅游的友人作证，证明两人之间决没有肮脏的关系，并坦率地说明自那以后，两人才开始谈恋爱的，想请老师向家乡父母如实讲明情况。据说他是抱着这种决心来的。可是，前些时候，由于我幼稚无知，伤了故乡父母的心，因此，眼下又怎么好向他们说出这件事来呢？我想，只好暂时瞒着。我们彼此抱定理想，专心学习，等什么时候有机会——也许五年或十年——再把实情讲清，这样做才是上策，所以就决定这么办。我把老师的话全都告诉了他。原想要他办完事情之后，马上回去的，但看他非常疲劳的样子，要他马上回去，实在难以开口（请原谅我的软弱）。对老师关于在学习期间不要接触这些实际问题的教诲，我是会恪守不渝的。但他特意来了，就只好先安顿在旅店里。我终于留他住了一天，去观赏一下东京风光。老师，请原谅我吧！我们灼热的感情中还是保持着理智的，所以决不会做出像在京都那样超出常识、以致使人产生误解的事来。我发誓，决不会那样做。最后，请代向师母问好。

芳　子

在看这封信的时候，时雄心里像火一样在燃烧，各种感情交织在一起。这个叫田中的二十一岁青年，眼下来到了东京，芳子又到车站去接他，不知道他们干了些什么？说不定在这以前所说的，全是谎话。打今年暑假在须磨相会，有了感情之后，接着在京都的所作所为，都是为了满足自己的欲望。这次也许又是他控制不住思恋之情，才紧跟在姑娘后面，来到东京的。两人握手了吗？拥抱了吗？在人所不知的旅馆楼上，究竟干了些什么呢？乱与不乱，是一瞬间的事。想到这里，时雄实在无法忍受，心中叫喊着，“这关系到我这个监护人的责任呀！”不能放任不管，不能给思想没有定型的女孩子以这种自由。必须监督，必须保护！说什么“我们既有热情又有理智”，这个“我们”指的是谁？为什么不写明“我”？为什么要用复数？时雄的心里像暴风雨似的翻腾开了。火车是昨天六点钟到达的。只要到姐姐家去打听，就可以弄清昨夜是什么时候回来的。可是，今天怎么样？眼下又在干什么呢？

妻子精心烹调的晚餐里，有新鲜的金枪鱼生鱼片，还有加了青紫苏香料的凉拌豆腐。可是，他没有心思去品尝，只是一盅又一盅地喝酒。

妻子把小儿子哄睡之后，来到火盆前坐下，发现芳子的信放在丈夫的身旁，就问：

“芳子说什么来着？”

时雄没有吭声，把信扔了过去。妻子一边接信，一边偷偷地看着丈夫的脸色，看到了暴风雨到来之前的滚滚乌云。

妻子看完了信，一边卷信，一边说：“他来了？”

“嗯。”

“准备一直待在东京吗？”

“信上不是说了吗，马上就回去……”

“真的回去吗？”

“这种事谁知道！”

丈夫语气很冲，妻子只好闭嘴不说了。

过了一会儿，妻子又开口说：

“所以说呀，真不应该这样。年轻轻的姑娘，说什么要当小说家。世界上真有抱这种愿望的女子，也真有这种把女儿送来的父亲！”

“可是，这一来你放心了吧。”他想这么说，可话到嘴边又咽了下去，“算啦！这种事怎么着都行，反正你们弄不明白……要紧的是，给我再喝点，怎么样？”

温顺的妻子拿起酒壶，往京都陶瓷酒杯里斟上满满的一杯。

时雄不停地喝着酒，好像没有酒就不足以排遣心中的烦闷。喝到第三壶时，妻子担心地说：“最近，你好像心里有事嘛。”

“怎么啦？”

“你总是喝醉酒。”

“你是问为什么老喝醉酒吧？”

“是啊，有什么使你不顺心的呢！芳子他们的事，不是说怎么着都行吗？”

“混账话！”时雄大喝一声。

妻子并未因此胆怯，说道：

“可是，喝多了会中毒的啊！适可而止吧。若是再躺到厕所里去，你这个大个子，我和阿鹤（女佣人）怎么也弄不动啊！”

“好啦，那就再喝一壶吧！”

他又喝了半壶，看来已经醉得很厉害了。脸都成了赤铜色，眼珠也有些发直。他突然站起来，说：

“喂，把腰带拿出来！”

“上哪儿去？”

“到三号街去一下。”

“去姐姐家？”

“嗯。”

“别去了吧，危险！”

“什么呀，不要紧的。人家把姑娘托付给我，我不能放任不管。那青年来到这东京，他们又是一起散步，又是干什么的，我不能装作没看见。就是放在田川（姐夫的姓）家，我也不放心。今天去看看，如果时间还早，我就把芳子带到家里来，你把楼上打扫干净！”

“又让她住在咱家里吗？”

“当然喽！”

妻子不太情愿替他把腰带和衣服拿出来。

“好吧，好吧，你如果不把衣服拿出来，那就这样也行。”他穿着素色和服单衣，系着整幅薄毛呢裁成的脏腰带，帽子也没戴，就那样匆匆地出了家门。妻子连忙从后面喊道：“这就给你拿来……真拿你没办法。”

夏季已经快过完了。矢来的酒井[①]树林中传来乌鸦的叫声。家家户户都已吃过晚饭，在各家门口，可以看到皮肤白皙的年轻姑娘，也可以看到正在投球的少年，还一连看到好几对官吏打扮、胡子稀稀拉拉的绅士，领着梳刘海式头发的年轻妻子，在神乐坡散步。时雄心情激动，加以喝醉了酒，身子东倒西歪，周围的一切在他看来，恍然都在另一个世界中。他仿佛感到两旁的房子在移动，脚底的大地在下陷，天顶就盖在他头上。他酒量本来就不是那么大，这回又咕嘟咕嘟地使劲灌多了，所以酒性发作了。他忽然想起俄国贱民喝醉酒，躺倒在路边的事，又想起自己和某一友人说过的话：“俄国人正因为如此，才叫了不起啊！既然被酒迷住了，那就得一醉方休。”

“真是混账！在恋爱上为啥要讲什么‘师生有别’呢？”他嘴里骂出了这样的话。

他从中根坡往上走，经过士官学校的后门，往佐内坡走时，天已经全黑了。他听凭白色单和服拖在地上，烟草店门口站着一位年轻的夫人。晚风吹

① 酒井：日本一名门望族。

拂着冰店的门帘，给人以凉爽的感觉。时雄迷迷糊糊地看着夏天的这般夜景，走着走着，突然撞在电线杆上，踉踉跄跄地掉进了浅沟里，碰伤了膝盖骨，还挨了一个职工模样的家伙的骂："醉鬼！给我好好地走！"他忽然像恢复了记忆似的。从坡道上往右拐，走进了市谷八幡神社的院子里。神社内没有人影，十分清静，古老的大山毛榉树和松树遮天蔽日。左边角上，大珊瑚树枝叶茂盛。各处的长明灯开始微微地透出了亮光。时雄感到特别难受，随即隐身在珊瑚树背后，躺倒在树下。这时，兴奋的精神状态、奔放的感情和悲哀的快感，全都发挥出最大限度的威力来了。他一方面深受嫉妒之念的驱使，一方面在冷静地思考自己眼下这种处境。

当然，他开始并没有类似恋爱的灼热感情，与其说盲目地任凭命运的摆布，不如说在严峻地批判那种命运。主观上灼热的情感和客观上严峻的批判，像搓在一起的线，紧紧地拧在一起，呈现出一种异样的心理状态。

可悲，实在可悲！这种悲哀不是青春年华时期的悲哀，也不单是男女恋爱方面的悲哀，而是隐藏在人们心灵深处的巨大的悲哀。河水流逝，花开花落，这是盘亘在自然界深处的不可抗拒的力量，一与这种力量相接触，就感到再没有比人生更渺茫可悲的了。

泪水沿着时雄长满胡子的脸，簌簌地滚落下来。

他突然想起了一件事，马上站起来往外走。夜幕已经降临，竖在神社院内各处的玻璃灯柱放出了亮光，灯罩上清楚地写着"长明灯"三个字。这三个字勾起了他的心思。他曾经带着非常懊恼的心情，看过这三个字。当时，现在的妻子还是个姑娘，头上盘着桃瓣形发髻，就住在坡下紧挨着这儿的房子里，他为了听到那隐隐约约的琴声，经常爬到这八幡神社的高地上去，抱着得不到她就宁愿到南洋的殖民地去漂泊流离的热恋，出神地看着华表、长长的石阶、神殿、写有俳句的吊灯和这"长明灯"三个字而思绪万千。如今，下面依然是那所房子，偶尔通过的电车发出的轰鸣声，划破了周围的寂静。妻子娘家的窗口，仍如过去一样灯火通明。多么缺乏节操的心啊！谁能想到刚刚过去八年的岁月，竟发生了这么大的变化，那桃瓣式的发型已经变成了巴巴髻！其乐融融的生活为什么变得如此凄凉！为什么会产生这种新的爱情？时雄深感时间流逝的可怕。然而，奇怪的是，他对现在留在他心中的事情，并没有产生任何动摇。

"矛盾也好，什么也好，都是没有办法的。矛盾，没有节操，这都是事实，是无可奈何的。事实！事实！"时雄在心中反复叫喊着。

时雄在难以违抗的自然力的压迫下，再次伸开身子，躺在旁边的长凳子上。猛然间抬头望去，只见暗淡无光的赤铜色大月亮，悄悄地升起在护城河那边的松树梢上。那色彩，那形状，那姿态，显得多么凄凉！时雄认为那种凄凉和眼下自身的凄凉十分相似，心中不禁充满了难以忍受的哀愁。

酒已经醒了。夜露开始降落。

他来到堤岸三号街姐姐家门口，往屋里一张望，芳子的房间没有灯光，看来她还没有回来。他心里又激动起来。在这夜晚，在这漆黑的夜晚，还和情人待在一起，不知在干什么？竟敢做出这种缺乏常识的事来，这叫什么神圣的爱情？为什么还要辩解说没有不轨行为？

他正要进去，又想本人既然没有回来，进去也没有用。于是，他从门前径直走了过去。每当和女子擦肩而过时，他总要偷偷地瞧上一眼，看是不是芳子。他在堤岸上、松树下、街道的拐角处，甚至不顾行人生疑，在四周徘徊。九点已过，时近十点，即使是夏天的夜晚，也不该这么晚还在外面闲逛。他想肯定已经回来了，随即半途折返，向姐姐家走去。但芳子还是没有回来。

时雄走进屋里去，到了里面那间六铺席的房间时，问道："芳子干什么去了？"

姐姐尚未答话，先看到时雄衣服上沾了很多泥巴，感到奇怪。

"你是怎么啦？时雄。"

来到明亮的灯光下一看，白色单和服的肩部、膝部、腰部果然有不少泥巴。

"没什么，在那边跌了一跤。"

"可是，怎么连肩上都是泥巴呢，又喝醉了吧？"

"哪里……"时雄强作笑脸，支吾过去，紧接着问道："芳子到哪里去了？"

"今天早上出去时，只是说要和朋友一起到中野那边去散散步。快回来了吧，有什么事吗？"

"嗯，有一点……"他说，"昨晚她回来得晚吗？"

"不，昨天到新桥去接朋友，四点多出去的，八点左右就回来了呀。"她说着，看了看时雄的脸，"发生什么事了吗？"

"没什么……不过，姐姐……"时雄换了种语气说，"说实在的，即使托付给姐姐照看，如果再发生前不久在京都那样的事，也不好办，所以我想把芳子放到我家里去好好看管。”

“是吗，那太好了。老实说，芳子是那么个好姑娘，像我这种没有受过教育的人……”

“不，我不是那个意思。我想过分给她自由，反而对她本人没有好处，所以想暂时领到家里去，好好看管。”

“那很好嘛。要说芳子呀，确实什么都好，聪明、伶俐，在现今的社会上是难得的。不过，有一点不好，她总是满不在乎地晚上和男朋友散步什么的。我几次劝她，她总是笑着说：‘阿姨的守旧思想又来了！’我甚至还提醒她说，因为过多和男人在一起散步什么的，有一次，街角上的派出所起了疑心，便衣警察跟踪到家门口来了。当然喽，既然没有那种事，也就用不着介意……”

“那是什么时候的事？”

“去年年底。”

“实在是过分时髦了。真叫人头痛！”时雄见时钟的指针已经指向十点半，又说，“若是没有那种事，又是干什么去了呢？年轻轻的，这么晚了，还一个人在外面乱跑，这该怎么说呢！”

“该回来了呀。”

“这种情况有过几次？”

“不，难得有一次。也许认为是夏天晚上，天又刚黑，才出去走走的吧。”

姐姐说话时，并没有停止手中的针线活。她前面摆着一块用银杏树做的大裁衣案板，周围凌乱地放着裁好的丝绸衣料、线、剪刀，灯光清晰地照在女人衣服的漂亮色彩上。九月中旬的深夜，稍稍有些寒意，甲武线的载货列车从后面堤岸上通过，强烈地震动着大地。

他们一直等着，一有木屐的声音，就认为该是芳子回来了。时钟敲响十一点后不久，从远处传来了一阵小碎步和木屐后跟轻轻着地的声音，划破了夜晚的寂静。

“这回才是芳子呢！”姐姐说。

那脚步声果然在家门口停住了。接着，格子门嘎啦嘎啦地打开了。

“是芳子吗？”

“嗯。”娇滴滴的回答声。

一个身材颀长、梳刘海式头发的美丽身影，从门口径直走进来。

“啊呀，原来是老师！”她叫了起来。叫声里充满了惊讶和疑惑。

“实在太晚了……”她说着，来到客厅和居室之间的门槛处，侧身坐着，眼睛闪忽闪忽地窥看着时雄的脸色，接着拿出用紫色包袱皮包着的什么东西，一声不吭地推到姐姐跟前。

“什么东西……是土特产吗？总是难为你呀！”

“不，是我也要吃的东西。”芳子愉快地说。接着，正要向隔壁房间走去，时雄却硬让她在灯光耀眼的居室的角落坐下。她那优美的身段，时髦的刘海式发型，漂亮的法兰绒夏服，配上系得恰到好处的橄榄色腰带，使她那稍稍斜坐着的身影，显得更加娇艳。时雄和她相对而坐，心中有一种不可言状的满足感，刚才的烦恼和痛苦早已忘掉了一半。纵使有强劲的情敌，只要能占有自己的恋人，也就聊以自慰了。这就是恋爱者的常态。

“实在是太晚了……”她心中十分不安似的稍稍辩解了一下。

“说是到中野去散步了？”时雄冷不防地问道。

“嗯……”芳子又瞟了一下时雄的脸色。

姐姐沏上茶。打开芳子带回来的包袱，发现是自己最爱吃的奶油点心，便说道：“啊！这太好吃了。”这一来，大家一时被这点心吸引住了。

“老师！您一直在等我回来吗？”过了一会儿，芳子问。

“嗯，嗯，都等了约莫有一个半小时啰！”姐姐从一旁插话说。

于是，时雄又提到了刚才说过的事——打算带芳子一起走，如果方便，今天晚上就走，行李以后拿去也行。芳子低着头，边点头边听。当然，她心中肯定会感到有一种压力。从芳子的心情来说，她绝对信任老师——老师对这次恋爱，全心全意给予了同情，现在要住到这样一位老师家里去，自然不会构成什么了不得的痛苦。何况她一直就对住在这旧式家庭里感到不愉快，如果可能，倒愿意像刚来时那样住在老师家里。如果不是碰上现在这种情况，也许反而会非常高兴的，可是……

时雄很想早一点把她情人的情况查问清楚。现在那家伙在什么地方？什么时候回京都去？对时雄来说，这实在是一个大问题。可是，在全然蒙在鼓里的姐姐面前，又没法问个明白。所以这天晚上，根本没有提起那件事。大家只是随便聊聊，就到深夜了。

时雄提出今晚就走，可姐姐提醒说，现在已经十二点了，还是明天走的好。时雄想独自先回牛込，但总觉得没法放心，就以时间太晚为借口，留宿在姐姐家里，决定明天一早和芳子一起走。

芳子睡在八铺席的房间里，时雄在六铺席的房间里和姐姐并排铺着床，躺了下来。不多久，姐姐发出了轻微的鼾声。时钟当地敲响了一点，八铺席房间里的人大概睡不着，不时在高声长叹。深夜里，只有甲武线的货车驶过这里，声音震撼着大地。时雄同样久久不能成眠。

五

第二天早上，时雄领着芳子回家去。当路上没有别人时，时雄很想早一点向芳子问明昨天的情况。可是，芳子低着头，无精打采地跟在后面，见此情景，又觉得有些可怜，只好带着焦急不安的思绪，默默地往前走。

一走上佐内坡，路上的行人更稀少了。

“那件事怎么样了？”时雄突然回过头去，冷不防地问道。

“什么呀？”芳子反过来问，脸上蒙着一层阴影。

“昨天的事呀，他还没有走吗？”

“坐今晚六点的快车回去。”

“那么，你又得去送行啰？”

“不，不用了。”

谈话就这样中断了，两人又在默默地走。

时雄在矢来町的住宅，楼上三铺席和六铺席的房间，过去是放东西用的，现在把它打扫干净，作为芳子的居室。因为长期堆放东西，孩子们又在那里玩，所以灰尘积得很多。扫了扫，又抹了抹，再换下有雨点污迹的破纸隔扇，房间像变了样似的明亮起来了。房后酒井墓地上，茂盛的大树映得整个房间呈翠绿色，使人感到十分舒畅。邻居家的葡萄架，还有院子里那无人薅整的杂草里，混开着美丽的丽春花，显得更加醒目。时雄选出一幅已故画家画的牵牛花，挂在壁龛里，又在花瓶里插上迟开的蔷薇花。下午，行李运来了，有皮箱、藤箱、旅行袋、书箱、桌子、卧具等，费了很大的工夫，才把这些东西搬到了楼上。时雄为了帮忙，不得不向公司请了一天假。

桌子放在南边窗下，左边放书箱，上面整整齐齐地放着镜子、胭脂盒、瓶子，皮箱和藤箱放在壁柜的一边，正要把印花布做的被子等一套卧具放在壁柜的另一边时，女人的馨香味扑鼻而来，时雄产生了一种不可名状的感觉。

下午两点左右，总算把屋子里大致拾掇好了。

"怎么样？住在这里也是挺舒服的嘛！"时雄得意地笑了，"好吧！那就在这里好好用功。若是真正碰到了实际问题，苦恼也是没有用的。"

"嗯……"芳子耷拉着脑袋。

"以后再详细说吧。目前阶段，你们两个都只有安下心来，好好用功才行。"

"嗯……"芳子抬起头来说，"是啊，老师，我们也是这样想的，现在彼此都要好好用功。我们寄希望于将来，希望能得到父母的同意。"

"那很好。如果现在过分张扬，遭到他人或双亲的误解，你们特意抱定的真诚愿望，也就无法实现了。"

"正因为这样，所以我说，老师，我一定要专心用功。田中也是这么说的。另外，他还说一定要见见老师，当面致谢。否则，于心有愧。他要我好好跟您说……"

"不必了……"

芳子讲话中总带着"我们"这个复数，好像公开表明已经有了婚约似的，时雄对此很不高兴。而且又是十九、二十的妙龄少女，把这种话挂在嘴上，也有点不成体统。时雄进一步感到时代已经变了。他想到当今女学生的气质跟自己这辈人谈恋爱时的那种处女气质，有着多么大的差别。当然，从主义和兴趣方面来说，时雄是乐于看到这种女学生气质的，这是事实。接受过去那种教育的女子，要做现在明治时代男子的妻子，终归是不行的。女子也应该自立，要充分培养意志的力量，这是他一贯的主张，并向芳子反复宣讲过。然而，当真看到实行这种新派作风时，他又情不自禁地皱起了眉头。

第二天，从三号街姐姐家转来那个男子寄来的盖有国府津邮戳的明信片，说他已踏上归途。芳子在楼上居室里，只要听到呼唤，就会答应着很快下楼来。每日三餐，大家围桌共进。晚上，大家围着明亮的灯光，有说有笑，好不热闹。芳子还给他们织袜子，脸上一直挂着娇艳的笑容。时雄就这样完全占据了芳子，总算放心了，也满足了。妻子知道芳子有了情人之后，危险的念头和不安的情绪，全都抛到九霄云外去了。

芳子和情人两地分开，心里很痛苦。她很想和情人一起待在东京，这样既能经常见面，也能一起交谈。当然她知道，在目前阶段，这是不可能的。在男方从同志社大学毕业以前的这两三年里，只能不时地靠鸿雁传递音讯，自己必须专心用功。跟往常一样，她下午去麴町某英语私塾上学，时雄也去小石川公司上班。

晚上，时雄有时也把芳子召唤到自己的书斋里来，谈谈文学，谈谈小说，也谈谈恋爱方面的事，并针对她的未来，指出应注意的事项。这种时候，他说话的态度是公正、坦率、富有同情心的，根本不像是醉倒在厕所里或随地躺下的人。话虽这么说，可时雄并非有意装出这副态度。面对女子的一刹那，为了取得心爱的女子的欢心，任何牺牲都包含着很高的代价。

当然，芳子对老师是信任的。她甚至想过：即使有一天老师把自己的恋爱情况告诉了父母，以致引起旧思想和新思想的冲突，只要能得到恩情极深的老师的承认，也就心满意足了。

从九月进入十月，凄风刮得后面林子里呼呼作响。天空一片湛蓝，充满了晴朗的阳光。黄昏的日影浓浓地勾画出周围的轮廓。雨点整天不停地打在拔剩的山芋叶上。菜店里摆出了松蘑。墙根下的虫子发出非常微弱的叫声。院子里的桐树叶子脆断下来。上午九点到十点的一个小时，时雄向芳子讲解了屠格涅夫的小说。芳子在老师炯炯有神的目光监督下，斜坐在桌子边，倾听着长篇故事《前夜》，叶琳娜的感情、意志坚强的性格和悲壮的结局，深深地打动了她的心！芳子把自己置身于小说之中，把叶琳娜的恋爱故事和自己作了比较。恋爱的命运，使她没有机会去爱该爱的人，却把她的一生交给了意想不到的人。实际上，芳子当时的心情就是如此。在须磨海滨，还意外地收到印有百合花的明信片，可做梦也没想到落得了眼下这般命运。

面对雨天的树林，漆黑的树林，月夜的树林，芳子浮想联翩，想起了京都夜晚的火车，嵯峨的月夜，在膳所游玩时那夕阳洒满湖面的美景，旅馆的庭院里那宛如图画般盛开的胡枝子花。那两天的旅游，的确跟做梦一样。接着，她又想起了没有和他恋爱之前的情景，须磨的海水浴，故乡山中的月亮，没有生病之前的情景，特别是当时的烦恼。她脸上不由得泛起了红潮。

从空想到空想，这种空想不知何时竟变成了长信，寄往京都。京都也几乎隔一天就寄来厚厚的信。写呀写，两人的情话总是写不完。由于信件来往过于频繁，时雄乘芳子不在的时候，以监护为借口，昧着良心，偷偷地查看了桌子抽屉和书箱，把搜出来的两三封男人的来信，一目十行地匆匆看了一下。

字里行间都是情人之间的那种甜言蜜语。时雄竭力想从中找出更大的秘密，看有没有表示接吻或性欲的疑点，两人之间是否已发展到超出神圣的爱情的界限。然而，不可理解的是，他从信中得到的信息，全都表明他俩的恋爱是真诚的。

一个月过去了。有一天，时雄拿到了寄给芳子的一张明信片，是用英语写的。他漫不经心地看了看，来信人说已经准备了一个月左右的生活费，接着问在东京是否能找到可以餬口的职业。署名是京都田中。时雄心中为之一怔，平静的生活一下子被搅乱了。

晚饭后，他向芳子问起这件事。

芳子显得很为难似的说："老师，实在不好办啦！田中说想到东京来。我已经劝过两三回了，可不知为什么，他觉得宗教生活很虚伪，由于有了新的想法，他对那种生活已经完全厌烦了，所以这次非到东京来不可。"

"到东京来，打算干什么呢？"

"说是想搞文学。"

"文学？他所说的文学是什么？是写小说吗？"

"嗯，也许是吧……"

"真是胡闹！"时雄大喝一声。

"确实让我为难！"

"是你劝他这么做的吗？"

"不。"她使劲摇头，"我对这件事……眼下我很为难。前些时候，他头一次提出来时，我就制止过他，要他至少等到同志社大学毕业……可是，他说已经独自打定了主意，并说现在已经无法改变了。"

"为什么？"

"神户有一个信徒叫神津，一直为神户的教会向田中提供学费。田中对那人说，自已搞不好宗教，打算将来搞文学，请求同意他到东京来。这一来，那人大发脾气，说如果那样的话，他可不管，随便好了。于是，田中就做好了来东京的准备。我实在是为难透了！"

"混账！"时雄骂道，"这回你再劝劝他，说什么想写小说，那是绝对不可能的，完全是空想，极端的空想！而且，田中一到这里来，我对你的监督就非常困难，也无法照顾你。你要严加劝阻！"

芳子显得更加为难了，说："劝阻我是要劝阻的，但写信去可能会两下错开。"

"错开！那么，他已经来了吗？"时雄睁大眼睛问。

"刚才来的信说，即使给他信，也会错开的。"

"你说刚才来了信，那就是今天收到明信片之后又来了信啰？"

芳子点点头。

“真难办啦！所以说年轻的空想家根本不行。”

平静的气氛再次被搅乱了。

六

隔了一天，收到一个电报，说今晚六点到达新桥。芳子手里拿着电报心神不定，可是时雄认为年轻女子不应在夜里独自出门，因此不同意她去新桥迎接。

第二天，芳子说要去见他，劝他无论如何要返回京都。这样，她来到了情人的住处。男的住在车站前一家叫“鹤屋”的旅馆里。

时雄从公司回来的时候，以为她肯定还没有回来。可芳子已经露着笑脸出现在家门口。一问，得知田中声称既然已经从家乡出来，就怎么也不想再返回京都了。芳子和他争得几乎要吵了起来，可他仍然决意不从。他说，原是想仰仗老师，才来到东京的，现在老师不愿意，也并非没有道理，对芳子的监督有所不便，也可以理解。可是，既然现在不可能再回去了，自己怎么的也要找条活路，以求达到预定的目的，除此没有别的道路可走。时雄对此很不高兴。

时雄想暂时随他去，甚至想放手不管。可自己是当事人之一，怎能把这事看做与自己风马牛不相干呢？在那以后两三天里，没有迹象表明芳子去看过他，而是按时从学校回来。可是，时雄心想，会不会嘴里说到学校里去，实际上到情人的住处去了呢？想到这里，心中又产生了疑惑和嫉妒的念头。

时雄很烦恼，他的主意一天要变化好几次。有时想，为了成全他们两个，那就彻底牺牲自己；有时又想，把情况一五一十地告诉芳子家里，一举破灭他们的爱情。不过，从他目前的心理状态来说，无论哪一条他都不敢斗胆去做。

妻子忽然在他身边说：

“孩子爹，她在楼上。”妻子模仿用针缝制衣服的样子，小声说，“肯定是……送给他的吧。是藏青碎白花的学生式和服外褂，还买来了白棉布长带子哩！”

“真的？”

“嗯。”

妻子笑了，时雄却笑不起来。

芳子红着脸，向老师说明今天要回来晚一些。

“上哪里去?”老师问。

“不，是有一点事，顺路到朋友那里去一下。”芳子连忙答道。

当天傍晚，时雄决心去芳子情人的住处拜访。

中等个子、稍有点胖、皮肤白皙的田中，先用长篇演说式的雄辩口气表示了形式上的歉意之后，又用祈祷般的眼神望着时雄，像乞求同情似的说道：“实在对不起老师了……”

时雄有些激动。

“不过，你如果是明白人的话，这样做不是很好吗？我是为你们的将来着想才这么说的。芳子是我的门生，我有责任不容芳子荒废学业。你如果无论如何要留在东京，那就要么让芳子回老家，要么把这个关系向她的父母讲明，取得父母的同意。两者必须择一。我想你该不是那种利已主义的人吧，难道要让你心爱的人为了你而埋没在山区？据说由于这次的事，你厌弃了自己从事的宗教事业，如果你只是把这点作为一种想法，自己仍然耐心留在京都，那么，你们两人的关系，也就有希望得到圆满解决。”

“这我明白……”

“就是做不到吗?”

“实在难为情……我连制服、帽子都卖掉了，现在已经是想回去也回不去了……”

“这么说，是要把芳子送回老家去啰?”

田中缄口不语。

“那就告诉她家里吧?”

还是没有吭声，过了一阵才说：

“我之所以到东京来，毋宁说与此事无关。再说，即使待在这里，两人之间怎么会……”

“当然，你是这么说。可是，这一来，我可没法监督呀，说不定什么时候，你们会沉溺于恋爱之中的。”

“我没有那种打算。”

“能发誓吗?”

“只要能安安静静地学习，就绝不会有那种事。”

“这就难了。”

两人一直面对面坐着，反复进行这种对话——不着要领的对话。时雄从将来的前途、男子应做出的牺牲和事物的发展等方面，作了种种说明，劝他回京都去。在时雄的眼里，田中秀夫并不是想象中的英俊男子，也没有那种天才的气质。麴町三号街这个廉价的旅馆，房子三面是墙，室内很热，在这里初次与田中相对而坐，首先使他感到压抑的是，这青年受过基督教的培养，那一本正经的老成样子，显得与年龄很不相称，使人很不愉快。那口京都腔调和那张白皙的面孔虽然也能给人一点和善之感，但不知芳子为什么在众多的青年当中，偏偏选中了这样一个男子。尤其使时雄感到讨厌的是，天真无邪、正直坦率等优点，他全然没有，而且对自己的罪恶、弱点，居然找出种种理由，强词夺理地进行辩解。当然，这都是些表面现象，还没有立即明确地直接反映到时雄激动的头脑中去，当看到房间角落里放着的旅行包和那显得可怜巴巴的素色和服单衣时，反而使人想到这青年也有过富有幻想的过去，想到他也许正在为这次恋爱而烦恼和懊丧，从而不禁产生出怜悯之情。

两人在这闷热的房间里，伸开脚面对面坐着，至少谈了一个多小时，却一直不着要领。最后，时雄只留下了一句话：“你再重新考虑考虑吧。”就离开那里回家了。

不知为什么，时雄感到很无聊，像干了一件蠢事似的，不禁在嘲笑自己。他想起为了掩盖自己心灵深处的秘密，说了些违心的奉承话，甚至说要做他们两人恋爱的忠实的保护人；还想起自己说过，要把田中介绍给某人，以便为他谋一份简易的翻译工作。为此，他咒骂自己是个没有出息的老好人。

时雄反复考虑了多次，是不是告诉她家里算了。可是，又该采取怎样的态度通报呢？这是个大问题。他认为两人恋爱的关键掌握在自己手中，正因为如此，他感到责任重大。他不忍心由于自己不应有的嫉妒和不正当的爱慕之心，去牺牲自己心爱的女子的热恋；可是，如果照自己说过的，要做一个“温情脉脉的保护人”，把自己置身于道德家的地位，同样是很难做到的。从另一方面来说，他也担心把这事告诉她家里，她的父母会因此而把她领回家乡去。

第二天夜里，芳子来到时雄的书斋，耷拉着脑袋，用很低的声音申述了自己的愿望。她说不管怎么相劝，男的就是不肯回去。他们也知道，如果告诉了家里，父母是不会同意的，说不定会在什么时候，突然来接她回去。既然他特意出来了，两人的关系又不像社会上的男女恋爱那样浅薄，决不会有什么越轨行为，而且已经发誓不会沉溺于恋爱之中。对田中这样一个人来说，走文学的道路是很艰难的，写小说，自成一家，也许更不可能。可是，既然两人目标一致，就想携起手来走自己要走的道路，所以请求暂时让他就这样留在东京。对这不得已的要求，时雄不好无情地予以回绝。虽说时雄对女子去京都嵯峨时的贞操仍在怀疑，但又相信他们的辩解，认为这两个年轻人还不至于干那种事。就以自己青年时代的经验对照着来看，有了精神上的神圣爱情，肉体关系绝不是那么容易实现的。因此，时雄说，只要不沉溺于恋爱，暂时就这样也行。接着，他长篇大论地就灵之恋、肉之恋、恋爱和人生的关系、有教养的新女性应遵守的信条等等，诚恳而真挚地对芳子进行了教育。古人之所以很看重女子的节操，这与其说是社会道德的制裁，不如说是为了保护女子的独立，女子一旦把身子许给了男子，那么，她的自由就会全部丧失。西方的女子很理解这方面的道理，所以男女之间的交往总是恰如其分。日本的新女性也应跟人家一样，这就是时雄对芳子进行教育的中心内容，其中特别就新派女性这个问题，进行了深切的讲解。

芳子低着头，唯唯是听。

“那么，他说今后究竟打算怎么生活呢?”时雄乘兴问道。

“他来前也许有所准备，个把月总能维持得下去吧……”

“如果有什么好工作该多好。”时雄说。

“其实，在东京我们别无熟人，是一心想依靠老师才来的。现在是大失所望了。”

“不过，他也未免太唐突了。就在前天见到他时，我还是那么想。这实在太使人为难了。”时雄笑着说。

“还是请您再操心一次吧……这样老是让您操心，实在对不起。”芳子像央求时雄似的，脸都红了。

“不用担心，总会有办法的嘛!”

芳子走后，时雄的脸色突然变得阴沉难看了。“你自己……你自己对他们的恋爱能帮得了忙么?”他扪心自问，“小鸟儿只能和小鸟儿相配。自己已经没有美丽的羽毛，引不来那些小鸟儿了。”想到这里，一种难以言状的凄凉感向他心头袭来，“人们都说妻子和孩子是家庭的欢乐，可又有什么意思?

为孩子而活着的妻子，也许有生存的意义，而被子女夺走了妻子、被妻子夺去了子女的丈夫，又怎能不寂寞呢?”时雄凝视着灯光。莫泊桑的小说《如死一般强》展开在桌子上。

过了两三天，时雄按时从公司回到家里，刚坐到火盆前，妻子小声对他说。

“今天可来啦!”

“谁?”

“楼上的……喏，芳子的情人。”妻子笑着说。

“是吗……”

“今天一点钟左右，来人在门口问道，有人在家吗?我打开门一看，可不是站着一个学生嘛。他圆圆的脸，上身是碎白花纹和服单衣，下身是白细条纹料子裙裤。我还以为是来送稿子的学生呢。可他问，横山小姐住在这里吗?当时，我觉得奇怪，问他姓什么，说是田中……哎呀，是他，讨厌的人!怎么把这种人，这种书生当情人呢?比他好的不知有多少，芳子也未免太古怪了。像他那样的人，根本不会有指望的。”

“后来怎么样?”

“芳子也许很高兴吧，可又有些不好意思似的。我上楼去送茶，当时芳子坐在桌子前，来人坐在她的前面，两人刚刚还在说话，见我去便突然闭住嘴不说了。我觉得不对劲，便立刻下楼来了……我总觉得不对劲……现在的年轻人真能干出那种事来。想当初，我只要被男人看上一眼，就羞得无地自容，可……”

“时代不同嘛!”

“时代再怎么不同，也过于新派了吧。这和那些堕落的学生没有两样。也许表面上看是那样，内心不一定是那样吧，不过总觉得有些不对劲。”

“你就别管那种事情了。后来怎么样了?”

“阿鹤（女佣人）要去替他们买点吃的来，他们说不用了，随即自己出去买来点心和煮白薯，吃了起来……阿鹤说，她上去送开水，两人正吃着白薯，吃得可香哩!连阿鹤都笑了……”

时雄也不禁笑了起来。

“接着两人又大声谈了好长时间，好像在争论什么。看来，芳子怎么也不服输。”妻子又接着说。

“那么，几点钟走的？”

“刚走不久。”

“芳子在吗？”

“不在，说他不认得路，把他送到那边就回来，就一起往外走了。”

时雄脸色阴沉下来。

正吃晚饭的时候，芳子从后门回来了。她气喘吁吁，像是急着跑回来的。

“送到什么地方？”妻子问。

“到神乐坡。”她回答说。然后，跟往常一样，面对时雄说，“您回来了。”接着就咚咚地上楼去了。以为她马上会下来，却怎么也不见下来。“芳子，芳子！”妻子连喊了三声，只听到她长长地应了一声“呃——”，仍不见人下来。阿鹤去请她，这才下楼来了。但没有坐在摆好晚饭的桌前，而是靠近柱子斜坐着。

“吃饭不？”

“不想吃，肚子饱饱的。”

“是白薯吃多了吧？”

“哎呀，师母真坏。别拿我开心了，师母！”她故作嗔态。

“我觉得芳子好像有点变了。”妻子笑着说。

“为什么？”她拖着长腔问。

“不为什么。”

“师母真坏！”她又做出嗔怪的样子。

时雄默默地看着她撒娇的样子，心中当然很不平静，不愉快的情绪一阵阵向他袭来。芳子偷偷地瞧了时雄一眼，见他不高兴，马上改变态度说：

“老师！今天田中来了。”

“听说了。”

“他说想见见您，向您致谢，说下次再来……让我向您问好……”

“是吗？”时雄说后，突然站起来，径直进书斋去了。

即使把芳子安置在自家楼上监管起来，只要她的情人待在东京，时雄还是没法放心。要阻止两人相会，那是绝对不可能的，信件来往当然更无法拦阻。即使她公开说明：“今天要到田中那里去一下，晚一小时回来。”也不好说三道四。另外，虽说很不欢迎那男人来访，但事到如今，也无法加以拒绝。在不知不觉中，时雄已被这两人看成了他们恋爱的“温情忠实的保护人”。

时雄经常焦躁不安，要写的稿件有好几篇，书店来催他，他也需要钱用，但怎么的也没法安下心来执笔写文章。即使强制自己试试笔，思想还是集中不起来。看书也只能连续看上两页，就再也没心思看下去了。每当看到两人爱得热乎时，他就在心中发火，借机向无罪的妻子发泄或借酒解愁；有时借口晚饭的菜肴不合口味，把饭桌踢翻；也有喝醉了酒、晚上十二点多钟才回家的时候。芳子对时雄这种反常的暴行非常痛心。她歉疚地向师母说，“都是因为我，给老师添了不少麻烦，我不好。”芳子尽可能不让人看到她和田中间的书信来往，而且三次约会中总有一次是向学校请假偷偷去的，但时雄发觉之后，反而更加烦恼了。

秋深了，原野上刮起了寒风，屋后树林里，银杏树叶子金黄，把黄昏的天空点缀得更加美丽；墙根边的路上，被风卷起的落叶在沙沙地打转；伯劳鸟的叫声，听起来令人心烦，就在这个时候，这一对年轻的恋人越来越使人看不顺眼了。作为监督人，时雄实在看不下去，就劝说芳子，要她把这件事一五一十地告诉家乡的父母。他自己也就这一恋爱问题给芳子的父亲寄了一封长信。即使在这种时候，时雄还是想竭尽全力，以求充分赢得芳子的感激之情。他觉得这种举动是一种违心的“悲壮牺牲”，自己在充当这种恋爱的“温情的保护人”。

从备中山区来了几封信。

七

第二年一月，由于地理书编辑工作的需要，时雄来到上武境界的利根河畔出差。他从去年年底来到此地，一直对家里的事——芳子的事，特别不放心。可是公务在身，也无可奈何。正月初二时雄回东京去了一下，当时次男正患牙病，妻子和芳子正衣精心地进行护理。听妻子说，芳子似乎更加沉溺于恋爱了。除夕晚上，田中生活来源无着，没法回住宿处去，就在行驶的电车上整整待了一夜。由于两人来往过于频繁，妻子婉转地提醒芳子，进而与芳子吵了起来。妻子还向他谈了其他一些情况。时雄感到这些事不好办。所以只住了一个晚上，又回到了利根河畔。

初五的夜晚，一轮带着晕圈的月亮挂在茫茫苍穹，河中映现出金色的粼光。时雄的桌子上展着一封信，他正为此事陷入沉思。这封信是旅馆的女招待刚才送来放在桌上的。那是芳子的笔迹。

老师：

实在对不起，我这一生决不会忘记老师富有同情心的大恩。即使现在，一想到您的好心，眼泪就要滚落下来。

父母的态度依然如故。尽管老师那样讲明了情况，由于顽固的旧风俗，他们不理解我们的心情。即使我哭诉，也得不到他们的同意。看了母亲的信，我忍不住哭了起来。我想哪怕多少能理解一点我的心情也好。现在，我才深切地体会到恋爱竟是这样的痛苦。老师！我已下了决心，正如圣经所教诲的那样，女子离父随夫，我准备跟随田中。

田中仍然生活无着，带来的钱已经花光，去年年底，他过着落魄的悲惨生活。我实在不忍心看下去，即使家里不接济我，我们两人也要尽力在这世上活下去。让老师操心，实在对不起。在监督上，更是让老师操了不少心。老师为了我们，尽管那样特意向家乡的父母讲情，父母仍只顾毫无意义地生气，根本不予理睬，说得过分一些，未免太狠毒了。在这种情况下，就是断绝父女关系，也是没有办法的事。他们说什么堕落堕落，几乎不以父女相待，难道我们的爱情是那样的不严肃吗？而且他们老提什么门当户对，可是，我不是那种遵照父母之命来谈情说爱的旧式女子。这一点，老师也许会同意吧。

我已下了决心。昨天看到一则广告，上野图书馆拟招聘女见习生，我准备应试。只要两人努力工作，难道会饿死不成！如果总这样待在老师家里，给老师、师母增添麻烦，我实在过意不去。老师！请您同意我的决心。

芳　子

爱情的力量终于使两人陷入了沉醉的深渊。时雄认为再也不能这样放任不管了。他重新检讨了自己为取得芳子的欢心而采取的“温情的保护人”的态度。他曾给芳子在备中的父亲写信，极力袒护他们两人的恋爱，希望无论如何能同意他们的婚事。他明知她父母怎么也不会同意，何况他也希望她父母极力反对。果然，她父母来信表示坚决反对，甚至说芳子如果不听劝告，就断绝父女关系。两人的恋爱确实得到了应有的报应。时雄过去始终为芳子辩解，讲明她的恋爱并非为了肮脏的目的，并要求父母中有一人务必到东京来解决这个问题。可是，故乡的父母说：督护人时雄虽如此认为，做家长的却断断不能同意，即使到东京来也是白跑，所以一直没有来。

眼下，时雄面对着芳子的来信，陷入沉思。

两人的事情已经不容再迟疑了。芳子甚至大胆提出要脱离时雄的监督，和田中一起生活。她的话中含有很多值得警惕的成分，不，也许她在行动上已经先走了一步。他这一方为了她，是那样竭尽全力，可她无视这番好意，居然下了这种决心，这是多么无情无义。他甚至气得不想再管她了。

为了排遣心中的怒火，时雄来到月色朦胧的利根川堤岸上散步。月亮带着晕轮，尽管是冬季的夜晚，却有些暖意。堤岸下，从家家户户的窗口，静悄悄地射出了平和的亮光。河面上弥漫着薄薄的烟雾，不时听到船过时发出吱呀吱呀的摇橹声。下游有人在喂喂地呼唤渡船。摇渡中的汽车的发动机仍在轰鸣，接着又暂时平静下来。

时雄在堤岸上，边走边思考各种各样的问题。比起芳子的事来，自己家庭生活中的孤寂感，更深深地刺激着他的心。三十五六岁的男女最难忍受的生活上的苦楚和事业上的烦恼，以及性欲上的不足，等等，都以一种可怕的力量压迫着他的心胸。芳子既是他平凡生活中的花朵，也是精神上的食粮。芳子具有的美的魅力，宛如花朵开放在他那荒野般的心中，使一座完全锈掉了的钟再次发出了响声。芳子使他重新恢复了活力。可是，难道他又不得不再回到过去那种荒凉孤寂的平凡生活中去吗……不平和嫉妒的热泪沿着他的脸颊滚落下来。

他认真考虑了芳子的婚事和她的一生，还对照着自己的经历想到了她与田中同居后将会产生的厌倦、疲劳、冷酷，想到了一个女子一旦把身体交给一个男子后将会面临的可怜处境。眼下，一种因隐藏在自然界最深处的黑暗势力而引起的厌世情绪，正猛烈地向他的心胸袭来。

他发觉自己过去的行为是极不自然、极不认真的，意识到现在必须认真加以解决。当晚，他满腔热忱地给芳子在备中山区的父母写了信，并把芳子的信附在里面，详细地记述了两人的近况。最后他写道：

我认为做父亲的您和当老师的我，还有两个当事人，现在应该坐在一起，认真地议一议这个问题了。您有做父亲的主张，芳子有芳子的自由，我有做老师的意见。再次期望您务必在百忙中来京一叙。

写完后，把信装进信封，信封上写着“备中新见町横山兵藏先生”，又把信放在一边，眼睛一直盯着它。他认为这封信是决定命运的关键。最后，他终于下了决心，叫过女招待，把信交给了她。

一天，两天，时雄在设想那封信发往备中山区的情景：在四面环山的小村镇里，中央有一栋白墙大宅子，邮递员把信送到那里，店里的伙计再把信送进屋里去，留着胡子的高个子主人读着这封信——命运之神就这样一刻一刻地紧逼过来。

八

十日，时雄回到了东京。

第二天，备中回信说，两三天之内，芳子父亲将动身来京。

到了这种时候，芳子也好，田中也好，毋宁说都希望这样做，并不显得特别惊慌。

芳子父亲到了东京，先在京桥住宿。十六日上午十一点钟左右，来到坐落在牛込的时雄家拜访。这天正好是星期天，时雄在家。芳子父亲身穿大礼服，头戴礼帽，由于长途旅行，显得很疲劳。

当天，芳子到医生那里看病去了。她说大约在三天前感冒了，还有些发烧，头也痛。没过多久，她回来了，毫不在意地从后门进来。妻子见面就说：

“芳子，芳子！不得了，你父亲来啦！”

“父亲!?”芳子的确愣了一下，紧接着就上了楼，再也没有下来。

后屋里有人喊：“芳子呢?”妻子就从楼下喊她，没有搭腔。上楼一看，芳子趴在桌子上。

“芳子。”妻子叫了一声。

她还是没有搭腔。

妻子走到芳子的身旁又喊，她这才抬起那苍白而显得神经质的脸。

“后屋里在喊你呢!”

“可是，师母，我怎么去见父亲呢?”

她哭了。

“说起来，你不是好久没有见到父亲了吗？反正是非见不可的嘛。这有什么，不用那么担心，不要紧！”

“可是，师母……”

“真的不要紧，要坚强些！把你的心事好好向父亲说说，真的用不着害怕。”

芳子终于来到了父亲面前。当她看到父亲那张胡子很多，威严中带有亲切感，令人思念的面孔时，不禁热泪盈眶。脑筋陈旧而顽固的父亲，不理解年轻人的心，但他却又是那么亲切。虽然母亲操办一切家务，而且对芳子照顾得很好，但不知为什么，芳子认为父亲比母亲好。她想，只要向父亲诉说自己目前处境的困难，哭诉自己对待爱情的真心实意，父亲是不会不为之感动的。

“芳子！好久不见了呀……身体好吗?”

“父亲……”芳子说不下去了。

“这次来，在路上……”父亲对坐在身旁的时雄说，“火车开到佐野和御殿场之间时，发生了事故，耽搁了约有两个小时。是蒸汽机爆炸。”

“那是……”

“正当火车全速行驶的时候，突然发出一声巨响，车身倾斜得很厉害，而且缓缓地向后倒行，大家不知发生了什么事。原来是蒸汽机爆炸，两个司炉当场死去……”

“那可是危险啊！”

“从沼津调来火车头，等接上车厢，足足花了两个小时。当时我就想……为了这件事跑到东京来，途中万一出了事，阿芳，”他回过头去看着女儿的脸，“你可就对不起你的兄弟啰！”

芳子耷拉着头，没有吭声。

“那是够危险的。不过，没有怎么受伤还算不错。”

“嗯，是的。”

父亲和时雄就蒸汽机爆炸的事谈了一会儿。

“父亲，家里人都好吗?”突然，芳子问。

“嗯，大家都很好。”

“母亲呢……”

“嗯，我很忙，这次本想让你母亲来，后来又觉得还是我来为好……”

“哥哥也好吗?”

“嗯，近来他也稍许安下心来了。”

正在东拉西扯的时候，午饭端出来了。芳子回到了自己的房间。饭后喝茶时，时雄又接着前面的问题谈了起来：

“这么说来，您是怎么也不赞成喽?”

“现在还谈不上赞成或不赞成。即使现在同意让他们两人生活在一起，可男的才二十二岁，还是同志社大学三年级的学生……”

“那倒是，不过，也不妨看了人品之后，再对将来的婚约……”

“不，婚约什么的根本谈不上。我虽没见过他，对他不太了解，但像他这种乘女学生来东京途中，让人家在中途留宿，又把多年来有恩于他的神户教会的恩人抛于一旦的人，我认为实在不值得一提。最近，芳子在给她母亲的信中还说他很苦，要求能多体谅他，并希望家里能接济他上早稻田大学，哪怕今后少贴她一点学费也行。芳子怎么会有这种计划，这不是明摆着受了他的骗吗?”

“我看不会有那种事吧……”

“更可笑的是，他和芳子谈恋爱之后，马上便说自己讨厌宗教而喜欢起文学来了。真是可笑！接着又紧跟在芳子之后，来到东京，连您的劝告也不听，甚至被生活所困，也赖在东京不走。很可能有什么打算。”

“这也许是沉醉于爱情的缘故，所以也可以从好的方面来解释。”

“尽管这样，现在还谈不上我同意与否，婚约是一件大事，既需要查明他的身份，考虑是否和我们门当户对，也需要查清血缘关系。当然，首要的还是人品。依您的观察，说他是个秀才什么的……”

“不，不是这个意思。”

“人品究竟怎样……”

“据说，芳子母亲倒是有所了解。”

“什么呀，内人只在须磨的主日学校①见过一两次，并不怎么了解。大概在神户的时候，人们倒是称他有点才气什么的。芳子大概是在女学院时开始认识他的，若要让他干个说教或祈祷什么的，倒是挺在行，连大人都不如他。”

“难怪他连讲话都带一副装模作样的演说腔调。那种眼睛往上翻的怪样，就是做祷告的表情。”时雄在心中暗暗附和，一想到这个男子就是用这种令人讨厌的表情来迷住女孩子，心中便厌恶起来。

---

① 主日学校：基督教教会办的学校，用于在星期日将儿童集中起来进行宗教教育。

“那么，您打算怎么办呢？是带芳子回去吗？”

“不过，我想还是尽可能不要带她回去。突然带着姑娘回家，十分引人注目，这不太好。我和内人在村里，办了各种慈善事业，还担任着名誉职务，这回的事一传开，我的处境就非常困难了……所以我的意思和您一样，如果可能，让男的回到他的老家京都去；女儿嘛，这一两年，还是想请您给予照顾……”

“那太好啦！”时雄说。

接着，又谈了谈他俩的关系。时雄谈到去京都嵯峨的事和其后的经过时，解释说两人间大概是属于神圣的灵之恋，并没有不正当的关系。芳子父亲听后，虽然点头称是，但又说：“不过，也不能不看到那方面的关系吧！”

在对待女儿的问题上，眼下父亲更是悔恨交加。出于乡下人的虚荣心，把女儿送进神户女学院那种洋派的学校学习，还让她过寄宿生活；同意女儿的迫切要求，让她到东京来学写小说；以多病为由，任其自流，没有严加管束……这一桩桩的事，接连在心中涌现出来。

一小时之后，特意请来的田中，来到了这个房间。芳子披着刘海式的头发，坐在一旁听他们说话。映入父亲眼帘的田中，自然不是能使他中意的那种人物。田中那副身穿碎白花藏青布短外褂和白色条纹裙裤的书生打扮，使他心中充满了轻蔑和厌恶之感。这个男子夺走了自己的女儿，实在令人可恨——这种心情与过去时雄在那个宿舍里见到这个男子时的心情非常相似。

田中整了整自己裙裤上的皱纹，端坐在那里，眼睛直盯着最宽不过二尺的铺席。显然，他的态度不是服从，而是反抗，而且显得有些强硬，好像他有权利和自由把芳子据为己有似的。

谈话是严肃而激烈的。父亲没有从正面责备他不知廉耻的行径，只是不时在话中捎带着挖苦讽刺的语气。谈话是时雄开的头，后来主要是父亲和田中交谈。正因为父亲是县议会议员，所以巧妙地掌握了谈话的抑扬顿挫，致使惯于演说的田中，也只好保持沉默。是否同意两人的爱情，这虽然是个问题，但并不是眼下值得研究的题目，因而被搁在一边，眼下主要是讨论回京都的事。

沉醉于恋爱的两个当事人，特别是对男的来说，这种分离显然是非常痛苦的。男的已经完全失去了当宗教家的资格，而且已无家可归。经过两三个月的漂泊生活，好不容易在东京看到了光明的前景，怎么能甘心前功尽弃而一走了之呢？他以此为借口，反复表示不同意回京都去。

父亲谆谆开导说：

“你说现在已经不可能回京都，那显然是回不去的了，可是，在目前的情况下，你如果爱一个女子，难道你就不能为她做出牺牲吗？回不了京都，那就回乡下去。当然喽，如果回去，那就不可能达到目的。可问题就在这里，也就是说在这一点上，你要做出牺牲为好。”

田中低着头没有吭声，看来他是不会轻易答应的。

“你呀！我一直在听着。芳子父亲讲了那么多的话，你听明白了吗？他没有追究你的罪过，也没有追究你不知廉耻的行为，将来只要有缘分，也不是不可能同意这门婚事。你年纪还轻，芳子正在学习期间，因此两人暂时不必急着解决这个恋爱问题，先这么搁着，看看将来的发展再说，你懂吗？目前，你俩无论如何不能在一起，总有一方必须离开东京。谈到离开东京，你必须先走，这是理所当然的。要问这是为什么嘛，那是因为你是追着芳子来的。”打开始起，时雄一直默默地在听，由于田中太固执，才急得他厉声说了起来。

“我很明白。”田中回答说，“全都是我不好，所以我必须先离开。老师刚才说不是不同意这件婚事，可是，芳子父亲刚才的话，并不能使人放心……”

“你这是什么意思？”时雄反问道。

“你是不是因为没有真正的婚约而不满意呀？”父亲插嘴说，“可是，刚才已经说得很清楚，同意与否，目前不能明确表示。你俩目前正在学习，还不能独立自主，让你们两个人在一起生活，实在叫人不放心。所以我认为在这三四年内，两人主要是好好学习。如果你是认真严肃的，话说到这种程度，也应该明白了。如果我一旦瞒着你，把阿芳嫁给别人，那你可以表示不满。可我向神发誓，当着老师的面说好，这三年之内，我决不会主动把阿芳嫁出去。人世间正如耶和华所指出的：罪孽深重的人，唯有等着神有力的判决。我不能说把阿芳许给你，目前我的心不允许这样做。我认为这件事不合乎神的意志。三年之后，是否能合乎神的意志，现在无法预言，如果你是真心实意，我想到时一定会合乎神的意志的。”

“芳子父亲说得多么透彻。”时雄接着芳子父亲的话说，“你要等待三年，在这三年时间里，你要拿出足以证明你是可以信赖的行动来。老实说，这是最大的恩惠，对引诱人家姑娘的家伙，本是没有必要说得这么认真的。如果就这样把芳子带回去，你也无可抱怨。尽管如此，仍然等你三年，在看到你的真心之前，说好不把芳子嫁给他人。这是特别开恩的话，比之于说可以同意，意义更深一层，你明白吗？”

田中低着头，皱着眉，眼泪顺着他的脸颊泫然而下。

房间里一时鸦雀无声。

田中用拳头擦拭流出来的泪水。时雄认为是时候了，于是问道：

“怎么样？给一个答复吧。”

“我嘛，怎么着都可以，即使埋没在乡下也没关系。”他又在擦眼泪。

“那可不行，这是说气话，那不好办。你要把心里话亮出来，因为这次见面是为了不造成彼此的不满。就说你吧，如果不愿意回乡下，那就只好让芳子回去。”

“两人就是不能一起待在东京吗？”

“那不行。那样没法监督，从你们两人的前途考虑，也不行。”

“那样的话，就让我埋没在乡下吧。”

“不，我走。”芳子含着眼泪，声音颤抖地说，“我是女人……是女人，只要你能有所作为，我埋没在乡下也没关系，我回家乡去。”

在座的人又陷入了沉默。

过了一会儿，时雄改换口气说：

“可是，你为什么不能回到京都去呢，只要一五一十向神户的恩人讲清楚，对过去的轻率行为表示悔改，再回同志社大学去，不是很好吗？不要因为芳子立志搞文学，你也非要当文学家不可。当宗教家、神学家、牧师，不也是蛮不错的吗？”

“当宗教家已经根本不可能了。我不是那种向人说教的伟人……何况三个月来，我辛辛苦苦，好不容易在亲友的帮助下，已经闯出了一条谋生之路……再埋没在乡下，实在太遗憾，我受不了。”

三个人又谈了一阵，谈话终于告一段落。田中说今天晚上和亲友商量，明天或后天作出明确的答复，便先走了。这时，已是下午四点。冬天黑得早，刚刚还照着房间一角的阳光，不知什么时候消失了。

房间里只剩下芳子父亲和时雄两个人。

“这家伙说话真不痛快！”父亲不动声色地说。

“真虚伪，说话很不着要领，如果说得再明确些，坦率些，该有多好……”

“中国[①]地方的人做不到这一点。纯属小人作风，只会搞小动作，钻人家的空子。这跟关东以至东北地方的人完全不同。好就说好，不好就说不好，把真情说出来，那该多好！他可不行，搞小动作，强词夺理，动不动就哭……”

“确实是这样。”

“看着吧，明天肯定不会痛痛快快作出答复的，总会找点什么理由，不想回去就是了。”

时雄心里突然对田中与芳子的关系产生了怀疑。田中的主张如此强烈，加上他那种似乎有权把芳子据为己有的态度，促使时雄产生了这种怀疑。

“那么，对他们两人的关系，您是怎么看的?”时雄问芳子父亲。

“是啊，是应该想到其中有什么关系。”

“事到如今，我认为有必要搞清楚。是不是向芳子追问一下嵯峨之行的情况。她曾说过恋爱是到嵯峨之后才开始的，那一定有信件可以作证。”

“是啊，尽管没有达到那一步……”

父亲虽然相信有关系，但又害怕这是事实。

真不走运，就在这时，芳子送茶来了。

时雄把她叫住，追问她说：既然有信为证，为了证明自身的清白，得把事情前后的信拿出来。

芳子一听，脸刷地一下通红了，为难的样子，从她的脸色和态度上清楚地显示出来。

“当时的信最近全都烧毁了。”她说话的声音很低。

“烧了?”

“嗯。”芳子耷拉着脑袋。

“烧了！不会吧?”

芳子的脸越来越红。时雄非常激动，眼前的事实以一种可怕的力量刺激着他的心。

他站起来去上厕所，感到心中发慌，头脑发晕，一种被人欺骗了的念头猛烈地冲击着他的心头。当他从厕所里出来时，见芳子惊慌不安地站在拉门外边说：“老师！我确实把信烧掉了。”

“那你就说谎吧!”时雄以斥责的口吻说。接着，使劲把门一关。进屋里去了。

---

① 这里指日本本州西部地区。

九

芳子父亲在时雄家吃完晚饭，就回旅馆去了。当天晚上，时雄非常懊恼。他想到了上当受骗，但生米已煮成熟饭，也没有办法。可是，一想到芳子的灵魂和肉体——她的一切都被一书生夺走，而自己还在为他们的恋爱认真地竭尽全力，就气愤到了极点。她既然能做到那一步——把肉体交给了那个男子，那就用不着尊重她处女的贞操了。自己如果大胆地插上一手，使自己性欲上的要求得到满足，该有多好。他这么一想，就觉得以往像仙女一样美丽的芳子，一下子变成了妓女一类的人。不用说她的肉体，连她那优美的姿态和表情都使人感到很卑贱。这天晚上，他烦闷得几乎一夜没有合眼，各种感情像乌云滚滚似的在心中翻腾，他扪心寻思：倒不如这样干，反正她已被那男子毁了身子，何不让那男子回京都去，然后利用她的弱点，任从自己为所欲为呢。如果趁芳子在楼上睡觉的时候，自己悄悄爬上楼去，向她诉说自己这无以满足的恋情，她会怎么样呢？她也许会跪坐起来规劝自己，也许会大声喊叫，也许会体谅他这种苦闷的感情，而为自己做出牺牲。可是，即使她做出了牺牲，第二天早上又该怎么办？她肯定会羞于在明亮的阳光下与他见面。直到太阳升得老高，她必然卧床不起，连早饭都不吃。这时，他想起了莫泊桑的短篇小说《父亲》，特别深切地体会到书中所写的少女失身于别人后伤心落泪的情景。一想到那种情景，便又从另一方产生出一股力量，与自己这种见不得人的胡思乱想进行竭力抗衡和殊死斗争。这一来，烦恼上加烦恼，懊丧上加懊丧，他一直在床上翻来覆去，听着时钟敲响了两点、三点。

芳子肯定也很烦恼，早起时，脸色显得很苍白，早饭也只吃了一碗。她尽可能不与时雄见面。看来，芳子的烦恼不是因被人发现了秘密，而是认识到不该隐瞒这种秘密。她说下午想出去一下，在家没去上班的时雄不同意她出去。就这样过了一天，田中没有任何答复。

午饭和晚饭芳子都没有吃，说是不想吃。全家笼罩着沉闷的气氛。妻子见丈夫不高兴，芳子又在烦恼，不知所为何事，心里很难过。从昨天谈话的情况看，一切都解决得很圆满，可是……妻子想，芳子不吃一点饭，肚子会饿得受不了的，就上楼去劝她吃饭。在这凄清的黄昏，时雄脸色阴沉，喝着闷酒。过了一会儿，妻子从楼上下来，时雄问芳子在干什么。

“她没有点灯，房间里暗暗的。她趴在桌子上，上面放着一封未写好的信。”妻子说。

“信？给谁的信？”时雄很激动。他想告诉芳子，即使写信也不管用，就咚咚地爬上楼去。

“老师，求求您。”芳子用恳求的语气说，仍然趴在桌子上没有动，“老师，求求您，请您等一会儿，信写好了，就给您送去。”

时雄从楼上下来。过了一会儿，女仆在妻子的吩咐下上楼去点灯，下来时，手里拿着一封信，交给了时雄。

时雄如饥似渴地看了起来。

老师：

我是堕落的女学生。我利用了老师的深情厚谊，欺骗了老师。我的罪过，不管怎么赔礼道歉，也是无法饶恕的。老师！请念及我的懦弱，可怜可怜我吧。我没能遵照老师教导，去履行一位明治新女性应有的天职。我是旧派女子，没有勇气实行新思想。我和田中商量过，不管出了什么事，唯这件事不能向任何人透露。过去的事，已经无法挽回，我保证今后要保持高尚的爱情。老师，您的烦恼全是我的幼稚造成的。一想到这点，我就坐立不安。今天，我整天为此事感到痛心。老师，请饶恕我这可怜的女子吧！除了求求老师，我无路可走了。

芳　子

时雄此时更加感到自己的身子像沉进了无底的深渊。他拿着信站了起来，心情激动，已经无心去解释芳子为什么敢于忏悔，为什么要把一切都向他吐露表白。他咚咚地快步爬上楼去，在芳子趴着的桌子旁边，威严地坐了下来。

“事情已经这样了，再也无法挽回，我也无能为力。这封信还给你，关于这件事，我发誓不告诉任何人。好歹你还信任我这个老师，能有这种态度，仍不愧是日本的新女性。不过，事情已经到了这一步，你当然只好回家。今晚，不，马上就到你父亲那里去，把一切都说清楚，最好赶紧回家。”

两人吃完饭，马上做好了准备，离开了家。芳子心中充满了不服、不满和悲伤，可又不能违抗时雄的严令。他们从市谷乘上了电车，两人并排坐在一起，却没有说一句话。在山下门下了车，步行到京桥旅馆，刚好父亲在那里。父亲听了事情的经过，并没有特别生气，只是想尽可能避开父女同行回家，但又只好一起走。芳子既不哭也不笑，只是为命运的乖谬而显得有些发愣。时雄本不想再管，但仍然说："不能把芳子交给我看管吗?"父亲说："如果她本人认为抛弃父母也在所不惜，那就无话可说。就一般情况而言，当然不想把芳子留下。"芳子自己也没有那种不惜抛弃父母，拒绝回老家的决心。于是，时雄把芳子交给了父亲，独自回家来了。

十

第二天早晨，田中拜访了时雄。他不知大势已去，还想提出种种理由，说明根据自己的情况，不适合回老家去。灵魂和肉体都已相许的恋人，按理说怎么也是不该分离的。

时雄脸上露着得意的神态说：

"不，这个问题已经了结，芳子把一切全都说了，我知道你们欺骗了我。这真是了不起的神圣恋爱!"

田中的脸色突然变了。羞耻的感觉、激动的心情、绝望的苦恼，一起刺向他的心窝。他不知说什么好。

"这是万不得已。"时雄继续说，"我无法干预你们的恋爱，不，我已经不愿过问这事了。我把芳子交给她父亲看管去了。"

田中不声不响地坐在那里，苍白的脸上，肌肉不时在抽搐。突然，他觉得不能这样待下去，于是匆匆告辞而去。

上午十时左右，父亲陪着芳子来了，说马上要乘晚六点开往神户的快车回家，大件的行李以后送回去，只带走随身需要的东西。说完，芳子到自己住的楼上着手收拾东西去了。

时雄的心情虽然很激动，但比以前轻快。当想到相隔二百多里[①]山河使他再也看不到她那美丽的姿态时，就有一种难以言状的孤寂感。不过，从竞争者手中把自己喜欢的女子夺回来，交给她的父亲，至少是一件快事。时雄和芳子的父亲天南海北地谈得很高兴。跟在乡村经常看到的绅士一样，她父

---

① 1 日里 =3. 924 公里。

亲喜欢字画，喜欢雪舟、应举、容斎[①]的绘画和山阳、竹山、海屋、茶山[②]的书法，并收藏了他们许多名作。话题自然而然转到了这上面，两人一时热烈地谈论起书画来了。

田中来了，说要见时雄。八铺席和六铺席房间之间的壁障关闭起来，时雄在八铺席房间里接见了田中。父亲在六铺席房间，芳子则待在楼上房间里。

“芳子父亲要回老家去吗？”

“嗯，迟早是要回去的。”

“芳子一起走吗？”

“那是肯定的。”

“什么时候走，能跟我说吗？”

“对不起，眼下不能说。”

“那么……能让我见见芳子吗？”

“那不行。”

“那么，她父亲住在哪里？想打听一下他的住处。”

“我不知道应不应该告诉你。”

田中没法，默默地坐了一阵，就告辞走了。

没有多久，午饭备好在八铺席的房间里。这是妻子为送行特意准备的酒肴。为了表示送别之意，时雄也想三人在一起聚聚餐。可是，芳子说怎么的也不想吃。妻子去劝说，也不下来，时雄只好亲自上楼去。

东边的窗子只打开一扇，房间里很暗。书、杂志、衣服、带子、瓶子、行李、木箱等乱放在地上，连下脚的地方都没有，芳子哭肿了眼睛，在那灰尘味猛呛着鼻子的房间里整理行装。与三年前心里充满了青春的希望来到东京时相比，此时此刻该是何等凄凉！何等黯淡！一想到没有写成一件好作品，就这样回乡下去，难忍的悲伤之情油然而生。

“特意准备好的，去吃一点吧！往后可一时没法在一起吃饭喽！”

“老师……”芳子哭了起来。

时雄的心被捅了一下。他深刻地反省自己是否有做老师的温情，是否尽到了责任。他感到孤寂，甚至想哭一场。在这行李、书籍摊放一地，光线又

---

① 皆为日本著名画家。

② 皆为日本著名书法家。

很昏暗的房间里，眼看着自己喜爱的女子为被迫回乡流下了眼泪，自己却找不到安慰她的话。

下午三时，来了三辆车。车夫把放在门口的藤箱、皮箱、旅行袋搬到车上。芳子身着栗色圆领短和服罩衣，头发上扎着白色飘带，哭肿了眼睛。她紧紧地握着送出门来的妻子的手说：

“师母，再见……我一定再来，一定来，不会不来的呀!”

“真要来啊，再来吧！过那么一年，一定要来啊!”妻子反过去紧紧地握着芳子的手，眼睛里含着泪水。女人的心肠很软，狭窄的心胸充满了同情。

冬天的牛込住宅街，稍带寒意。父亲在前，芳子第二，时雄居后，依次上了车。车子很快跑动起来。妻子和女仆恋恋不舍地目送着车子的后影。邻居家的夫人不知芳子突然离开所为何事，一直站在后面看。在后面小路的拐角处，还站着一个戴茶色帽子的男子，芳子回头看了两三次。

车通过麴町大街，向日比谷走去时，时雄的脑子里浮现出当今女学生的形象。像坐在前面车子上那样，梳着当中高、边角卷起的发型，扎着白色飘带，稍稍猫着腰，带着这副姿态，连同行李一起被父亲领回老家去的女学生肯定不在少数。芳子，连意志这么坚强的芳子，都落得这般命运，说明教育家叫嚷着妇女问题，并不是没有道理。时雄还想到了她父亲的痛苦、芳子的眼泪和自己的凄凉生活。路上的行人中，有人意味深长地看着载满着行李和车子和一个如花似月的女学生，由父亲和中年男子护送着往前走。

到了京桥旅馆，收拾好行李，结了账。三年前，芳子在父亲陪伴下，第一次到东京来时，就住在这家旅馆。时雄曾来这里拜访过他们父女。三个人都在心里把当时和此刻进行了比较，彼此感慨万千，但又都尽可能不露声色。下午五时，到达新桥车站后，进入二等候车室。

混乱接着混乱，人群连着人群，走的人和送的人心里都很空虚。楼板上的脚步声，在旅客心里更引起了反响。车站上到处是一股股悲伤、喜悦和好奇心的旋涡。每时每刻都有人群来上车。六时开往神户的特快车乘客特别多，二等候车室顿时变成了摩肩接踵的场所。时雄从二楼柜台上买了两盒三明治给芳子，还买了车票和站台票，又拿到了行李票。现在只等开车了。

三个人都在想，在这些人群中，难道没有田中？但没有看到他的影子。

铃响了。人群接连不断地向检票口涌去，都焦急地想早一点上车，那个乱势头不同一般。三个人好不容易穿过了人群，来到了宽敞的站台上，接着上了靠得最近的二等车厢。

后来又不断有旅客上车。有准备在长途旅行中睡觉的商人；有像要回吴港一带去的军官；有无所顾忌地用大阪方言喋喋不休地闲聊的一群女人。父亲把白毛毯摊开，把小提包放在身旁，和芳子并排坐下。芳子白皙的脸在车内的电灯照射下，宛如浮雕一样。父亲来到窗边，多次对时雄的盛情厚意表示感谢，并拜托他办理留下的所有后事。时雄戴着茶色礼帽，身穿带有三个纹徽①的平纹丝织短外褂，久久地站在车窗边。

开车的时间越来越近，时雄想着两人这次的旅途，想着芳子的将来，总觉得他和芳子之间有无限的缘分。如果没有妻子，不用说，自己肯定会娶芳子，说不定芳子也会乐意做自己的妻子。在理想生活中，在文学生活中，以及在创作上遇到难忍的烦恼时，也许都能得到她的安慰，还会帮助自己摆脱心中现在这种孤寂感。“我为什么不早一些出生呢，如果我在师母那个年代出生，多有意思……”他想起了芳子向妻子说过的话。难道娶芳子为妻的命运，永远不会降临在自己身上吗？称这位父亲为岳父的日子不会到来吗？人生的道路漫长，命运也具有奇妙的力量，说不定因一度失去了贞节而不是处女，反而更容易造成条件，使她成为年龄比她大、又有子女的人的妻子。命运、人生——时雄心中浮想起曾给芳子教过的屠格涅夫的《普宁与巴布林》，这位俄国优秀作家描写的人生的意义，眼下更使他心潮翻滚。

时雄身后站着一群送行的人，在那群人的后面的一根柱子旁边，不知什么时候站着一个戴旧礼帽的男子。芳子认出了他，心里直跳，父亲却感到不痛快。然而，一直站在那里陷入冥思之中的时雄，却做梦也没想到那家伙就在自己身后。

乘务员吹响了发车的哨子。

火车开动了。

十一

孤独的生活，凄凉的生活，再次笼罩着时雄的家。妻子拿孩子没有办法，正在责骂孩子，那烦人的声音传到时雄耳朵里，他感到很不愉快。

生活又回到了三年前的老路上。

---

① 原文作“三纹”，即在背后和两袖上印有家徽。

第五天，芳子来了信，信中用的是很有礼貌的候文[①]，而不是平时那种叫人感到亲切的口语体文笔。

昨夕抵家，一路无恙，请释锦念。此番就读，值老师百忙之际，诸多相烦，无任愧仄，特再表歉意，并谢大恩。本欲当面谢罪，又感徒添忧伤，以致最后见面，亦未启齿，区区此心，请予谅察。新桥别后，每凭车窗，即感似有茶色帽子映出，为此种种，仍历历在目。行至北山遇雪，自湛井往前十五里山路，沿途感伤之念不绝，令人对一茶[②]之名句感受尤深："可叹终身蛰居处，夜来雪深五尺许。"家父本当修书致意。今逢镇上集市，难以脱身，失礼中嘱我先代为问候。欲告吾师之事甚多，怎奈心烦意乱，难尽所怀，今日就此搁笔。

时雄遥想起那积雪很深的十五里山路和被雪覆盖的山区村镇。他爬上楼去，那里在芳子走后，原样未动。思慕和眷恋之情，促使他迫忆那隐隐约约留在脑际的芳子的面影。这天，武藏野寒风凛冽，屋后的古树发出潮水般可怕的咆哮声，跟芳子走的那天一样，时雄一打开东边一扇雨窗，光线就像流水一样泻进屋里。桌子、书柜、瓶子、胭脂盒，仍摆设在原来的地方，使他感到心爱的人跟平常一样上学去了似的。他打开桌子的抽屉看了看，里面还扔着沾有头发油的旧飘带，时雄把它拿起来闻了闻。他在房间里待了一阵，然后站起来打开拉门一看，三个大藤箱用细麻绳捆扎在一起，只等送回家去。对面叠着芳子平常用的棉被——葱绿色藤蔓花纹的褥子和棉花絮得很厚、与褥子花纹相同的盖被。时雄把它抽出来，女人身上那令人依恋的油脂味和汗味，不知怎的，竟使时雄心跳起来。尽管棉被的天鹅绒被口特别脏，他还是把脸贴在那上面，尽情地闻着那令人依恋的女人味。

性欲、悲哀、绝望，猛地向时雄袭来。他铺上那床褥子，把棉被盖在身上，用既凉又脏的天鹅绒被口捂着脸，哭了起来。

室内昏暗。屋外狂风大作。

---

① 候文为一种文言书信体。

② 即小林一茶（1763—1827），著名俳句作家，著有《我之春》、《绿色日记》等。

图书在版编目（CIP）数据

日本经典中篇小说/冯季庆选编．—北京：文化艺术出版社，2012．1

（世界经典中篇小说系列/盛宁主编）

ISBN 978－7－5039－5298－2

Ⅰ．①日…　Ⅱ．①冯…　Ⅲ．①中篇小说—小说集—日本—近代　Ⅳ．①I313．44

中国版本图书馆 CIP 数据核字（2011）第 273461 号

日本经典中篇小说

主　　编　盛　宁
选　　编　冯季庆
责任编辑　陶　玮
封面设计　姚雪媛
出版发行　文化艺术出版社
地　　址　北京市东城区东四八条 52 号　100700
网　　址　www. whyscbs. com
电子邮箱　whysbooks@263. net
电　　话　（010）84057666（总编室）　84057667（办公室）
　　　　　84057691—84057699（发行部）
传　　真　（010）84057660（总编室）　84057670（办公室）
　　　　　（010）84057690（发行部）
经　　销　新华书店
印　　刷　国英印务有限公司
版　　次　2012 年 3 月第 1 版
　　　　　2012 年 3 月第 1 次印刷
开　　本　700×1000 毫米　1/16
印　　张　22
字　　数　320 千字
书　　号　ISBN 978－7－5039－5298－2
定　　价　39．80 元